KB221127

성경의 말씀을 잘 알 수 있게 하신

귀중한 책이기에 (   )님께

선물로 드리니

보시고 하나님의 복을 함께 받으시기를 바랍니다.

20   년   월   일

(   ) 드림

예수님을
만나는 길

제 5 권
(예수님의 비유 말씀)

신성엽 목사 말씀

신성엽 목사의
  말씀과 간증 중에서

저는 진리의 영이라 세상은 능히 저를 받지 못하나니
이는 저를 보지도 못하고 알지도 못함이라 그러나 너희는
저를 아나니 저는 너희와 함께 거하심이요
또 너희 속에 계시겠음이라 (요14:17)

하나님께서 우리 속에 영으로 오신다는 것,
이것이 얼마나 큰 이적이며 얼마나 놀라운 일이며
얼마나 어마어마한 큰 복인지 아시는가요?
하나님의 영이 우리와 함께 계시고
우리 속에 계시겠다는 것 아닙니까!
바로 이 같은 복이 내게 이루어졌습니다.

하나님의 깊은 사정까지 통달하신 성영님께서 내게 오시니
성경의 말씀을 깨닫지 못할 이유도 없고
아버지의 마음을 알지 못할 이유도 없습니다.
기록하신 말씀을 통해서 아버지의 마음과 깊은 사정을 아는
이 큰 복을 받았습니다.

삼위 하나님이 내 안으로 오셨습니다. 이것이 저의 간증입니다!
세상 복으로 잘살게 해주었다. 그런 것이 나의 간증이 아니라
삼위 하나님이 내 안으로 오신 것 이것이 나의 간증입니다!
이것이 나의 영원한 간증입니다 여러분!!

일 러 두 기

이 책을 비롯해 신성엽 목사의 가르쳐 전하신 말씀을 정리하여
책으로 엮은 모든 책에는 '성령'을 **'성영'**으로 '신령'을 **'신영'**으로,
'심령'을 **'심영'**으로 표기하였습니다.

성영님은 본래 영이시며, 하나님이십니다.
그렇기에 영이신 성영님을 '령'이 아닌 '영'으로 부르는 것이 마땅합니다.

한자 문화권인 우리말의 특성상 'ㄴ' 'ㄹ' '음가 없는 ㅇ' 등의 경우
두음법칙이 적용돼 '영'을 '령'으로 표기해 불러왔고 그로 인해 '영'이신
하나님을 '신령하다.' '혼령' '죽은 사람의 혼백(넋)' '죽은 이를 높여
부르는 말' 등과 같은 뜻으로 오해하도록 한 측면이 있습니다.

그래서 예배하여 섬겨야 할 인격의 하나님이신 성영님을, 일종의
기(氣)나 기운, 능력, 신비적 현상 등의 비인격적 존재로 생각하도록
하여 하대하거나 부리는 존재로 여겨 온 경향이 있습니다.

이것은 우리의 믿음을 혼란케 하는 것으로, 잘못된 것입니다.
아버지의 영이며, 아들 예수님의 영이신, 성영님의 인도를 받는
아들 된(롬8:14) 믿음이면 이 모든 것을 분별할 수 있습니다.

'성령'을 '성영'으로 표기하는 것은 우리말 어법에는 맞지 않는 것이지만, 영이신 하나님을 바로 알고 바로 부르는 것이 마땅한 것이기에, 믿음을 바로 하기 위해서라면 관계가 우선 돼야 하는 것이니 부득이 문법 규정이라도 벗어날 수밖에는 없습니다.

바로 알고, 바로 믿고, 바로 부르는 것은 그 어떤 행위나 제사보다 더 중요합니다. 우리 믿음의 마땅한 도리이자 권리입니다. 아멘

이와 관련한 내용은 예수님의 교회 홈페이지(http://www.jesusrhema.org) 게시판 「간증의 글」에 게시된 '성령인가, 성영인가?'와 「신성엽의 글」에 게시된 '(바르게 알자) 성영님이 금하라 하신 '성부' 성자'의 호칭'을 참고하시기 바랍니다.

발 간 사

수없이 많은 이들의 설교를 듣고 서적을 탐독하고 신학 공부도
해보았지만 참진리의 말씀을 접하지는 못했습니다.

말씀을 바로 깨닫기 원하는 목마름과 갈급함으로
마음이 헤매던 중에 신성엽 목사님의 말씀을 만나게 되었고,
듣는 내내 여태껏 어디서도 들어볼 수 없었던 말씀으로
'어떻게 이런 말씀이 다 있었나?!' '왜 이제야 듣게 되었나?!'하는 놀라
움과 아쉬움의 마음을 금할 수가 없었습니다.
그동안 풀리지 않았던 성경의 내용들을 바로 알게 되면서
예수님을 만나는 영광을 얻고 영혼의 큰 기쁨을 얻게 되었습니다.
이것이 많은 이들의 한결같은 고백입니다.

전국 곳곳에서, 멀리 국외에서 말씀을 듣고 말씀이 선포된 곳으로
찾아와 서로 기쁨의 간증을 나누며, 하나님께 영광을 돌리며,
같은 마음으로 소원하게 된 것은, 우리처럼 말씀의 해갈을 얻지 못하
여 영혼이 헤매는 이들과 말씀을 깨닫기 원하는 이들에게도
이 말씀이 전해져야 한다는 거였습니다.
그러한 방법이 책으로 출간하자는 것이었고, 뜻이 모여 서로 협력하고
또한 여러 수고를 거쳐서 마침내 출간하게 되었습니다.

바른 가르침의 말씀 안에서 돌이켜보니
그저 열심히 전도하고 말씀을 말하여 왔던 것이 얼마나 잘못된
말씀지식으로 행한 것이었는지, 하나님께 얼마나 잘못 행하였는지를
보게 되니 피차 마음에 통회하고 고백하며, 뒤늦게나마 이 책을 전하는
것이 우리의 사명이라 확신하여 기쁨과 감사함으로 행하게 되었습니다.

이 책이 모든 이들에게 읽혀서 예수님을 만나는 참 복을 얻기를
우리 모두가 간절히 소망하며
책을 출간하게 하신 하나님께 감사의 영광을 돌립니다.

심 재 현 장 로

비유의 말씀 목차

제 1 장 (1) 달란트 비유 · 13

제 2 장 (2) 달란트와 열 므나 비유 · 35

제 3 장 죽은 일은 죽은 자들에 두고 너는 나를 좇으라 · 67

제 4 장 결단코 천국에 들어가지 못하리라 · 89

제 5 장 씨 뿌린 비유 (좋은 땅만이 말씀을 깨닫고 결실함) · 121

제 6 장 좋은 씨의 알곡, 마귀가 덧뿌린 가라지 · 151

제 7 장 보화, 진주, 그물 · 177

제 8 장 겨자씨, 누룩, 겨자씨 한 알만한 믿음, 베데스다 · 205

제 9 장 죄인을 불러 회개시키러 왔노라 · 227

제 10 장 잃은 양 찾은 예수님, 잃은 드라크마 찾은 여자 · 247

제 11 장 당신 영혼은 지금 어디에 있습니까? · 277

제 12 장 아들을 위하여 베푼 혼인 잔치 비유 · 301

제 13 장 열 처녀 비유 (슬기 있는 자, 미련한 자) · 323

제 14 장 강도 만난 자의 이웃은 예수님이심 · 353

제 15 장 불의의 재물로 친구를 사귀라 · 389

제 1 장
(1) 달란트 비유

¹⁴또 어떤 사람이 타국에 갈 제 그 종들을 불러 자기 소유를 맡김과 같으니 ¹⁵각각 그 재능대로 하나에게는 금 다섯 달란트를, 하나에게는 두 달란트를, 하나에게는 한 달란트를 주고 떠났더니 ¹⁶다섯 달란트 받은 자는 바로 가서 그것으로 장사하여 그것으로 다섯 달란트를 남기고 ¹⁷ 두 달란트 받은 자도 그같이 하여 또 두 달란트를 남겼으되 ¹⁸한 달란트 받은 자는 가서 땅을 파고 그 주인의 돈을 감추어 두었더니 ¹⁹오랜 후에 그 종들의 주인이 돌아와 저희와 회계할새 ²⁰다섯 달란트 받았던 자는 다섯 달란트를 더 가지고 와서 가로되 주여 내게 다섯 달란트를 주셨는데 보소서 내가 또 다섯 달란트를 남겼나이다 ²¹그 주인이 이르되 잘하였도다 착하고 충성된 종아 네가 작은 일에 충성하였으매 내가 많은 것으로 네게 맡기리니 네 주인의 즐거움에 참예할지어다 하고 ²²두 달란트 받았던 자도 와서 가로되 주여 내게 두 달란트를 주셨는데 보소서 내가 또 두 달란트를 남겼나이다 ²³그 주인이 이르되 잘하였도다 착하고 충성된 종아 네가 작은 일에 충성하였으매 내가 많은 것으로 네게 맡기리니 네 주인의 즐거움에 참예할지어다 하고 ²⁴한 달란트 받았던 자도 와서 가로되 주여 당신은 굳은 사람이라 심지 않은 데서 거두고 헤치지 않은 데서 모으는 줄을 내가 알았으므로 ²⁵두려워하여 나가서 당신의 달란트를 땅에 감추어 두었었나이다 보소서 당신의 것을 받으셨나이다 ²⁶그 주인이 대답하여 가로되 악하고 게으른 종아 나는 심지 않은 데서 거두고 헤치지 않은 데서 모으는 줄로 네가 알았느냐 ²⁷그러면 네가 마땅히 내 돈을 취리하는 자들에게나 두었다가 나로 돌아와서 내 본전과 변리를 받게 할 것이니라 하고 ²⁸그에게서 그 한 달란트를 빼앗아 열 달란트 가진 자에게 주어라 ²⁹무릇 있는 자는 받아 풍족하게 되고 없는 자는 그 있는 것까지 빼앗기리라 ³⁰이 무익한 종을 바깥 어두운 데로 내어 쫓으라 거기서 슬피 울며 이를 갊이 있으리라 하니라 　　(마25:14-30)

예수님께서는 자신이 오신 것을 '천국이 가까이 왔다.'라고 하셨습니다. 그러더니 십자가에 죽으시고 부활 승천하신 뒤 다시 성영님으로 오셔서 이때는 아주 믿는 자 안으로 들어오셨습니다. 천국이 가까이 있는 것이 아니라, 아주 믿는 자 안으로 들어오신 것입니다. 그러므로 천국은 죽어야만 가는 곳이 아니라, 육체로 있을 때에 천국이 믿는 자 안에 들어와야 또한 천국에 들어간 것입니다. 눅17:20, 21에 **하나님의 나라는 볼 수 있게 임하는 것이 아니요 또 여기 있다 저기 있다고도 못하리니 하나님의 나라는 너희 안에 있느니라**고 하셨습니다. 성영님이 사람 안에 오신 것이 바로 천국이 들어온 것임을 말합니다. 성영님이 오신 것은 천국이 오신 것이니, 그러므로 이제 자기 안에 오신 천국을 처음 경험하는 이때는 씨로 임한 것이니, 그 씨가 자라 온전케 소유되도록 믿음의 힘을 써 자라게 하라는 것입니다. 만일 자라지 않고 씨로만 있으면 마귀에게 빼앗기게 된다는 것입니다.

그러므로 누가 천국의 결실이 되느냐? 마13:23에 **좋은 땅에 뿌리웠다는 것은 말씀을 듣고 깨닫는 자니 결실하여 혹 백 배, 혹 육십 배, 혹 삼십 배가 되느니라** 하셨고 눅8:15에 **좋은 땅에 있다는 것은 착하고 좋은 마음으로 말씀을 듣고 지키어 인내로 결실하는 자니라**고 하셨습니다. 바로 착하고 좋은 마음이 말씀을 받을 제 밭이요, 말씀이 심어져 씨가 썩지 않고 자라 결실하여 혹 백 배, 육십 배, 삼십 배로 결실한다는 것입니다. 그것이 말씀을 듣고 깨닫는 좋은 땅이라는 것입니다. '말씀을 듣고 깨닫는 자니' 말씀을 듣고 자기 소유를 다 팔아 버려야 함을 깨달아 자기 소유를 다 팔아 예수님과 예수님의 말씀을 받아 결실하는 자라는 말입니다.

만일에 천국이 씨로만 있어도, 즉 "나 예수님 믿습니다. 예수님 구세주이신 것 믿어요. 예수님이 내 죄 때문에 십자가에서 피 흘려주셨고 또 내게 영생 주시기 위해서, 생명 주시기 위해서 몸 찢으신 것 압니다. 저 그거 믿습니다. 그래서 예수님이 내 구주이신 것 믿습니다." 하는 이 같은 믿음의 말만 가지고도 온전한 구원이 된다고 하면, 다시 말해 주님이 나를 구원해 주셨다고, 주님만 믿으면 된다고 하는 그 씨만 가지고도 구원이 있다고 한다면, 예수님께서도 '너희가 모두 나 예수만 믿으면 천국 가니까 그냥 나만 딱 믿으면 된다.' 하시고 다른 말씀 하지 않으셨어야 할 것입니다. 한 달란트 받은 자, 두 달란트 받은 자, 다섯 달란트 받은 자, 이런 것도 나누어 말씀하실 필요도 없고, 좋은 땅, 나쁜 땅 말씀하실 필요도 없고, 자기 소유를 다 팔아 그 밭을 샀다고 하시는 말씀도 전혀 하실 필요 없을 것입니다.

그래서 우리는 오늘도 마음에 무지의 교만을 내려놓고, 오늘 이 달란트 비유의 말씀을 통해 자기 믿음을 비춰보는 기회가 되자는 것입니다. 저는 여러분이 '달란트 비유는 그런 뜻이구나, 열 처녀 비유는 그런 뜻이었구나.'라고 아는 것에 명석하여지라고 드리는 말씀 아닙니다. 믿는다는 자신이 참으로 예수님을 만나 혼인 자리로 들어간 슬기 있는 다섯 처녀와 같은 자로서 신랑을 만나 혼인 자리에 들어간 것인가, 미련한 다섯 처녀로 신랑을 만나지 못한 것은 아닌가, 달란트 받아 장사 잘하여 자기에게 남긴 것이 되었는가, 땅에 묻어둔 악한 자에 속한 것은 아닌가 하는 자신의 믿음을 들여다보라는 뜻에서 드리는 말씀이라는 것, 분명히 말씀드립니다. 만일에 저에게서 말씀 듣는 여러분이 그동안 자기가 들었던 다른 설교들에 대한 고정관념을 깨버리지 않고, 거기다 덧붙이려고 듣는 것이라면, 듣는 것 삼가라고 말씀드립니다. 자기가 아는 지식에다 더 붙여보려고 기웃거린 것이라면 듣는 것 금하라는 말입니다. 육의 것과 영의 것이 같을 수도 없고 함께할 수도 없는 것이고, 자기 머리의 것과 성령님의 것이 같을 수 없고 함께 할 수 없다는 것 분명히 알아야 할 것입니다. 자기의 가지고 있던 것들을 깨끗이 탁 깨버리고 새롭게 듣고 새기는 말씀이 돼야 할 것입니다.

지금까지 과거에 듣고 가졌던 자기 지식에다가 저의 전하는 말씀을 덧붙여 보려고 했던 사람들이, 자기도 모르게 저를 시험하는 자로 있었다는 것을 말하지 않을 수가 없습니다. 여러분, 성경은 구세주 예수님을 알게 하려고 예수님을 말하기 위해 초점을 두고 기록하신 책이라는 것을 아십시오. 예수님을 안다면 곧 또 자기를 알게 되는 것입니다. 창세기 1장에서부터 구속사에 필요하여 도구로 세운 모든 인물 속에서나 사건들 속에서 비밀처럼 감춰있듯이 계신 예수님을 보지 못하면, 사실 신약에 훤히 드러나 보인 예수님을 바로 보지 못하는 것입니다. 예수님을 잘 아는 것처럼 말한다 해도 그것은 자기 머리로 아는 것일 뿐, 영으로는 도무지 만날 수가 없는 것입니다. 영혼이 구원받지 못한다는 말입니다. 신약에 드러나신 것을 통해서 구약을 이해하여 훤히 알 수가 있게 되고, 구약에서 비밀처럼 계셨던 희미한 예수님이 훤히 보이게 되는 것입니다. 그렇기에 구약에서의 예수님을 보지 못하면, 신약에 나타나신 예수님도 알지 못할 뿐만 아니라, 바로 볼 수도 없고 예수님을 영혼으로 만날 수가 없는 것입니다.

그렇기에 오늘 달란트를 주셨다는 것이 뭐냐? 이것은 구속사에 대한 이스라엘의 영적 역사를 말씀한 것이지만, 오늘날 또한 누구든지 예수님을 믿기 원하면, 이 달란트의 의미를 바로 알아서 그 의미를 자기에게 적용할 것은 적용하여 능력을 갖추는 것으로 예수님을 알고 믿어 바른 관계를 이뤄야 할 것임을 말씀합니다. 하나님께서는 자기의 지으신 사람들에게 예수님으로 온전한 연합을 이루어 예수님으로 살라는 것인데, 그것이 하나님의 전 뜻인데 그 뜻에 합당하려면 성경의 전 역사를 통해 구하고 찾고 두드리는 그 수고를 힘써 해야 한다는 것입니다. 바로 이것이 우리에게 주신 달란트, 곧 사명입니다. 그래서 저는 성경의 영적 역사를 스스로 이해하기가 어려워 안타까워하며, 진정 깨닫기 원하고 믿음을 바로 하려고 마음을 애쓰는 이들에게, 그 관계가 되게 하고자 이같이 구약과 신약을 넘나들면서 예수님을 알게 하는 데, 자기를 알게 하는 데 초점을 두고 지금까지 말씀을 전하여 왔습니다. 그런데 예수님과 관계없는 엉뚱한 방향의 것들을 자기 머리에 잔뜩 가지고, 거기에다 제 말씀을 덧붙여 보겠다고 '아 그런 뜻이구나.', '아 말씀의 뜻 깨달았다.' 한다면, 둘 다 쓸모없게 돼 버리지 않겠느냐는 말입니다. 그것은 바른 능력이 될 것이 아니라 교만밖에 되지 않습니다.

오늘 본문 시작에서 **어떤 사람이 타국에 갈 제 그 종들을 불러 자기 소유를 맡김과 같으니** 했습니다. 여기서 '어떤 사람이' 한 것은 구약에 아직 드러나지 않은 예수님에 대한 비유입니다. '자기 소유를 맡김과 같다'는 것은, 사람에게 영생을 주시는 하나님께서 가지신 하나님의 뜻, 하나님의 소유가 있는데, 그 일을 이루시는데 필요한 종들을 불러 그 하나님의 소유의 일을 하도록 맡겼다는 말입니다. 그래서 하나님의 일을 맡은 종들도 하나님의 소유입니다. 그러면 여기 달란트 비유에서 말씀하는 하나님 소유의 일을 맡아 일하라고 선택된 하나님의 소유된 종들이 누구일까요? 이스라엘? 더 거슬러 올라가서, 아브라함입니다. 하나님께서 영생을 주시려고 생명의 언약을 담은 복음을 시초로 받은 사람이 누구냐? 여러분, 여태까지 복음의 시초가 어디서부터라고 들었습니까? 아브라함이라고 누차 들었지 않습니까? 아브라함! 벌써 몇 주째 그것을 강조해서 말해왔는데 근데 왜 이렇게 안 나와요. 어찌 몇 주뿐입니까? 저는 아브라함 얘기 빼놓은 적 그리 없습니다.

천국의 씨, 생명의 씨를 아브라함 때부터 뿌려 싹이 났다고 하는 것을 아는 것이 예수님의 비유 말씀을 이해할 수 있는 기초적 지식이 됩니다. 15에서 **각각 그 재능대로** 한 것은 하나님의 언약하신 예수 그리스도가 세상에 오실 때까지, 그 독생자 예수님이 오시게 하는 데 필요한 하나님 소유의 일을 맡겨서 하게 하신 것을 말합니다. 하나님께서 소유하신 일을 하는 데에 자질이 마땅한 자에게 하나님의 일을 하라고 주셨다는 말입니다. 그래서 마태복음 13장에 비유 말씀에서 **천국은 좋은 씨를 제 밭에 뿌린 사람과 같다**고 하시지 않았습니까? 제 밭이 무엇을 말하는 것인지 여러분이 다 듣게 되었잖아요. 하나님께서 하나님 소유의 것으로 농사를 짓기 위해 친히 준비하신 밭, 하나님께서 씨를 심으려고 준비하신 씨에 맞는 밭, 그가 바로 아브라함 가정이라고, 그 후손 이스라엘이라고 하지 않았습니까? 그래서 재능대로 하는 것도 다 하나님의 일을 행할 자로 마땅히 자질이 된 자, 하나님의 마음에 합한 자라는 것을 말하는 것입니다.

그다음 **하나에게는 금 다섯 달란트를, 하나에게는 두 달란트를, 하나에게는 한 달란트를 주고 떠났더니 다섯 달란트 받은 자는 바로 가**

서 그것으로 장사하여 또 다섯 달란트를 남기고 두 달란트 받은 자도 그같이 하여 또 두 달란트를 남겼으되 했습니다. '금 달란트'라고 한 그 '금'은 하나님의 소유로써 보유하신 신영한 하나님의 일을 믿음으로 받아 온전하게 행할 사명을 뜻합니다. 그것을 우리는 믿음으로 받아 나의 소유가 되게 해야 합니다. '달란트'는 16에서 **장사하여** 했습니다. 장사하는 것으로 표현한 것은 팔고 사는 것임을 인식하게 하려고 그렇게 돈의 명칭인 '달란트를 주셨다.' 말하고 또 '장사하여'라고 하셨습니다. 다섯 달란트 받은 자는 바로 가서 그것으로 장사하여 또 다섯 달란트를 남겼다고 했습니다. 명을 받자마자 지체하지 아니하고 바로 가서 장사하였다는 것입니다. 그러면 누가 다섯 달란트이겠습니까? 아니 잘못 짚었어요. 예수님께서 말씀하는 것은 저 같은 사람을 말하는 것이 아니고, 성경 역사에서입니다. 누가 지체치 않고 바로 가서 장사하였을까요? 짐작 안 됩니까? 바로 아브라함입니다. 독자 이삭을 번제로 하나님께 드리라는 말씀이 떨어지자 바로 가서 그 일을 행하였습니다. 아브라함이 하나님보다 더 위에 두고 있는 것이 없고, 하나님을 온전히 경외하고 사랑하여 믿는 온전한 믿음을 나타냈습니다. 그래서 다섯 달란트는 믿음의 조상이라고 불리는 아브라함과 이삭과 야곱입니다.

그리고 두 달란트를 받은 그 하나가 누구냐? 애굽에서 이끌어낸 이스라엘입니다. 이스라엘의 사명, 모세로 말미암아 주신 십계명을 지키고 성전을 짓고 제사를 지내고 율법을 행하며 그 속에 넣으신 하나님의 뜻을 잘 보전케 하는 사명을 말합니다. 또 한 달란트를 받은 그 하나는 누구냐? 예수님이 오시기 전에 유대인입니다. 물론 모세나 예수님을 낳은 마리아나 침례 요한 등은 다섯 달란트의 사명과 같은 일이겠으나, 예수님은 지금 아브라함부터 예수님 초림 때까지 이스라엘을 세 등분으로 나누어 달란트 비유를 드신 겁니다. 하나님께서 말씀하신 대로 순종하는 그 앞에는 좋은 일도 어려운 일도 나쁜 일도 있지만, 그 어려움을 겪는 중에서도 개의치 않고 바로 가서 장사를 잘했다는 말입니다. 하나님께서 하시는 일에 팔아 버려야 할 자기 것은 깨끗이 팔아 버리고, 사야 할 하나님의 것은 온전히 사는 것을 잘하였으므로, 하나님의 의도대로 일을 잘했으므로 하나님의 일에 유익이 되게 하였다는 것입니다. 그런데 그것은 곧 자기에게로 갑절로 돌아오는 복이 되었다. 21에 다섯 달란트나 23에 두 달란트나 돌아오는 그 상은 같은 것으로서 많은 것을 맡겨주시고 **주인의 즐거움에 참예하라** 하신 복이더라는 것입니다.

하나님께서 아브라함을 택하여 하나님의 독생자를 내주시겠다는 언약을 하시고, 그 일을 이루시는데 그의 후손 이스라엘이 일하도록 하셨습니다. 예수님이 오실 길의 역할을 하고, 하나님께서 사람에게 죄를 사하여 영생하게 하시려고 하늘로부터 땅으로 오셨다는, 이 하나님의 뜻을 만방에 알리도록 그 사명을 맡기셨다고 하는 것을 달란트로 비유하여 말씀하신 것입니다. 아브라함 이야기야 여러분이 이제 뭐 귀에 못이 박히도록 들은 것이니, 이제 더 말할 필요는 없고 물론 또 이스라엘 역사도 그렇습니다. 그러면 달란트에 대해서 여기까지는 이해됐습니까?

18에 **한 달란트 받은 자는 가서 땅을 파고 그 주인의 돈을 감추어 두었더니** 했습니다. 다섯 달란트, 두 달란트 받은 자는 바로 가서 장사를 잘하여 그 두 배로 남겨서 주인이 돌아와 회계할새 "잘하였다 착하고 충성된 종아 네가 작은 일에 충성하였으매 내가 많은 것으로 네게 맡기리니 네 주인의 즐거움에 참예하라"는 큰 상을 받게 되었는데, 24, 25에 **한 달란트 받았던 자도 와서 가로되 주여 당신은 굳은 사람이라 심지 않은 데서 거두고 헤치지 않은 데서 모으는 줄을 내가 알았으므로 두려워하여 나가서 당신의 달란트를 땅에 감추어 두었었나이다 보소서 당신의 것을 받으셨나이다** 했다는 것입니다. 여기 한 달란트 받았던 자가 예수님 오시기 전에 유대인들을 말한다고 말씀 드렸지요? 그러면 유대인 중에서도 누구를 대상으로 하신 것이겠습니까? 바리새인 서기관 사두개인 이 세 부류의 사람들과 또 성전의 대제사장, 제사장들입니다. 유대교 지도자들이라는 말입니다. 이들을 놓고 말씀하신 것입니다.

한 달란트 받았다는 것은 예를 듭니다. 제가 예를 드는 거예요. 조상들이 살 곳과 집을 마련하느라고 좋은 터를 찾고 찾아서 집터를 닦고 우물을 파고 집을 짓고 전답을 준비하는 모든 수고를 하여 만반의 준비를 다 하였음으로써 후손들이야 그런 고생하지 않고 편히 살 수 있게 되었지 않습니까, 이제 후손들이 할 일은 무엇이겠습니까? 조상이 이룩한 삶의 그 터전이 보존되도록 관리 잘하면서 가꾸어나가기만 하면 되는 것이지요. 그처럼 이 유대인들은 조상들이 이룩한 성전과 제사와 절기와 율법의 뜻을 그대로 받아서, 죄인 됨을 알고 하나님이 보내신 선지자들의 말을 새겨듣고, 오직 하나님이 보내시는 메시아를 기다리는 데에 모든 초점을 두고 있어야 했습니다. 그것이 한 달란트의 일인데 그런데 그러지 않았다는 것입니다. 한 달란트의 일을 하러 가서 땅을 파고 감추어 두었다는 것입니다. 땅에 감추어 두었다 했으니 이것은 의도적인 고의였음을 말합니다. 땅은 흙으로 된 저 땅을 말하는 것이 아니고, 자기 본위의 마음 중심을 말합니다.

저 흙의 땅은 파고, 또 파고 한없이 파낼 수 있어서 무엇을 깊이 묻어버릴 수 있는 것처럼, 이 유대인들이 한 달란트의 일을 자기 머리에서 나는 생각 밑에다 깊이 묻어버리고, 선지자들의 말은 틀렸다고 듣지 않고, 머리를 더 높였다는 말입니다. 다섯 달란트, 두 달란트를 받아서 장사하여 남긴 그 조상들에게는 없던 육체의 정욕, 육의 안목, 이생의 자랑을 한 달란트 받은 종들이 다시 사들여서 한 달란트의 일을 그 밑에다가 깨끗이 묻어버린 것입니다. 한 부류는 세상에서 돈 많고 명예 얻고 잘 사는 것이 하나님이 주시는 복이라고 나왔고, 한 부류는 하나님의 율법을 잘 지키는 것만이 하나님을 잘 섬기는 것이고 우리 민족이 복을 받는 것으로 영생에 들어가는 것이라고 나왔고, 한 부류는 모세 오경을 깊이 아는 지식만이 하나님이 계신 하늘문을 여는 최고의 열쇠라고, 성경을 아는 지식만이 최고의 복이라고 나온 것입니다.

그러니까 한 달란트 받아 땅에 왜 감추었느냐? 지금 그 주인에게 와서 그것을 24, 25에서 고하는 것입니다. **주여 당신은 굳은 사람이라 심지 않은 데서 거두고 헤치지 않은 데서 모으는 줄을 내가 알았으므로 두려워하여 나가서 당신의 달란트를 땅에 감추어 두었었나이다 보소서 당신의 것을 받으셨나이다** 했습니다. 주님은 전능하셔서 못하시는 것이 없는 것을 안다는 말입니다. 한 치도 어긋남 없이 정확하시고 매사에 빈틈없으셔서 손해 입지 않으시는 것도 안다는 말입니다. 없는 데서 있게 하시고 심지 않은 데서 거두고, 타작하지 않은 데서 곡식을 모으는 당신의 능력을 잘 알고 있다는 말입니다. 그렇기에 제가 한 달란트 일하다가 잘못하게 되면 그 책임을 물으시리라는 것도 잘 안다는 말입니다. 그래서 주인의 것 제가 손해 입힐까 두려워서 손해 입히지 않게 하려고 땅에 잘 감춰두었다가 가져왔으니 당신의 것 다시 받으시라는 말입니다. 그러니까 당신의 것을 손대는 것이 두려워서 그대로 두었다가 다시 가져왔으니, 손실 입지 않고 해 입지 않게 하여 잘 감추었다가 가져왔으니, 우리만큼 주인의 마음을 잘 알아서 주인의 뜻대로 충성하는 자가 어디 있겠느냐는 말입니다. 주인의 마음을 잘 알고 주인의 뜻을 누구보다 잘 알기에 주인의 한 달란트를 건들지 않고 감추어 두었다가 도로 가져왔으니 우리가 얼마나 충성되게 했는지 주인이 이제 아시게 되었다는 말입니다.

그런데 주인의 대답은 "악하고 게으른 종아"였습니다. 이 말을 다른 말로 하면 '도무지 깨달아 볼 능력이 없는 짐승 같은 놈아', '자기 머리를 높여 사단에게로 나간 짐승 같은 놈아', '팔아 버린 육을 다시 사들인 짐승 같은 놈아'입니다. 그리고 30에 **이 무익한 종을 바깥 어두운 데로 내어 쫓으라 거기서 슬피 울며 이를 갊이 있으리라** 하셨습니다. 사단에게 예비된 유황 불못으로 들어가 영원히 슬피 울며 이를 갈아야 하는 형벌에 처해졌습니다. 이같이 초림하신 예수님을 맞아 영접하지 못한 유대인들이 영원한 형벌의 장소에 들어가게 되었음을 증언하고 있는 것입니다. 지금까지 달란트 비유에 대해서 말씀드렸습니다. 아브라함으로 시작해서 예수님이 초림하실 때까지의 사명을 받아 장사를 잘하여 남겼음으로써 주인의 즐거움에 들어간 자와 장사를 하지 않았음으로써 남긴 것이 없어 주인에게 쫓겨나게 되었다는 것을 깨달아 보았습니다.

그런데 오늘날 믿는다는 사람들이 이 달란트를 가지고, 달란트 감당한다고 자기 머리에서 나는 생각들로 하고 있어서 예수님의 말씀의 의도를 얼마나 어지럽히고 있는지 모릅니다. 이 비유의 의미도 깨닫지 못한 사람들이 달란트 감당해야 한다고, 달란트 감당하라고 그렇게 가르치고 있으니, 그래서 달란트 감당한다고 자기 생각들을 좇아 행함으로써, 이 한 달란트 받은 악하고 게으른 종과 같은 모습들이 되어 있습니다. 예수님과 생각이 맞는 인격적 모습은 도무지 없는 것입니다. 이 한 달란트 받았던 자가 무엇을 남기지 않았는지, 왜 한 달란트를 땅에 감추었는지, 예수님의 의도대로 깨달아봐야 할 텐데 그 인격은 없고, '아, 내게 있는 재능을 하나님을 위해서 써야 한다는 것이구나. 그것이 하나님을 위해서 일하는 것이구나. 그것이 달란트 감당하는 것이구나.'라고 너무 가볍게 자기 멋대로 생각하고, 행하고 다니면서 '아, 나도 하나님을 위해서 일한다.'고 가슴 내밀고 다니는 것입니다. 예수님을 믿는 것은 자기 의지의 선택이지만, 영혼이 구원받아 영혼으로 맺은 믿음이 되는 것은, 여기 한 달란트 받은 자가 그 한 달란트를 땅에 감추어 두었다는 것이 무엇인지, 왜 악하고 게으르다고 하시고 사단의 형벌로 떨어지게 되었는지부터 깨달아 알고, 자신이 먼저 한 달란트의 사명부터 알고 능력을 갖추는 그것이 믿는 것의 정도요, 예수님을 영혼으로 모셔 들일 수가 있는 것이요, 예수님과 인격적인 관계로 맺는 믿음이 되는 것입니다.

여러분, 우리는 이방인으로서 예수님을 믿으러 나온 것입니다. 예수님께서 마태복음 13장에 분명히 말씀하셨습니다. 천국은 마치 밭에 감추인 보화와 같다. 사람이 이를 발견한 후 숨겨두고 기뻐하여 돌아가서 자기 소유를 다 팔아 그 밭을 샀다고 말입니다. 유대인 밭 속에, 유대인들 속에 감춰 있듯이 한 하늘의 보화, 즉 그들 속에서 구주 예수님을 발견하고 기뻐서 돌아가 자기 소유를 다 팔고 그 밭을 샀다고 했습니다. 그러면 여러분은 예수님 발견하고 기뻐서 자기 소유를 다 팔아 버렸습니까? 자기 소유 팔아 버렸느냐고요? 근데 예수님 발견하고 기뻐서 자기 소유를 팔아 버린 것이 아니라, 오히려 자기 소유 어찌 될까 봐서 예수님의 이 같은 말씀들은 자기에게는 해당 없는 것으로 해버리고, 자기가 믿는 이유는 예수님 발견한 것 기뻐서 그 기쁨 때문에 예수님 전하는 것이 아니라, 하나님께 무엇 좀 도와주시라고, 응답해주시라고 했더니 응답해주셨다고, 그것을 기쁘다고 간증하며 전하러 다니는 것입니다. 예수님께서는 유대인들이든, 이방인들이든 관계없이 사람이 예수님을 발견하고 기뻐서 자기 소유를 다 팔아 그 밭을 샀다고 하셨습니다. 그러니까 자기 소유를 다 팔아 버려야만 그 밭을 사게 됨을 말씀한 것입니다. 자기 생각, 자기 이론, 자기 방법, 자기 경험, 자기 지식, 자기 머리 다 팔아야 육의 정욕, 육의 안목, 육의 자랑 다 팔아 버려야 밭을 살 수 있음을 말씀한 것이라는 말입니다.

그러면 왜 천국을 샀다, 예수님을 샀다고 하는 것이 아니고 그 밭을 샀다고 하는 것입니까? 그 밭의 유래와 역사는 곧 예수님을 말씀하는 것이기 때문입니다. 그러므로 그 밭의 유래와 역사를 알아야, 즉 하나님의 창조하심과 이스라엘을 세우시고 넣으신 뜻, 그 영적 역사를 알아야, 성경의 구약 역사와 하나님의 뜻과 의도를 알아야 예수님을 정확히 알게 되고, 예수님을 모셔 들일 수 있는 자격을 갖추게 되고, 연합을 이룰 수가 있게 되기 때문에, 온 세상의 보화와 같으신 그 구세주 예수님을 발견하게 되어, 그분을 확실히 알아보기 위해 밭을 샀다고 한 것입니다. 그러면 팔아 버려야 할 것을 팔지도 않았는데 '아! 주님이 나를 위해 십자가 지시고 죽으시고 다시 사셨으니, 그 주님을 믿기만 하면 구원 얻는다고 하셨으니, 나는 구원받아 이제 천국 백성 되었다.' 하는 그것으로 구원이 확실히 보장되는 것일까요? 구원이 보장됩니까? 아니라는 것, 여러분이 이제 말씀의 가르침으로 분명히 알게 되었고, 자기의 지각으로 인정이 되었다고 생각합니다.

오늘날 우리는 예수님께서 다 이루어 놓으신 십자가 구원의 복음을 듣고 나와 예수님이 내 구주시라는 것, 예수님이 나를 위해 죽으시고 나를 위해 사셨으니 그 예수님을 믿으면 구원 얻는다는 이 복음으로부터 믿는 일이 시작되기 때문에, 그래서 그 일을 믿기만 하면, 믿고 시인하면 구원 얻는다는 것부터 듣고 받기 때문에 그래서 그것을 구원받았다고 말하고 있습니다. 그러나 이것은 구원받은 것도 아니요, 영으로 된 믿음이 아닙니다. 이 복음 들은 것을 시인한다고 구원받은 것인 줄로 착각하면 큰 오산입니다. 이때의 믿음은 영의 믿음이 아니고 단지 먼저 지식으로 받게 된 머리의 믿음일 뿐으로 그것이 한 달란트 받은 것과 같은 것입니다.

그러면 처음에 받은 이 한 달란트가 구원입니까, 사명입니까? 사명입니다, 사명! 사명인 것 이해하시나요? 달란트의 사명이라는 것 구원이 아직 아니라는 말입니다. 사명이라는 말입니다. 그러면 이 다섯 달란트의 일과 두 달란트의 일에 대한 뜻과 의미를 깨달은 믿음이 되지 않는다면 예수님으로 말미암은 구원이 있을까요, 없을까요? 없습니다. 하나님께서 믿기 위해서 하나님 앞에 나오는 개개인들에게 먼저 사명부터 주셨습니다. 사명이라 하니 목사 사명, 가르치는 사명, 복음 전하는 사명, 이런 타인을 위한 등등을 말하는 것으로 아는데, 말씀을 잘 배우고 알아 자기 자신을 바른 믿음으로 세우라는 자기에 대한 사명을 주셨다는 말입니다. 영의 구원을 이룰 수 있도록 이 방인인 우리 개개인에게 주신 달란트, 바로 사명을 주셨다는 말입니다. 그러면 한 달란트를 받아다가 땅에 감추어 두었던 이들을 통해서 우리가 무엇을 배워야 할까요? 바리새인 서기관 사두개인 성전 제사를 담당했던 유대교의 지도자를 통해서 자기 이론, 자기 지식, 자기 머리, 자기 생각, 자기 지혜, 자기 경험 다 팔아 버려야 함을, 육의 정욕, 육의 안목, 육의 자랑 다 팔아 버려야 함을 배우고 팔아 버려야 합니다. 그러면 팔아 버려야 할 것들은 본래 누구 것입니까? 사단의 것, 마귀의 것. 과거 마귀에게 속하여 살 때 가졌던 하나님과 원수 된 것, 하나님을 거스른 이 같은 육의 것들을 마귀에게 넘겨줘 버려야 한 달란트를 남기게 되는 것이고, 그다음 두 달란트를 남기기 위해서 즉 예수님과 나와의 관계를 이루어 예수님과 연합이 되기 위해서 구약과 신약을 잘 연결해주는 말씀을 듣고 배우는 것입니다.

마치 새것과 옛것을 그 곳간에서 내오는 집주인과 같은 천국의 제자 된 서기관들에게 예수님과 자기와의 관계에 대해 잘 가르침을 받고 배우는 것입니다. 또한, 자기 자신이 성경을 부지런히 읽고 성경을 아는 일에 열심을 내는 것입니다. 그래서 말씀을 배우면서 자신을 알고 예수님을 알고 만나는 체험을 계속함으로써 예수님과 연합을 이루는 관계가 되는 것, 영혼으로 맺은 신랑과 신부의 관계가 되는 것, 이것이 두 달란트를 남기는 일이 되는 것입니다. 이것이 슬기로움이요, 두 달란트 남기는 것이란 말입니다. 그래서 예수님을 믿는다는 사람들은 누구나 다 달란트를 자신에게 남겨야 합니다. '나는 예수님 믿고 구원받았다.'가 구원이 아니라 너 자신에게 달란트를 남겼느냐. 그것을 19에서 **회계할새** 하셨는데 바로 계산하신다는 말입니다.

롬10:10에 바울이 **사람이 마음으로 믿어 의에 이르고 입으로 시인하여 구원에 이르느니라** 했습니다. 그러면 '의에 이르고' 한 것은 완료입니까, 지향적입니까? 잘 이해를 해보세요. '이르고' 했으니 지향적입니다. 그러면 '구원에 이르느니라.'도 완료입니까, 지향적입니까? 지향적입니다. 또한, '주의 이름을 부르는 자는 구원을 얻으리라' 했지 구원을 얻었다가 아닙니다. 그렇다고 또 육체에서 떠나 하늘에 들어갈 때 구원받는다는 말 아니니 새겨들으십시오. 우리 믿음은 육체 안에서 구원이 완성되어야 한다는 것, 다 알고 있지 않습니까? 그러므로 육체로 있을 때 구원이 완성되어야 하는 것, 슬기 있는 자로 달란트를 자기에게 남겨야 하는 것임을 오늘 말씀을 통해서도 분명히 알게 되는 것입니다.

그런데 가르치는 자나, 믿는다고 하는 자나 다 자기 좋을 대로 인간 열심만 내고 있습니다. 진정으로 예수님을 인격적으로 만나 속사람이 거듭나야 하는 것이 먼저임에도, 말씀을 잘 배우고 팔아 버려야 할 것은 팔고, 사야 하는 것은 사는 믿음의 능력부터 갖추어야 함에도 그렇지 아니하고, 그같이 삼위 하나님과 관계되는 믿음으로 영혼의 구원을 얻기도 전에 먼저 직분을 받고 가르치는 자가 되고, 자기에게 좀 있는 재주, 자기 재능들 가지고 하나님께서 주신 달란트라고, 그 달란트 감당한다고 하는 참 웃지 못할 인본의 일들로 악의 영들이 주인이 되게 하고 있는 것입니다. 아니, 성경이 언제 그런 것들을 달란트라고 했습니까? 언제 어디에 그런 것들을 달란트라고 했나요. 또 언제 이방인들에게 가서 달란트 감당하라고 했나요. 믿는다는 사람들이 예수님께서 이 바리새인 서기관 사두개인과 유대교의 지도자들을 향해서 끊임없이 말씀하시는 것은 왜들 그렇게 안 보이는 것입니까, 왜들! 팔아 버려야 할 자기 소유가 있다면 죽었다가 깨어나도, 신앙생활 아무리 열심을 다해 했어도 영혼의 구원은 받지 못하는 것입니다. 먼저 자기 사상을 담은 머리의 소유를 다 팔아 버려야 비로소 예수님을 만날 수 있는 자격이 되는 것입니다.

참으로 사람들이 자기 생각을 따라서 믿고, 말씀 앞에 자기 이론을 높이고, 자기가 요리하듯 하면서 믿는다 하고 있기 때문에, 다 한 달란트 받아서 땅 파고 묻어 놓은 것과 같은 모습들이 되어 있습니다. 과거에 믿은 세월이 수십 년 된 어떤 권사가 목사와 함께 교회 중심이 되어서 열심히 교인들 가정 심방 다니고, 예배와 기도하러 다니고 교회 봉사한다고 열심을 품고 다녔는데, 나이 들어 한계가 오니 그 일을 못 하게 되자, 자기 마음에 기쁨이 없다고 말한 겁니다. 그리고 우울감에 빠져 살고 있다고 제게 그렇게 말을 했습니다. 열심히 할 때는 기뻐서 펄펄 날아다니다시피 했는데 그런 기쁨이 없다는 거예요. 그것이 바로 자기 열심이 행한 열매입니다. 열매! 자기 열심에 의해 자기가 만족을 얻고 자기가 기뻐했다는 것이 열매로 나온 것이란 말입니다. 지금 자기 안에 예수님이 오셔 계시고 예수님으로 살고 있느냐, 어떤 형편에 있던지 말씀으로 교제하며 살고 있느냐, 사귐이 되어 있느냐? 그래서 자기 안에 생명수의 기쁨이 있고 행복감이 있느냐 하는 것입니다. 아니면 그것은 자기 편리한 대로 믿는다고 한 자기 믿음일 뿐입니다.

그러니 달란트가 무엇을 말하는 것인지도 모르면서 달란트 감당한 다고 행위 위주가 되어 자기 열심에 의해 하다가, 그러니까 입으로는 구원을 받았어, 입으로는! 입의 말로는 구원받았고, 행위들로도 구 원을 받은 겁니다. 열심히 행한 행위들로는 구원을 받았는데, 그런데 정작 그 영은 구원되지 않았으니, 이후 예수님 앞에 설 때 문제가 뭡 니까. 예수님께서 "나는 네가 누구인지 모르겠다."라고 하신 청천벽력 의 말씀을 하신 겁니다. "아니, 왜 저를 모르시는 건데요? 저를 왜 모 르시는데요. 제가 얼마나 교회 일에 충성 봉사 희생을 열심히 하고 왔는데, 저를 왜 모르세요?", "목사님 말씀이라면 하나님의 말씀인 줄 알고 내 일도 제쳐놓고 열심히 하라는 대로 순종하고, 심방 잘 따 라다니고 고생과 수고를 마다하지 않은 저를 왜 모른다는 겁니까?", "저 달란트 감당하느라고 수고 많이 했습니다. 감당하느라고……", "내게 주신 그 끼, 재능 가지고 얼마나 사람들 앞에 자랑하며 달란트 감당하느라고, 사람들을 행복하게 하려고 웃기고 울리는 일 많이 하 고 왔습니다. 그런 수고 많이 한 저를 모르신다니요."

이같이 한 달란트 받아 땅에 묻어둔 자가 자기가 하나님을 잘 안 다는 듯 이론을 들이대 변명한 것처럼 변명을 늘어놓는 겁니다. 그러 나 예수님은 "그래, 네가 그 목사를 따른 것이지 나 예수를 따른 것 이냐? 악한 자야 나는 너를 모른다.", "예수님! 예수님이 나는 예수님 이 내 죄 때문에 십자가에서 피 흘려 죄 용서해주신 예수님의 그 피 를 알고 있는데요. 나를 구원해 주신 피 맞잖아요?", "그래, 너의 죄 악으로 영원히 불 가운데서 고통받을 곳에서 건져내기 위해 은이 단 련함을 받는 것과 같이, 그 고난으로 피 흘려주었는데 네가 그 피를 믿고 받아들였으면 거룩한 그 피가 네 안에서 살아서 너를 변호하는 피가 되어 있을 텐데 네 안에 거룩한 피가 보이지 않는구나. 네가 피를 사랑하여 세상을 이기고 산 것이 아니라, 육의 소욕을 좇아 살면서 나의 거룩한 피를 더럽히고 내 피가 모욕을 당하였으니, 너를 위해 이미 십자가에 달린 것으로도 족하다. 나를 떠나가라.", "아이고, 예수님! 예수님 믿어야 하는 것 알지만, 수없이 들어서 믿어야 하는 것 알고 있었지만, 세상 것들이 나를 즐겁게 해주는데, 사실 나도 마음이 좀 불편했지마는 거기서 벗어나기가 어려워서 그랬어요.", "그래? 그러면 그 세상에 네 구원을 부탁해봐라. 나는 널 모른다." 이처럼 나는 널 모른다가 될 것밖에는 없는 것입니다.

오늘도 여러분이 저의 이 말씀을 듣고 배워 적용하는 것으로 영적 사람의 능력을 갖춰야 하는 것이 남겨야 하는 달란트 주신 것임을 알기 바랍니다. 예수님의 말씀을 바로 깨달아 그 말씀대로 할 때만이 믿음이라는 것을 알기 바랍니다. 여러분, 여러분은 성경을 얼마나 가까이하고 말씀을 읽습니까? 혹 하나님의 말씀이 TV만도 못한 것이 돼 있지는 않습니까? 말씀을 사랑해야 할 여러분이 혹 컴퓨터를 더 사랑하고 있지는 않습니까? 들고 다니는 스마트폰 등을 더 좋아하고 사랑하고 있지 않습니까? 그거 없으면 못 살 것 같으면서도 성경 말씀은 없어도 되는 그런 자세는 아닌가 말입니다. 예수님을 믿는다면 함께 심판에 들어갈 것들에 집착하고, 자기 영혼을 거기다 팔고 있을 수는 없습니다. 오히려 다 팔아 버려야 할 것들입니다.

여러분 성영님을 의지하여 말씀을 늘 가까이하십시오. 말씀을 많이 읽으십시오. 저는 지금 때늦은 이야기를 여러분에게 또 하는 겁니다. 때늦은 이야기를! 때늦은 말을 여러분에게 또 하는 겁니다. 아주

습관적으로 성경을 읽는 그런 열심들을 가지십시오. 우리가 예수님으로 사는 자가 되었다면, 그 믿음이 되었다면 분명히 삶의 가치관이 달라지는 겁니다. 과거에는 돈이나 명예나 학식 등등을 가치로 알고 삶의 목적으로 삼고 그것을 쫓아 살았지만, 예수님으로 사는 믿음이 되고 보니 그것은 육의 것이요, 하나님께 원수 된 삶이요, 세상에서 끝나버릴 것들임을 알게 되어 당연히 그런 것들을 다 팔아 버리고 나오게 되는 것입니다. 이제는 하늘의 새로운 것을 구해야 할 것을 알기 때문에, 예수님을 사랑하여 말씀을 따르고자 힘쓰는 대로 돌아서게 되는 것입니다. 그래서 마10:37에 **아비나 어미를 나보다 더 사랑하는 자는 내게 합당치 아니하고 아들이나 딸을 나보다 더 사랑하는 자도 내게 합당치 아니하고** 하신 예수님의 말씀이 충분히 깨달아져 이해하게 되는 것입니다. 왜 예수님보다 더 사랑해서는 안 되는지 알게 되니 이제 사랑을 어떻게 하는 것인지도 알게 되는 것입니다.

예수님은 십자가에서 '다 이루었다'고 마지막 말씀을 하시고 운명하셨습니다. 다 이루었다는 것은 사단의 사망 권세가 깨어졌으니 죽음이 끝났고, 죄를 대속하셨으니 죄인이 용서받아 구원이 이루어졌고, 율법의 요구를 만족케 하였으니 저주가 끝났고, 율법의 정죄나 의문에 쓴 증서나 모든 절기가 다 폐하여 하나님과 원수 된 관계가 화해되어 화목하게 되었고, 영과 혼과 육체가 고침 받아 나음을 얻게 되었고, 순종할 수 있는 길이 열렸다는 말씀입니다. 그러므로 죄를 용서받은 것이요, 죽음에서 생명을 얻은 것이요, 예수님으로 말미암아 하나님은 아버지가 되신 것이요, 이제 하늘 아버지께 나아가 아버지를 보고, 아버지의 복을 받게 된 자녀가 된 것입니다. 따라서 예수님께서 피 흘려 나 같은 죄인을 용서해주셨으니, 이제 자기를 비롯

하여 모든 사람을 또한 용서할 수 있게 된 것입니다.

그래서 이제 나 외에 모든 사람들, 부모이든 형제이든 자식이든 남편이든 아내이든 이웃이든 간에 그동안 미움의 관계로 살던 것을 다 용서받고 용서함으로써 화해로 문을 열고, 구원의 길로 이끄는 영혼 사랑을 하게 된 것입니다. 사랑도 과거엔 육적인 사랑이었지만, 이제 그 육을 십자가에 못 박아 죽음에 내줘버렸음으로써 자식도 혈육으로 사랑하던 것, 어찌 되었든 자기 자식이 잘되고 잘 먹이고 잘 입히고, 자기 자식 훌륭하게 되길 원해서 몸부림쳐 온 이기적인 사랑, 혈육 사랑이었지만 이제는 육 사랑을 버리게 되는 것입니다. 부모에게도 과거엔 우상 섬기는 것을 당연시하여 동행도 해드렸지만, 이제 부모라 할지라도 오직 예수님 외에는 어떤 것도 섬겨서는 안 되는 것을 분명히 전하고 핍박이 있어도 타협하지 않게 되고, 자녀가 짐승과 친밀하고, 짐승을 애완용으로 키우겠다고 하면, 과거에는 세상이 그러니까 하면서 당연시했지만, 이제는 영적인 세계를 통해서 자녀의 영혼이 짐승을 통해 역사하는 귀신의 영에 붙잡히고 더러워진다는 것을 알게 되었으니, 더러운 귀신들의 영향을 받는 그런 것들에서 보호하게 되고, 오직 예수님을 주기 위한 사랑으로 전투해 나가게 되는 것입니다.

그래서 부모나 자식이나 남편이나 아내나 모두에게 혈육적인 관계에서 나누던 옛사랑의 일들을 타협하거나 용납하면 그것은 예수님(하나님)께 합당치 않은 것입니다. 육의 사랑을 철저히 돌이켜야 마침내 십자가의 사랑으로 승리할 수 있게 되어서, 그들로 예수님을 믿게 할 수가 있게 되는 것입니다. 그래서 예수님을 만나기만 하면 인생의 가치관과 목적이 바뀌는 겁니다. 돈을 버는 목적도 바뀌는 겁니다.

돈에다 목숨 걸지 않습니다. 과거에는 교회 일을 열심히 하는 것도 대부분 하나님이 집안 잘되고 돈 잘 벌게 해주시는, 이런 복 달라는 것에다 초점을 두었지마는 이 같은 것도 육의 욕구요, 하나님과 원수요, 원수 된 육의 생각임을 알게 되는 것입니다.

고전 10:31에 **먹든지 마시든지 무엇을 하든지 다 하나님의 영광을 위하여 하라** 하였으니 봉사하는 것도 전도하는 것도 모든 것이 다 아버지 하나님의 뜻이 이루어지기 위해서 그 믿음으로 일하게 되는 것입니다. 생명을 구원하는 일에 아버지의 뜻이 이루어지기 위해서 합당하게 일하는 믿음이 진정한 복이요, 달란트 남기는 일이기도 하는 것입니다. 우리가 예수님을 믿고 남겨야 할 달란트의 사명을 행하는데는 자기가 있을 수 없고 자기 생각을 따라 행할 수 없는 겁니다. 오늘 우리는 달란트의 말씀을 깨달아 보았습니다. 자신에게 남겨야 하는 것에 대해서도 알아보았습니다. 하나님의 것을 충실히 행하여 다 각자 자기에게 남기는 것이 되어서 아버지의 즐거움에 참여하는 복이 있길 바랍니다. 여러분이 바른 지식의 말씀으로 행하는 믿음이기를 바라며 오늘 달란트 비유 말씀을 여기서 맺습니다.

나에게 우리에게 말씀으로 복 주고 복 주신, 아버지와 예수님과 성령님께 참으로 감사드리오며 모든 영광을 온전히 돌립니다. 아멘

제 2 장
(1) 달란트와 열 므나 비유

¹¹저희가 이 말씀을 듣고 있을 때에 비유를 더하여 말씀하시니 이는 자기가 예루살렘에 가까이 오셨고 저희는 하나님의 나라가 당장에 나타날 줄로 생각함이러라 ¹²가라사대 어떤 귀인이 왕위를 받아 가지고 오려고 먼 나라로 갈 때에 ¹³그 종 열을 불러 은 열 므나를 주며 이르되 내가 돌아오기까지 장사하라 하니라 ¹⁴그런데 그 백성이 저를 미워하여 사자를 뒤로 보내어 가로되 우리는 이 사람이 우리의 왕 됨을 원치 아니하노이다 하였더라 ¹⁵귀인이 왕위를 받아 가지고 돌아와서 은 준 종들의 각각 어떻게 장사한 것을 알고자 하여 저희를 부르니 ¹⁶그 첫째가 나아와 가로되 주여 주의 한 므나로 열 므나를 남겼나이다 ¹⁷주인이 이르되 잘하였다 착한 종이여 네가 지극히 작은 것에 충성하였으니 열 고을 권세를 차지하라 하고 ¹⁸그 둘째가 와서 가로되 주여 주의 한 므나로 다섯 므나를 만들었나이다 ¹⁹주인이 그에게도 이르되 너도 다섯 고을을 차지하라 하고 ²⁰또 한 사람이 와서 가로되 주여 보소서 주의 한 므나가 여기 있나이다 내가 수건으로 싸 두었었나이다 ²¹이는 당신이 엄한 사람인 것을 내가 무서워함이라 당신은 두지 않은 것을 취하고 심지 않은 것을 거두나이다 ²²주인이 이르되 악한 종아 내가 네 말로 너를 판단하노니 너는 내가 두지 않은 것을 취하고 심지 않은 것을 거두는 엄한 사람인 줄을 알았느냐 ²³그러면 어찌하여 내 은을 은행에 두지 아니하였느냐 그리하였으면 내가 와서 그 변리까지 찾았으리라 하고 ²⁴곁에 섰는 자들에게 이르되 그 한 므나를 빼앗아 열 므나 있는 자에게 주라 하니 ²⁵저희가 가로되 주여 저에게 이미 열 므나가 있나이다 ²⁶주인이 가로되 내가 너희에게 말하노니 무릇 있는 자는 받겠고 없는 자는 그 있는 것도 빼앗기리라 ²⁷그리고 나의 왕 됨을 원치 아니하던 저 원수들을 이리로 끌어다가 내 앞에서 죽이라 하였느니라

(눅19:11-27)

우리가 므나 비유 말씀을 읽었는데 이곳은 접어놓고, 마25장의 달란트 말씀을 먼저 좀 보겠습니다. 달란트 비유 말씀을 이미 여러분에게 다루어 드렸는데, 그런데 성령님께서 제게 계속 마땅해 하지 않으시는 느낌을 주시면서, 다른 말씀 준비를 하지 못하도록 막으셨습니다. 왜 그러시는가를 계속 물으니 달란트에서 더 깨달아야 한다는 감동을 주셔서, 달란트에 대해 좀 더 말씀을 드릴 것으로 하고 므나로 가려합니다. 달란트와 므나는 그대로 연결되는 비유입니다. 달란트는 신구약의 모든 사람에게 해당되고, 므나는 신약 사람에게 해당됩니다. 그래서 오늘날 예수님을 믿기 원하면 누구든지 먼저 남기라는 것을 깨달아 알고 남겨야 하지, 남기지 않으면 한 달란트를 땅을 파고 감춘 악하고 게으른 종으로 판결되어 심판에 떨어지는 것입니다. '금 달란트'라 한 '금'은 신영한 하나님의 일로써 그 하나님의 일을 자신에게 남기라고 맡겨주신 사명을 말하고, 둘째는 믿음을 말한다고 말씀드렸습니다.

하나님께서 이스라엘 자기 백성에게 하나님의 일, 백성을 죄에서 구원하실 하나님의 일을 맡기시고, 그리스도가 오시도록 하는데 길의 사명을 행하게 하셨습니다. 그같이 피 흘리러 오실 구주, 곧 메시아에 대한 믿음을 굳게 가지고 맡기신 일을 충성되게 하여야 했습니다. 그것이 달란트 비유 14절에서 말씀하는 하나님의 소유입니다. 이렇게 구약 성도가 행한 다섯 달란트 두 달란트의 일을 신약 사람들이 받아서, 구약 성도가 남긴 그 일, 즉 하나님의 그 속에 두신 의미와 뜻을 깨달아 자신에게 적용한 그 믿음으로 서야 하는 일입니다. 그것이 신약 성도가 받아야 할 달란트의 일이요, 달란트를 남긴 일이 되는 것입니다. 그렇게 개개인이 달란트를 남겨야 그다음 므나 비유에 해당이 됩니다. 달란트를 남기지 않으면 므나 비유에 해당이 되지 않습니다. 남겨야 하는 것이 우리에게 주신 사명이요, 그 사명을 행하는 것이 바른 믿음이 되는 일로써 자신에게 달란트를 남기는 것이 되는 것입니다. 달란트에서 '남겼다'는 것으로 표현했잖아요? 그래서 남기는 것이 하나님께서 우리에게 주신 사명이요, 믿음의 일이예요. 이해됐습니까?

하나님께서 이스라엘에 달란트(행할 사명)를 주시면서 그것을 장사하여 남기라고 하셨습니다. 율법을 지켜 행하라 하시고 율법을 고의로 범한 자는 돌로 쳐 죽이고 심판을 받는다고 하셨습니다. 그러나 하나님의 의도는 율법을 지키라는 것에 목적을 두신 것이 아니고, 그 수백 가지의 율법을 지키려고 애쓰지만, 지켜낼 수 없는 인간의 약함을 통하여 인간 자신이 하나님께 죄 범한 죄인임을 깨닫게 하시는 데 있다고 항상 말씀을 드렸습니다. 이스라엘은 율법을 지키지 못하는 자신들의 죄성을 보고, 하나님의 심판 앞에 놓인 불가피한 존재라는 것을 알게 됐습니다. 그래서 죄를 모르는 흠 없는 가축에게 죄를 전가하여 생명의 피를 흘려 제물로 드리게 함으로써 죄를 용서받게 하셨고, 그렇게 율법을 범하여 죄를 지을 때마다 피를 흘려야 했습니다. 이것은 죄인을 용서하시는 하나님의 사랑과 자비를 알게 하고, 그 죄를 대신 지고 피 흘려 생명을 내놓아 단번에 죗값을 치르실 그리스도가 오실 것을 가르치는 뜻이었습니다.

하나님께서 백성에게 은혜를 베푸시겠다고 언약하시고, 피 흘려 죄를 용서해주실 분이 오실 때까지 그 예표로 정결하고 흠 없는 소나 양, 염소 등으로 피 흘리게 하여 화해의 제물로 가지고 나오도록 하신 것입니다. 그래서 구약 사람들이 달란트 남기는 일은, 이 믿음을 가지고 언약의 말씀과 함께 종교법이라고 하는 성전 제사, 절기, 또는 안식일을 지키고, 하나님이 제시한 방법대로 준수하며 그리스도를 기다리는 일이었습니다. 이 일들은 모두 예수 그리스도를 예표하여 알게 하는 일이요, 예수님을 만나는 일입니다. 그래서 구약의 달란트는 율법으로 자신이 죄인임을 깨닫는 것이요, 제사나 절기나 안식일이나 성전의 모든 과정 하나하나가 죄인을 구원하실 예수님과 예수님의 일을 알게 하여 연합을 이루는 것임을 아는 것이요, 그 예수님께 연결이 되었을 때 그것이 달란트 장사를 잘한 것입니다. 또한, 백성에게 그 뜻을 가르쳐서 같은 믿음 안에 있게 하는 것이 달란트 장사를 잘한 것입니다. 그래서 오늘날 신약 성도가 이 뜻을 그대로 받아 배우고 앎으로서 자신에게 적용하여 예수님을 만날 믿음의 능력을 갖추는 그것이 달란트를 남기는 일입니다. 한 달란트의 일을 깨달아 한 달란트의 일을 남기는 자가 되고, 아브라함에게 언약하신 그 언약의 뜻을 배우고 받아들인 믿음이 되고, 모세와 언약하신 율법의 뜻과 성전을 배워 받아들인 믿음이 되는 그것이 달란트 남기는 일이라는 말입니다.

그래서 다섯 달란트 두 달란트는 마음과 눈과 귀를 온전히 하나님의 말씀에다 두었으므로 여호와 하나님께 맞힌 지혜가 있어 장사를 뜻대로 잘하여 예수님께서 오실 수 있는 길을 열어놓게 되었습니다. 그러면 다섯 달란트는 누구이며 두 달란트는 누구인가? 아브라함이 다섯 달란트입니다. 이스라엘이 두 달란트입니다. 한 달란트는 유대인들입니다. 그런데 이 유대인의 바리새인 서기관 사두개인 또한 성전 제사 직무를 맡은 대제사장 또 제사장들은 그렇게 오랜 세월 구주의 언약을 가지고 소나 양 잡아 피 흘리며 기다린 그 그리스도 예수님이 그들 눈앞에 오셨는데 보지 못하고, 오히려 하나님을 모독한 자로 몰아 십자가에다 못 박아 죽였습니다. 왜 그들이 그렇게 기다린 메시아를 눈앞에 두고도 보지 못하고, 직접 들으면서도 만나지 못했다고 했습니까? 한 달란트를 땅을 파고 감추어 두었기 때문입니다. 이것을 '악하고 게으른 종'이라 하시고, 하나님에게서 내쫓김을 받게 되었다는 것을 우리가 분명히 보았습니다.

또한 하나님의 한 달란트를 땅에 감추어 두었다고 하는 것은 의도적인 행위로서 그것은 무엇을 말하는지 우리가 깨달아 보았잖습니까? 바로 하나님의 계시 위에다, 하나님의 뜻 위에다 자기 생각과 이론을 올려놓고 자기주장을 세워놓음으로써, 하나님께서 인간을 맞추어야 하는 하나님으로 만들어 놓았다고 하지 않았습니까? 그같이 인간의 생각에 맞는 하나님으로 만들고 섬긴다고 했으므로, 표적에서 완전히 나가 버린 것이라 예수님을 보지 못한 것입니다. 한 달란트의 사명을 받은 그들은 그같이 한 달란트를 남기지 않고, 자기 본위를 말씀 앞에 세웠으므로, 그것은 죄 중의 죄로서, 하나님의 무서운 심판을 피할 수가 없게 되었습니다. 그동안 하나님께서 이들에게 선지자들을 보내 회개하여 돌이키라고 외치게 하였지만, 오히려 그 선지자들을 잡아 죽였습니다. 그것은 고의로써 하나님의 심판을 받겠다는 것을 자기가 선고한 것이 되었고, 오늘날도 또한 이같이 보내신 말씀을 듣고도 돌이키지 않고, 비난하고 냉소적이면, 그것은 고의적인 죄가 되어 큰 심판에 함께 들어가게 될 것입니다.

그러므로 오늘날 우리 자신에게 남겨야 하는, 남기라고 주신 달란트는 무엇인가를 이제 다 알게 되었지만, 이같이 이스라엘을 통해서 역사하신 하나님의 뜻을 부지런히 탐구하여 살피고, 자기도 절대 절망에 처한 죄인이라는 것을 깨닫는 것이 달란트 남기는 일입니다. 율법을 들여다볼 때, '아! 나도 절대 절망에 빠진 죄인이구나, 피할 수 없는 죄인이라'는 것을 깨닫는 그것이 자신에게 남기는 달란트라는 말입니다. 성경은 인간인 자기가 누구인가를 알도록 분명한 해답을 제시해 주고 있고, 인간이 가야 할 길을 가르쳐주고 있으니, 그러므로 부지런히 성경을 살펴 그것을 알라는 것입니다. 오늘 한 달란트를 감추어 두었더니, 그것이 하나님 앞에 겸손이고 하나님을 경외하는 일인 줄 알고 있던 이들을 오히려 하나님께서는 악하고 게으른 종이라고 저 바깥 어두운 데로 내쫓으라고 하셨다는 것 아닙니까. 자기는 그것이 합당한 것인 줄 알고 자랑스럽게 땅에 감추어 훼손하지 않고 그대로 가져다드렸는데, 하나님은 네가 표적을 잘못 맞히었다, 그러므로 악하고 게으른 자라고 내쫓으라고 하셨지 않습니까? 오늘날도 실지로 이 같은 자리에 있는 허다한 사람들이 하나님께서 자기 믿음을 인정하시리라 믿고 있다는 것을 아십시오. 그러나 말씀하신 대로가 아니면 다 표적에서 빗나간 것이라는 것도 아십시오.

하나님께서 달란트를 주셨다고 하는 것은 장사하여 자기에게 이윤을 남기라고 하는 것이니, 그러면 여러분, 장사하려면 부지런해야지 게으르면 그거 망하기로 작정한 것 아니겠습니까? 장사하려면 부지런해야 하지요. 게으르면 망해 먹겠다고 작정하고 덤빈 것이지요. 장사하는 사람들 보면, 이득을 남기려고 아침부터 밤까지 억척스럽게 하잖아요. 하루도 쉬지 않고 열심히들 합니다. 그 같은 정신으로 달란트를 남기기에 열심을 다하라는 것입니다. 물론 열심히만 한다고 되는 것이 아니라 처음은 시행착오도 겪으면서 장사의 지혜를 얻어야 합니다. 물건을 보는 눈도 키워야 하고, 손해 입지 않고 이문을 남길 수 있는 좋은 물건을 고를 수 있는 안목도 있어야 합니다. 장사는, 학문을 많이 했다고 해서 잘하는 것 절대 아닙니다. 저는 오히려 학문이 없어도, 글을 잘 몰라도 장사를 잘하는 경우를 주변에서 여럿 보았습니다. 장사 잘하여 성공한 사람들을 여럿 보았어요. 돈 많이 벌었다는 것을 제가 성공이라고 표현했는데, 잘못 표현한 것 같기도 합니다. 그래서 달란트를 남겨야 하는 것에는 이처럼 장사하는 것과 같아야 함을 말씀하는 것입니다. 자기에게 남겨야 하는 것들을 찾아서 성경을 부지런히 살피고 탐구하여 남기라는 것입니다. 그것이 생명 얻는 길이요, 영의 양식이 되어 생명을 풍성히 얻는 일입니다.

"아유~ 나도 달란트 열심히 불려서 남기고 싶은데, 알면서도 장사할 재주도 없고 성경을 어떻게 봐야 하는지 도무지 능력도 안 되고, 성경을 봐도 무엇을 말하는 것인지 깨달을 수도 없으니, 나는 어떻게 하면 좋으냐?"라고 낙심하는 사람에게 달란트 남기고자 하는 소망이 분명히 있다면, 27에 뭐라고 하셨습니까? 네가 장사 소질이 없는 것이면, 참으로 달란트를 남기기 원하면 **그러면 네가 마땅히 내 돈을 취리하는 자들에게나 두었다가 나로 돌아와서 내 본전과 변리를 받게 할 것이니라** 하지 않으셨습니까? 무슨 말씀입니까? 여러분, 돈을 은행에 맡기면 나중에 본전과 함께 이자가 따라와요, 안 따라와요? 이자가 붙지 않습니까? 그것처럼 너 스스로가 달란트 남기는 능력이 안 되면 은행에다 본전을 맡겨 이자를 받듯이 마13:52에 새것과 옛것을 그 곳간에서 내어 오는 집주인과 같은 천국의 제자 된 서기관에게, 구약과 신약, 율법과 복음을 잘 연결하여 깨닫도록 가르쳐주는 그 서기관에게 잘 듣고 배워서 네 것으로 남기지 않았겠느냐는 말씀입니다. 내 원금과 이자를 받게 하였으리라는 말씀입니다. 또는 내가 내 원금과 이자를 네게서 받게 하라고 하는 말씀입니다. 예수님께서 많은 사람을 제자로 삼아 가르쳐 지키게 하라고 말씀을 맡겨 준 그런 예수님의 사람들에게, 천국의 제자 된 서기관에게 듣고 배워서 깨달아 남기라는 것입니다. 자신이 깨달을 능력이 되지 않으면 듣고 배우는 열심을 가지고 너에게 이득이 있게 하였지 않겠느냐는 것입니다. 그래서 핑계할 수가 없습니다. 이해됐습니까?

그러면 첫째 기본적으로 자신에게 남겨야 하는 달란트는 무엇입니까? 율법으로 자신이 절대 절망의 죄인이라는 것을 진정으로 깨닫는 것이고, 둘째 남겨야 하는 달란트는, 율법에서 피 흘리는 목적이 뭡니까? 죄를 사하시는 것이므로 곧 피 흘리러 오신 예수님께 표적이 되었을 때 달란트 남기는 것이 되는 것입니다. 바로 죄인의 구주로 오셔서 피 흘려주신 구주 예수님을 믿고 영접하여 말씀을 따르는 것이 자기에게 달란트 남기는 일인 것입니다. 그러면 이것을 모르는 분 있습니까? 여러분은 죄인이요, 예수님은 구주시라는 것, 여러분이 모를까 봐서 제가 오늘 이것을 말하는 것일까요? 최소한 이 달란트로 말씀하고자 하는 것이 무엇인지를 모르면 속게 되어 있으니, 모르면 믿음을 바로 가질 수가 없으니 확실히 알고 믿자는 말입니다.

사람들이 이 달란트 가지고 다 무엇으로 나갔습니까? 사명, 재능, 이런 뜻을 가졌다니까 달란트를 감당해야 한다, 사명을 감당해야 한다는 것으로 다 나가서, 달란트 감당해야 한다고 행위 위주가 되어 무조건 열심히 뛰지 않습니까? 참으로 하나님과 관계없는 직분들 떠맡기고, 또는 맡아서 열심히만 하면 된다는 종교심으로 쫓아다니게 하는, 이런 행위의 외적인 것들로 하나님의 일한답시고 착각하고, 그 것이 잘 믿는 것인 줄 아는 것으로 돌아가 버렸습니다. 심지어 자기 목사도 인격적으로 존중하고 존경하는 것이기보다는, 신처럼 떠받들 고 섬기는 것으로 관계를 맺고 있는 겁니다. '달란트'라고 하는 것은 하나님께서 주시는 하늘의 재능이 있는데, 그 재능은 하나님의 말씀 을 깨달아 알고 자신에게 남길 수 있게 하려고 주신 것이라는 뜻입니 다. 하나님께로부터 온 재능은 곧 성영님의 적극적인 개입입니다. 성 영님으로 말미암은 것을 말합니다. 그래서 자기에게 불릴 수 있는 하 늘의 재능을 주셨다는 뜻이에요. 또한, 그것이 하나님이 우리에게 주 신 사명입니다. 이 사명은 하나님의 모든 뜻으로 자신에게 남기는 것 으로 불리게 되면, 다른 사람에게로 이 달란트를 남길 수 있도록 가 르치고 전하는 일을 맡겨주십니다. 이것이 바로 므나의 일이예요.

그러니까 뛰어다니는 것하고 맞아요, 안 맞아요? 맞지 않습니다. 말씀의 의도, 달란트의 뜻하고는 전혀 맞지 않습니다. 이것은 하나님 이 주시기 원하는 것으로서 사람이 반드시, 절대로 자기에게 남겨야 하는 하나님께 들어가는 영적인 것입니다. 하나님께서 주시는, 하나 님께로부터 오는 것이라는 말입니다. 그래서 15에 '재능대로' 한 '재능' 이 각 사람에게 '성영님이 주신 대로'라는 말입니다. 재능을 '소질'이라 고도 합니다. 하나님에게서 오는 소질! 마16장에 베드로가 **주는 그리 스도시오 살아 계신 하나님의 아들이니이다**를 고백하자 예수님께서 **바요나 시몬아 네가 복이 있도다 이를 네게 알게 한 이는 혈육이 아 니요 하늘에 계신 내 아버지시니라** 하셨습니다. 네 머리가 알고 있는 것이 아니라 하나님이 네게 알게 하셨다, 하나님의 것은 하나님께서 알게 하신다는 말입니다.

그래서 성영님이 오셔서 기록된 하나님의 전 뜻을 알려주시고 알게 하시는 것입니다. 자기 머리로 아는 것이 아닙니다. 자기 머리로 아는 것은 그렇게 하나님을 위해서 감당해야 한다는 것이 되어 오늘 30의 말씀으로 들어가는 것입니다. 그러니까 우리는 성영님으로 성경 보고 성영님으로 깨닫고 성영님으로 알고 성영님으로 행하고 성영님으로 말하고, 성영님으로 가르치는 것입니다. 그래서 하나님이 주시는 재능, 그 달란트는 자신에게 남긴 것도 없는데, 뭐나 된 것처럼 사명 감당한답시고 뛰어다니는 것을 말하는 것이 아니라는 것, 깨달아야 할 너무나 중요한 것이라는 것을 알기 바랍니다. 하나님의 것으로 불려 나가라는 말입니다. 그것을 장사로 비유하신 것이고 그것이 각 사람에게 주신 사명이라고 말씀한 것입니다. 예수님이 오신 것은 하늘의 것을 주시려고 오셨다는 것을 깨달은 사람, 거기다 맞추는 사람에게 주시는 영적인 것입니다. 그러므로 하늘의 것을 소유하려고 하는 간절함이 되어야 자기에게 하늘의 것을 남기게 하시는 것입니다.

예수님을 땅의 것 주려고 오신 것처럼 하면 그것은 달란트를 왜곡하여 놓는 자기 머리요, 자기 생각이요, 오늘 본문 24, 25에서 말하는 사람입니다. 여기 한 달란트 받은 자가 한 말을 들어보겠습니다. **한 달란트 받았던 자도 와서 가로되 주여 당신은 굳은 사람이라 심지 않은 데서 거두고 헤치지 않은 데서 모으는 줄을 내가 알았으므로 두려워하여 나가서 당신의 달란트를 땅에 감추어 두었었나이다. 보소서 당신의 것을 받으셨나이다** 했습니다. 그런데 그 대답은 30에 **이 무익한 종을 바깥 어두운 데로 내어 쫓으라 거기서 슬피 울며 이를 갊이 있으리라 하시니라** 하셨습니다. 오늘날 교회들이 아까도 말했지만,

달란트를 연결하여 말하기를 하나님의 복을 받으려면, 하나님을 위해서 열심히 일하고 봉사하는 것으로 달란트를 감당해야 한다고 말합니다. 달란트는 돈의 명칭이니 돈은 사용하라는 데 있다는 점을 들어서 그렇게 하나님께서 재능을 사용하라고 주셨으니 자기에게 있는 재능을 하나님을 위해서 사용하라고 가르칩니다.

그러나 달란트라는 돈의 명칭을 말씀하신 것은, 돈은 사고파는데 사용되는 것이므로, 그같이 장사꾼이 장사하듯 너희가 마귀의 것은 팔아 버리고 하나님의 것은 사라는 말씀입니다. 그것을 '장사하여'라고 한 것입니다. 그러니 사람들이 '그러면 하나님이 내게 주신 재능(달란트)은 무엇일까' 하고 보니 자기가 노래를 좋아하고 목소리가 남보다 좀 좋다는 생각이 드니 '아! 나는 찬양 부르는 것으로 달란트 감당하라고 내게 좋은 성대 주셨는가 보다.' 하고 기분에 들떠서 나가 찬양 부른다고 하다가 자기 열심, 자기도취에 빠지는 겁니다. 또 내게 주신 달란트는 무엇일까? 생각해보니 가르치는데 소질이 있다는 자기 생각에 아이들의 교사가 되어서 열심히 성경 이야기를 가르칩니다. 인간의 이야기로 풀어서 옛날이야기 들려주듯 하는 것이지요. 복음에 대해서 의에 대해서 제대로 알고 받지 못한 사람들에게, 그것이 복을 받는 길이라고 인간적인 선으로 선행하게 하는 훈련을 하고 있음으로써, 사람들에게 길을 잘못 가게 하고 있다는 말입니다.

그래서 소경이 소경을 인도하는 것과 같아서 바리새인 서기관 사두개인이 되고, 복음의 의가 세상에 드러나지 못하게 하는 종교로 전락시켜 놓는 것입니다. 교회가 참 좋은 일 한다고 세상이 칭찬하고 들어오는 것이 하나님의 일인 것처럼, 하나님께 영광이 되는 것처럼 착각한다는 말입니다. 교회가 좋은 일 하여 세상에 인정받아야 사람들이 교회를 친근히 여겨 나오지 않겠느냐 하는 거지요. 그러나 이것은 인간 열심이요, 인간 생각이요, 인간 방법이요, 성경의 가르침이 아닌 인간 중심에서 나는 인지상정의 발상입니다. 사람이, 교회가 참 좋은 일 하는 것 보고 감동이 되어 교회 나왔다고 한다면, 그도 종교인 노릇을 하는 사람밖에 되지 않습니다. 그렇다고 좋은 일 하지 말라는 것이 아니니 새겨듣기 바랍니다.

달란트를 주신 것은, 마귀의 것은 깨끗이 팔아 버리고 하나님의 것은 부지런히 사서 자기의 것으로 남기라고 하는 것입니다. 요6:28, 29에 하나님의 일은 뭔가 열심히 행동하고 다녀야 하는 줄로 알던 제자들이 예수님께 **우리가 어떻게 하여야 하나님의 일을 하오리이까** 물었습니다. **예수님께서 대답하여 가라사대 하나님의 보내신 자를 믿는 것이 하나님의 일이니라 하시니** 하셨습니다. 하나님의 보내신 분이 누구예요? 바로 예수님입니다. 그러므로 열심히 무엇을 해야 그것이 예수님 잘 믿는 것인 줄로 오해하던 것, 하나님께서 복 주신다, 복 받는다고 오해하던 것 다 내려놓고 먼저 자기에게 달란트 남기라고 주신 그 사명부터 철저히 감당해야 할 것입니다.

또 저의 이 말들에 오해하지 않아야 할 것은 우리가 함께 모여 예배드리는 장소에는 해야 할 일들이 있지 않습니까? 청소라든가 식사라든가 등등의 따르는 일들이 있는데, 이런 공동체 모임에서 있는 일들은 어떤 특정인이 복 받는다고 하는 일처럼, 또는 그것이 사명이라서 해야 하는 것처럼 생각해서는 안 됩니다. 물론 교회 일원으로서 사명감처럼 생각하여 맡아서 일할 수는 있습니다. 그러나 이 공동체 생활은 믿음이 있어서 또는 사명이 있어서 하는 것이 아니라, 너나 할 것 없이 같이 참여하는 것입니다. 믿음이 있든 없든 상관없습니다. 무엇인가 해야 할 일이 눈에 띄면 하는 사람 따로 있으니 하고 못 본 것처럼 하는 것이 아닙니다. 청소 같은 것도 참여할 그런 정신이 돼야 하고, 할 일이 눈에 띄면 몸소 하는 것이 그리스도인의 바른 정신으로써, 그 기본 정신이 돼야 신앙도 되지 않겠습니까? 하나님은 그런 자를 기억하십니다. 기억하신다는 것은 바로 그 행함을 복되게 하신다는 말입니다.

그다음 셋째 우리가 남겨야 하는 달란트는 무엇이겠습니까? 한 달란트 받은 사람이 땅에 달란트를 감추어 두고 자신에게 남기지 않았으므로 악하고 게으른 자라고 하는 판결을 받고, 심판에 떨어진 것을 우리가 보았습니다. 그리고 한 달란트의 사명은 무엇을 말하는지 지난번 달란트 말씀에서 우리가 깨달아 보았잖습니까? 그러므로 자신이 죄인인 것을 알게 되었고, 예수님이 죄인의 구주라는 것도 알게 되어 예수님을 믿고 영접하였으니, 자신에게 달란트를 남긴 것이 되었습니다. 그렇기에 예수님을 자기 안에 모셔 들일 수 있는 자격, 구원 안으로 들어올 수 있는 자격은 그같이 먼저 한 달란트를 자신에게 남겨야 하는 일이라는 것을 알고 행하는 바가 되었습니다. 인본, 자기 본위는 절대로 하나님께 용납되지 않는, 하나님과 원수이므로 그것을 알고 철저히 죽음에 넣어야 하는 것이 한 달란트 남기는 것입니다. 내가 죄인이라고 하는 것은 바로 인본이 되어 자기 본위로 산 것임을 말합니다. 나를 지으신, 나의 주인이신 하나님을 배반하고 나가 스스로 주인이 되어서 살아온 것, 그래서 하나님께 심판받게 되었는데 예수님께서 나를 대신하여 십자가에 못 박히고 심판을 받아주셨으므로, 이제 십자가에서 구원을 이루신 그 예수님을 믿고 스스로 하나님이 되어 산 인본의 죄를 회개한 자는 용서받게 된 것입니다.

내 중심은 예수님의 죽으심에 함께 죽었음을 믿고, 죽음에 내줘 버리고, 즉 깨끗이 팔아 버리고 이제 그곳에는 오직 예수 그리스도만 나의 주인이고, 나의 구주시고, 나의 생명이 되시니 자기 안에 모셔 들인 예수님의 말씀으로 사는 것, 예수님 중심으로 사는 것이 바로 한 달란트를 자기에게 남긴 것이 되는 것입니다. 그래서 '예수님을 믿고 구원받았다'는 말은 '나는 죽고 예수님으로 사는 자'라는 말입니다. 그 신앙을 말하는 거예요. 예수님을 믿고 구원받았다고 하는 말로 나는 죽고 예수님으로 사는 자가 된다는 말이 아니라, 구원받는다는 것이 아니라, 첫째, 둘째, 셋째의 달란트를 자신에게 남기는 진정이 있어야 '나는 죽고 예수님으로 사는 자'로써 구원받은 것이라는 말입니다. 셋째에 남겨야 하는 한 달란트의 사명이 되지 않으면, 구원받을 일은 없습니다. 그래서 오늘 달란트 비유로 이것을 알게 하시려고, 성영님께서 지난 비유 말씀에 이어 다시 이 비유로 들어와서 성경의 분명한 의지와 뜻을 말하게 하신 것입니다.

오늘날 사람들이 구원받았다는 말은 있는데 사실 그들 속에 구원은 보이지가 않았습니다. 성영님께서 감동으로 깨닫게 하신 것은 예수님의 말씀의 의도를 분명하고 정확하게 배운 바가 없기 때문이라고 했습니다. 인격적 관계가 안 되었다는 말입니다. 하여 신앙의 확신도 없고 성영님과 영적으로 교제가 되지 않는, 차지도 뜨겁지도 않은 곳에 있다고 했습니다. 땅의 가치관이 하늘의 영적인 가치관으로 바뀌지가 않는다는 것입니다. 삶의 초점이 하나님의 나라, 예수님에게 온전히 둔 것이 아니라고 했습니다. 하나님이 응답해주셨다고 찬송하고 감사는 하는데도, 세상에서 잘 되고 높여주셨다고 찬송하고 감사는 하는데, 하나님께서 복 주셨다고 찬송은 하는데, 그들 속에 가치는 하늘의 것에 있지 않는다고 하셨습니다. 그래서 하늘의 썩지 않는 양식, 영이요 생명이 되는 영의 말씀은 듣는 것에 둔하고 하늘 성소는 희미하여 보지 못한다고 하셨습니다.

그래서 그들로 하여금 기회가 된다면, 이 같은 예수님의 가르치신 말씀들을 성영님을 의지하여 듣고, 한 달란트를 땅에 묻어두지 말고 성영님의 도와주심을 구하여 철저히 자신에게 남기는 기회가 되기를 참으로 바라는 것입니다. 달란트 남기는 첫째, 둘째, 셋째의 일은 바로 달란트 비유 말씀에서 말하는 작은 일에 충성하는 일입니다. 바로 그런 것은 작은 일이라고 하셨어요. **작은 일에 충성하였으매 내가 많은 것으로 네게 맡기리니** 하셨습니다. 많은 것은 바로 함께 즐거움에 참예한 천국을 유업으로 받아 온전히 소유하게 되었음을 뜻하고, 성영님의 권능을 입었으니 바로 누가복음의 므나 비유로 연결이 되는 것입니다. 그러므로 오늘 이 비유의 말씀 가운데서 이것을 확실히 깨닫고 받아들여 행하는 믿음으로 돌아가야 할 것입니다. 예수님과 깊은 사귐이 되고 예수님 안에서 하늘의 신령한 복에 들어 참자유를 얻어야 할 것입니다.

빌립보서 3:18에 사도 바울도 이것을 계속 말했다고 했습니다. 제가 여러분에게 이것을 계속 말하였듯이 사도 바울도 그랬다는 것입니다. **내가 여러 번 너희에게 말하였거니와 이제도 눈물을 흘리며 말하노니 여러 사람들이 그리스도 십자가의 원수로 행하느니라 저희의**

마음은 멸망이요 저희의 신은 배요 그 영광은 저희의 부끄러움에 있고 땅의 일을 생각하는 자라고 말했습니다. 여러 사람들이 그리스도 십자가의 원수로 행하고 있다는 그것이 얼마나 안타깝고 안타까우면 눈물을 흘리면서 말했겠습니까? 그런 것에서 돌아 나올 수만 있다면 저도 눈물을 흘리면서 호소하지 못할 이유 없습니다. 예수님을 믿어 구원받았으면 자기에게서 예수님의 성품이 나타나야지 왜 자기 의가 나타나고, 자기 열심이 나타나고 자기주장을 내세우고 자기 이론을 높이고 세상 방법을 앞세우는 인본이 나오는 것이 웬 말입니까? 설사 그런 순간이 있다 해도 성영님이 계시니 또 순간 회개하여 즉시 돌이키는 것이 돼야 하는 것입니다.

마16:24에 예수님께서 분명히 말씀하셨습니다. **이에 예수께서 제자들에게 이르시되 아무든지 나를 따라오려거든 자기를 부인하고 자기 십자가를 지고 나를 좇을 것이니라**고 말입니다. 자기는 타락한 죄인입니다. 자기라는 것은 타락한 죄라는 말입니다. 그래서 자기는 마귀를 따라 지옥으로 들어가는 존재입니다. 예수님 믿지 않는 세상 사람들이 좋은 일, 착한 일 많이 했다고 천국 들어가는 것 아닙니다. 아무리 좋은 일을 많이 했어도 죄인입니다. 그러면 천국은 누구로 인하여 갑니까? 예수님입니다. 예수님께서 우리의 받을 형벌을 대신하여 우리 자아, 인본의 죄를 지고 십자가에 달려 못 박히시고, 그 영혼이 지옥의 깊숙한 사단의 보좌인 접전지로 들어가셨습니다. 그러나 예수님은 죄가 없으신 하나님이니, 사망이 예수님을 잡아 둘 수는 없었습니다. 사망 권세를 이기시고 다시 살아나셨습니다. 그렇기에 예수님의 이 은혜를 믿는다면 예수님이 죽으실 때 자기도 죽고 예수님이 다시 사셨으니 예수님으로 다시 살게 되었다는, 그 믿음이 확실하여야 하는 것이요, 그러므로 자기의 죽은 그 십자가를 지고 자기를 부인하고 예수님을 따라야 하는 것입니다. 예수님과 함께 죽은 자기의 십자가를 지고 자기를 부인하고 예수님을 따른다면 자기주장이 나올 수 없고 자기 이론을 내세울 수 없는 겁니다. 자기를 죽음에 내주지 않으면 절대로 예수님은 따를 수 없는 것입니다. 자기는 십자가 형벌에 달려야 할 하나님과 원수이므로 예수님과 함께 할 수가 없다는 말입니다.

그래서 마10:38에 **또 자기 십자가를 지고 나를 좇지 않는 자도 내게 합당치 아니하니라**고 분명히 자기의 죽은 십자가를 지고 좇지 아니하면 예수님께 합당치 않다고 말씀하셨습니다. 예수님께서 이것을 말씀하셨음에도, 구원을 말하는 사람이 여전히 인본(자기)에 있다면, 그것은 자기가 자기를 속이는 것이지 않겠습니까? 자신에게 속는 것이란 말입니다. 예수님께 맞지 않는데 어떻게 구원이 된다는 말입니까? 그래서 예수님을 경험할 수가 없으니 영혼을 위한 것에 그리 감각이 없는 것입니다. 예수님이 보이지 않는다는 말입니다. 예수님의 어떤 모습, 사람이 되신 예수님이 안 보인다는 것이 아니라, 예수님 자신을 드러내신 말씀의 뜻이 안 보인다는 말입니다. 말씀을 읽으면서도 눈에 들어오지도 않고 보이지 않아요. 들리지 않아요. 말씀의 눈이 없다 그 말이에요. 말씀 안에 계신 예수님이 안 보이는 것입니다.

그래서 죄인인 자기를 십자가에 못 박은 것이 아니면, 죽음에 던져 넣지 않으면, 그것은 아직 심판 아래 있는 것입니다. 예수님을 믿은 지 5년, 10년, 20년, 100년 됐다고 년 수를 자랑해도 그것은 자기가 말하는 세월이지, 자기를 십자가에 못 박은 그 회개가 이루어지지 않았다면 한 달란트를 땅에 묻어둔 악한 자로서 심판받을 자라고 하신다는 말입니다. 예수님께서 십자가에 못 박히신 이유, 값을 치러버린 그 죄인으로 살겠다고 하면, 예수님의 그 은혜를 거절한다는 뜻이 되는 것입니다. 참으로 사람들이 예수님을 믿는다고는 하면서 여전히 지옥의 심판에 들어갈 자기를 포기하지 않겠다고, 자기로 사는 것이 얼마나 편하고 세상에 그것만큼 잘 먹히는 것이 어디 있다고 그것을 포기하라 하느냐고, 자기는 포기할 수 없다고 말합니다. 그러나 주님이 나를 위하여 피 흘린 것은 내가 분명히 믿는 것이니 나는 구원받았다, 믿으면 구원받는다고 했는데 뭘 그렇게 복잡하고 요구가 많은 것이냐 하는 식으로 예수님과 맞먹으려 하고 있습니다. 아니면 비웃듯이, 말하고 싶으면 당신이나 실컷 말하시오 나는 듣고 말 테니까 하는 태도들이 되어 있습니다.

그래서 자기로 살려는 것을 포기하지 않는 사람일수록 이 강당에서 나가는 예수님의 말씀에 자꾸 부딪히게 되어 있습니다. 말씀 앞에 자기가 드러나니 말씀 전하는 나를 말씀 잘못 전한다고 비난하는 것으로 돌아갑니다. 너무 지나치게 강하다, 사람이 어떻게 그렇게 사느냐 힐책합니다. 그래야 자신의 입장이 서게 되고 유지가 되기 때문입니다. 그러니까 자기라는 그 성, 평생을 쌓아 올린 자기라는 성과 탑을 허물어뜨린다는 것이 도무지 있을 수 없다는 것과 자기에 대한 신념을 굳게 잡고 놓지 않는 겁니다. 놓으면 자기 인생은 끝나는 것이라 생각하는 겁니다. 이같이 잠시 잠깐의 것 때문에 영생을 버리는 어리석음을 택하여, 결국 자신이 하나님을 믿지 않는다는 것을 자기가 증명해주고 있는 것입니다. 믿기로 하였으면, 믿는다면, 말씀 앞에 자기를 쳐 복종할 때에 성영님께서 그 영혼의 기쁨과 평안함의 영적 경험을 주실 것인데, 영혼에 덕지덕지 낀 더러운 때가 벗겨져 얼마나 가볍고 깨끗한 마음이 들 텐데, 마음에 두려움과 쌓아올린 자기 것에 대한 집착하는 자기 아집의 틀에 갇혀서 놓지 않으려 하니, 설교 말씀에 당연히 거부 반응이 일어나서 듣고 싶지 않는 것입니다.

설사 말씀 앞에 왔어도 자기의 바라는 것이 아니면, 여기 말씀은 틀렸다고 자기가 판단하여 줄 그어놓고 교회 나오는 것을 즐거워하지 않습니다. 아니면 자기 생각을 신뢰하여 절대 굴하지 않고 자기는 믿음이 들지 않는다고, 예수님이 왜 감사한지 모르겠다고 말합니다. 오늘 저는 이 말씀을 드리면서 말씀에 복종이 일어나는 놀라운 변화의 복이 있기를 소원합니다. 그러나 자기가, 예수님이 십자가 위에서 죽으실 때 함께 죽었음을 알고 자기를 부인하고 자기가 못 박힌 십자가를 지고 예수님을 따르는 것이면, 이 강단에서 나가는 예수님의 말씀을 들을 때마다, 들으면 들을수록 자기를 살린 말씀이요, 생명임이 너무 달게 느껴지고 꿀 송이와 같아서 그 영이 아멘으로 함께 복창하게 될 것입니다. 영이 살았으면, 또한 살 자이면 영에 맞는 생명의 말씀을 들을 때마다 그 영이 기쁨이 차고 행복해서 함께 복창하고 나오게 된다는 말입니다.

오늘 21에 뭐라고 했습니까? 달란트 남긴 자에게 **잘하였도다 착하고 충성된 종아 네가 작은 일에 충성하였으매 내가 많은 것으로 네게 맡기리니 네 주인의 즐거움에 참여할지어다** 하지 않았습니까? 분명히 작은 일에 충성하면 많은 것을 맡겨주시고 하나님의 즐거움에 참여한다고 했습니다. 그렇기에 하나님의 즐거움에 참여할 영혼이라면 벌써 저의 전하는 이 같은 말씀들 앞에서 영혼의 즐거움이 샘솟아 올라와 아멘으로 복창하게 되어 있습니다. 즐거움이 따른다는 말입니다. 그래서 진정 예수님을 믿는다면 자기 영혼에 즐거움이 있어야 합니다. 기쁨이 있어야 합니다. 자기를 부인하고 자기가 못 박힌 십자가를 진 사람은 달란트를 남긴 사람이요, 착하고 충성된 종입니다. 예수님의 죽으심에 함께 죽었음을 알고 자기의 죽은 십자가를 지고 예수님으로 사는 착하고 충성된 종으로 하나님의 즐거움에 참여한 달란트 남긴 자입니다. "하나님의 나라에서 많은 것을 너희에게 맡기리니" 하신 말씀대로 이제 성영님이 그 영혼에 오셔 계시니, 성영님의 소원을 품고 성영님으로 행하여 가는 자입니다.

그래서 요6:68에 **주여 영생의 말씀이 계시매 우리가 뉘게로 가오리이까** 했던 베드로의 고백처럼 바로 이 말씀 앞에서도 "예수님, 예수님께서 우리에게 세상의 말이 아닌, 인본의 누룩이 아닌 예수님의 생명의 말씀을 주고 계시니, 이제 우리가 이 말씀을 버리고 어디로 가겠습니까." 하는 믿음의 고백을 하게 될 것입니다. 예수님을 따를 수 있는 것은 곧 자기를 부인하고 자기를 못 박은 십자가를 지는 일입니다. 왜 자기 십자가를 지는 것일까요? 여러분! 여러분이 50kg 정도의, 아니 30kg 정도의, 아니 한 10kg 정도의 짐을 평생 지고 살아야 한다면, 그 짐을 의식 안 할 수가 있겠습니까? 어떻게 의식 안 할 수가 있습니까? 처음엔 별로 무게감이 느껴지지 않을지라도 시간이 가면 갈수록 그 짐이 얼마나 고달프고 원수와 같지 않겠습니까. 아마도 심신이 지쳐서 질식해 죽을 것입니다. 그런데 우리의 죄악은 하나님께서 십자가에 못 박혀 죽으셔야 할 만큼 무거운 것입니다. 하나님은 온 우주 만물, 창조 이래 온 우주 만물을 다 품으실 수 있을 뿐만 아니라 그보다 더 크신 분입니다. 그런데 그 하나님과 나의 죗값이 맞먹는 것이라는 말입니다.

그래서 우리가 10kg, 30kg의 짐을 지고 살아야 한다면 그 무게를 단 1초도 의식 안 할 수가 없는 것처럼, 하나님께서 나를 위하여 십자가 지신 것은, 바로 그같이 날마다 분초마다 자기는 예수님과 함께 십자가에 못 박혀 죽었음을 의식하고 자기를 부인하는 십자가를 지고 따르라는 것입니다. 십자가에서 죄와 함께 자기는 죽었다는 것을 의식하라, 의식해!! 그래서 죽은 자기가 올라올 때마다 나는 십자가에 못 박혀 죽었다! 나는 예수님으로 사는 자다! 하고 자기를 부인하고 예수님을 따르라 하신 것입니다. 이것이 바로 자신에게 남긴 달란트의 일입니다. 이제 지금까지 말씀드린 이 달란트가 여러분에게 확실히 전달되었고, 각자 자신에게 남기는 것이 되어서, 하나님의 즐거움에 함께 모두 참여하신 복이 있게 되었을 줄로 믿습니다.

그러면 눅19장 므나 비유로 갑니다. 11에 **저희가 이 말씀을 듣고 있을 때에 비유를 더하여 말씀하시니 이는 자기가 예루살렘에 가까이 오셨고 저희는 하나님의 나라가 당장에 나타날 줄로 생각함이러라** 했습니다. 제자들이 하나님의 나라가 당장에 임할 줄로 생각한 것은 므나 비유 바로 위의 9에서 삭개오에게 **오늘 구원이 이 집에 이르렀으니 이 사람도 아브라함의 자손임이로다** 하시고 예루살렘에 가까이 오시니 그렇게 생각한 것입니다. 그것을 예수님께서 아시고 오늘 12에서부터 그 말은 당장에 나타나는 것을 말한 것이 아니라, **가라사대 어떤 귀인이 왕위를 받아 가지고 오려고 먼 나라로 갈 때에 그 종 열을 불러 은 열 므나를 주며 이르되 내가 돌아오기까지 장사하라** 하실 것이라고, 갔다가 다시 오실 것이라고 하는 말씀을 하신 겁니다. 그러면 여기 어떤 귀인은 누구를 비유한 것일까요? 예수님입니다. 예수님께서 십자가에 달려 죽으시고 부활하여 하늘 보좌로 들어가셔서 영광을 받으시고, 만왕의 왕이요, 만주의 주로 왕위를 받아서 다시 오실 것이라는 비유입니다. 성도를 데리러 다시 오실 때, 이것을 재림이라고 표현하는데, 이때 각각 장사하라고 한 므나를 주고 간 것의 결과를 평가하신다는 말씀입니다.

'그 종 열을 불러 은 열 므나를 주었다.' 므나도 돈의 단위인데 은화 열 므나를 주었다는 것입니다. 돈은 사고파는 것에 사용하려고 있는 것처럼 종을 왜 불렀는가? 장사하라고 불렀다. 즉 일하라고 불렀다는 말입니다. 여기서 '종 열' '열 므나' 하는 '열'은 이제 예수님이 다시 오실 때까지 맡겨주신 하나님의 말씀을 성영님의 가르침을 따라 장사할 자로 부름받은 전체를 의미하는 것으로서 이것은 땅에서의 수입니다. 언제도 말씀드렸지만, 열은 땅(신앙의 전 일)의 수이고, 백은 예수님의 수이고, 천은 하늘의 수입니다. 이해됐습니까? '은 므나'라 한 것은, 은은 단련되어 나온 것, 불순물이 섞이지 않은 순은을 말하는 것이기에, 그래서 믿음은 그 같은 단련함이 있어 순(純)은과 같게 나오는 것임을 의미합니다. 시12:6에 …… **흙 도가니에 일곱 번 단련한 은 같도다** 슥13:9에 **불 가운데 던져 은같이 연단하며** 하셨듯이 은이라는 것은 불순물을 제거한 것을 말하는 것으로서, 그 은이 되려면 도가니의 풀무 불에 일곱 번 단련한다는 것입니다. 그런 의미에서 은 므나라고 하셨습니다. 자신도 믿음의 단련을 받고 세상에 예수님을 비추는 빛이 되어 말씀을 가르쳐 지키게 하는 종으로서의 일을 주셨다는 말입니다.

바로 예수 그리스도께서 은이 일곱 번 풀무 불에 단련되어 나온 것 같은 고난을 받으셨으므로, 우리가 구원받게 되었습니다. 또한 구원받은 자 안에 오셨으므로 이제 성영님과 함께 연단을 받으며, 세상에 예수님을 비추는 빛의 사명을 행하여야 함을 의미합니다. 달란트는 자신에게 남겨야 하는 사명이고, 므나는 자신의 믿음을 위한 연단과 고난을 받으며 이웃을 향해 복음을 전해야 하는 그 사명을 행하라고 주셨다는 말입니다. 그렇기에 예수님께서 너희는 세상에 빛이라고 말씀하신 것 아닙니까. 이제 예수님의 것으로 성영님께 가르침을 받은 대로 사람들을 향해 비추고 전하고 가르쳐 지키게 하는 그 장사하라는 말입니다. 장사를 잘할 수 있도록 성영님을 모시고 성경의 뜻을 배워 앎으로서 이제 사람들 속에 들어가 그 장사하라는 말입니다. 자기 속사람이 성장하는 훈련과 연단을 받으며 사람들에게 복음을 전하고 가르쳐 지키게 하라는 말입니다. 막16:15에 **너희는 온 천하에 다니며 만민에게 복음을 전파하라** 하셨고 마28:18-20에 **예수께서 나아와 일러 가라사대 하늘과 땅의 모든 권세를 내게 주셨으니 그러므로 너희는 가서 모든 족속으로 제자를 삼아 아버지와 아들과 성영님의 이름으로 침례를 주고 내가 너희에게 분부한 모든 것을 가르쳐 지키게 하라 볼지어다 내가 세상 끝날까지 너희와 항상 함께 있으리라 하시니라** 하신 이 명이 바로 은 므나의 장사요, 이 명하심을 예수님의 가르침대로 합당히 행하는 것이 곧 한 므나로 열 므나를 남긴 것입니다.

그래서 우리는 누구나 예수님의 가르침을 받고 믿음이 되었으면, 자기의 받은 복음을 전해야 합니다. 인간의 죄인 됨과 피 흘리심과 용서와 구원과 영생과 저주와 심판에 대하여, 하나님의 아들 예수 그리스도께서 십자가에 달려 죄를 못 박고 부활하셔서 영생을 주셨다고 하는 이것을 전하는 사명도 감당하여 자신에게 므나를 남기라는 것입니다. 자기 신앙의 장성을 위해 예수님의 말씀을 듣고 또 듣고 자꾸 새겨듣는 그 훈련을 통해서 진리로 완전한 자유를 얻기까지 자신을 위한 장사를 부지런히 하여 자기 속사람의 장성함으로 므나를 남기고, 또한 사람들에게 예수님을 비추는 빛이 되어 그들로 예수님 앞에 나와 죄인으로 무릎 꿇어 죄 사함과 구원을 얻게 하여, 영혼의 구원을 위한 은 므나도 남기라고 하는 것입니다. 15에 **귀인이 왕위를 받아 가지고 돌아와서 은 준 종들의 각각 어떻게 장사한 것을 알고자 하여 저희를 부르니** 하셨습니다.

16에 **그 첫째가 나아와 가로되 주여 주의 한 므나로 열 므나를 남겼나이다** 했습니다. 한 므나로 몇 므나를 남겼다고요? 열 므나, 그러면 몇 배나 남긴 장사입니까? 열 배지요. 열 배라는 것은 땅에서의 자기 사명을 온전히 행하여 하늘의 열매를 거두는 일에 충성하였음을 의미합니다. 자기 목숨도 아끼지 아니하고 세상 사람에게 복음이 전파되게 하였고, 말씀을 가르쳐 지키게 하여, 하나님 나라에 열매로 거둘 수 있게 하는 그 일에 온전히 충성하였음을 의미한다는 말입니다. 다시 말해 '그 첫째가 나아와' 했는데 그 첫째가 누구냐? 바로 예수님의 제자들입니다. 예수님의 제자들이 예수님의 첫째로서 한 므나로 열 므나를 남긴 것입니다. 그래서 17에 **주인이 이르되 잘 하였다 착한 종이여 네가 지극히 작은 것에 충성하였으니 열 고을 권세를 차지하라**고 하셨습니다. 여기서 열 고을 권세는 땅의 권세를 말하는데 이 권세는 이제 천년 시대로 들어가서 그 시대의 사람들 전체를 권세로 다스리고 가르치는 일을 말한 것입니다. 물론 제자들 이후에 합당한 자들도 이 권세로 들어가게 될 것입니다.

그다음 18에 **그 둘째가 와서 가로되 주여 주의 한 므나로 다섯 므나를 만들었나이다** 했습니다. 여기서 '둘째'라고 하신 것은 제자들 이후 이방인을 말합니다. 이방인들은 하나님의 소유의 일을 한 처지가 아닙니다. 예수님께서 오실 길을 닦는 모든 수고의 일은 장자 된 이스라엘이 하였기에, 그래서 둘째는 종이라고 표현하지 않으셨고, '잘하였다 착한 종이여 네가 지극히 작은 것에 충성하였으니'라고 하지 않으셨다는 말입니다. 그래서 이방인은 종으로서의 작은 일에 충성한 일이 아니고, 자신이 구원 얻기 위하여 자기를 위한 자기 소유를 다 팔아 버린 작은 일을 한 것일 뿐이기에, 단지 너도 다섯 고을을 차지하라는 말씀만 하셨습니다. 다섯 고을 하니까 다섯 군데 고을을 맡으라는 말이 아니라, 이제 천년 시대로 들어가면 사도들을 위시하여서 다섯 므나의 일, 가르치는 일을 하는 것입니다. 다섯 고을의 권세라는 말입니다. 그때는 권세가 얼마나 큰지 자연에 명하기만 하면, 예를 들어 무화과나무에 '열매를 내라' 명하면 열매를 내는 그런 엄청난 신비한 일들로 가득 차 있는 신비의 세계일 것입니다. 영원한 세계에 가서도 그 영광은 계속되는 겁니다. 하나님의 백 보좌 심판 이후 완전한 하나님의 나라에 들어간 그 세계에서도 그 영광은 계속될 것이라는 말입니다. 아셨습니까?

그런데 14에 **그 백성이 저를 미워하여 사자(使者)를 뒤로 보내어 가로되 우리는 이 사람이 우리의 왕 됨을 원치 아니하노이다** 하였더라 하였습니다. 예수님께서 부활 승천하여 다시 오실 때는 만주의 주요 만왕의 왕으로 오실 것입니다. 그런데 이제 이방인들, 즉 예수님께서 구원을 이루어 놓으시고 하늘로 가신 뒤, 이 복음을 받고 구원받아야 할 백성이 예수님을 미워하여 자기들의 왕 됨을 원치 않는다는 것입니다. 왜입니까? '그 백성이 저를 미워하여 사자를 뒤로 보내어' 했는데 여기서 '그 백성'은 예수님을 배척한 유대인들에 대한 표현이고, 미워했다는 것은 그 배후에 마귀가 있다는 것이고, 사자를 뒤로 보냈다는 것은 마귀가 이후에 그 같은 자들을 하나님의 선지자인 것처럼 세워서 예수님을 믿게는 해도 바른 믿음이 되지 못하도록 조종한다는 말입니다. '뒤로 보내어' 하는 것은 뒤에서 거짓말한다. 떳떳지 못한 속임으로 인간의 도리와 교훈의 말씀이 되게 하여 말씀을 왜곡하여 놓는다고 하는 말씀입니다. 그러므로 예수님을 배척한 유대인들의 배후는 마귀요, 그들은 예수님을 미워하는 마귀의 자식들이요, 예수님께서 다시 오실 때까지 사자를 뒤로 보내어 예수님께서 왕 됨을 원치 않는 일을 계속할 것임을 의미하는 것입니다.

그다음 20, 21에 **또 한 사람이 와서 가로되 주여 보소서 주의 한 므나가 여기 있나이다 내가 수건으로 싸 두었었나이다 이는 당신이 엄한 사람인 것을 내가 무서워함이라 당신은 두지 않은 것을 취하고 심지 않은 것을 거두나이다** 했습니다. 한 므나 받은 것을 자기가 수건으로 싸 두었다가 다시 그 한 므나를 가져왔다는 것이지요. 여기서 수건은 율법을 말합니다. 모세가 40일 동안 산에서 하나님과 함께하며 율법을 받아 내려오는데 그 얼굴이 광채가 났습니다. 하여 백성들이 광채 나는 얼굴을 보고 모세를 신처럼 대할까 염려되어 자기 얼굴을 보지 못하도록 수건으로 가린 겁니다. 그것을 고후3:13에 말하기를 **모세가 이스라엘 자손들로 장차 없어질 것의 결국을 주목치 못하게 하려고 수건을 그 얼굴에 쓴 것같이**라고 하여 그 수건을 율법으로 해석해주고 있습니다. 그러니까 내가 수건으로 싸 두었었다. 다시 말해 율법 속에 넣으신 본뜻은 무엇인지 그것은 하나님 당신이나 알지,

우리 같은 사람이 어떻게 알 수 있겠느냐? 당신은 엄한 사람이라, 혹 내가 당신 것을 잘못 건드릴라치면 나를 심판하실 것 아니냐? 당신은 두지 않았어도 취할 수 있고 심지 않은 것도 거두는 능력이 있으니, 감히 인간인 내가 어떻게 당신 일을 알 수 있고, 할 수 있다고 당신 것을 손대겠느냐, 그래서 무서워서 두려워서 하나님의 것 건드리지 않고 수건으로 잘 싸 두었다가 그대로 가져왔으니, 당신 것 당신이 도로 받으시는 것이니 피차 손해는 없지 않느냐? 하는 말입니다.

20, 21이, 율법은 죄를 말하고 구원의 주이신 예수님을 말하고 있음에도 그것을 도무지 보려고 하지 않았던 유대인의 지도 계층에 있던 사람들의 그 같은 태도를 비유한 말씀입니다. 그래서 바울 사도가 고후 3:14, 15에 **그러나 저희 마음이 완고하여 오늘까지라도 구약을 읽을 때에 그 수건이 오히려 벗어지지 아니하고 있으니 그 수건은 그리스도 안에서 없어질 것이라 오늘까지 모세의 글을 읽을 때에 수건이 오히려 그 마음을 덮었도다**고 말한 것입니다. 그러나 오늘 므나 비유 20, 21과 고후3:14, 15의 말씀은 예수님 당시와 이후와 오늘날의 모든 믿는다는 사람들의 영적 상태임을 말해주고 있는 것입니다.

죄를 사하시고 구원을 주신 은혜의 복음을 듣고 믿음을 시작하였지마는 결국 율법으로 돌아가더라는 말입니다. 율법과 복음의 관계를 깨달아 진리로 자유케 되는 믿음으로 서지 못하고, 오히려 율법에 가려서 진리가 사람 속에 없다고 하는 말입니다. 복음을 받긴 받았는데, 예수님 믿는다고, 예수님 믿고 구원받았다고 말은 하는데, 사실은 율법적이 되어서 복음을 율법에 가두고 율법 속에다 감추어 버리고, 자신이 율법에 지배받는지 복음의 지배를 받는 것인지 도무지 모른다는 말입니다. 그러니까 율법과 복음의 관계를 도무지 깨닫지 못하는 겁니다. 달란트에서 자기에게 남기라 하신 그 자기에 대한 사명을 전혀 하지 않았습니다. 예수님을 구주로 믿고 영접한다고 했지만, 영으로는 영접이 될 수는 없는 것이요, 자신에게 그 달란트 남기는 것이 없으니, 구약의 말씀, 율법의 본뜻을 깨닫지도 못하고 아는 바가 없는 겁니다. 복음이신 예수님 안에 있는 엄청난 복을 볼 수도 없을 뿐 아니라, 예수님을 바로 알지 못하고 그저 믿기만 하면 구원 얻는다는 것만 가진 것입니다.

자기 양심의 눈으로 성경을 보니까 어떻습니까? 자기가 원하든 원치 않든 간에 율법이 크게 보이는 것입니다. 그러니 정죄하고 정죄 받는 율법만 가지고 사는 겁니다. 잘 이해하고 들으세요. 여태까지 진정 듣고 깨닫기 원했으면, 귀담아듣고 새김질하는 진정이 있었다면 무슨 말인지 이해가 될 것입니다. 그러니까 율법이 우리에게 무엇을 가르쳐주고 있다고요? 오실 예수님을 예표하고, 상징하여 나타내 주는 것인데, 그래서 오직 하나님께 마음을 고정하고 귀와 눈을 두고 율법의 뜻을 깨닫기 원했다면, 성영님께서 눈이 되어 그것을 깨달아 알 수 있고 보게 하여 주실 것인데, 사람들이 그러하지를 못하고 또한 하지 않은 것입니다. 그러니 율법에서 보아야 할 예수님을 볼 수 있겠습니까? 볼 수 없는 것입니다. 자기를 볼 수 있겠습니까? 볼 수 없는 것입니다. 자기 양심은 하나님을 거부한 원수이니, 하나님에 대하여는 죽은 것이기에 죽은 그 양심의 눈으로 성경을 보고, 율법을 보면 문자의 말은 알아도 그 속뜻은 절대 보지 못하는 것입니다. 수건으로 덮어져서 수건 뒤에 광채(예수님을 비춘 것)는 보지 못하고 발견하지 못하는 것입니다.

그러니까 율법 속에서 뭐만 보이느냐, 21에서 당신은 엄한 사람이라고 말한 것처럼 잘못하면 벌주시는 하나님, 심판하시는 하나님만보이는 것입니다. 율법을 범하는 자는 돌로 쳐 죽이라 하시고 심판하시겠다고 하니 그저 두려운 하나님, 무서운 하나님만 보이는 것입니다. 그래서 복음이신 예수님은 작게 보이고 율법 속에 하나님의 심판은 크게 보여서 그곳에 마음이 붙들려 그 마음이 일생 율법의 종노릇하는 것입니다. 그러니까 하나님, 당신은 조금만 잘못해도 심판하는 분이니, 제가 무서워서 그냥 당신 것 그대로 싸두었다가 가져왔다고 할 수밖에 없는 것입니다. 당신은 전능하셔서 못하시는 것이 아무것도 없으신데, 제가 당신 것 손해 끼치면 안 되잖습니까? 그래서 당신 것 잘 지켰다가 가져왔으니 제가 손해 하나도 입게 하지 않았으니잘한 것이잖아요? 그러니까 나도 머리가 있다 그 말이에요. 그 정도생각은 있습니다. 성경 볼 줄 아는 머리가 있다는 말이지요. 계산할줄 안다 그 말입니다. 무엇이 내게 손해이고 무엇이 내게 유익이 될지알고 있다는 말입니다. 그래서 오늘날 믿는다는 것이 다 이 자리에있습니다. 자기 머리로 알려고 하는 데에 다 걸려서 머리로 믿느라고수고하고 애쓰고 있는 겁니다. 그래서 공력을 시험하실 때 다 불타버리고 남은 것이 없게 되니 이후 어떻게 되겠습니까?

예수님의 말씀을 듣다 보면 손해 볼 것 같고, 억울할 것 같고, 망할 것 같고, 세상에 살면서 어떻게 그렇게 살 수 있느냐, 예수님은 하나님이니까 그렇게 살 수 있지만 우리는 사람이지 않느냐 하는 계산을 하는 것입니다. 그렇기에 자기 머리로 계산하고 저울질함으로써스스로 심판을 자초하는 것이라고 가르쳐주신 것입니다. 그래서 22에 **악한 종아 내가 네 말로 너를 판단하노니 너는 내가 두지 않은 것**

을 취하고 심지 않은 것을 거두는 엄한 사람인 줄을 알았느냐 하셨습니다. 하나님은 두지 않은 것을 취하고, 심지 않은 것을 거두지 않는다는 말입니다. 하나님께서는 두신 것을 취할 것이고, 심은 것을 반드시 거두실 것이라는 말씀입니다. 하나님을 그렇게 판단하는 네 말로 하나님께서도 그렇게 판단하신다. 네가 나를 판단하였으니 네가 심판받을 자라고 네가 너를 말하였다는 말입니다. 네 말대로 판단하겠다. 네가 너를 정죄할 자로 말하였으니 그 말한 대로 정죄 받는다는 말씀입니다.

그러니까 23에 뭐라고 했는지 누가 읽어보세요. **그러면 어찌하여 내 은을 은행에 두지 아니하였느냐 그리하였으면 내가 와서 그 변리까지 찾았으리라 하고** 그 뒤 그에게서 한 므나도 빼앗아 있는 자에게 주었다고 했습니다. 달란트에서 말씀한 것처럼 네가 네 머리를 내려놓고 차라리 천국의 제자 된 서기관에게 잘 듣고 배워서 네게 남긴 것이 있게 했다면, 그에게서 성영님의 가르침을 듣고 따라 행하였더라면, 내가 와서 너에게 남긴 그것을 너에게서 찾지 않았겠느냐는 말씀이에요. 자기에게 남긴 것이 있으면 그것은 삼위의 하나님과 연결이 되겠어요, 안 되겠어요? 연결됩니다. 자기가 깨달을 수 없으면 머리로 알려고 하는 것 깨끗이 내려놓고 천국의 제자 된 서기관에게, 저 같은 사람에게……, 아닌가요? 좀 듣고 배워서 네게 남긴 것이 있게 했더라면 얼마나 좋았겠냐. 그러나 때가 늦어 버렸습니다. 여러분은 참으로 때가 늦는 그런 불행을 맞지 않길 바랍니다. 지금 기회가 있을 때, 여러분이 이 땅에서의 날이 얼마나 있는지는, 뭐 100년까지 될는지는 모르겠지만……, 여러분의 날은 얼마이겠습니까? 70년, 50년, 20년, 한 10년, 그러나 가는 것 순서 없습니다. 내일일지도 모릅니다. 지금 기회 주셨다고 생각한다면, 준비하는 기회로 삼는 지혜를 가지라는 말입니다. 자기를 철저히 내려놓고, 아니 예수님과 함께 십자가에서 죽었음을 인식하여 진정으로 믿고 나는 죽었다. 나는 예수님으로 산다는 분명한 믿음의 고백과 함께 자기 죽은 십자가를 지고 예수님을 따르기에 힘쓰며, 말씀의 바른 가르침을 제대로 받으며 예수님 사랑하고 말씀을 따라 사는 기회가 되라는 말입니다. 늘 기도하며 성영님의 도와주심을 구하면서 진짜 믿음이 되는 여러분이 되시라는 말입니다. 이후 구절 말씀은 설명하지 않아도 다 아는 것이니 오늘 달란트와 열 므나의 비유 말씀은 여기서 마칩니다.

우리에게 말씀의 뜻을 깨달아 알고 바른 믿음의 길을 갈 수 있도록 도와주시는 성영님께 감사하고 모든 영광을 삼위 하나님께 돌립니다. 아멘.

제 3 장
죽은 일은 죽은 자들에 두고 너는 나를 좇으라

¹⁸예수께서 무리가 자기를 에워쌈을 보시고 저편으로 건너가기를 명하시니라 ¹⁹한 서기관이 나아와 예수께 말씀하되 선생님이여 어디로 가시든지 저는 좇으리이다 ²⁰예수께서 이르시되 여우도 굴이 있고 공중의 새도 거처가 있으되 오직 인자는 머리 둘 곳이 없다 하시더라 ²¹제자 중에 또 하나가 가로되 주여 나로 먼저 가서 내 부친을 장사하게 허락하옵소서 ²²예수께서 가라사대 죽은 자들로 저희 죽은 자를 장사하게 하고 너는 나를 좇으라 하시니라

(마8:18-22)

성경은 이 세상에 속한 것을 말하고자 함이 아닙니다. 인간의 육체가 사는 조건들을 말씀하기 위해서 쓰인 것이 아니에요. 세상에서의 삶의 것들을 말한 것 같지만, 그것을 들어 말씀함으로써 영적인 것을 알게 하시려는 것입니다. 인간에게 중요한 것, 알아야 하는 것은 영적인 것으로서 그 영적인 것은 눈에 보이는 것이 아니기 때문에, 보이는 삶에 조건들로 비유하고, 예표로, 상징으로 들어서 말씀한 것입니다. 그것이 영적인 것을 깨닫고 알게 하시는 하나님의 방법입니다.

창8:22에 인류를 홍수로 멸하신 후 방주에서 내린 노아에게 하나님께서 말씀하시기를 **땅이 있을 동안에는 심음과 거둠과 추위와 더위와 여름과 겨울과 낮과 밤이 쉬지 아니하리라**고 하셨습니다. 추울 때도 있고 더울 때도 있고 덥지도 춥지도 않은 때도 있고, 밤과 낮이 있는 이런 자연 조화처럼, 바로 인간 삶에도 갈등이 있고 고통이 있고 좋은 때도 있고 나쁠 때도 있고 울 때가 있고 웃을 때가 있는 수고의 삶을 살게 된다는 것을 의미하는 것입니다. 하나님의 말씀을 불순종하여 에덴에서 쫓겨나 땅에서 살게 된 인간 앞에는 이제, 가시와 엉겅퀴와 싸우며 수고하여 살게 된 그것이 땅이 있을 동안, 인간이 존재하는 동안 심음과 거둠과 추위와 더위와 여름과 겨울과 낮과 밤이 쉬지 않는 것과 같게 되었다는 것을, 이 같은 자연의 이치, 그 조화와 연결하여 깨달아 볼 수 있게 하셨다는 말입니다. 그래서 살기 위한 이 같은 수고로움 속에서 안식하기를 원하고 평안함을 그리워하는 영이 되게 하셨습니다.

그렇기에 우리가 롬1:20에 **창세로부터 그의 보이지 아니하는 것들 곧 그의 영원하신 능력과 신성이 그 만드신 만물에 분명히 보여 알게 되나니** 말한 대로 농사하는 농부와 같이 일하시는, 하나님의 죄인을 구원하시는 뜻과 과정을 계절로도 깨달아 알 수가 있게 하셨습니다. 봄은 씨앗을 심고 싹이 나서 자라고, 여름은 열매를 내어 곡식으로 키우고, 가을은 잘 여문 알곡을 걷어 타작하여 창고에 들이고, 이로써 한 해의 농사를 늦가을까지 다 마무리하고 추운 겨울을 맞게 되는 것입니다. 이제 자기 농사를 부지런히 잘한 사람은 겨울을 맞을 채비를 다 하였으므로 눈보라 치는 겨울의 혹독한 추위와는 관계없습니다. 추운 바람이 새 들어오지 않게 문틈을 다 막아주고 집을 따

뜻이 하여, 한 해 동안 열심히 수고하여 거둔 양식을 먹으며 편히 쉬는 것입니다. 따뜻한 집에서 안식하는 것입니다. 그래서 바깥 겨울, 혹한기는 환난의 때임을 의미하는 것입니다.

바로 알곡을 거두시기 위해 농사하신 하나님께서도, 이같이 먼저 하늘의 알곡을 거두시고 난 후, 이 세상이 환난의 때를 맞는다는 것을 이 계절의 때로 계시하여 준 것입니다. 그러므로 이 세상에 있을 환난을 만나기 전에 예수님께서 자기의 사람, 성영님으로 한몸 된 자기 신부들을 데리러 공중으로 오실 것입니다. 이제 성영님이 신부들을 데리고 올라간 뒤, 이제 세상에서는 사단의 시대가 되었으므로, 땅에 남은 모든 사람들은 혹독한 바깥 겨울을 그대로 맞게 되어 말할 수 없는 고통을 겪게 될 것입니다. 그렇기에 예수님께서 신부를 데리러 다시 오시는 것은 환난의 때라고, 7년 환난을 겪고 있을 때라고 말한다거나 환난을 지나고 난 뒤라고 말하는 것은 다 백 프로 거짓말이라는 것을 명심하고, 성영님께서 레마로 보내신 여기 말씀 앞에서 신부로서 예수님 맞을 준비, 속사람이 예수님으로 장성케 되는 일에 게을리하지 말고, 깨어서 믿음의 준비를 열심을 다하여 하시기를 바랍니다. 여러분이 바깥 겨울 추위가 얼마나 혹독한지 직접 체감하는 것이니 잘 알지 않겠습니까? 모르겠으면 영하 10도 정도 되는 날 밤에, 하룻밤만이라도 한번 자기 옷 그대로 바깥에서 있어 보세요. 아니 영하 5도 정도도 괜찮겠습니다. 아마 추위에 견디지 못해 얼어 죽지 않을까요? 정말 그 추위와 같은 지옥의 고통을 영원히 겪어야 한다면, 어찌 겪을 수 있을지 여러분이 참으로 지각이 서고 영적 감각이 있기를 너무나 바랍니다. 여러분, 하나님께서 지으신 만물은 아무 뜻 없이 지으신 것이 하나도 없습니다. 다 깨달아 볼 수 있도록 하신 하나님의 교훈이고 경고이고 거울입니다. 그래서 바울 사도가 '하나님의 신성이 그 만드신 만물에 분명히 보여 알게 되나니' 한 그 말이 너무나 아멘이고, 공감하는 겁니다. 여러분도 아멘입니까?

그래서 저는 추수 찬송 부르는 것이 참 즐겁고 행복하고 좋습니다. 여러분은 어떠세요? 말씀 중이지만 우리 306장하고 308장을 한번 불러 볼까요? 가사가 얼마나 마음이 행복하고 좋은지 여러분도 다 그렇게 믿고 느낀다고 생각합니다. 우리 가사를 잘 이해하시면서 한번 불러보겠습니다.

1. 감사하는 성도여 추수 찬송 부르세 추운 겨울 오기 전 염려 없게 거뒀네 아버지가 우리게 일용 양식 주시니 우리 함께 모여서 감사 찬송 부르세

2. 이 세상은 하나님 열매 얻기 위한 밭 좋은 곡식 있는데 가라지도 있도다 두 가지 다 자라서 열매 맺게 되나니 그 열매로 알곡과 가라지 구분하네

3. 예수님이 오셔서 알곡 거둬들인 후 밭에 있는 나쁜 것 모두 소멸하실 때 가라지는 골라서 영영한 불에 넣고 늦은 열매 모아서 거두어 들이시네

4. 우리의 왕 예수님 우리 다시 데리러 오실 때엔 맞으리 그때 영광 뵈옵고 모든 성도 영원히 하늘 집에 이르러 천군 천사 어울려 추수 찬송 부르리 아멘

1. 넓은 들에 익은 곡식 황금물결 뒤치며 어디든지 태양 빛에 향기 진동하도다 알곡 거둘 농부의 손 낫을 들고 거두네 기회 지나가기 전

에 추수 일꾼 됩시다

2. 추수할 것 많은 때에 일꾼 심히 적으니 아버지여 추수 일꾼 많이 보내 주소서 추수 때가 되었으니 알곡인가 그대는 기회 지나가기 전에 추수 일꾼 됩시다

3. 하나님의 밭에 있어 알곡 열매 되었나 추수할 때 알곡으로 하늘 창고 들란가 추수 때가 되었으니 알곡인가 그대는 기회 지나가기 전에 추수 일꾼 됩시다

4. 거둬들인 모든 알곡 천국 창고 들인 후 아버지의 베푼 잔치 알곡 잔치 되겠네 추수 때가 되었으니 알곡인가 그대는 기회 지나가기 전에 추수 일꾼 됩시다 아멘

어떻습니까? 여러분! 여러분은 분명히 천국 창고에 들인 알곡이 되었습니까? 찬송가 가사가 자기 믿음이 되었을 줄로 믿습니다.

그리고 한 가지 여러분이 믿음을 바로 하는데 반드시 알아야 할 사항에 대해서 참고로 말씀을 드리고 다음 말씀으로 가겠습니다. 아담이 선악과를 먹은 것은 하나님께서 저주를 받으리니 하셨는데 어디에 저주를 받는다는 것입니까? 땅입니다. 아담이 불순종한 것은 땅이 저주받는 것이 되었습니다. 그래서 땅이 가시와 엉겅퀴를 내고 (이것은 사단 아래 살게 된 인간의 영적 고통과 삶의 수고로움이 있을 것을 의미하는 것임, 그래서 안식하기를 사모하게 하심) 그 땅에서 수고하여야만 소산을 얻게 되었고, 즉 인간 자아가 죽고 영으로 사는 훈련을 받아야 하게 되었다는 말입니다. 소산이라는 것은 육체가 사는 것을 얻는다는 말이지만, 영이 사는 양식(생명)을 얻게 하신다는 말씀입니다. 그다음 하나님께 계시에 따른 제사가 아니라 자

기 자아에 따른 제사를 하여 실패하고, 동생을 돌로 쳐 죽이고 사단을 주인으로 한 가인은 자신이 저주받는 것이 되었습니다. 사람에게 저주가 들어왔습니다. 땅도 저주받고 사람 자신도 저주받게 되었다는 말입니다. 그러니까 사람의 영도 혼도 육체도, 저주를 받은 것이 되어서 전인이 저주에 속하게 되었다는 것을 말합니다. 그래서 땅에서 저주를 받은 가인에게 하나님께서 말씀하시길 창4:12에 **네가 밭 갈아도 땅이 다시는 그 효력을 네게 주지 아니할 것이요 너는 땅에서 피하며 유리하는 자가 되리라** 하셨습니다. 가인은 사단의 소유가 되었으므로 영영, 영이 사는 양식을 얻을 수 없는 자가 되었고 유리하는 영혼, 즉 영원히 보호받지 못하는 영혼이 되었다는 말씀입니다.

그렇기에 사람이 변하는 계절처럼 고통도 있고 고난도 있고 기쁨도 있고 슬픔도 있고, 웃는 일도 우는 일도 있고 끝없이 고민이 있는 삶을 살아야 하지만, 그러나 그 같은 수고와 고생 가운데 좋은 계절에 알곡을 거두는 기쁨이 있게 하시듯이, 바로 영이 가진 소원, 안식을 갈망하고 생명을 구하여 사모하는 그 소원대로, 영이 가져야 할 하나님의 생명과 안식을 마침내 얻게 하신다는 것을 가르쳐주신 것입니다. 그렇기에 우리의 믿음은 계절을 맞는 세상 것에 관심을 가지고 그것을 위해 살 것인지, 아니면 계절이 없는, 계절을 초월한 영적인 것, 예수 그리스도와 그의 영광된 천국을 구할 것인지를 분명히 해야 합니다. 성서는 영의 양식을 주는 것에 목적이 있고 영적 생활을 하게 하는 것에 목적이 있고, 영적인 권위를 갖게 하는 데에 목적이 있습니다. 영은 계절이 없는 것이니 계절을 초월한 영원한 세계, 변하지 않고 쇠하지 않는 하나님의 영원한 영광의 세계에 대하여서입니다.

오늘 우리가 읽은 본문 말씀도 그런 계절을 초월한 것, 영적인 것을 말씀한 것입니다. 우리의 구할 것, 얻고자 해야 하는 것 바로 영적인 것임을 말씀한 것이란 말입니다. 인간은 세상의 것을 얻고자 예수님께 접근하여 예수님을 따르겠다고 말하지만, 예수님은 인간이 얻고자 하는 것과는 관계없는 영적인 말씀을 하심으로써, 예수님께서 하늘의 것을 주려고 오신 것임을 분명히 해주셨습니다. 본문 19에 **한 서기관이 나아와 예수께 말씀하되** 했습니다. 여기에 서기관은 율법을 연구하는 학자라기보다는 공회에서 회의 내용이나 공문서 같은 것을 기록하는 서기관에 해당하는 사람에 더 가깝습니다. 이 서기관이 예수님이 어디로 가시든지 저는 예수님 좇겠다고 나왔습니다. 예수님께서 예수님을 따르는 것은 곧 예수님을 믿는 것임을 계속 말씀하셨기 때문에 그러면 이 서기관이 예수님을 좇으리이다, 어디로 가시든지 저는 선생님을 좇겠다고 나왔으니, 아니, 오늘날에 우리 형편으로 봐서는 한 사람이 예수님을 믿겠다고 나오면 그것이 얼마나 귀하게 보입니까? 그러니까 비위가 좀 틀려도 믿음을 좀 갖게 하려고 그냥 비위 맞추는 거잖습니까. 그런데 예수님을 좇겠다고 나온 서기관에게 예수님께서 "그래! 너 참 잘 선택했다. 네가 복 있는 자다. 그러면 나를 따르라" 하고 반갑게 맞아 주셔야 맞는 일일 텐데, 그런데 예수님은 그렇게 하지 않으셨습니다. 따라오라 따라오지 말라가 아니라 뭐라 하셨습니까? 생뚱맞게 **여우도 굴이 있고 공중에 새도 거처가 있으되 오직 인자는 머리 둘 곳이 없다** 하신 겁니다. 그러면 이렇게 말씀하신 것은 '나는 집도 절도 없는 사람이니 네가 나 따라오면 너 먹여 살릴 힘없다.' 하시는 말씀이겠습니까?

그래서 예수님의 말씀은 땅의 것을 위해 묻는 사람에게 그에 맞는 대답을 해주신 것이 아니라, 하늘의 것을 말씀하셨습니다. 하늘의 말은 인간의 귀로 듣고 이해될 수 있는 것이 아닙니다. 영의 귀와 영의 눈이 성령님으로 열려야 하는 것입니다. 그러니까 제가 이 같은 하나님의 영적인 뜻에 대하여 말씀드리는 것을 사람들이 자꾸 인간의 귀로 들으려고 하니, 뭔가 이해도 안 되고 자기와 맞지 않는다고 부딪히고, 속에서 불만이 올라오는 것입니다. 그러면서 이단이다. 삼단이다. 비판해대는 것입니다. 여러분, 영적인 것은 계절이 없다고 말씀드렸지요. 그래서 영적인 사람은 즉, 성령님으로 믿는 영의 사람은, 그런 계절을 맞는 것들에서 초월이 된 것을 말합니다. 세상 것들, 남이 하는 것 내가 못하니까 기분이 좌우되고, 사람 때문에 기분이 좌우되고 하는 것은, 그것은 아직 계절을 맞고 있는 수고하고 땀 흘리는 그 육의 장소에 있다는 것을 의미하는 거예요. 그것은 예수님 믿지 않는 육의 사람의 것입니다. 깨달아야 합니다. 그렇기에 성경 전체 말씀 안에서 영적인 하나님의 뜻을 깨달을 수 있고 알아들을 수 있는 영의 사람이 되기 위해서는, 그것을 목적으로 하고 자신을 깨끗이 내려놓고 성령님을 의지하여 마음을 다해야 하는 것입니다.

잠언2:1-8에 내 아들아 네가 만일 나의 말을 받으며 나의 계명을 네게 간직하며 네 귀를 지혜에 기울이며 네 마음을 명철에 두며 지식을 불러 구하며 명철을 얻으려고 소리를 높이며 은을 구하는 것같이 그것을 구하며 감추인 보배를 찾는 것같이 그것을 찾으면 여호와 경외하기를 깨달으며 하나님을 알게 되리니 대저 여호와는 지혜를 주시며 지식과 명철을 그 입에서 내심이며 그는 정직한 자를 위하여 완전한 지혜를 예비하시며 행실이 온전한 자에게 방패가 되시나니 대저 그는 공평의 길을 보호하시며 그 성도들의 길을 보전하려 하심이니라고 했습니다. 다시 말하면 하나님의 말씀, 계명을 받아서 네게 가장 귀한 것으로 간직하며 하나님의 지혜에 귀 기울이라. 끝없이 하나님을 알려는 지식을 구하고, 하나님을 아는 일에 네가 아주 명철한 자가 되어라. 그것이 너의 간절함이 되어라. 광부가 금이나 은을 얻기 위해 그것이 어디 있는지, 어디쯤 있는지 보이진 않지만, 반드시 얻고자 하는 간절함으로 땅속을 채굴해 나갈 때, 그 일이 쉬운 것이 아니라 힘들고 고달프고 지치지만, 그러나 보석을 얻을 때의 그 기쁨과 행복을 생각하며 인내로서 힘을 다해, 마음을 다해, 목숨을 다해 채굴해 기어코 얻어 내는 것처럼, 네가 그같이 찾으면 하나님 경외하는 것도 깨닫게 되고, 하나님과 경험의 관계가 이뤄질 것이니 그 수고를 아끼지 말라는 것입니다. 정말 가장 귀한 보배를 찾는 것처럼 그렇게 찾는 자에게 하나님 자신을 알게 하고, 하나님 자신을 주신다는 것입니다. 그런 자에게만 하나님은 완전한 지혜를 예비하시고, 방패가 돼 주신다는 것입니다. 그래서 예수님께서 그 나라와 그 의를 구하라. 찾으라. 두드리라고 하셨던 것 아니겠습니까? 이같이 하나님을 알기에 마음을 다하는 자에게는 성영님께서 지혜가 되어 주셔서, 하나님을 알게 하시고 영적인 말씀을 깨달아 세상을 초월한 믿음의 권세와 능력이 있게 하시는 것입니다.

그러면 여러분은 '여우도 굴이 있고 공중의 새도 거처가 있으되 오직 인자는 머리 둘 곳이 없다.' 하신 예수님의 이 말씀을 어떻게 들었습니까? 이 말씀을 인간의 귀로 들으면 '미물인 짐승도 거처가 있는데 그래서 다 잠잘 곳이 있고 비바람 피할 곳이 있는데, 예수님은 집도 없고 잠잘 곳도 없고, 몸 하나 어디다 의지할 데가 없다는 말인가?' 하고 듣는 것입니다. 그리고 곧 예수님에 대해 측은지심이 들고, 마음이 괜히 쓸쓸해지는 것 같게 되는 것이지요. 또 한편으로는 예수님은 능치 못하심이 없다고 하시면서 '아니, 자기 신세도 해결 못해서 처량 맞게 집 없는 사람처럼 그러시는가?' 하고 이해할 수 없다는 생각을 하게 되는 거지요. 그러기 때문에 제가 영적인 말씀을 전하는 것도, 인간의 귀로 들으면 뭔가 이해가 안 되고 불만이 일어난다고 하지 않았습니까? 예수님께서 "여우도 굴이 있고 공중의 새도 거처가 있으되 오직 인자는 머리 둘 곳이 없다" 하신 것은 미물과 같은 짐승도 제 거처가 있어 들고 나는데, 예수님은 어디에 거할 곳이 없다는 말씀입니다. 거할 곳이 없다! 무슨 말입니까? 하나님이 육신이 되어 메시아 언약을 가진 자기 백성에게 오셨는데, 그 백성이 메시아(예수님)를 영접해 들이는 자가 없더라는 것입니다. 메시아 언약을 가진 자기 백성에게 왔는데 정작 그 언약을 가진 자기 백성이 영접해 맞이하는 자가 없더라 말입니다.

예수님 그분이 누구인지 예수님이 전파하는 말씀을 들으면서도, 예수님의 행하시는 표적을 보면서도, 그 예수님이 세상에 오실 구주이심을 인정하여 맞아 영접해 들이는 자가 없다. 하나님이 사람이 되어 오신 그분을 자기의 구주로, 자기의 하나님으로 영접해 들이는 자가 없다는 것을 그같이 '오직 인자는 머리 둘 곳이 없다.'라고 말씀하신 것입니다. 미물과 같은 짐승은 제 거처가 어디인지를 알거늘, 사람은 제 거처가 어디인지도 모르고 제 거처가 돼야 할 예수님께서 오셨음에도 무지한 자들이 되어 맞아들이지 않으므로, 예수님 자신도 어디 거처할 곳이 없더라는 말입니다. 그러니까 한 서기관이 선생님이 어디로 가시든지 저는 좇으리이다 한 것은, 이 서기관이 예수님께서 많은 병자를 고치신 것을 보았어요. 또 예수님에 대하여 소문도 들었습니다. 가르치는 것이 무엇인가 권세 있고, 서기관들의 가르침과는 뭔가 다른 겁니다. 많은 무리가 따라다니는 것을 보니 보통 분은 아닌 것을 알았습니다. 그러나 '아! 이분이 우리가 그동안 기다려온 메시아! 우리를 구원하여 영생을 주러 오신 메시아!' 그분이라는 것을 알아보고 맞아들임으로써, 세상 것 다 버리고라도 예수님을 따르려고 좇겠다고 한 것이 아니라, 바로 보통 분이 아닌 이 선생을 자기가 따르면, 지금 서기관 생활하는 것보다 더 나은 어떤 명예나 지위나 부귀를 얻겠다 싶은 계산이 딱 들어왔던 것입니다.

그래서 지금 예수님이 세상에 오실 구주로 보인 것이 아니라 자기 형편이 펼 수 있는 기회, 자기가 이 선생을 열심히 따라다니면서 아부하여 섬기면 출셋길이 열릴 것 같은 충동적인 생각이 들어와서, 그래서 "선생님이여 어디로 가시든지 저는 좇으리이다" 하고 나온 것입니다. 그래서 예수님과의 관계를 이런 자기 사정 때문에 맺으려고 한다면, 그것은 예수님과 관계없는 시험에 들려 있는 것입니다. 그러니까 사람들이 예수님 하고는 왠지 안 될 것 같고, 그리고 예수님은 죄 때문에 오셨다고 하니 자기 사정하고 어울리지 않는 분이라 여겨, 가까이할 수 없는 당신이 되어서 멀리 제쳐놓고 그저 하나님만 찾는 겁니다. 오직 "하나님 나에게 복 주세요." 하고 다니는 것입니다. 주님은 구주라는 것을 믿기는 하는데 행색이 그렇긴 해도 구주로 믿으면 구원은 받는 것이니까, 그래서 구주로는 분명히 믿는다고 합니다. 그런데 주님은 행색이 너무 가난해 보이니 그 주님 따른다고 하면 왠지 자기도 가난해질 것 같고, 가난해져야 할 것 같은 계산이 서니, 그래서 예수님은 구주로 믿는 것으로만 하고 이제 뒤로 제쳐놓고 하나님만 찾는 것입니다. 왜? 하나님은 구약에서 축복을 많이 말씀하셨기 때문에, 복 주시는 분은 하나님이라는 생각에 "하나님 나 복주세요"

하고 그 하나님만 찾는 것입니다. 구원받는 것도 좋으니까 아멘이고, 나 잘되게 해주시는 복은 더 좋으니까 아멘이니, 나 잘되게 해주시고 하나님 영광 받으시라고 하는 것입니다. 이 같은 관계로 믿는다고 하는 것은 예수님과 절대로 관계없습니다. 구원 없습니다.

요5:25에 **진실로 진실로 너희에게 이르노니 죽은 자들이 하나님의 아들의 음성을 들을 때가 오나니 곧 이때라 듣는 자는 살아나리라**고 하셨습니다. 그러면 예수님이 말씀하는 죽은 자가 누구입니까? 목숨이 죽은 것을 말하는 것일까요? 영적으로 죽은 것을 말합니다. 영적으로 죽어있는 자! 그 죽은 자들이 하나님의 아들의 음성을 들을 때가 오나니, 곧 지금 여러분이 예수님의 말씀을 듣는 지금, 곧 이때에 너희 앞에 구주로 와서, 하나님의 아들로 와서 지금 말씀하는 이때에, 말씀하시는 것을 들으면, 듣고 믿어지면 산다는 말입니다. 예수님의 말씀이 들리고 그것이 믿어지면 산다는 말입니다. 그래서 오늘날 믿는 사람들이 예수님의 참진리의 말씀이 들리고 참이라는 것이 깨달아지고, 그러므로 영혼의 기쁨이 샘솟아 올라오고 아멘의 복창이 영혼에서 올라오면, 그는 예수님의 음성을 듣는 산 자입니다. 그런데 오늘 서기관은 하나님의 아들의 음성을 들은 것이 아니라, 육신의 것을 더욱 나은 것으로 거머쥘 기회를 주실 분으로만 보았습니다.

여우는 굴이 제집입니다. 여우도 굴이 있거늘 그러셨지요? 여우는 흙이 제집입니다. 그래서 흙 속에 굴이 여우의 제집입니다. 공중에 새도 거처가 있다고 하셨지요? 그러니까 공중에 새도 지가 거처하는 곳이 제집입니다. 제집이라고 하는 것은 본 곳이라는 말입니다. 본 곳! 그곳에서 왔고 생이 다하면 다시 본 곳으로 간다. 가는 그곳이 제집이라는 말입니다. 그런데 인간은 제집이 하늘도 될 수 있고, 어디도 될 수 있을까요? 땅도 될 수 있습니다. 하늘은 하나님의 나라를 말하고 땅은 지옥을 말합니다. 그래서 하늘이 제집이 되려면 예수님이 우리의 거할 처소가 되어야 합니다. 육체에서 떠나면 영원한 제집으로 들어가는 것입니다. 그러므로 여러분! 예수님이 우리의 거할 처소, 여러분의 거할 처소가 돼야 하는 것, 여러분 아멘입니까? 그것이 사람의 본 일이요, 사람의 길입니다. 이것을 여러분이 들으면서도 마음에 감각이 없다면, 깨닫는 것으로 듣지 못한다면 그것은 흙이 제집인 여우입니다.

그러니까 예수님께서 서기관에게 여우도 굴이 있고 공중에 새도 거처가 있으되 오직 인자는 머리 둘 곳이 없다는 말씀을 하심으로써, 나를 네 구주로 영접하는 것이 아니면 너는 흙이 거처요 제집인 짐승과 똑같다. 너희가 내게로 와서 나를 영접하여 생명을 구하는 것이 아니고 계절을 맞는 땅의 것들을 구하기 위해 나를 따르겠다고 한다면, 그것은 마귀가 지배하는 세상을 제 거처로 삼고, 흙이 제집인 이 짐승들과 똑같다는 것을 말씀하는 것입니다. 예수님께서 이같이 말씀한 것은 아니지만, 말씀의 의도는 이와 같다는 것을 성영님으로 깨달을 수 있어야 하는 것입니다. 우리 머리로는 도무지 예수님의 이 말씀의 뜻을 깨달아 알 수는 없습니다. 이렇게 깨달아 알게 된 레마를 여러분에게 전해드릴 때 여러분이 아멘의 감동으로 듣고 받을 수 있는 것 또한 성영님으로 되는 것이라는 것을 알기 바랍니다. 그러므로 저에게 계신 성영님과 성영님의 레마를 여러분이 듣고 받음으로써, 진정한 믿음의 복이 있기를 바랍니다. 여러분 속에 세상을 붙잡고 있으면 그것은 마귀를 스스로 붙잡는 것이 되어서 절대로 예수님이 그 안에 계실 수가 없습니다. 예수님이 그 안을 거처로 삼으실 수가 없어요. 그렇기에 예수님께서 그곳에다 예수님 자신, 즉 머리를 두실 수 없다는 것을 분명히 아십시오.

그다음 21에 **제자 중에 또 하나가 가로되 주여 나로 먼저 가서 내 부친을 장사하게 허락하옵소서** 했습니다. 여기는 제자 중에 하나라고 했으니 예수님을 따르는 자라는 말입니다. 사실 오늘날 믿는다는 것이 다 이 제자와 같습니다. 그러니까 "예수님! 제가 예수님을 따라야 하는 것을 잘 알고 있으니 반드시 따르겠습니다만, 그런데 예수님 따르기 전에 먼저 제가 깨끗이 정리해야 할 일들이 있습니다. 내 부친이 돌아가면 자식의 도리가 있으니 장례도 치르고 그밖에 걸리는 것 없이 해놓고 그 뒤에 예수님을 전심으로 따르겠으니 허락해 주십시오." 한 것입니다. 예수님을 따라야 한다는 것은 잘 알고 있는, 예수님에 대한 믿음은 있다는 말입니다. 그러면서 세상일도 중요하게 여기는 것입니다. 세상사에 관심이 많고, 인간의 전통을 중시하고, 사람과의 유대 관계를 중요시합니다. 그런데 예수님의 답변은 **죽은 자들로 저희 죽은 자를 장사하게 하고 너는 나를 좇으라**입니다.

지금 이 제자가 생각하고 있는, 이 제자가 하겠다고 하는 일은 다 죽은 것이요, 죽은 일이라는 말입니다. 새겨듣기 바랍니다. 예수님의 말씀은 믿음을 가지려면 부모에게 자식의 도리조차도 무시하라는 말로 들려질 수도 있어서 오해도 되겠습니다만, 왜 오해로 들립니까? 육의 귀로 듣기 때문입니다. 육의 귀로 들으면 다 오해가 되어 '사람이 어떻게 그렇게 살 수가 있냐? 아니 그러면 사람들하고 함께 살지 말고 저 산속에 가서 혼자 살아야지, 이런 가당치도 않은 말이 어디 있냐?' 하고 강하게 반응하고 부정합니다. 육은 하나님과 원수이니 원수로 맞선다는 말입니다. 그러나 예수님은 육으로 행하는 자들의 그 행실이나 행위들은 다 죽은 것에서 나온 것들이니, 네가 산 자면 그곳에 있지 않아야 하지 않느냐는 말씀입니다. 그곳에 함께하는 것은 너도 죽은 자이기 때문이지 않으냐는 말씀입니다. 여기서 '죽은 자들로' 하는 것은 예수님을 받아들이지 않고 믿지 않는 자들을 말하는 것이요, 또 '저희 죽은 자'를 하는 것은 그들 중에서 죽은 자를 말합니다.

그런데 사실 믿는다고 해도 제가 볼 땐 다 이와 같은 죽은 자들로 있습니다. 이 말씀 앞에 계신 이들 중에서도 지금 죽은 자들의 일에 마음 쓰고 있는 이들도 있으니, 저의 이 말씀이 마음에 걸림이 되면, 지금 듣는 즉시 온전히 깨끗하게 하든지, 그럴 수 없으면 여기 말씀 앞에 있지 않아야 할 것입니다. 여기 말씀 앞에 있다가 해를 당하여 피차 불편해서는 안 되는 것이니, 그 죽은 자들에게로 돌아가 따라야 할 것이란 말입니다. 왜입니까? 이 말씀 앞에서 안 된다면 그도 안 되는 것이라는 것이 증명되는 것이기 때문입니다. 저의 이 말 앞에 "그래도 때가 되면 언젠가 되지 않겠냐?", "기다려줘야 하는 것 아니냐?", "그러면 너무 율법적이지 않으냐?", "믿지 않는 그들을 믿게 하려면 그것도 사랑을 베푸는 일이지 않겠냐?" 또 이런 생각 할 수도 있고, 말할 수도 있어서 말씀드립니다. 성격 문제라면 그것은 교회가 기다릴 수는 있습니다. 성격 문제라면! 그러나 죽은 자의 일은 하나님을 섬길 것이냐, 귀신을 섬길 것이냐 하는 것이 걸린 것이어서 하나님의 말씀은 그것을 용납하지 않습니다. 교회가 그런 것을 용납할 수가 없습니다. 우리가 성경의 말씀, 하나님을 믿는다고 하는 것이 일백 년을 넘고도 수십 년이 더 되었습니다. 우리에게 복음이 들어온 지 말입니다. 이제는 나이로 보면 늙은 때인데, 어찌 지금 그것이 용납될 것으로 생각합니까? 죽은 자의 일은 하나님을 섬김에서 나온 것이 아니라 귀신에게서 나온 일로 귀신을 섬기는 것이니, 그런 것은 듣거나 알았으면 무엇보다도 먼저 즉시 회개해야 하지, 그렇게 끌려다니라는 것 아닙니다. 성영님께서 저에게는 그런 것을 기다리라 하신 적 없습니다. 성경도 말씀하고 있지 않습니다. 두 주인 섬길 수 없다는 것. 아셨습니까?

여러분, 죽은 자들의 장례라는 것은 제사도 마찬가지예요. 그야말로 영적으로 죽어있는 그 죽음에서 나온 행위들입니다. 그 의식으로 행하는 것들이 어두움의 영이 끄는 대로 끌려서 행하는 의식들이라는 말입니다. 끄는 대로 끌려가는 것은 그가 죽음의 영에 지배받고 있기 때문인 것입니다. 그런데 믿는다는 사람들이 그 죽은 자들의 일에 마음을 쓰고 함께하는 것이면, 그도 죽은 자의 영에 지배받고 있다는 것이 증명되는 일입니다. 죽음을 슬퍼하며 죽은 그 시신 앞에서 하는 모든 절차 행위가 부모에게 하는 것도, 부모를 위하는 것도 아닙니다. 물론 부모가 죽으면 영정이라는 곳에 부모 사진을 놓으니 그 사진 앞에서 부모에게 절한다는 생각으로 절하는데, 그것은 사람 심리를 이용한 귀신에 속는 것으로서, 부모에게 절하는 것이 절대로 아닙니다. 어떻게 그것이 부모에게 절하는 것입니까? 여러분이 상식적으로 생각해 보십시오. 그것이 지금 부모에게 절하는 것이 되겠는가 말입니다. 부모는 거기에 있지 않습니다.

사람이 한 번 죽으면, 그렇게 그 영혼이 떠돌다가 죽은 날 밥상 차려놓으면 와서 밥 먹고, 향 피워놓고 절하면 그 절을 받는다고 했습니까? 귀신이 되어 오는 것이 아니라, 떠도는 것이 아니라, 그 영혼이 이미 하나님이 정하신 곳에 가 있는 것입니다. 그러므로 부모에게 절하는 것이 아니요, 향을 피우는 것은 귀신을 오라고 부르는 행위요, 그러니 사진에 절하면 그곳에 누가 붙어 절을 받겠습니까? 귀신에게 절하는 겁니다. 귀신에게! 귀신이 부모를 내세워서 인간 심리를 이용하여 큰 절을 받는 것입니다. 그래서 장례는 귀신 문화예요. 그렇기에 여러분이 정말 이런 분별의 지각이 있어 태도를 분명히 해야 할 것입니다. 여러분 부모 섬기겠으면 살아있을 때 섬겨요. 맛을 알 때, 감정이 있을 때, 좋은 것을 알고 기뻐할 때 섬기란 말입니다. 효도하고 싶으면 살아있을 때 하란 말입니다. 진정한 효도는 만일 믿지 않는다면 예수님을 잘 믿고 구원받도록 하는 것이 진정한 효도입니다. 죽은 뒤에는 아무 소용없습니다. 제사상이라고 하여 떡 벌어지게 차려놓은 그것이 효도입니까. 단지 귀신을 섬기는 일일 뿐입니다. 죽은 자들의 장례나 제사는 다 귀신을 따르는 것이요. 귀신을 섬기는 행위입니다. 그래서 죽은 자들이 하는 것은 죽은 자(귀신)에게 하는 것이니, 네가 나를 따르려면 죽은 자는 죽은 자들로 장사하게 하고 산 자의 길을 따르라고 하신 것입니다.

죽은 자들의 일에 관심이 많고 중요하게 여기는 것은, 다시 말하면, 전통을 중시하여 그 전통을 따라 죽은 짓을 하게 되면, 그것은 악한 영들에 자신을 맡기는 것이 되어서 믿음을 잡아먹히고 지배받아 버리기 때문에, 그러므로 네가 나를 따르려면 단호히 끊고 나를 따르라 하는 것입니다. 정말 오늘날 말입니다. 죽은 자들의 그 일에 도리를 한답시고, 또는 어쩔 수 없다고, 또는 그것이 하나님의 사랑을 보이는 것이라고 착각하고 쫓아다니면서, 거기에다 자기 마음 드리고 몸 드리면서 죽은 자의 시중을 들고 다니는 사람들이 아주 많습니다. 그런 사람치고 영적인 믿음의 능력을 갖춘 사람은 제가 한 번도 본 일이 없습니다. 신앙 정신이 똑바른 사람 한 사람도 본 일이 없어요. 그들 속을 지배하고 있던 귀신에 오히려 붙들려서 그 죽은 자들의 몸에 있던 병 귀신이 자기 몸으로 들어가 병들어서 고통받는가 하면, 영적으로 혼미하게 하는 것에 붙들려서, 사실은 지금 영적 상태들을 내다보면 여기에 다 걸려서 혼미함에 붙들려 있습니다. 어떤 것이 믿음인지 어떤 것이 믿음의 일이 아닌지 분별력도 없고, 지혜 없는 혼란을 겪는 그런 모습들을 보는 것입니다. 속 능력, 예수님과 같이하는 능력이 없습니다. 그런데 또 그 제사상에 절하는 것은 귀신에게 하는 것이라. 우상에게 절하는 것이라는 것을 듣고도 사람이 두려워서 또는 체면 때문에 절함으로써 아주 귀신에 잡혀버린 경우가 많습니다.

그러나 예수님은 죽은 자들로 죽은 자를 장사하게 하고 너는 나를 쫓으라고 단호히 말씀하셨습니다. 죽은 자들의 일에 전통이라며 중시 여기고 마음을 쓰고 있으면 믿음의 기회는 잃는 것입니다. 죽은 자들과 함께 어울려 죽은 일에 마음 쓰면서 교감하고 몸으로 그 일을 돕고 자기의 할 일인 것처럼 행하는 것이면, 너도 죽은 자이지 않겠느냐 하신 물음입니다. 그러므로 '네가 나를 따르겠느냐? 죽은 세상을 따르겠느냐?' 둘 중의 하나이지 중간은 없다는 말입니다. 세상도 좋고 믿음도 좋다고 하는 것은 하나님에게는 없는 것으로 분명히 선을 그으셨습니다. 세상도 좋고 믿음도 좋다고 하는 것은, 귀신도 좋고 하나님도 좋다고 하는 것이니, 하나님은 절대로 두 주인을 섬기지 못한다고 하셨습니다.

여러분은 오늘 이 서기관과 제자, 두 사람에게 하신 예수님의 말씀 앞에 어떻습니까? 예수님을 따르긴 따라야 하겠는데, 세상에서 살아가려면 죽은 자들도 따라야 하지 않겠느냐 입니까? 사람들의 전통과 유전을 중히 여겨 거기에 마음 쏟고 쫓아다니진 않습니까? 마15:8, 9에 예수님이 말씀하셨습니다. **이 백성이 입술로는 나를 존경하되 마음은 내게서 멀도다 사람의 계명으로 교훈을 삼아 가르치니 나를 헛되이 경배하는도다** 라고 말입니다. 그러면 이 말씀에 여러분은 뭐라고 답하십니까? '마음은 내게서 멀도다' 하신 말씀에 여러분 자신은 무엇이라 답하시겠습니까? 나를 헛되이 경배하는도다 하셨는데 여러분은 어떤가 말입니다. 진짜 예수님을 믿는 것이면, 진짜 믿음이면 인간의 전통에 매달리지 않습니다. 인간의 교훈에 매달리지 않습니다. 정말 예수님을 믿는 것이면 왜 그렇게 인간 유전에 매달리고 교훈에 매달립니까? 예수님은 깨끗이 옮겨 앉으라고 하셨습니다. 깨끗이 돌아서라는 것입니다. 네가 나를 따르겠다고 했으면, 날 따르든지 죽은 자들을 따르든지 이쪽이든지 저쪽이든지 하나를 택하라는 것입니다. 세상은 지나가는 곳이니 지나가는 동안에 좀 고난을 겪더라도 후에 올 영광을 바라보며 나를 따를 것인지 태도를 분명히 하라는 것입니다.

세상의 문화 그 죽은 것들을 쫓으며 마음을 거기에 두고, 입술로만 예수님을 따르겠다고, 믿는다고 하는 것은 하나님을 헛되이 경배하는 것이라고 했습니다. 참으로 사람들이 예수님에 대해 믿음을 분명히 하지 않고, 꼭 간에 붙었다 쓸개에 붙었다 하는 것과 같이 하면서 믿는다고 하고 있습니다. 예수님이 오신 것은 섬김을 받으려 함이 아니라 도리어 섬기려 한다고 말씀하시고, 제자들의 발을 일일이 씻어주셨다고 하니까, 자기의 죄를 대신 지고 십자가에 못 박혔다고 하니까, 그렇게까지 자기를 사랑하시는 하나님이 자기 입장을 아시고 이해해 주실 것이라고 스스로 착각하고 있는 것입니다. 그렇게 착각하고 있지 않습니까? 어떻게 해서든지 달래가면서 '나 예수 좀 믿어주라, 나 좀 제발 좀 믿어줘, 제발 부탁이니 믿어줘 좀!' 하러 오신 줄로 착각하는 것 아니냐는 말입니다. 그러나 죽은 자들의 일은, 말씀 그대로 죽은 자에게 하는 것이요, 그 배후에 죽음의 영, 악한 영에 순종하는 것이요, 섬기는 것으로서 죽은 자의 종입니다.

그리고 눅12:15에 **삼가 모든 탐심을 물리치라**고 하셨습니다. **사람의 생명이 그 소유의 넉넉한 데 있지 아니하니라**고 하셨습니다. 넉넉하기 위해서 일생 그것을 쫓다가 생명을 잃으면 자기에게 그것이 무슨 유익이 있습니까. 예수님께서는 "한 번 목숨 잃어버리면 사람이 무엇을 주고 제 목숨을 바꿀 수가 있겠느냐"고 하셨습니다(마16:26). 사람의 죽은 일에, 두 주인 섬길 수 없는 일에 끌려다니고 쫓아다니다가 목숨 잃으면 지옥으로 떨어지니, 그 죽은 자들의 일로 네 목숨을 구할 수 있겠느냐 말입니다. 그 어떤 것도 목숨과 바꿀 것이 없다는 것을 분명히 말씀하셨습니다. 히13:5에 **돈을 사랑치 말고 있는 바를 족한 줄로 알라**고 했습니다. 히13:9에 **여러 가지 다른 교훈에 끌리지 말라**고 했습니다. 우리의 마음은 은혜로써 굳게 하는 것이 아름다운 것이지 음식으로 할 것이 아니다. 음식으로 말미암아 행한 자는 유익을 얻지 못하였다고 했습니다. 그러므로 믿음을 굳게 하고 영적인 것을 세워나가는 데 마음을 쓰라고 했습니다.

딤전 6:8-10에 **우리가 먹을 것과 입을 것이 있은즉 족한 줄로 알 것이니라** 했습니다. 부하려 하는 자들은 시험과 올무와 여러 가지 어리석고 해로운 욕심에 떨어져서 파멸과 멸망에 빠지게 하는 것이라 했습니다. 돈을 사랑하는 것이 모든 악의 뿌리가 되는 것으로 이 것을 사모하는 자들이 미혹을 받아 믿음에서 떠나게 된다고 했습니다. 딤전6:17에 **정함이 없는 재물에 소망을 두지 말고 오직 우리에게 모든 것을 후히 주사 누리게 하시는 하나님께 두며** 했습니다. 구약성경의 다니엘서는 이스라엘과 연관된 역사와 함께 세상 끝날에 있을 일들에 관한 예언서입니다. 요한계시록과 연결된 것으로, 그 책 맨 마지막 장인 12장에 보면 성경의 비밀이 열린 시대인, 이 마지막 때에 있을 신앙의 모습을 말해주고 있습니다. 마지막 때, 종말의 때가 되면 '많은 사람이 연단을 받아 스스로 정결하게 하며 희게 할 것이나, 악한 사람은 악을 행하리니 악한 자는 아무도 깨닫지 못하되' 했습니다. 그러나 오직 지혜 있는 자는 깨달으리라고 했습니다.

그러면 악한 자가 누구입니까? 교회 밖에 사람들만을 악한 자 안에 처한 자라고 한다 했습니까? 아닙니다. 바로 오늘 서기관과 같은 자입니다. 예수님을 따르겠다고 하는 것이 곧 자기 것을 이루고 싶은 것에 초점을 두었으므로 악한 자요. 이런 자는 아무것도 깨닫지 못한다고 하는 것입니다. 육의 것의 만족이 있으면 되지, 천국이니 지옥이니 그다지 감각이 없다는 말입니다. 눈에 보이는 것만 좇는 현세주의자인 사두개입니다. 그래서 예수님을 믿는다고 교회는 다니지만, 구주로는 관계될 수 없다는 것을 보여준 것입니다. 또한, 악한 자는 이 제자처럼 죽은 자의 일을 중시하고, 마음을 두고 끌려다니는 자를 말합니다. 악한 자는 깨닫지 못한다고 했으니, 그러면 이 같은 말씀을 다 듣고도 지금까지 깨닫지 못했다면 그가 악한 자이기 때문이지 않겠습니까? 오늘 예수님의 이 같은 말씀을 듣고도 감각이 없다면, 그가 심성이 착해서 사람들에게 칭찬받는다고 해도 하나님은 그를 악한 자로 보시는 것입니다.

그러나 지혜 있는 자는 깨닫는다 하셨으니 이는 또한 하나님 앞에 설 때에 흠 없고 깨끗한 자가 되기 위해 스스로 연단 받기를 원한다는 것입니다. 그래서 예수님을 따르는 데 있어 가난해야 한다면 가난을 택할 것이고, 세상 명예나 부귀를 다 버려야 한다면 버리고, 고난이 있어도 그 길이 예수님을 따르는 길이라면, 차라리 잠시 받는 고난을 택하는 지혜가 있다는 것입니다. 그렇다면 지금 여러분은 어느 길입니까? 예수님을 따를 것이냐, 귀신을 섬길 것이냐, 분명한 태도가 되었기를 바랍니다. 말씀을 맺습니다.

오늘도 말씀을 깨달아 알게 하시고 우리의 믿음을 도와주신 성영님께 감사드리고, 하나님 아버지와 우리 주 예수님께 모든 영광을 돌립니다. 아멘

제 4 장
결단코 천국에 들어가지 못하리라

¹그때에 제자들이 예수께 나아와 가로되 천국에서는 누가 크니이까 ²예수께서 한 어린아이를 불러 저희 가운데 세우시고 ³가라사대 진실로 너희에게 이르노니 너희가 돌이켜 어린아이들과 같이 되지 아니하면 결단코 천국에 들어가지 못하리라 ⁴그러므로 누구든지 이 어린아이와 같이 자기를 낮추는 그이가 천국에서 큰 자니라 ⁵또 누구든지 내 이름으로 이런 어린아이 하나를 영접하면 곧 나를 영접함이니 ⁶누구든지 나를 믿는 이 소자 중 하나를 실족케 하면 차라리 연자 맷돌을 그 목에 달리우고 깊은 바다에 빠뜨리우는 것이 나으니라 ⁷실족케 하는 일들이 있음을 인하여 세상에 화가 있도다 실족케 하는 일이 없을 수는 없으나 실족케 하는 그 사람에게는 화가 있도다 ⁸만일 네 손이나 네 발이 너를 범죄케 하거든 찍어 내버리라 불구자나 절뚝발이로 영생에 들어가는 것이 두 손과 두 발을 가지고 영원한 불에 던지우는 것보다 나으니라 ⁹만일 네 눈이 너를 범죄케 하거든 빼어 내버리라 한 눈으로 영생에 들어가는 것이 두 눈을 가지고 지옥 불에 던지우는 것보다 나으니라 ¹⁰삼가 이 소자 중에 하나도 업신여기지 말라 너희에게 말하노니 저희 천사들이 하늘에서 하늘에 계신 내 아버지의 얼굴을 항상 뵈옵느니라

(마18:1-10)

1, 2, 3에 그때에 제자들이 예수께 나아와 가로되 천국에서는 누가 크니이까 예수께서 한 어린아이를 불러 저희 가운데 세우시고 가라사대 진실로 너희에게 이르노니 너희가 돌이켜 어린아이들과 같이 되지 아니하면 결단코 천국에 들어가지 못하리라 하셨는데 '그때에' 하는 것은 예수님께서 이 말씀을 하시기 전 말씀을 마치고 난 뒤에, 제자들이 예수님께 나와 물었다는 말입니다. 앞에 하신 말씀과 연장선은 아니지만, 우리 17:22절 말씀부터 한 번 살펴볼까요? 갈릴리에 모일 때에 예수께서 제자들에게 이르시되 인자가 장차 사람들의 손에 넘기워 죽임을 당하고 제삼 일에 살아나리라 하시니 제자들이 심히 근심하더라 예수님께서 십자가에 달려 죽으셨다가 제삼 일에 살아나실 것을 말씀하셨는데, 이 말씀은 지금 두 번째 하신 예고입니다. 이때의 제자들은 예수님의 이 예고의 말씀에 대해 도무지 알아듣지 못하고 이해하지를 못했어요. 이것은 성영님이 오셔서 증거를 받아야 영적으로 이해할 수 있고 자기의 것으로 받을 수 있기 때문에 그렇습니다. 24에 가버나움에 이르니 반 세겔 받는 자들이 베드로에게 나아와 가로되 너의 선생이 반 세겔을 내지 아니하느냐

가버나움은 갈릴리 해변에 위치한 곳인데 여기서 '반 세겔 받는 자' 하는 것은, 이스라엘의 20세 이상 된 남자들만 내는 성전세를 말합니다. 이스라엘이 애굽에서 건져주신 하나님의 은혜에 대한 최소의 액수인 반 세겔을 매년 한 번 내는 것으로서 그것을 '생명의 속전'이라고 합니다. 그래서 그 반 세겔을 받는 자들이 '너희 선생도 반 세겔을 내야 하지 않느냐? 왜 내지 않느냐?' 했다는 말입니다. 그러자 베드로가 25에 가로되 내신다 하고 집에 들어가니 예수께서 먼저 가라사대 시몬아 네 생각은 어떠하뇨 세상 임금들이 뉘게 관세와 정세를

받느냐 자기 아들에게냐 타인에게냐 26에 베드로가 가로되 타인에게
니이다 예수께서 가라사대 그러하면 아들들은 세를 면하리라 하셨습
니다. 여러분! 세상 나라의 임금, 즉 나라의 주인이 자기 아들에게 세
금 부과하겠습니까, 타인에게 부과하겠습니까? 타인에게입니다. 아
들에겐 받을 일 없습니다. 임금의 나라이면 자기 아들의 나라도 되기
때문입니다. 그렇듯이 하나님의 아들로 오신 예수님은 자신이 '생명의
속전'이 되시고 성전이니, 성전세를 내야 할 이유가 없습니다. 그래서
성전세를 받는 자들이 '생명의 속전'에 대한 이 같은 본뜻을 알고, 예
수님을 알아보았다면 '생명의 속전'이 되실 분이 오셨으니, 예수님에
게 반 세겔을 왜 내지 않느냐고 할 수 없는 일입니다. 그렇기에 예수
님은 그들에게는 타인입니다. 제자들도 그들에게는 타인입니다.

그래서 27에 **그러나 우리가 저희로 오해케 하지 않기 위하여 네가
바다에 가서 낚시를 던져 먼저 오르는 고기를 가져 입을 열면 돈 한
세겔을 얻을 것이니 가져다가 나와 너를 위하여 주라** 하셨습니다. 예
수님께서 내가 하나님의 아들인데, 내가 생명의 속전으로 왔는데 어
찌 성전세를 내라 하느냐, 너희가 그것도 모르느냐 한다면 그들이 그
러냐고 받아들이는 것이 아니라, 오히려 하나님이 정한 율법을 어기
고 폐지하려 한다고 오해하여 충돌이 일어날 것이니, 너희가 나와 너
희를 위하여 가져다주라고 하신 겁니다. 그런데 예수님은 제자들이
관리하는 재정에서 주라 하지 않으시고, 바다에 낚시를 던져 먼저 오
르는 고기 입을 열면 한 세겔을 얻을 것이니 그것을 가져다주라고 하
셨습니다. 어떤 이들은 이것은 예수님의 신성을 보인 것이라고 말하
는데, 예수님은 어떤 의미 없이, 또는 우연히 신성을 나타내시지 않습
니다.

성전세를 입을 열어 내준 물고기는 요나가 사흘 동안 물고기 배 속에 있었던 것과 연관된 것으로서 바로 예수님이 그 성전세를 치르러 오신 것임을 표적으로 보이신 것입니다. 요나가 사흘 동안 물고기 배 속에 있었다가 다시 토해낸 것은 예수님의 십자가 죽음과 사심을 상징합니다. 하여 예수님께서 **음란한 세대가 표적을 구하나 선지자 요나의 표적밖에는 보일 표적이 없느니라 요나가 밤낮 사흘을 큰 물고기 뱃속에 있었던 것같이 인자도 밤낮 사흘을 땅 속에 있으리라**고 하셨습니다(마12장). 그러니까 물고기 입을 열어 동전 한 세겔을 얻어 성전세를 가져다준 것은 바로 예수님께서 물고기가 요나를 삼켰다가 다시 토해낸 그 사건의 바통을 받아 자신이 죽으러 오신 생명의 속전이라는 것을 보이신 뜻입니다. 생명의 속전이 되어 죽으러 오셨다는 것을 먼저 오르는 고기 입을 열어 한 세겔을 가져다주라고 하셨던 것입니다. 이해됐습니까?

이제 오늘 본문에 제자들이 "천국에서는 누가 큽니까?" 하고 예수님께 물었습니다. 이것을 묻는 것은 이때 당시 제자들은 예수님이 십자가에서 죽으시고 살아나실 것에 대한 이해가 없던 때라, 눅9:46에 **제자 중에서 누가 크냐 하는 변론이 일어나니**라고 말했듯이 예수님이 이스라엘 나라를 회복하여 왕이 되면 서로 높은 자리를 차지하려고 논쟁을 하곤 했습니다. 예수님께서 그 마음에 변론하는 것을 다 알고 계셨는데, 자리에 대한 그런 경쟁심을 마음에 두고 있던 이 제자들이, 예수님께서는 어떻게 배정해 주실 것인지 궁금하기도 하고, 너는 이 자리고 너는 저 자리라고 배정해 주시면, 논쟁할 일도 없겠다는 생각에서 지금 예수님께 나와 천국에서는 누가 크냐고 물은 것입니다. 그러나 예수님은 대답지 않으시고 한 어린아이 하나를 데려다가 제자들 앞에 세우셨다고 했습니다.

여러분, 어린아이라면 몇 세 정도까지를 어린아이라고 할 수 있을까요? 7세까지요? 그래요. 7세는 어린이라고 할 수는 있지만, 어린아이라고 할 수는 없을 것 같고, 암튼 예수님께서 불러 세운 어린아이는 3세에서 6세 정도까지가 아닐까 생각하고, 어린아이로서의 그 특성을 가지고 말씀을 나눠보겠습니다. 예수님은 대답 대신에 둘러보시고 한 어린아이를 데리고 와서 제자들 앞에 세우시고 진실로 너희에게 말한다. 너희가 돌이켜 이 어린아이와 같이 되지 않으면 결단코 천국에 들어가지 못한다. 누구든지 이 어린아이같이 자기를 낮추는 그가 천국에서 큰 자라고 말씀을 하셨습니다. 그러면 여러분은 어린아이에 대해 말씀하신 이것을 깨달아 보았습니까? 아니, 어린아이들과 같이 되지 아니하면 결단코 천국에 들어가지 못한다고, 이 어린아이와 같이 자기를 낮추는 그가 천국에서 큰 자라고 하셨는데, 그러면 여러분은 다 어린아이와 같아서 천국에 들어간 자가 되었느냐는 말입니다. 여러분! '결단코'라고 하셨습니다. 결단코!

그러면 왜 어린아이와 같아야 한다는 것일까요? 왜 어린아이와 같아야 하는지 우리 한번 생각해보겠습니다. 어린아이 하면 여러분 뭐가 생각납니까? 순진성, 엄마만 의지하는 것, 천사 같은 모습, 혼자살 수 없는……. 여러 가지가 나왔는데 다 맞습니다. 아이 처지에서는 다 맞는 말이기는 한데, 오늘 얻고자 하는 정확한 답은 나오지 않았습니다. 사람들이 대부분 아이는 악함이 없고 순진하고, 거짓이 없고, 겸손하니 그래서 예수님이 그것을 가르치시려고 어린아이를 앞에 세우셨다고들 말합니다. 그러나 이것은 답이 절대로 아닙니다. 아이라고 해서 순진한 것 아닙니다. 거짓도 겸손도 다 마찬가지입니다. 아이도 본성 속에 거짓이 가득하고 악함이 가득할 수도 있습니다. 그래서 저에게 불리하면 거짓말합니다. 아이이기 때문에 하는 행동이나 말이 귀엽고 예쁘다는 것이지, 순진성이라 하면 모순이 따릅니다. 예수님께서 어린아이를 불러 저희 가운데 세우신 것은 바로 어린아이의 특성을 들어서 제자들에게 결단코 천국에 들어가지 못하는 것이 무엇인지를 가르치시려는 것입니다.

여러분, 어린아이는 누구만 있으면 됩니까? 자기 부모만 있으면 되는 겁니다. 어린아이니까 부모보다는 대부분 엄마와 함께 많이 있게 되니, 어린아이 입장에서는 부모 개념보다는 엄마만 있으면, 엄마 품만 있으면 평온한 것이지 다른 것 어떤 것도 필요를 느끼지 않습니다. 암튼 어린아이는 부모 품이 가장 편안하고, 부모 품이면 세상 그 어떤 것과도 바꾸지 않습니다. 여러분, 어린아이에게 고대광실을 지어줘도 그거 욕심 없습니다. 그거 관심도 없습니다. 아이 앞에 돈을 산더미같이 쌓아놓고 '너 이 돈 가지라' 해도 그것이 낯설기만 하지 가치 모르는 것입니다. 시큰둥한 것이지 '아이고, 이거 웬 돈이냐?' 하고 싸안지 않습니다. 설사 가져봐야 한두 장 정도일 것입니다. 아이에게 "얘야, 네 엄마하고 이 돈하고 바꾸자" 하면 그까짓 돈에는 관심 없고 오직 제 엄마를 어떻게 할까 봐서 절대로 엄마 품을 놓지 않는 것이 어린아이입니다. 여러분, 어린아이에게 "얘야, 너 명예가 또는 돈이 얼마나 좋은지, 얼마나 자랑스러운지 아느냐? 그래서 사람들이 그 명예 공명을 얻으려고 돈을 얻으려고 큰 힘을 쏟고 노력하는데, 네가 네 엄마를 버리면 너에게 그것 다 줄게, 네 엄마 버려라." 한다면 아이가 그러겠다고 할까요? 아니, 그것만 있으면 인생을 사는 것은 더는 바랄 것 없는 성공인데, 그거 싫다고 할까요? 오히려 아이는 엄마 아빠만 있으면 되지, 그런 말을 듣지도 않으려고 엄마 아빠 품으로 더 파고들 것입니다. 세상 부귀 명예 영광 다 준다 해도 어린 아이는 그런 것에 관심도 없고 그딴 것 다 필요 없고, 오직 엄마 아빠만 있으면 됩니다. 아이는 부모만 있으면, 부모 품만 있으면 세상 그 어떤 것도 필요하지 않습니다.

아이가 잘 놀고 있는 것도 부모가 시야에 있기 때문입니다. 잘 놀다가도 눈앞에 부모가 안 보이면 그때는 아무리 재미있는 놀이라도 그거 필요 없습니다. 놀란 마음으로 놀던 것 다 팽개치고 이리저리 울고불고 엄마 아빠를 불러대며 찾는 겁니다. 그러므로 예수님께서 왜 어린아이를 불러 세우시고 말씀하셨는지, 이 정도만 말씀을 드려도 여러분이 다 이해되지 않겠습니까? 아이는 부모만 있으면 최고예요. 아이는 부모 품만 있으면 최고 좋은 안식처요. 세상 그 무엇도 필요치 않습니다. 그러니까 어린아이의 이 특성을 가지고 오늘 이 말씀을 깨달아야 하는 것입니다. 그렇지 않으면 다 예수님의 의도하신 바의 뜻을 벗어나 바리새인 서기관과 같게 될 뿐입니다. 단순한 하나, 어린아이는 부모만 있으면 되지 높은 자리, 큰 자리, 명예, 영광, 돈을 바라며 이런 것들에 마음을 두고 있지 않다. 아이는 그런 것들에 관심도 없고 계획도 없다. 염려나 근심도 하지 않는다. 단지 부모만 있으면 아이는 모든 것에 족해 한다는 이것을 깨닫지 못하면 다 헛소리하게 된다는 말입니다.

그래서 그동안 '내가 높다.' '내가 크다.'하며 자리다툼의 변론을 벌이던 제자들이 예수님께 나와 천국에서는 누가 크냐고 묻는 말에 이같이 **가라사대 진실로 너희에게 이르노니 너희가 돌이켜 어린아이들**

과 같이 되지 아니하면 결단코 천국에 들어가지 못하리라 하신 것입니다. 너희가 높은 자리, 큰 자리, 명예, 영광을 바라며 예수님을 따를 수 없다는 것입니다. 예수님을 따르기 원하면 부모만 있으면 족한 어린아이처럼 오직 예수님과 함께 있는 것으로 족한 것이지, 예수님을 따르는 길은 그같이 부귀 명예 공명 그런 세상 영광을 바라는 나라가 아니요, 어린아이와 같은 그런 특성이 아니면 따를 수 있는 길이 아니라는 것을 알라는 것입니다. 그러므로 '돌이켜' 하셨습니다. 돌이켜! 너희들 예수님 믿기로 했느냐? 너희가 참으로 예수님을 믿고자 예수님께 나온 것이냐? 예수님이 묻습니다. 그러면 너희가 가지고 있는 그런 것들에서 돌이키라는 것입니다. 예수님은 분명히 단호하십니다. '돌이켜 어린아이들과 같이 되지 아니하면 결단코' 하셨습니다. 결단코 천국에 들어가지 못한다는 것입니다. 여러분 세상 것을 바라고 계획하고 그런 것들을 따르면서 어떻게 천국에 들어갈 수가 있습니까? 결단코 없습니다.

여러분이 학업을 하는 것도 무엇을 위한 것입니까? 여러분이 돈을 벌려고 애쓰는 것도 무엇을 위한 것입니까? 세상에서 부귀 명예로 높은 자리, 큰 자리에 있기 원해서입니까? 세상 발전에 이바지하려고 하는 것입니까? 세상의 것들을 누리고 살기 위해서입니까? 그렇다면 예수님은 말씀하십니다. 결단코 천국에 들어가지 못한다고요. 부르시는 음성을 들으면 하던 것 다 놓아버리고 세상에서 빨리 돌이켜 나와야 하는 겁니다. 여기에는 '그래, 네 사정이 그러니, 어쩔 수 없으니, 하나님이 봐주실 것이니 그래도 좋다. 저래도 좋다.' 하신 것이 아닙니다. 단호하십니다. 우리는 말씀을 듣고 배우는 것도 소홀해서도 안 될 것이고, 내일도 날이 있고 날은 얼마든지 있으니 흐

지부지할 수 없다는 것, 반드시 기억하여야 할 것입니다. 어린아이에게 부모만 있으면 되듯이 자기에게 삼위일체 하나님, 예수님이 아니면 살 수 없다는 것, 자기가 이 땅에 오게 된 이유, 하나님이 자기를 지으신 목적, 알고 보니 예수님을 만나 살라고 보내진 것이라는 것, 그러므로 예수님이 아니면 자기 인생이란 있을 수 없고, 오직 예수님만 계시면 된다는 그 믿음과 그 삶이어야 하는 것으로 확실히 돌아앉아야 하는 것입니다. 세상의 명예가 아무리 좋아도 세상이 아무리 좋아도, 그것으로 유혹이 들어와도 그것에 끌려가지 말아야 합니다. 그것에 우리가 마음을 두지 말아야 합니다. 오직 예수님만 계시면 되는 그것이 돼야 합니다.

여러분에게 질문합니다. 어린아이에게 "네 부모와 명예와 바꾸자. 부모 택할래 명예 택할래, 부모냐 돈이냐?" 하면 아이가 뭘 택할까요? 아이는 돈도 아니요, 명예도 아니에요. 아이에게 물어보는 그 자체가 어불성설입니다. 그러면 여러분은 뭘 택하시겠습니까? 여러분도 어린아이와 같아야 하는데 그러면 어떻습니까? 이 물음도 믿는 시간이 길었던 여러분들에게는 이제는 당연히 어불성설이 돼야 하지 않겠습니까? 어린아이의 특성에 대해서 분명히 말씀드렸으니 이제 다시 언급하지 않아도 다 아시리라 생각합니다. 예수님께서 4에 **그러므로 누구든지 이 어린아이와 같이 자기를 낮추는 그이가 천국에서 큰 자니라** 하셨습니다. 자기를 낮춘다는 것은 오직 엄마(부모)가 아니면 안 되는 처지를 아는 것, 자나 깨나 엄마(부모)의 보살핌을 받으며 함께 있는 그것을 족해 하는, 기뻐하는 그것을 의미합니다. 그것만이 아이에겐 행복이지 다른 것이 없습니다. 그것이 자기를 낮춘다는 의미입니다. 천국에서 큰 자라는 것은 위에서 설명 다 드렸으니 생략합니다만, 어린아이는 자기 부모만 있으면, 부모 품만 있으면 다른 것 그 어떤 것도 쫓아가지 않습니다. 다른 사람이 어린아이가 좋아할 것을 보이며 감언이설로 '내가 네 엄마인데 내게 와라' 해도 그 사람을 자기 엄마라고 따라가지 않습니다. 이미 아이 마음에서 저를 품에 안고 함께 있는 엄마만이 제 엄마이지 속이는 그 말에 조금도 미동하지 않습니다. 오히려 제 엄마 품으로 달려들어 그런 말 듣지 않으려고 방어합니다. 부모와 함께 있으면 아이는 길바닥이든지, 초가든지 기와집이든지, 어떤 환경에 있든지 그런 것을 문제 삼지 않습니다. 부모가 있으면 아이는 그것이 최고의 행복이고 안식입니다. 그래서 하나님 앞에서 이 어린아이와 같은 그것이 자기를 낮추는 것이요, 천국에서 큰 자라고 말씀하신 것, 여러분이 이제 어린아이와 같은 특성에 대해서 알게 되었으니 좀 더 깨달아 볼 수 있지 않습니까? 이 어린아이와 같지 않으면 결단코 천국에 들어갈 수 없다는 것 다 새김질 될 줄 믿습니다.

좀 다른 말입니다만, 이 시대가 말입니다. 아이들이 아이 같지 않다는 생각을 많이 하게 됩니다. 아이의 수준을 넘어 어른 같은 아이들이 많다는 말입니다. 아주 말하는 것도 아이 같지 않아서 좀 징그럽다는 생각이 들 때도 있습니다. 어른이 오히려 대화가 딸리는 정도입니다. 그런 시대가 되었어요. 우리 인간 입장에서 보는 순수함이라는 것이 없고 너무 되바라졌다고나 할까요. 그 정신세계들에 대해서 사실 무섭다는 생각까지 합니다. 그렇게 느끼는 것이 한두 가지가 아닙니다. 한둘이 아니야! 세상의 모든 것이 최첨단을 가고 있으니, 아이들의 정신세계도 거기에 발맞춰 가더란 얘기에요. 그러니 예수님을 믿을 수 없는 곳으로 치닫고 있다는 말입니다. 이제는 아이들의 정신

세계를 잡아버릴 수 있는 매개체들은 사방에 깔려있고, 방송이나 통신의 네트워크(network)의 체계가 세계로 뻗어 있어서 감당할 수 없는 시대가 되었습니다.

　제가 지난 일주일 동안 몸의 이상 증세가 나타나 앓아누워서, 도무지 잠을 편히 잘 수가 없었습니다. 사람을 삼가라고 하신 것을 지켜 삼가야 할 일임에도, 사람의 영혼을 긍휼히 여기는 마음이 늘 앞서가다 보니 지켜지지가 않아, 그것으로 영적 해를 입는 일들이 계속 있게 되어 결국 일이 터졌습니다. 더욱이 한 교회 안에 있는 경우에는 제가 경계한다 해도 어느 계기에 가서는 무너집니다. 나에게 허락된 하나님의 사명과 나의 입장에 대한 규정(rule)을 지켜준다면 모를까, 접근하게 되면 어쩔 수 없이 상담식이 되어서 말려드는 것이지요. 이번 일을 겪게 된 경우도 귀신은 나의 그 같은 약함을 잘 알고, 귀신의 영향을 벗지 못할 운명이 된 한 가정을 내 앞에 두고, 안타까운 사정 이야기를 나누게 하고, 기회 되면 그런 이야기를 듣게 하고, 동정심에 끌려서 같이 눈물 흘리지 않을 수 없게 했던 것입니다. 그런 연유들로 영적 해(害)가 차올랐는지 점차 내 몸에 귀신에 씐 증세가 차츰 보이더니, 결국 몸으로 폭발이 일어났습니다.

　그러니까 당사자가 겪는 고통과 그것을 옆에서 지켜보는 가족의 안타까운 사정 이야기를 간혹 듣기도 했었고, 상담을 청하면 면담하지 않을 수가 없게 되고, 내 마음이 거기에 동화되어 얼마나 고통스러울까 하는 안쓰러움과 연민을 마음에 품게 되고 마음으로 아파하니, 지금 귀신이 나에게 영적 해를 입게 하여 교회를 어지럽히려고 사람을 앞세워 놓고, 그들과 친근하게 하여 자기 사명을 행하려고 와서 아주 그럴듯한 이유로 나를 속여 보이니, 내가 그 귀신에게 얼마나 잘 속아 주는지, 힘을 펼치는 기회로 잡았던 것이지요. 그러니 말씀 앞에서 믿음을 잘 갖추기 위해 노력하는 그들을 긍휼히 여김이 마땅하지 않습니까? 그러나 그것을 빌미로 하여 들어오는 것을 받아들인 것이 곧 영적인 화(禍)를 내가 불러들이게 된 일이 되었던 것입니다.

병명으로는 대상 포진이라고 하던데, 생전 처음 몸에 이런 해를 입는 일이 벌어졌습니다. 왼쪽 귀 뒤쪽 머리 전체와 온 목까지 점령이 돼서, 온 머리와 목이 바늘로 찌르듯이 쑤시고 얼마나 아픈지 정신이 없는 겁니다. 거기에 감기몸살과 오한까지 겹쳐 정신이 몽롱해지고 비몽사몽이 되어 무엇인지 가닥을 잡지 못하고 온 신경이 헤매는 것입니다. 그러니 잠을 좀 잤으면 좋겠는데, 밤낮 깊은 잠을 도무지 잘 수가 없었습니다. 그동안 동정심으로, 긍휼의 마음으로 받아들였던 사람을 통한 귀신의 모든 속임이 나의 온 신경을 공격하듯이 어지럽게 하고, 온갖 잡다한 것들이 복잡하게 신경 속에서 겹치는(overlap) 산만함으로 어디 뭐 붕 떠 있는 것과 같았고, 그동안 말씀 준비한다고 나름 받았던 정신적 스트레스며, 또 설교 말씀을 책으로 만든다 하여 원고 교정하는 일로 받은 정신적인 부담감 등이 신경 속에서 전부 교차하며 뒤엉켜서 회오리바람처럼 마구 맴돌았습니다. 그러니 신경을 공격받으니 잠을 깊이 잘 수가 없었어요.

그래서 내게 처한 상황은 내 미련함으로 인한 것임을 회개하며, 그러나 그들의 고통이 내 마음에 전해져 얼마나 고통스러울까 하는 마음 아픔에 함께 눈물 흘린 것이니, 나를 이곳에서 건져주시라고 계속 간청하였으나 듣지 않으신 것처럼 하시더니, 비로소 그 일로 내가 어떤 상황까지 갔는지 아주 의미심장한 그 상황을 비몽사몽에 보게 하셨습니다. 내가 사람을 통해서 귀신에게 속아 귀신과 함께 교감하며 감정을 나누고 받아들였음으로 현재 받는 고통의 분량이 찰 때까지 겪어야 한다는 것, 예수님의 날이 이르기까지는 고통을 겪어야 할 것으로 알게 하셨습니다. 그러던 중, 어제는 성영님께서 제게 여러 말씀을 주시며 그중에 어떤 현상을 보게 했느냐 하면, 지금 아기를 주지 않을 수도 있다고 했어요. 그런데 아기 낳게 해달라고 그것을 목적으로 기도하는 사람들을 보여주셨는데, 그들에게 아기를 하나님이 주시는 것이 아니라 귀신이 태에 들어가 앉아서 잉태케 하여 그 귀신이 그 잉태된 아이와 함께 태어나는 것을 보았습니다. 제가 너무나 놀랐습니다. 그리스도인이 아기가 안 생기면 그냥 안 생기는 것에 순응해야 하는데, 억지로 자녀를 낳으려는 그것이 큰 소원이 되어서 귀신에게 빌듯이 기도한다고 정성을 들이니, 하나님께서 아기를 주신 것이 아니라 귀신이 잉태케 하더라는 말입니다.

그런데 그것을 기도해서 얻었다고, 하나님이 주셨다고 고백을 하는 겁니다. 믿는 사람들이면 모든 것에 순응이 돼가야 함에도 억지로라도 낳으려고…… 왜 그 인위적으로 아기 낳는 것 있지 않습니까? 그것을 뭐라고 하지요? 인공수정. 맞아요! 하나님께서는 그것을 얼마나 싫어하시는지 모릅니다. 창조 질서를 건드리는 일이 되어 아주 미워하시는 것이 되어 있습니다. 이처럼 교회라고 하는 곳에서 오히려 하나님의 창조를 흉내 내는 그 같은 일들을 허용함으로 인해서, 사실은 동성애라는 죄악의 누추하고 더러운 행위들이 힘을 가지고 일어나게 하는 하나의 빌미가 되게 하는 일이 되기도 하였습니다. 그렇게 기도해서 아기 낳았다고, 인위적으로 아기 만들어 낳아놓고 또 지옥 보내는 것입니다. 저도 구원받지 못하면서 아이 낳아 또 지옥 보내는 것입니다. 그걸 어제 영(환상)으로 보게 하셨다는 말입니다. 이것을 이후에 제 남편에게 이야기하면서, 이런 이야기를 사람들에게 말하는 것도 불편하고 힘들고, 마음 아프고, 이야기한다고 또 곧이들어질까? 곧이들으면 또 뭐 해! 듣고 돌아서면 언제 들었느냐 하듯이 여전히 감각 없고 돌이킬 줄도, 깨닫지도 못하는데 하는 대화를 했습니다. 그게 자기 욕심입니다. 자기 욕심! 인간 욕심, 육체의 정욕이에요. 그게 다 정욕이란 말입니다.

제가 만감이 교차하면서 너무 참담하고 슬펐습니다. 지옥이 없었으면 좋겠다는 생각이 너무나 절실하게 들었습니다. 지옥 때문에 마음에서 화가 다 일어났습니다. 그래서 마음으로 아버지께 '지옥이 없다고 말해주세요' 하며 나도 모르게 외쳤습니다. 제가 아픈 중에 비몽사몽 기도하느라 힘을 쓰는 겁니다. '성경은 지옥을 누누이 밝혀주셨고 말씀해 주셨지만, 하나님 아버지! 지옥 없다고 해주세요.' 하면서, 또 있는 지옥을 없다고 한다고 없어지는 것도 아님에도, 이제 이런 맘 내려놓고 그만 힘들어야 하겠다고 진즉부터 맘을 먹었음에도 안 되는 겁니다. 이미 돌아가신 분들을 생각해도 '지옥에 갔을까, 천국에 갔을까, 일평생 예수님 믿는다고 했는데, 지옥 갔으면 어떡해!' 돌아가신 분들을 통해서도 마음 고민이 있습니다. 주변을 봐도 교회를 봐도 여기저기를 다 봐도 고민이 됩니다. 그래서 "성경 어디 구석에라도 지옥 없다고 써 놓은 것 좀 발견하게 해주세요. 나에게 발견하게 해주세요. 아버지, 성경에 없으면 제게 말씀이라도 해주세요. 지옥 없다고…… 지옥 없다고 말씀해주세요. 지옥 없다고 말씀해주세요." 막 부르짖었습니다. 아~ 그랬는데, 예수님의 날 예배에 뭔 말씀을 전해야 하나……, 성경을 그냥 읽지 뭐, 하고 편하게 생각했지만, 성경 읽는 것도 마음에 내키지를 않았습니다. 그런데 오늘 새벽에 일어나서 예배 말씀에 대해 묵상하며 기도하는데 이 본문 말씀을 주신 겁니다. 그래서 말씀을 보니 지옥을 말하고 있는 겁니다. 그러니까 지옥은 있다. 지옥이 없는 것이 아니라 있다고 응답하신 말씀이더란 말이에요. 이 말씀으로 말입니다.

그래도 나는 지옥이 없었으면 좋겠어요. 너무너무 정말 아주 진짜 싫어요. 그러면 아버지 지옥 없다고 한마디만 해주세요. 그러면 내가 세상에 아무것도 염려 없습니다. 지옥만 없다면 아무것도 염려 없습니다. 고민할 필요도 없습니다. 그러니까 지옥 없다고 한마디만 해주세요. 그러면 저 자유롭겠어요. 저 너무너무 행복하고, 혹 만일에 자식일지라도 예수님 안 믿는다면 '그래 네 편한 대로 살라 하고 버려두겠는데'라고 이런 억지를 부려보았습니다. 그런데 아니잖아요. 지옥은 있다고 오늘 이 말씀을 주신 거더라고요. 그렇기에 믿는 여러분, 세상이 좀 어렵지만, 어려운 거 좀 극복하면서 하나님 아버지가 계시니, 어렵다 하지 말고 오직 예수님 사랑하는 데에 모든 마음을 쏟고 마음과 뜻과 목숨을 다하므로 영원한 천국, 그 영원한 행복의 나라로 들어가는 분들이 돼야 하겠지요?

그래서 이제 5의 말씀, **또 누구든지 내 이름으로 이런 어린아이 하나를 영접하면 곧 나를 영접함이니** 제자들에게 천국에서 큰 자에 대한 말씀을 쭉 하시고, 또한 그같이 돌이켜 자기를 낮추는 어린아이를 영접하는 것이 곧 예수님을 영접하는 것이라고, 곧 예수님 자신으로 말씀하셨습니다. 저도 제 자식을 저 자신으로 보기 때문에 곧 예수님의 말씀을 알아듣습니다. 예수님은 그런 어린아이와 같은 자들을 위해서 죽으셨고 사셨습니다. 그렇기에 6에 **누구든지 나를 믿는 이 소자 중 하나를 실족케 하면 차라리 연자 맷돌을 그 목에 달리우고 깊은 바다에 빠뜨리우는 것이 나으니라** 하셨습니다. 저도 예수님 앞에 어린아이로 아주 작은 자입니다. 그러나 이제 믿음의 장성한 자니 누구든지 나를 실족케 할 자는 또한 없습니다. 그러므로 믿는 소자를 실족케 할 일도 없습니다.

그런데 여기서 '나를 믿는 이 소자' 하셨는데 그러면 예수님을 믿는다면 왜 다른 누구 때문에 실족합니까? 예수님을 믿는 것인데! 예수님의 이 말씀은 예수님을 믿는 것은 맞지만, 아직은 어린아이 수준, 믿음이 잘 성장하도록 말씀의 양육이 필요한 어린 신자를 말합니다. 이 어린아이 하나를 '실족케 하면' 무서운 말씀입니다. 아직은 예수님이 자기의 모든 것이 되신다는 것, 오직 예수님이 아니면 살 수 없다는 것, 그 신앙 고백이 처음에는 진정 영의 믿음에서 나올 수는 없습니다. 처음에는 누구든지 자기 의지, 혼의 의지로 고백하는 것입니다. 그래서 영이 구원받아 진정한 믿음이 되는 것은 예수님 안에 들어와서 말씀을 배우고 성영님으로 자신을 알고, 예수님을 또한 성영님으로 배우고 앎으로써 또 연단 받으며 깨달아 깨어지고, 비로소 예수님이 자기의 구주요 모든 것이 되신다는 그 확고부동한 믿음의 고백을 하게 되는 것입니다. 그래서 여기 '나를 믿는 이 소자 중' 한 것은 아직은 믿음이 완성되지 않았지만 될 자에 대한 말씀입니다.

그다음 **소자 중 하나를 실족케 하면** 하신 이 '실족'은 덫이라는 말입니다. 덫! 짐승을 잡기 위해 놓은 덫과 같은 것을 말합니다. 그러면 덫은 누가 놓은 것일까요? 사단이 인본의 사람을 이용하여 놓은 것입니다. 그러니까 그것이 믿는 길인 것처럼 하여 다른 방향으로 이끌어 덫에 걸리도록 하는 것을 말합니다. 다른 방향으로 끌어버리는 것. 그래서 유대교의 지도자들 바리새인 서기관 사두개인, 이 위치에 있었던 사람들이 유대인들을 전부 그런 방향으로 끌어버렸잖습니까? 전부 실족케 했잖아요, 실족케 했어! 그래서 지금 예수님께서 제자들에게 너희가 그렇게 높은 자리, 큰 자리, 세상 영광의 자리, 그런 자리다툼이나 한다면, 그것은 너희도 그들과 같은 세상으로 이 어린아이들을 실족케 하는 것이니, 이 소자 하나를 실족케 하면 차라리 연자 맷돌을 그 목에다 달아 깊은 바다에 빠트리는 것이 나으니라. 다시 말해 실족케 하는 것보다 차라리 연자 맷돌을 목에다 달고 바다에 빠트리는 그것이 죄가 덜함으로써 낫다 그 말입니다. 실족케 하여 영원한 지옥의 형벌에 들어가게 하는 것보다 차라리 연자 맷돌을 목에 달아 바다에 넣어 죽음에 넣는 것, 즉 목숨을 죽이는 것이 낫다는 말입니다.

7에서 **실족케 하는 일들이 있음을 인하여 세상에 화가 있도다 실족케 하는 일이 없을 수는 없으나 실족케 하는 그 사람에게는 화가 있도다** 하셨습니다. 영혼들을 실족케 하는 일들로 세상에 화(禍)가 있다는 말입니다. 많은 영혼들을 실족케 하여 지옥 자식이 되게 함으로써, 세상을 심판하실 때 함께 심판에 들어가게 하는 그것이 바로 세상의 화가 있는 일임을 말합니다. '실족케 하는 일이 없을 수는 없으나' 하는 것은 실족케 할 수도 있다는 말이 아니라 일하다 보면 실족케 하는 일이 당연히 있을 수는 있지 어떻게 없겠느냐 하는, 그럴 수 있다는 말이 아니라, 실족케 해서는 안 된다 그 말입니다. 세상에 실족케 하는 일들이 있는데 제자들아! 너희는 그렇게 실족케 해서는 안 된다. 실족케 하려면 차라리 연자 맷돌을 그 목에 달고 깊은 바다에 빠뜨리는 것이 낫다고 하심으로써 바로 실족케 하는 일이 얼마나 큰 화가 있을지를 말씀하시는 뜻입니다. 실족케 하는 일이 없을 수는 없으나, 있어서는 안 된다는 상대적인 반어법 표현이에요. 있을 수 없다는 말입니다. 이해됐습니까?

그러면 오늘날은 사단이 인본을 이용하여 실족케 하는 방법이 무엇입니까? 예수님을 믿는 자는 복 주시기 원하는 좋으신 하나님께 기도하여 세상 복도 받아야 하는 것이다. 하나님은 복 주기 원하시니 예수 믿는다는 증거가 뭐냐, 복 받았다는 것을 보여주는 것 아니냐. 하나님이 살아 계신다는 것을 무엇으로 보여주겠느냐, 우리가 하나님의 복을 받아 잘사는 것으로 보여줘야 하지 않겠느냐, 그러니 예수 믿는 사람은 잘살아야 한다. 물질의 복을 받아 부자가 되어야 한다. 이것이 예수님 증거하는 일이지 않겠느냐. 세상에서 명예 얻고 이름을 내므로 잘 된 것을 보여주고, 믿는 사람들이 높은 자리에 많이 있어서 복음의 영향력을 끼쳐야 한다고 하는 등의 이런 세상 것으로 복을 말하는 모든 것, 암튼 무엇이 되었든지 세상을 품게 하는 것으로, 예수님도 좋고 세상도 좋다 하는 이 같은 누룩 넣은 떡을 선전함으로써, 마음을 끝까지 세상에다 고정하도록 하는 이런 것이 바로 실족케 하는 일입니다. 이것은 두 주인을 섬기라고 하는 일입니다. 예수님은 두 주인 섬길 수 없다고 하셨습니다. 또한, 두 마음을 품은 자라고 하셨습니다. 예수님 아니면 세상입니다. 세상도 좋고 예수님도 좋다가 아닙니다. 구원받은 것도 좋고 세상의 복도 좋고, 아~ 얼마나 좋아! 사람의 계산으로는 이거 금상첨화잖아요. 예수님 믿고 구원받으니 좋고, 세상에서도 잘사는 복이 있으니 참 좋지 않습니까? 하나님은 참 좋으신 분이고 말입니다. 그러니 이보다 더 나은 신이 어디 있겠으며, 이보다 더 좋은 달콤한 말이 어디 있겠습니까?

사람은 육체의 본능이라는 것이 얼마나 질기고 강한지, 하나님께 물질의 복 달라고 기도해라 말 안 해도 자연적으로 합니다. 하지 말라 해도 자기 스스로 합니다. 육체의 것 세상 것을 위해 비는 것이 본능이 하는 일이므로 가르치지 않아도 스스로 한다는 말입니다. 그렇기에 그 본능에서 나올 수 있도록, 능력을 갖추도록 하는 것이 교회가 할 일입니다. 교회는 그런 육체의 것 세상의 것을 위해 빌러 오는 것도, 예수님을 믿는 것도 아니라는 것을 확실히 알게 하는 것부터 해야 합니다. 예수님과 연합할 수 있도록 예수님의 가르침을 줘야 합니다. 그것이 교회의 일입니다. 그런데도 깨닫지 못하고 받지 못하면 그의 문제지만, 세상도 주고 예수님도 주면 그것이 실족케 하는 일이니, 그것은 실족케 한자의 문제가 됩니다. 사람이 마음에 육체의 것 세상을 품고 있으면, 하늘이 무너져도 예수님은 그 안에 계실 수 없습니다. 마음이 듣고 받는다 해도 다시 밀려나 버리는 것입니다. 마음에 세상을 품고 있으면, 그냥 밀려나 버린다는 말입니다. 절대 예수님이 그 안에 계실 수가 없어요. 그렇기에 세상을 품게 하거나 육체의 것을 위해 믿는 예수님으로 이끌어 주면 그것은 영의 구원을 받지 못하도록 실족케 하는 일이 되는 것입니다.

물론 교회가 세상 복을 말할 수는 있습니다. 하나님께서 주시는 세상의 복이나 육체의 복을 말할 수는 있습니다. 그러나 그것이 본질이나 되는 것처럼 말하기 때문에 문제인 것입니다. 우리의 복은 삼위 하나님과의 관계가 잘 되는 것이요, 잘되면 자연적으로 삶의 복이 따르게 되어 있습니다. 그런데 삼위 하나님을 잘 알지도 못하고 관계가 돼 있지 않은 사람들에게 하나님은 좋으신 하나님이니, 물질의 복 달라고 기도하면 우리 기도를 들어주신다고, 그것을 기도하라고 그것을 본질처럼 말하기 때문입니다. 사실 실족케 하는 것은 이미 그 자신이 영혼들을 실족하게 하는 자로 쓰임을 받고 있는 것이기에, 그러므로 누구든지 진정으로 믿기 원하여 그 진정의 마음으로 기도하면, 하나님은 미쁘시니 믿음을 도와주시게 되어 있습니다. 그런데 대부분 그 진정의 마음이 없다는 것이지요.

제가 연자 맷돌을 목에 달리우고 깊은 바다에 빠트리라 하신 것에 대하여 매우 의문이었고 궁금했습니다. 물론 예수님께서 이 말씀을 하실 당시에 이런 사형제도가 있었다고 합니다. 그런데 왜 이것을 비유로 하셨는가 하는 것입니다. 제가 과거 2014년 2월에 이 본문의 말씀을 전혀 준비하지 못한 가운데 얼결에 설교를 하게 되었는데, 예수님의 의도에 대하여 충분한 설명이 되지 않은 것에 마음의 아쉬움이 커서 그때 녹화한 영상을 홈피에 올리지를 못했습니다. 특히 6에서 연자 맷돌을 그 목에 달리우고 깊은 바다에 빠뜨리우라는 말씀이 깊게 이해가 되지 않았던 상태에서 말씀을 말했던 것입니다. 그래서 그 내용에 대해 기억날 때마다 성영님께 질문을 드렸었는데, 제가 말씀 책 출간 때문에 지금 이 내용에 대한 원고 교정을 해오다가 여기까지는 교정 작업을 마쳤는데, 다음 이어갈 연자 맷돌에 대한 의미가 속 시원히 풀리지 않아서 그냥 멈춰있게 되었습니다. 이후 이 말씀의 동영상이 있는 것이 기억이 나서, 어쨌든 사람들이 그곳에서도 들어야 할 음성이 있음을 알고, 영상을 인터넷에 올리고 본문 6의 말씀, 연자 맷돌 부분이 마음에 걸려 넘어가지 못한 점을 성영님께 아뢰고 깨달아 알게 해주실 것을 간청 드렸습니다. 그러자 비로소 "지금 다음 말을 네가 기록하라. 내가 네 뇌 속에 보여 알게 하겠다." 하셨습니다. 즉 그동안 전할 말씀을 준비할 때마다 뜻풀이를 해주셨던 것처럼 하시겠다는 말씀이었습니다.

하여 성영님께서 나의 뇌 속에 보이신 것은, 연자 맷돌을 목에 달리우고 깊은 바다에 빠뜨렸는데, 여러분, 연자 맷돌을 맨 줄을 반사적으로 자기가 풀어보려고 하지 않겠습니까? 그런데 단 1초도 여유없이 그대로 바다 밑으로 직행합니다. 맷돌은 힘이 넘쳐 아주 빠른 속도로 내려가고, 사람의 목에 묶인 밧줄은 팽팽하게 사람의 목을 숨 쉴 틈도 없는 속도로 끌고 갑니다. 큰 연자 맷돌의 무게나 바다의 깊이를 알 수 없는 깊은 곳, 한 치 앞이 내다보이지 않은 암흑 속으로 떨어지는데 그 밑이 어디인지 보이지를 않았습니다. 그런데 물속에서 사람이 버텨봐야 2, 3분일 뿐이지, 그래서 살아있을 이유가 없는데 보기에는 분명히 목숨은 죽었는데, 그런데 또 그대로 살아있는 것이었습니다. 살아서 그 고통을 그대로 다 느끼고 괴로워하는 것이었습니다.

그런데 또다시 보이는 것은 맷돌에 매여 떨어지는 그 물의 압력으로 인해 심장이 터져버리고, 모든 장기가 다 터져버리고 이후 온몸이 갈기갈기 분해되어 없어지고, 나중엔 맷돌만 있었습니다. 그런데 문제는 숨이 끝났으면 다 끝나야 하는데, 몸이 분해되었으면 그 사람은 이미 없어진 것인데, 왜 그 바다 깊은 곳에서부터 그의 외치는 처절한 소리가 울리는 겁니다. 심장이 터져나갈 때의 그 아픔과 고통, 온 장기가 터져버릴 때의 그 아픔과 고통, 온 살점이 갈기갈기 떨어져 나갈 때의 그 고통의 울부짖음이, 괴롭고 고통스러워하는 처절한 그 울부짖음이 깊은 바닷속에서 울려 나왔습니다. 깊은 바다, 한 번 떨어지면 영원히 나올 수 없는 지옥이란 곳의 처참함을 보여주신 것입니다. 그래서 제가 왜 예수님께서 그냥 바다에 빠뜨리라고 하셔도 되는데, 왜 깊은 바다라고 말씀하셨는지를 이해하게 되었습니다.

'연자 맷돌을 목에 달리우고 깊은 바다에 빠뜨리는 것이 나으니라' 하신 것은 먼저는 제자들에게 너희가 그런 세상 권력과 영광을 얻은 것처럼 누가 크냐를 논쟁하며 그것을 얻기 위해 나를 따르는 것이면, 그것은 자신도 물론이거니와 자기를 낮추고 예수님께 나온 자들을 실족케 하는 것이 된다는 것을 가르치신 뜻입니다. 그런 육의 것을 품고 예수님을 따를 수는 절대로 없는 것이기에, 외적으로는 따르는 것 같지만, 영으로는 절대로 예수님을 따를 수는 없는 것이기에, 결국은 사람을 자신과 같은 곳, 자기가 있는 곳으로 믿음을 인도하게 되니 실족케 한다는 말입니다. 그래서 너희가 만일 그러려면 차라리 연자 맷돌을 목에 달리우고 깊은 바다에 빠뜨리는 것이 낫다. 그 영혼을 지옥으로 보내는 것보다 목숨 죽이는 것이 낫다는 말입니다. 어찌 목숨 죽이는 것을 옳은 것처럼 말씀하시는 것이겠습니까. 지옥 보내는 것보다 그것이 낫다는 역설적인 말씀을 하심으로써 제자들이 예수님의 말씀을 심각히 듣고 새겨듣게 하시고자 함입니다.

제가 지금, 제자들에게는 이것을 가르치기 위해서 이렇게 말씀하신 것이었다는 것을 여러분에게 설명하는 것입니다. 그래서 '소자 중 하나를' 하는 것은 어린아이와 같은 자들도 물론이거니와 제자 전부를 포함한 표현입니다. 제자들끼리 자리다툼으로 논쟁하고 서로 주장을 높이고, 다시 말해 육의 정욕의 것들을 가지고 다툼을 벌이고 있으니, 그것은 피차간에 실족케 하는 일이 되는 것이라는 뜻입니다. 그러므로 나를 믿는 이 소자 중 하나를 실족케 하면 차라리 연자 맷돌을 그 목에 달리우고 깊은 바다에 빠뜨리는 것이 낫다. 세상 것을 취하려고 누가 크냐 하는 것으로 논쟁하여 다른 제자의 마음에도 그런 본능이 원하는 것들을 붙잡도록 마음을 부추기면 그를 실족케 하는 것이니, 너희가 그러려면 차라리 그를 연자 맷돌을 목에 매달고 깊은 바다에다 빠뜨리는 것이 낫다. 그러므로 육의 정욕과 안목의 정욕과 이생의 자랑을 추구하게 하여 실족케 하는 일들이 있어 세상에 화가 있는데, 그러나 절대로 있어서는 안 된다고 누가 크냐고 묻는 제자에게 강조하여 말씀하신 것입니다. 그리고 그들에게 8, 9에 만일 그런 육의 영광을 취하려는 그 일로 네 발이 네 손이 범죄케 하거든 찍어 내버리고 눈도 빼버리라고 하시는 것으로, 여기에는 타협도 여지(餘地)도 없다는 것을 분명히 하셨습니다.

또 한편 말씀을 인간 머리(인본)로 이해하여 사람들을 자기의 사상 안으로 끌어들이는 바리새인 서기관 같은 자들에게 하시는 말씀입니다. 믿음을 세상 것으로 연결하여 세속화하는 사두개인 같은 자들에게 하시는 말씀입니다. 이들과 같은 자들이 바로 사단이 실족케 하려고 놓은 덫입니다. 이 덫에 걸려 들어가면 나올 길이 없습니다. 왜냐면 자기 본능이 원하는, 인본이 원하는 자기 본래의 것이니, 그것을 최고의 것으로 맞는다고 받기 때문입니다. 그래서 아까 연자 맷돌을 목에 달리우고 깊은 바다에 빠뜨린 장면에서 보이신 것, 나타난 그 형편이 바로 그들의 영원 영원한 형편이 될 것을 성영님께서 보여 알게 하셨습니다. 왜 연자 맷돌을 목에 매고 깊은 바다에 던지는 것인가, 그것이 이해되지 않아 내내 의문에 빠진 내게 비로소 보이신 그 형편이 바로 실족케 한 그들에게 임할 심판의 모습이었다는 말입니다. 영영히 나올 수 없는, 심연의 깊은 곳과 같은 지옥의 고통을 보이신 것이었다는 말입니다. 참으로 두려운 이것에 여러분은 감각이 있기를 바랍니다. 사람의 영혼을 실족케 하는 것이 얼마나 무섭고 두려운 것인가를 말입니다. 깊은 심해 속으로 떨어져 심장이 터져 파열돼 나갈 때의 그 아픔의 고통, 오장 육부의 장기들이 파열될 때의 그 아픔의 고통, 숨을 쉴 수 없는 그 목이 조인 답답함과 아픔의 고통, 온몸이 갈기갈기 떨어져 나가는 그 아픔과 고통이 그대로 영원 영원하리라는 것을 말입니다.

바다에 던져져 물속에서 목숨이 죽는 고통의 시간은 2, 3, 4분에 불과하지만, 그 순간 심적으로 겪는 죽음의 두려움과 고통이 또한 영원 영원할 것임을 상기케 하셨습니다. 지옥의 고통이 얼마나 클 것인가를 깨닫게 하시려고, 그같이 연자 맷돌을 목에다 매고 깊은 바다에 빠뜨리우라는 것으로 짐작해 볼 수 있게 하신 것입니다. 제가 성령님께서 보여 알게 하신 것을 받아 기록을 정리하고 나니 심신이 너무 곤하여져서 쉬던 중에, 맷돌은 알겠는데 연자 맷돌은 어떻게 생겼는지 어렴풋하여 궁금한 마음이 들었습니다. 그래서 어느 곳에서 찾아보게 되었는데 다른 설명은 생략하고, 소나 나귀의 힘을 빌려 돌리는 대형 맷돌로 큰 것은 지름이 120~150cm이고, 무게가 1t이 넘는 것도 있다고 되어 있어서, 연자 맷돌의 무게나 크기를 짐작하게 되었습니다.

8절 봅니다. **만일 네 손이나 네 발이 너를 범죄케 하거든 찍어 내버리라 불구자나 절뚝발이로 영생에 들어가는 것이 두 손과 두 발을 가지고 영원한 불에 던지우는 것보다 나으니라** 여기 8, 9의 말씀은 마 5:27-30의 말씀, 간음치 말라 하신 말씀에서 오른 눈 빼내 버리고 오른손 찍어 내버리라고 하신 말씀과 같습니다. 예수님께서 제자들에게 이르시고 가르쳐 명하신 것은, 누구든지 믿기 원하는 자는 같이 받는 말씀이어야 합니다. 천국은 제자들만 허락된 곳이 아니기 때문입니다. 지옥 또한 예수님 당시에 실족케 한 자들만 허락된 곳이 아니기 때문입니다. 그런데 예수님께서는 이 어린아이 같지 않으면 결단코 천국에 들어가지 못한다고 하셨는데도 믿는다고 예수님 앞에 나온 사람들이, 정신은 조금 수양은 되었을지 몰라도 여전히 자기 육의 정신과 육의 욕구를 만족하게 하려는 것에 있다는 것입니다. 좀 전에 말했던 것처럼 여러분, 세상이 얼마나 좋습니까. 끝없이 발전하는 모든 물질문명의 것들로 삶의 편리함을 가져다주고 있으니 얼마나 좋은가 말입니다. 그러니 그 편리함을 주는 세상을 쫓아가기 위해 마음을 쓰고 힘을 쓰고 시간을 쓰고 있는 것입니다. 공부하는 것, 높은 학문을 하는 것도 대부분 세상 성공을 위하여서 하는 것에 그 마음이 맞추어져 있습니다.

지금 제자들은 예수님께서 유대나라를 회복하여 왕이 되시면, 그것이 천국이고 그 천국에서 서로 높은 자리, 좋은 자리에 앉겠다고 논쟁을 벌이고 다투어오던 중이었는데, 해결이 나지 않으니 결국 예수님께서 지정해 주실 것을 바라고 나와서, '천국에서는 누가 크니이까? 누가 제일 높은 자리에 있습니까? 나인가요, 제인가요?'라는 질문을 하게 되었는데, 그런데 예수님은 **만일 네 손이나 네 발이 너를 범죄케 하거든 찍어 내버리라 불구자나 절뚝발이로 영생에 들어가는 것이 두 손과 두 발을 가지고 영원한 불에 던지우는 것보다 나으니라 만일 네 눈이 너를 범죄케 하거든 빼어 내버리라 한 눈으로 영생에 들어가는 것이 두 눈을 가지고 지옥 불에 던지우는 것보다 나으니라**고 말씀하심으로써 제자들의 이 같은 자리다툼은 곧 육체의 정욕에서 나는 욕심이므로, 그 정욕이 '너를 범죄케 하거든' 하시며 그것을 범죄라고 하셨습니다. 제자들이 바라는 이 같은 영광이나 명예나 물질 등이 마음에서 나는 것이니, 그러므로 곧 손도 발도 눈도 다 그 일을 위해서 일할 것이고, 그것은 자기 육을 위하고 섬기는 것이니, 그러므로 너희가 그런 것들에서 돌이켜 어린아이들과 같이 되지 아니하면 결단코 천국에 들어가지 못하리라, 여러분 '결단코'라고 하셨습니다. 결단코! 결단코! 결단코 천국에 들어가지 못한다. 예수님의 말씀입니다.

그러니까 거기에 따라 양 눈이, 양손이, 양발이 다 그 일에 충성을 다하여 범죄케 하니, 범죄한다면 손 하나 발 하나 찍어 내버리고 눈도 하나 빼버려라. 두 손, 두 발, 두 눈이 있어 범죄케 하여 지옥 불에 던지움을 받는 것보다 한 눈, 한 손, 한 발 가지고 영생에 들어가는 것이 낫다. 여러분, 이거 예수님께서 그냥 예사로, 농담으로 하신 말씀 아니라는 것, 명심하십시오. 저는 말입니다. 만일 제가 저의 손 하나 발 하나 찍어내고, 눈 하나 빼야 한다면, 아무리 생각해 봐도 저는 죽어도 못할 것 같습니다. 순간 예기치 않은 어떤 사고가 나서 잘리고 빠졌다면 모를까 내가 내 손 찍어내고, 내 발 찍어내고 내 눈을 빼야 하는 것, 내가 해야 하는 것이니 아무리 생각해봐도 못합니다. 생각만 해도 '어이구!' 몸서리쳐집니다. 차라리 예수님의 말씀을 따르는 것이 저에게는 아주 쉬운 일이고 그것이 기쁘고 행복한 것이지, 절대 내 손발 내가 못 찍습니다. 저는 예수님의 말씀을 나의 것으로 받아 그렇게 사는 것이 훨씬 쉽지 나는 눈 빼지 못해요. 참으로 예수님을 안다면 예수님의 말씀은 너무 쉽고 가벼운 것입니다. 이것을 말로 다 설명하려면 시간이 걸리니 생략합니다만 …….

여러분, 도끼로 손을 찍는다면 단번에 찍어지겠지요. 발도 손도 그렇고, 눈도 그렇고 단번에 잘라지고 빠집니다. 그러면 여러분이 예수님의 말씀들에 걸림이 많으니, 한 손, 한 발, 단번에 좀 찍어 내버리고, 눈 빼버려야 하지 않습니까? 영원한 지옥의 고통을 원치 않으면 말입니다. 결단코 천국에 들어가지 못할 그곳이 자기에게 좋다 한다면 모를까, 단번에 찍어내고 빼버려야 하지 않는가 말입니다. 제가 이 말을 하는 것은 예수님께서 '두 손, 두 발, 두 눈을 가지고 영원한 지옥 불에 던지움을 받는 것보다 범죄케 하는 한 손, 한 발 찍어 내버리고 한 눈 빼라'고 하신 것은, 진짜 손 찍고 발 찍고 눈 하나 빼라는 것을 말씀하기보다는, 그 같은 사단의 종노릇하는 육의 것들에서 즉각 찍어 내버리고 하나님에게로 온전히 돌아서라는 말입니다. '찍어 내버리라'는 것은 지체치 않고 지금 바로 그 마음에서 깨끗이 버리고 돌아서야 함을 말씀하는 뜻이라는 것을 여러분이 심각히 듣기를 바랍니다. 만일 그렇지 못하겠거든 진짜 한 눈 빼고, 한 손, 한 발 찍어 내서라도 범죄케 하지 않아야 한다는 것입니다. 영원한 지옥의 불에 던지우는 것보다는 차라리 신체가 해를 받는 것이 나으니, 찍어 내고 빼내 버리라는 말씀입니다. 왼편은 사단 쪽임을 의미하고 오른편은 하나님 쪽을 의미합니다. 그렇기에 육을 지배한 사단의 것을 단호히 잘라버려라 그 말씀입니다. 그렇지 못하겠거든, 두 손, 두 발, 두 눈이 있어 범죄케 하는 것이면, 네 한 손, 네 한 발, 네 한 눈 찍어 내버리고 빼버리고라도 어린아이와 같이 되라는 것입니다.

그런데 믿는다는 사람들이 예수님의 이런 말씀들 앞에 당당한 것을 보면 참 대단하고 아이러니(irony)합니다. 말씀을 그냥 자기 맘대로 자기 편리하게 해석하고 그것을 정답처럼 여겨버리니 당연히 당당할 수밖에는 없습니다. 그러나 예수님께서는 너희가 너희 육이 바라는 것을 따라가는 일로 예수님을 따를 수 없게 된다면, 차라리 손찍어내고, 발 찍어내고, 눈 하나 빼내 버리라는 이 같은 단호한 처방을 내리셨습니다. 예수님을 믿는다고 하면서도 어린아이 같지 아니하고, 마음을 세상에 두고 쫓는 것, 그것은 두 손 두 발 두 눈이 있어서 그런 것이니, 차라리 손 하나 발 하나 찍어 내버리고 눈 하나 빼내 버리라. 두 손, 두 발, 두 눈을 가지고 영원한 불에 던지우는 것보다는 불구가 되어 절뚝발이로 영생에 들어가는 것이 낫다고 하신 것입니다. 만일 네 눈이 너를 범죄케 하거든, 하나님을 보는 한 눈만 있어야 함에도, 두 눈이 있어, 사단이 주인인 세상을 탐하는 눈을 두고 있어, 보암직하고 먹음직하고 지혜롭게 할 만큼 탐스럽게 보이는 그것들에 끌려가는 것이면, 그 눈은 빼내 버리라는 말입니다. 사단쪽의 것은 빼내 버리라는 말입니다.

에덴동산에서 선악과를 바라보았음으로 보암직도 하고 먹음직도 하고 지혜롭게 할 만큼 탐스럽게 보이게 된 그것으로 넘어진 것은, 예수님을 오시게 하고 예수님을 만나게 하신 것이지만, 이제 예수님이 오셨으니 예수님을 따르는 일에는 안 된다는 말입니다. 그것은 육을 섬기는 것으로 사단의 세상이니, 그곳에서 나와야 예수님을 따르게 된다고 하는 것입니다. 그러니 믿는다는 사람들이 에덴의 그 사건은 자기와 상관없는 것이 되어 있습니다. 상관없는 것으로 알고 있습니다. 자신은 주님을 믿어서 구원받았으니까 됐고, 에덴동산의 사건은 자신과는 상관없는 아담과 하와의 일이니 됐고, 하나님이 날 사랑하시니 세상에서도 남보다 뛰어나고 이름나고 복을 받아 하나님이 살아 계신다는 것을 보이겠다고 그 복 주시라고 종교 생활 열심히 하는 것입니다. 여러분, 보는 것은 또 얼마나 좋아합니까? 보는 것에 너무나 매료되어 있습니다. 보는 것을 너무나 좋아하니 견물생심이라고 보는 것들에 마음이 끌려가고 마음을 두고 있는 것입니다. 그러나 예수님은 세상 보는 눈을 빼내 버리라고 하십니다. 보는 것 때문에 네 눈이 범죄케 하거든 빼어 내버리라 명하셨습니다. 보기 때문에 네가 세상을 쫓느냐? 그럼 두 눈 가지고 지옥 불에 던지우는 것보다 눈 하나 빼버리고 영생에 들어가는 것이 낫다. 그러니 빼내 버리라는 것입니다. 세상 육의 것을 보는 눈을 빼내 버리면 이제 보이는 것이 하늘이지 않겠습니까? 영생이 보이지 않겠습니까? 예수님 따르는 하늘길밖에는 없지 않겠는가 말입니다.

냉혹한 말씀 같지만, 자기 분수를 알려 하지 않는 사람이 교만한 것입니다. 진짜 교만하고 자기애가 대단합니다. 말씀대로 믿기 원한다고 하나님께 고백은 하면서도 사실은, 이것이 말씀대로 믿는 것이라고 하면, 예수님의 말씀은 자기에게 불리한 말씀밖에 없으니 마음이 불편한 것입니다. 그러니 후에는 그냥 자기가 편할 방향으로 돌아가 버리는 것이지요. 그러나 영혼을 가진 존재로 세상에 왔고 그것이 인간에게 정해진 것인데, 지옥이 아니면 천국이라고 정해져 있으니, 정해진 이것을 벗어날 길은 없는 것입니다. 인간이 "지옥이 어디 있고 천국이 어디 있어! 지옥 없어! 어디가 있어!" 한다 해도 천지를 창조하시고 우리 사람을 지으신 하나님께서 있다고 하면 있는 것입니다. 저도 얼마나 답답하면 그렇게 거부하는 사람이라도 지옥에 가지 않았으면 하여, 지옥 없다고 말씀 좀 해주시라고 했다고 하지 않았습니까. 그러나 지옥은 있다고, 지옥을 전하라고 아주 나에게도 딴말 못 하도록 이 말씀을 딱 주시고 내 입으로 확실히 전하도록 하신 것입니다.

내가 이 세상에 있기도 전에 나의 죄를 대신 갚아주시려고 십자가에 달려 피 흘려 이미 죗값을 치르셨다는 것입니다. 그러니 이제 예수님 안으로 들어오면 영생으로 들어가는 것이니, 내게 나아와 나를 따르라고 하신 것입니다. 그러나 예수님의 부르심을 거절하는 자는 하나님의 나라에는 필요 없으니 불에다 넣어버린다는 것입니다. 참으로 어린아이들과 같지 아니하면 결단코 천국에 들어가지 못한다는 것을 분명히 전제하여 말씀하시고 10에 **삼가 이 소자 중에 하나도 업신여기지 말라 너희에게 말하노니 저희 천사들이 하늘에서 하늘에 계신 내 아버지의 얼굴을 항상 뵈옵느니라**고 하셨습니다. 여기서의 소자는 그때 당시에 창기나 세리 등 죄인이라고 비난받는 모든 자를 말합니다. 바리새인 서기관 지도자들이 이들을 비난하고 정죄했습니다. 그러나 예수님께서는 이들을 만나시고 치유하시고 죄를 사하시고 함께 식사도 하셨습니다. 그들을 맞아들여 자유하게 하셨다는 말입니다. 그리고 이들을 업신여기지 말라 하셨습니다. 저희 천사들이 하늘에서 하늘에 계신 내 아버지의 얼굴을 항상 뵈옵느니라고 하셨습니다. 어린아이와 같은 소자들에게 천사가 붙어 돕는다는 말입니다. 그들을 업신여기면 그의 천사들이 하늘에 계신 아버지께 다 보고를 한다는 말입니다. 하나님께서 보고를 받으시면 어떻게 나오실까요? 하나님께서도 그를 업신여기실 것입니다.

우리도 사람의 외모나 형편을 보고 절대로 업신여겨서는 안 됩니다. 오늘 우리는 어린아이들과 같이 되지 아니하면 결단코 천국에 들어가지 못한다는 말씀을 중심으로 해서 예수님의 모든 말씀을 깨달아 보았습니다. 말씀의 의도를 다 깨닫고 각자 자신의 믿음의 말씀으로 받으신 줄로 믿습니다. 또한, 여러분이 눅9:48에, **누구든지 내 이름으로 이 어린아이를 영접하면 곧 나를 영접함이요 또 누구든지 나를 영접하면 곧 나 보내신 이를 영접함이라 너희 모든 사람 중에 가장 작은 그이가 큰 자니라**는 말씀을 잘 새김질하여 보기를 바라면서 말씀을 맺습니다.

우리에게 한량없는 은혜 베푸사 말씀으로 사는 능력을 갖추게 하여 하늘 영광에 들게 하신 삼위의 하나님께 감사와 영광을 올려드립니다. 아멘

제 5 장
씨 뿌린 비유 (좋은 땅만이 말씀을 깨닫고 결실함)

¹그 날에 예수께서 집에서 나가사 바닷가에 앉으시매 ²큰 무리가 그에게로 모여들거늘 예수께서 배에 올라가 앉으시고 온 무리는 해변에 섰더니 ³예수께서 비유로 여러 가지를 저희에게 말씀하여 가라사대 씨를 뿌리는 자가 뿌리러 나가서 ⁴뿌릴새 더러는 길가에 떨어지매 새들이 와서 먹어 버렸고 ⁵더러는 흙이 얇은 돌밭에 떨어지매 흙이 깊지 아니하므로 곧 싹이 나오나 ⁶해가 돋은 후에 타져서 뿌리가 없으므로 말랐고 ⁷더러는 가시떨기 위에 떨어지매 가시가 자라서 기운을 막았고 ⁸더러는 좋은 땅에 떨어지매 혹 백 배, 혹 육십 배, 혹 삼십 배의 결실을 하였느니라 ⁹귀 있는 자는 들으라 하시니라 ¹⁰제자들이 예수께 나아와 가로되 어찌하여 저희에게 비유로 말씀하시나이까 ¹¹대답하여 가라사대 천국의 비밀을 아는 것이 너희에게는 허락되었으나 저희에게는 아니 되었나니 ¹²무릇 있는 자는 받아 넉넉하게 되되 무릇 없는 자는 그 있는 것도 빼앗기리라 ¹³그러므로 내가 저희에게 비유로 말하기는 저희가 보아도 보지 못하며 들어도 듣지 못하며 깨닫지 못함이니라 ¹⁴이사야의 예언이 저희에게 이루었으니 일렀으되 너희가 듣기는 들어도 깨닫지 못할 것이요 보기는 보아도 알지 못하리라 ¹⁵이 백성들의 마음이 완악하여져서 그 귀는 듣기에 둔하고 눈은 감았으니 이는 눈으로 보고 귀로 듣고 마음으로 깨달아 돌이켜 내게 고침을 받을까 두려워함이라 하였느니라 ¹⁶그러나 너희 눈은 봄으로 너희 귀는 들음으로 복이 있도다 ¹⁷내가 진실로 너희에게 이르노니 많은 선지자와 의인이 너희 보는 것들을 보고자 하여도 보지 못하였고 너희 듣는 것들을 듣고자 하여도 듣지 못하였느니라 ¹⁸그런즉 씨 뿌리는 비유를 들으라 ¹⁹아무나 천국 말씀을 듣고 깨닫지 못할 때는 악한 자가 와서 그 마음에 뿌리운 것을 빼앗나니 이는 곧 길가에 뿌리운 자요 ²⁰돌밭에 뿌리웠다는 것은 말씀을 듣고 즉시 기쁨으로 받되 ²¹그 속에 뿌리가 없어 잠시 견디다가 말씀을 인하여 환난이나 핍박이 일어나는 때에는 곧 넘어지는 자요 ²²가시 떨기에 뿌리웠다는 것은 말씀을 들으나 세상의 염려와 재리의 유혹에 말씀이 막혀 결실치 못하는 자요 ²³좋은 땅에 뿌리웠다는 것은 말씀을 듣고 깨닫는 자니 결실하여 혹 백 배, 혹 육십 배, 혹 삼십 배가 되느니라 하시더라 (마13:1-23)

오늘부터 마13장의 비유로 들어가 보겠습니다. 우리가 읽은 내용을 '씨 뿌리는 비유'라고 말합니다. 1에서, '천국은 좋은 씨'라고 하셨으니 그러면 여러분은 그 좋은 씨를 받아 결실한 밭입니까? 아니면 결실하지 못한 세 종류 중에 있는 밭입니까? 자신을 보는 기회가 되기 바랍니다. 본문 1, 2에 **예수님께서 집에서 나가사 바닷가에 앉으시매 큰 무리가 그에게로 모여들거늘** …… 했습니다. 이렇게 큰 무리가 모여드는 것은 여기뿐만이 아니라 예수님이 계신 어디에나 모여들고 따라다녔습니다. 그 많은 무리가 모여들고 따라다닌 이유는 예수님께서 어떤 병이 되었든지 고침 받고자 나오는 자들의 병을 다 고쳐주시고, 또 귀신을 쫓아내주셨기 때문입니다. 병을 치료해주시고 귀신을 쫓아 주신 소문이 온 유대와 유대 근방에 퍼져서 병을 치료받고자, 예수님을 보고자, 또는 예수님의 말씀을 듣고자 하여 모여들어 예수님이 계신 곳마다 가신 곳마다 인산인해를 이루었습니다.

마4:23, 24에 **예수님께서 온 갈릴리에 두루 다니사 저희 회당에서 가르치시며 천국 복음을 전파하시며 백성 중에 모든 병과 모든 약한 것을 고치시니 그의 소문이 온 수리아에 퍼진지라 사람들이 모든 앓는 자 곧 각색 병과 고통에 걸린 자, 귀신 들린 자, 간질하는 자, 중풍병자들을 데려오니 저희를 고치시더라**고 했습니다. 바로 천국 복음을 전파하신 후에 치유의 일을 하신 것입니다. 치유가 먼저가 아니고 복음 전파가 먼저라는 말입니다. 그래서 복음을 확실히 믿고 받으면 따라서 병이 고침 받는 것입니다. 마9:35에 **예수님께서 모든 성과 촌에 두루 다니사 저희 회당에서 가르치시며 천국 복음을 전파하시며 모든 병과 모든 약한 것을 고치시니라** 했습니다. 항상 복음을 전하시고 병을 고치셨습니다. 눅9:6에 **제자들이 나가 각 촌에 두루 행하여**

처처에 복음을 전하며 병을 고치더라 제자들도 나가서 복음부터 전했습니다. 전한 후에 병을 고쳤습니다. 그러니까 예수님께서 날마다 모여드는 무리에게 또 가시는 곳마다 천국 복음을 가르치시는 일을 쉬지 않으셨습니다. 제가 이 말을 하는 것은, 천국이 인간 속에 오셨다는 첫째 표적의 증거가 바로 귀신이 쫓겨나가고 병자가 고침 받는다는 것을 말씀드리기 위해서입니다. 예수님 자신이 천국이요 하나님의 나라가 오셨다는 것, 그 예수님이 죄를 사하시고 생명 얻게 하시는 구주라는 표적과 이적을 나타내심으로 증거가 되게 하셨던 것입니다.

그런데 오늘 본문에 예수님께 모인 큰 무리에게 씨 뿌리는 말씀을 하시면서 9에 뭐라고 하셨습니까? **귀 있는 자는 들으라**입니다. 그러면 귀 없는 자가 어디 있겠습니까. 다 귀가 있습니다. 그러나 예수님께서 말씀하신 귀는 예수님의 말씀을 듣고 깨닫는 것을 말합니다. 그러면 귀 없는 자가 누구냐? 4에서부터 씨가 길가에 떨어지니 새들이 와서 먹어버렸다. 씨가 길가에 떨어지면 새들이 먹어버리는 것 당연합니다. 새는 무슨 씨든지 보이면 본능적으로 먹게 되어 있습니다. 그다음 5에서, 씨가 돌밭에 떨어지매 흙이 깊지 않으므로 싹이 나오긴 했어도 뿌리를 내리지 못해 결국 말랐다고 했는데 이것 또한 당연하지 않습니까? 그러면 이것을 알아듣지 못하는 사람 있습니까? 여러분은 이 말을 못 알아듣습니까? 누구든지 알아듣지 못할 말 절대 아닙니다. 당연한 이치이기 때문입니다. 그다음 7에, 가시 떨기, 즉 씨가 가시덤불에 떨어지면 가시덤불이 더 기세가 세니 그 기운을 막는 것, 씨가 자랄 수 없는 것 당연합니다. 예수님께서 사람들이 이런 자연의 이치를 몰라서, 신앙의 결실이 안 될까 봐서 귀 있는 자는 들으라 하신 것 아닙니다. 바로 하나님의 메시아 언약을 받은 그들의 영적 상태가 그렇다는 것을, 그들이 알아듣도록 비유한 것입니다. 그러므로 생명의 씨를 뿌리는 자가 씨를 뿌릴새 이같이 길가요, 돌밭이요, 가시덤불이라 결실이 없게 되었다고 하는 것입니다.

참고하십시오. 3-8까지는 유대인들을 대상으로 한 것이고, 그다음 18에서 **그런즉 씨 뿌리는 비유를 들으라** 하신 것부터는 신약의 그리스도인들을 대상으로 한 것입니다. 유대인의 큰 무리를 향해서 비유로 말씀하신 것을 이제 제자들에게 해석해 주셨습니다. 제자들은 예수님께서 세우신 신약시대의 믿음을 대표하는 사도들입니다. 이 사도들로 말미암아 복음이 온 땅에 전파되게 하였습니다. 그러므로 우리는 사도들의 믿음과 같은 믿음이 되어 사도들과 함께 있어야 합니다. 사도들이 기록한 예수님의 말씀을 받아서 우리의 믿음을 세워야 한다는 말입니다. 제자들에게 비유를 설명해 주신 것은 신약시대의 예수님을 믿는다는 사람들도 그 같은 유형들로 길가가 있고 돌밭이 있고 가시덤불이 있다는 것, 좋은 땅만이 말씀을 듣고 깨달아 결실하여 혹 백 배, 혹 육십 배, 혹 삼십 배가 된다고 말씀하심으로써, 오늘날의 믿는 자가 말씀을 어떻게 듣고 믿음을 어떻게 가져야 하는지를 알게 하셨습니다.

10에 **제자들이 예수님께 나아와 가로되 어찌하여 저희에게 비유로 말씀하시나이까** 하고 이유를 예수님께 물었습니다. 그러자 예수님께서 13에 **내가 저희에게 비유로 말하기는 저희가 보아도 보지 못하며 들어도 듣지 못하며 깨닫지 못함이니라** 하셨습니다. 다시 말하면 천국에 대해서, 즉 믿음의 조상 아브라함에게 주신 복음의 언약을 받은 유대인들이 그 언약하신 실체가 오셨음에도 알아보지 못하고 또 예수님의 말씀을 들으며 하나님이신 표적을 보고도 깨닫지 못해서 비유로 말한다는 것입니다. 예수님을 실제로 보면서도 알아보지도 못하고 다니시는 곳마다 천국 복음을 전하시며 가르치셨음에도 듣는 그 말씀을 도무지 깨닫지 못하기 때문에, 그래서 들을 귀 있는 자는 듣고 깨닫게 하려고 비유로 말씀하는 것이라고 하신 것입니다.

11에 **천국의 비밀을 아는 것이 너희에게는 허락되었으나 저희에게는 아니 되었나니** 했습니다. 제자들에게는 허락되었다는 말인데 그러면 천국의 비밀이 무엇일까요? 창세 전부터 비밀로 하셨던 예수님이지요! 그러면 창세 전부터 예수님이 오셔서 죽으실 것에 대하여 누구에게 비밀로 하셨습니까? 사단입니다. 그러면 여기서 '저희에게는 아니 되었나니' 했으니, 그러면 저희는 누구에게 속했다는 말이 됩니까? 사단입니다. 그래서 사단에게 속한 그들에게는 비밀이니 비유를 말해도 알아듣지 못한다는 말입니다. 하나님께서 조상들에게 오실 메시아를 언약하시고 선지자들이 그것을 외쳐왔기 때문에 지금 그 메시아가 오셔서 언약하셨던 천국을 말씀하고 있음에도, 그것을 계속하여 비유로 말씀하셨음에도, 듣지도 보지도 못한다면 그들이 천국의 비밀이 허락되지 않은 자들이기 때문이라는 말씀입니다. 그래서 비유로 말씀하시는 것은 죄 사함을 얻지 못하는 저희를 드러내려는 것이라고 하는 말씀입니다. **씨를 뿌리는 자가 뿌리러 나가서 뿌릴 새** 그러면 '씨 뿌리는 자' 하신 것은 누구입니까? 예수님입니다. 예수님께서 오셔서 계속 씨를 뿌리셨습니다. 영생 얻게 하시는 생명의 씨를 뿌리고 다니셨습니다. 서두에 들어드린 대로 너희가 귀가 있으면 이 비유를 듣고 너희 앞에 씨 뿌리는 자가 곧 19에서 천국 말씀이라고 했지요? 이 천국 말씀을 뿌리는 자가 누구인지 깨달아 보라는 것입니다. 예수님께서 오셔서 천국의 복음, 천국 말씀을 백성에게 계속 뿌리고 다니셨는데, 그 뿌린 씨가 더러는 길가에 떨어져 새들이 와서 먹어버렸고, 더러는 흙이 얇은 돌밭에 떨어지매 곧 싹은 나왔으나 흙이 깊지 않아 뿌리를 내리지 못해 해가 돋으니 말라버렸고, 더러는 가시 떨기에 뿌려졌는데 가시가 자라니 기운을 막아 결실이 없다. 그러나 더러는 좋은 땅에 떨어지매 결실하여 백 배, 육십 배, 삼십 배가 되었다고 하셨으니, 말씀을 받는 것이 이처럼 여러 유형이니, 그러면 좋은 땅 외에는 결실입니까, 아닙니까? 아닙니다. 예수님과는 상관없습니다.

막4:33-44에 **예수께서 이러한 많은 비유로 저희가 알아들을 수 있는 대로 말씀을 가르치시되 비유가 아니면 말씀하지 아니하시고 다만 혼자 계실 때에 그 제자들에게 모든 것을 해석하시더라**고 했습니다. 많은 비유로 말씀하신 이유, 비유가 아니면 말씀하지 아니하신 이유가 바로 들을 귀 있는 자는 듣고 깨닫게 하려는 것이요, 사단의 종자는 드러내려는 것이라고 하신 말씀입니다. 그러나 오늘 본문 14, 15에 구약의 이사야 선지자가 뭐라고 예언했다는 것입니까? **너희가 듣기는 들어도 깨닫지 못할 것이요 보기는 보아도 알지 못하리라 이 백성들의 마음이 완악하여져서 그 귀는 듣기에 둔하고 눈은 감았으니 이는 눈으로 보고 귀로 듣고 마음으로 깨달아 돌이켜 내게 고침을 받을까 두려워함이라 하였느니라**고 했습니다. 이사야 선지자가 예수님이 오실 땐 백성들의 마음이 완악하여져서 예수님을 알지도 못하고 말씀을 깨닫지도 못한다고 예언했다는 거예요. 몇백 년 전에!

그러면 마음이 '완악하여' 한 '완악'은 무엇을 말합니까? 여러분은 무슨 말인지 아십니까? 백성들의 마음이 완악하여졌다. 여러분이 아는 완악이란 단어의 뜻이 뭘까요? 틀려도 괜찮습니다. 틀렸으면 바로 알아볼 기회가 되니 손해될 것 없습니다. 여러분이 아는 완악의 뜻이 뭐예요? 강퍅해졌다. 또요? 우리가 알기로는 강퍅하고 성질이 모질고 질기다거나 고집스럽고 사납다거나 뭐 이런 뜻이지 않겠어요? 그런데 성경의 뜻은 그렇게 우리가 아는 것, 우리의 시각으로 보면 절대 안 됩니다. 우리의 시각으로 보면 인간의 말밖에 안 됩니다. 하나님의 시각으로 보아야 해답입니다. '완악하여졌다'는 것은, 그들이 사단과 같은 마음이 되었다는 말입니다. 사단과 같은 마음이 되었으니 예수님의 말씀이 도무지 깨달아지지도 않고 예수님을 볼 수도 없을 뿐만 아니라, 오히려 원수로 여기게 되었다고 하는 그들 영적 상태를 말한 것입니다.

그중에 더러는 말씀을 받긴 했는데 마음이 길가와 같고 마음이 돌밭과 같고 마음이 가시 떨기와 같아서 곡식 중에서 그런 쭉정이가 돼버린 자들이 있기는 했으나, 그리고 더러는 좋은 땅으로 결실이 있기는 했으나 그 외에는 다 완악하여져서, 사단의 무리가 되어서 그래서 고침을 받을까 두려워했다는 것입니다. 더러는 좋은 땅에 떨어져서 결실했다고 했으니. 결실이 누구일까요? 제자들입니다. 제자들! 또한 죄인이라고 비난받고 정죄 받고 손가락질 받은 그들이 예수님이 보실 때 바로 좋은 땅입니다. 그래서 그들을 두고 말씀을 받아 결실한 좋은 땅이 더러는 있다고 하신 것입니다.

막4:1-20에 똑같은 비유의 말씀이 있는데 그중 11, 12에 말씀하기를 **하나님 나라의 비밀을 너희에게는 주었으나** 여기서 너희는 누구입니까? 제자들입니다. 바로 제자들과 죄인들은 하나님 나라의 비밀을 받을 수 있는 좋은 땅이기에 하나님 나라의 비밀을 주었다는 것입니다. 곧 예수님 자신을 그들에게 주었다는 말입니다. 그 외의 하나님 나라의 비밀은 이제 다 아는 것이니 더 설명하지 않습니다. 하나님 나라의 비밀을 너희에게는 주었으나 **외인에게는 모든 것을 비유로 하나니 이는 저희로 보기는 보아도 알지 못하며 듣기는 들어도 깨닫지 못하게 하여 돌이켜 죄 사람을 얻지 못하게 하려 함이니라** 했습니다. 이 말씀을 읽다 보면 예수님께서 비유로 말씀하시는 것은 사람들이 구원을 받지 못하게 하려는 것처럼 들릴 수가 있습니다. 그렇지요? 예수님이 지금 사람들의 구원을 막는 것처럼, 비유로 말씀하시는 것이 죄 사함 얻지 못하게 하려는 것처럼 들리고 있지 않습니까? 그러니까 비유로 하면 사람들이 깨닫지 못하니 그래서 사람들이 깨달아 구원받지 못하게 하려고 비유로 말한다는 고의적인 것으로 오해할 수가 있다는 말입니다. 그러나 그 말이 아님을 조금 전에 여러분이 설명을 들었습니다.

씨 뿌리는 비유나 모든 비유는 유대인들이 귀만 있다면 듣고 깨달을 수 있습니다. 듣고 깨달아야 했습니다. 하나님께서 백성을 죄에서 구원하시려고 독생자를 보내시겠다고 언약하시고 여러 모양으로 뜻을 보이셨으므로, 그 언약하신 메시아를 기다리고 있었던 백성이었으므로, 예수님이 오셔서 천국의 말씀을 뿌렸고, 천국의 표적과 이적을 나타내셨고, 자신이 하나님의 아들이라고 밝히셨으니 그러므로 비유를 듣고 깨어나야 했습니다. 그런데 그 자신들을 말씀하는 비유를 들으면서도 깨닫지 못한다면, 그것은 외인이기 때문이라는 것입니다. 외인이라는 것은 바로 하나님 나라 밖에 어두운 곳, 지옥의 불구덩이에 던져질 자들이라는 말입니다. 그래서 하나님 나라 밖에 있기 때문에 고침 받을까 두려워하여 듣기를 거절하고 눈도 감아버린다는 것입니다. 그렇기에 비유로써 하나님 나라 밖에 있는 자인지를 안다는 말씀입니다. 하나님의 나라에 속한 자라면 들을 귀가 있고, 마귀에게 속한 자라면 들을 귀가 없어 전혀 알아듣지 못하니, 비유를 듣고 깨닫지 못하면 그것은 더는 구원의 가망이 없다, 죄 사함이 없다는 것을 보이는 것이라는 말씀입니다. **외인에게는 모든 것을 비유로 하나니 이는 저희로 보기는 보아도 알지 못하며 듣기는 들어도 깨닫지 못하게 하여 돌이켜 죄 사함을 얻지 못하게 하려 함이니라** 하신 말씀이 바로 이것을 말합니다. 그래서 비유로 하는 것은 외인에게는 죄 사함을 얻지 못할 자로 드러나는 것이기에 비유로 하신다는 것, 알아듣습니까?

여기 마가복음에서는 '외인'이라고 했는데 본문에서는 '저희'라고 했습니다. '저희' 또는 '외인'은 같은 의미로써 다 하나님 나라 밖(세상 임금인 사단)에 있는 것을 말합니다. 그래서 하나님의 백성이 하나님의 뜻을 버리고 세상 나라로 나가 세상을 추구하여 세상의 눈과 귀만 있는 완악(사단의 마음을 받은 코스모스 세상을 품은 자들)한 자들이 되었으므로, 도무지 예수님을 볼 눈도 말씀을 들을 귀도 없으니, 그러므로 깨닫지 못하게 하여 죄 사함을 얻지 못하게 하려는 것이라는 것을 말씀하신 것입니다. 여러분은 참으로 말이지요, 말씀을 잘 듣고 깨달아야 합니다. 말씀의 의미는 유대인만 해당되는 것이 아니라, 믿는다는 모든 이들이 해당되기 때문입니다. 인간 배후에는 하나님의 나라와 마귀의 나라가 있다는 것. 다 잘 알잖아요? 그렇지요? 눈에 보이지 않는 하나님의 나라가 있고, 마귀의 나라가 있단 말입니다. 오늘 비유에서 말씀하고자 하는 것은 하나님 나라의 말씀이 깨달아지지 않으면, 천국이신 예수 그리스도가 깨달아지지 않으면, 그것은 마귀의 나라라는 것을 가르쳐주시는 거예요. 이같이 하나님의 백성의 완악함을 말씀하시면서, 신약의 믿는다는 자의 완악함은 바로 18에서 22까지의 유형으로 나타나는 것임을 가르쳐주신 것입니다.

저는 "마음으로 깨달아 돌이켜 내게 고침을 받을까 두려워함이라"고 하신 이 말씀이 너무나 충격이었습니다. 충격! 그렇게 충격일 수가 없었어요. 어떻게 고침 받을까 봐 두려운 것입니까? 그런데 오늘날 고침 받을까 두려운 사람들이 그렇게 많더라는 말입니다. 그래서 충격이라는 말입니다. 제 상식으로는 이해가 안 되었지만, 예수님의 말씀은 가라지, 다음은 가라지 비유라서 그 비유 말씀을 드릴 건데요, 그 가라지 말씀에서 그들 마음에 사단의 씨가 뿌려져 있어 마음 밭이 어떻다는 것입니까? 가시덤불이고, 돌밭이고, 길가로 그것을 고침 받을까 두려워한다는 것입니다. 고침 받을까 봐서! 그러니까 사단과 한통속이 되었다는 의미입니다. 한통속이기 때문에 고침 받을까 두려워하는 것이고, 그래서 곡식의 씨가 결실하지 못한 쭉정이라 말하고, 쭉정이를 불에 태운다고 하는 것입니다.

그러면 큰 무리가 예수님이 가시는 곳마다, 계신 곳마다 따라다니며 모여들었고, 오늘 본문에도 예수님에게 모여들었다고 했는데 왜 이렇게 모여들었을까요? 서두에도 말씀드렸지만, 예수님께서 복음을 전파하신 후 병자를 치료하시고 귀신을 쫓아 주셨습니다. 유대 전역을 다니시면서 하나님만 하실 수 있는 표적과 이적을 나타내 자신이 하나님께로 오신 생명의 주가 되신다는 것을 보이셨고, 그 많은 병자를 고치시고 귀신을 쫓으시면서 하나님 나라가 이 땅에 임하였다는 것을 보이시며 가르치셨습니다. 또한 세상에는 없는 하늘의 말씀, 진리를 말씀하실 때마다 진실로 진실로 하셨습니다. '내 말은 세상의 말이 아니다. 하나님만 하실 수 있는 말이다. 하나님의 나라 천국의 말로, 이것이 하늘의 진리요 법이다.' 내 말은 참이요 진리요, 하나님은 내 아버지요, 너희에게 이르는 내 말이 아버지의 말씀이라는 것을 그같이 '진실로 진실로' 하시며 말씀하셨습니다.

그런데 마5장에서 7장까지의 말씀을 들은 무리가 "야, 가르치시는 것이 참 권세 있다! 권세 있는 자와 같은데……, 우리를 가르치는 서기관들과는 같지 않다" 하며 놀라기는 했습니다. 놀라기는 했어도 이 모든 무리가 이렇게 말씀을 듣고 보았음에도 예수님을 생명의 구주로 보고 영접해 드리지 않더라는 말입니다. 물고기 두 마리와 보리떡 다섯 개로 오천 명을 먹이신 그 이적을 보고, 그 떡과 고기를 먹으면서도, 그 표적으로 떡을 먹이시는 예수님이 누구인지 관심 없었습니다. 수많은 사람들이 병의 나음을 얻었어도 병을 그렇게 고쳐주신 분, 지금 자기의 병을 고쳐주신 그분이 누구인지는 그저 병 나은 것만 신나서 내 병을 주님이 고쳐주었다고 할 뿐, 예수님을 알고 영접하지는 못했습니다. 사실 오늘날 사람들의 믿는 형편이 이와 같다는 말입니다. 이와 같다! 자기 병 나은 것으로, 기도가 응답된 것으로 자기가 하나님께 사랑받고 인정받고 구원받았다고 착각하고 있지 않은가 말입니다. 이 유대인들이 메시아로 영접하지 못하고 뭐라고 합니까. "이는 선지자가 아니냐!" 일부는 "혹시 그리스도가 아닐까?" 거기까지는 갔습니다. 또 일부는 "우리가 그 부모를 아는데 자기가 무슨 하늘에서 내려왔다고 그런 소리를 하느냐, 그 부모는 요셉과 마리아가 아니냐! 우리가 그 부모를 아는데 무슨 자기가 하늘에서 내려왔다고, 하나님이라고 자꾸 그런 헛소리 하고 다니는 것이냐" 하는 쟁론들만 무성히 하는 것입니다.

마16장에 예수님께서 제자들에게 물었습니다. 사람들이 인자를 즉 "하나님이 사람으로 온 나를, 하나님의 아들이 사람으로 온 나를 누구라고 하더냐?", "더러는 침례 요한이라고 하고요, 더러는 엘리야라고도 하고요, 어떤 이는 예레미야나 선지자 중의 하나라고도 하던데요" 했습니다. 침례 요한의 신분이 뭐예요? 예수님을 침례 준 마지막 제사장이요 선지자입니다. 그리고 엘리야가 누구예요? 선지자잖아요. 이스라엘 나라에 유명한 선지자입니다. 그리고 예레미야도 유명한 선지자입니다. 그러니까 그 선지자들 중의 한사람이라고들 하던데요 했지만, 여기에서 "더러는 우리의 구주요 하나님의 아들이라고 하던데요!" 하는 말 있었습니까? "더러는 하나님의 아들로 오신 구주라고 하던데요" 하지 않았습니다. 예수님을 하나님께서 보내시기는 했는데 능력을 많이 나타내는 선지자 정도로 본 것입니다. 그러니 오늘날 예수님을 믿는다는 사람들이 어떠하냐는 말입니다. 예수님을 정말로, 자기의 죄 때문에 십자가를 지고 피 흘려주신 자기의 구주요, 생명을 내놓으신 하나님이시라는 것, 그렇기 때문에 오직 예수님만 사랑하고 어떤 일이 있어도 예수님을 사랑하여 따르고, 예수님 때문에 살고, 예수님 때문에 고난받고, 예수님 때문에 행복한 믿음이 돼 있는가, 할 때 과연 몇이나 되겠냐는 것입니다. 어디에서 '병이 치료되었다네' 하면 몰려가고, '아, 귀신을 잘 쫓는다.' 하면 쫓아가고, '잘살게 하시는 하나님을 만나게 해준다.' 하면 쫓아가고, 그래서 예수님과는 전혀 상관없는 것이 되어 그 목사를 믿고 사람을 신처럼 받드는 것 아니냐는 말입니다.

그들이 왜 선지자로밖에 보지 못했습니까? 마음이 완악하여졌기 때문입니다. 그래서 예수님께서 요5:40에 **너희가 영생을 얻기 위하여 내게 오기를 원하지 아니하는도다** 하셨습니다. 예수님 자신이 사람들에게 생명을 얻게 하려고 하늘에서 내려온 생명의 떡이라고, 나는 하늘에서 내려온 생명의 떡이다. 너희가 나를 먹으면 살리라는 영생의 말씀, 영적인 말씀을 하시자 제자들처럼 따르던 큰 무리가 서로 수군거리면서 "이는 요셉의 아들 예수가 아니냐? 그 부모를 우리가 아는데 제가 지금 어찌하여 하늘로서 내려왔다 하느냐, 자기 살을 어떻게 먹인다는 것이냐, 아니, 이런 말씀은 너무 어려워서 누가 들을 수 있겠냐" 하고 예수님 앞에서 다 물러갔다고, 다시 예수님과 함께 다니지 않았다고 했습니다. 맞습니다. 육의 귀로 들으면, 또한 육체의 것을 위해 믿는다고 한다면, 도무지 이해 못 할 말로 어려운 말입니다. 그러니 자기가 영생과 상관없는 사람이라는 것을 스스로 시인한 것이지 않습니까? 그러니 오늘날 이런 사람들로 넘쳐나고 있다는 것, 정말 저는 동감합니다. 너무너무 동감이 돼서 말이지요. 저의 전하는 이 레마의 말씀을 노골적으로 비난하여 "그렇게 살 사람은 아무도 없을 것이다. 어떻게 그렇게 살 수 있겠느냐?"고 말씀을 듣지 않으려 합니다.

사람들이 영생 얻기 위해서 예수님 앞에 나온 것이 아니므로 영생에 대해 말씀을 하시자 모두 떠나버렸다는 것입니다. 그러면 영생 얻기 위해 예수님께 모여들고 따라다닌 것이 아니라면, 무엇 때문입니까? 영생 얻으려고 따라다닌 것이 아니었는데, 영생을 말하니 "무슨 말이냐 듣기 어렵다. 누가 이런 말을 알아듣겠냐" 하며 다 가버리고 다시는 예수님과 함께하지 않았다 하였는데, 그럼 이 많은 무리들이 왜 따라다녔습니까? 뭣 때문인 줄 아십니까? 그렇지요. 병에서 놓여나고 귀신을 내쫓아 주고, 배불리 먹이니 그것들을 얻기 위해 쫓아다닌 것입니다. 그러니까 오늘날 믿는다면서 그런 것 보고 따라다닌다면 그들 무리와 똑같은 것입니다. 예수 그리스도의 천국 복음을 듣고 깨달아 내 것이 되기만 하면, 말씀은 그대로 살아서 운동(역사)하시니 말씀대로 믿으면 몸에 질병 떠나가는 것입니다. 천국이 내 안에 있는데 어떻게 그 저주가 머물러 있습니까. 병들지 않는 것입니다. 그것이 순서입니다. 그것이! 그래서 예수님께서도 가시는 곳마다 천국 복음을 먼저 가르쳐 전파하시고 병을 고치시고 귀신을 쫓아내신 이것이 순서란 말입니다.

요6:26에 **예수께서 대답하여 가라사대 진실로 진실로 너희에게 이르노니 너희가 나를 찾은 것은 표적을 본 까닭이 아니요 떡을 먹고 배부른 까닭이로다** 하셨습니다. 표적을 본 까닭이 아니라 먹고 배부른 까닭이다. 그러니까 오늘날도, 주님이 베드로의 실패 만난 빈 그물, 한 마리도 못 잡은 빈 그물에 많은 고기를 몰아주셔서, 그물이 찢어질 정도로 잡히게 하셔서 형편이 피게 되었다는데, 그런 좋으신 주님 믿고 형편 좀 피어 보려고 믿는다고 하는 경우들이 아닙니까? 예수님께서 물고기 두 마리와 보리 떡 다섯 개로 오천 명을 먹이고도 남고, 보리 떡 일곱 개와 물고기 두 마리로 사천 명을 먹이고도 남는 기적을 베풀어주셨으니, 그 좋으신 주님을 내가 믿으면 내게도 기적을 주시겠지 하는, 그 기대 가지고 믿는다고 하지 않은가 말입니다. 그래서 베드로의 빈 그물의 기적이 이 사업장의 기적이 되게 해주시라고 기도하고, 오병이어의 복이 이 가정에 있게 해주시라고 기도하고, 그런 표구들을 만들어서 집안이나 사업장이나 걸어두라고 선물로 주는 것 아닌가 말입니다.

하나님께서 사람을 죽음에서, 죄에서 구원하시려고 피 흘릴 육신으로 오신 그 표적, 죽은 나사로를 살리심으로 부활이요 생명이시라는 것을 보이신 그 표적, 물고기 두 마리와 보리떡 다섯 개로 오천 명을 먹이신 그 이적으로 예수님께서 생명의 떡이 되심을 나타내신 그 표적, 하나님 되심의 그 표적을 보고, 참으로 세상에 오신 구주이심을 믿어 영생 얻기 위해서 예수님을 찾은 것이 아니고, 사람들이 떡먹고 배부른 까닭에 예수님을 자기들의 임금으로 삼아서 그렇게 주시는 떡을 먹는 것이 얼마나 좋으냐! 그 생각으로 예수님을 찾아다닌다고 했습니다. 떡 먹고 배부른 까닭에 예수님을 세상의 임금 삼으려고, 임금을 삼아 '돈 나와라 뚝딱, 빵 나와라 뚝딱' 하듯이 하면 얼마나 좋으냐고 그래서 예수님을 임금 삼으려고 쫓아다니고 찾아다닌다고 했습니다. 그렇다면 지금 그런 정신으로 믿는다는 사람들이 얼마나 많은가 한번 생각해 보자는 말입니다. 그래서 저들이 나를 찾는 것은 떡 먹고 배부른 까닭이라고 분명히 말씀해주셨습니다. 오로지 병 낫기 위해 모여들고 떡 얻어먹으려고 모여들고 그러니까 세상 것 채움 받으려고 찾아다녔다는 말입니다.

그래서 예수님은 그런 자들을 예수님 밖에 있는 외인이요, 완악한 자에 속하였다고 하셨습니다. 그래서 18-23까지의 말씀으로 자기를 진단해봐야 합니다. 신약시대 사람들의 믿음의 형편을 말씀하신 것이니 자기를 진단해봐야 합니다. 누구나 천국 말씀을 듣고 깨닫지 못할 때에는, 유대인 외에 모든 사람이 천국 말씀을 듣고 깨닫지 못할 때는 악한 자가 와서, 악한 자가 누구예요? 마가복음 누가복음에서는 정확하게 사단이요, 마귀라고 말했습니다. 그러니까 깨닫지 못하면, 그 마음에 뿌려진 것이라도, 예를 들어, 말씀을 듣고 무슨 말씀인지는 잠시는 압니다. 그런데 그 말씀이 자기 안에서 속사람의 능력으로 서지 못하고, 자기중심의 주인인 마귀가 빼앗아 버립니다. 그래서 길가에 떨어진 씨라는 것입니다. 그러니까 여러분이 좋은 땅이 되려면 말씀을 자꾸 듣고 또 듣고 새김질하고 말씀의 능력으로 서는 훈련을 힘써 해야 합니다. 오늘 들은 말씀도 여러분이 일주일 동안 새김질해서 말씀이 자기의 정신이 되고, 영에 생명 얻는 것이 되고, 그렇게 사는 능력이 돼야 합니다. 그래서 영적 새김질을 해야 돼요. 본인 스스로가 예수님의 이 같은 말씀들로 깨닫고 믿음이 되려는 사모함이 있고, 이렇게 예배에서 말씀을 자세히 풀어주는 이 생명을 받아 나를 비추고 나를 고치는 말씀이 되고 새김질하면 그것이 내 영에 뭐가 되겠습니까? 피가 되고 살이 되는 것입니다. 내 영에 생명이 된다는 말입니다.

그래서 예수님이 오신 것은 생명을 얻게 하려는 것이니, 진정으로 예수님을 믿으면 생명을 얻습니다. '나의 죄를 대신하여 십자가에서 피 흘려주신 나의 구주시요 하나님이신 예수님을, 내가 진정으로 믿어 영접합니다.' 하면 예수님의 생명을 가지신 성령님이 오시는 것입니다. 그러나 요10장에 생명을 얻되 더 풍성히 얻게 하려는 것이라고 하셨으니, 그같이 예수님의 말씀으로 내내 새김질을 하면서, 자기 속사람의 피가 되고 살이 되게 하므로 풍성히 얻는 생명이 되게 해야 합니다. 마귀에게 빼앗기는 말씀이 되지 않아야 합니다. 말씀은 끊임없이 들으면서도 늘 빼앗기니 그러니까 능력 없잖아요. 능력 없으니 누가 건드리면, 예수님 때문에, 예수님으로 구원받은 이 사실에 기뻐서 그런 것들을 능히 감당하고 이길 수 있어야 함에도, 좀 해를 입는다고 하면 똑같이 말이지, 반격하는 그런 성숙하지 못한, 거룩함이 없는 모습들로 정말 예수님이 자기에게서 보이지가 않으니 능력 없는 거잖아요!

그다음 돌밭, 가시밭에 뿌리웠다는 것, 무엇을 말하는 것인지 알 수 있잖아요? 예수님 믿는 것 때문에 환란이나 박해나 핍박이 오면 곧 넘어진다는 것입니다. 제자들은 엄청난 환란, 박해, 핍박을 받았습니다. 전승에 의하면 베드로는 '예수님께서 십자가에 못 박히셨는데, 어떻게 내가 예수님 흉내를 내겠느냐, 나를 거꾸로 못 박으라고 해서 십자가에 거꾸로 달려서 순교했다고 했습니다. 그리고 사도 요한도 예수님의 제자로 선동자라 하여 밧모섬이라는 곳에 유배되었는데 기름 가마에 던져졌다고 했습니다. 그런데 하나님께서 다니엘서에 하나냐와 미사엘과 아사랴를 풀무불 속에서 머리카락 하나도 타지 않게 하여 살리신 것처럼, 기름 가마에 던져진 사도 요한도 건져내셨다는 것입니다. 이후 요한계시록을 기록했다고 했습니다. 그렇게 상상을 초월하는 박해를 받으면서도 예수님을 포기하지 않는 믿음, 왜입니까? 예수님을 믿고 따르는 것은 자기 목숨보다, 그런 엄청난 핍박과 박해로 고통받으며 죽어도 될 만큼 큰 가치가 되기 때문입니다.

그런데 오늘날 우린 뭡니까? 좀 깨달아 보자고요. 누가 자기 기분을 좀 상하게 하면, 비위 거슬린 소리 좀 했다 하면 팩 하고, 기어코 따지고 변명하고 분석하고……, 어떻게 그래야 하겠는가 말입니다. 이런 태도는 다 바리새인이요 쭉정이와 같은 것입니다. 그래서 예수님을 믿는 것 때문에 환란이나 박해가 일어나면 곧 넘어지는 자, 즉 믿는 것을 포기하든지 타협해버린다는 말입니다. 이것이 돌밭입니다. 가시 떨기에 떨어진 것은 세상 것들로 염려하는 겁니다. 염려로 마음이 매입니다. 왜 매입니까? 돈 때문인 것을 말씀하셨잖아요? 세상의 염려와 재리의 유혹, 바로 돈이 비중인 것을 가르쳐주잖아요? 돈의 유혹에 말씀이 막혀버려서 결실이 없다는 것 아닙니까? 이것이 영적인 원리입니다. 제 말이 아닙니다. 재리의 유혹에 말씀이 막혀 들어가지 않는다. 영생의 말씀이 들리지 않는다는 것입니다. 예수님을 믿는다고 하면서 세상 것에 마음이 붙들리고 돈을 좇아가면 그것으로 막혀서 예수님의 말씀을 귀로 열심히 듣기는 해도 마음에서는 그냥 밀려나 버린다는 말입니다. 밀려나 버려! 그 세상으로 마음이 채워져 있으면 말씀이 그것을 뚫고 들어갈 수가 없으니 결실이 없다고 하는 것 아닙니까?

그래서 마음에 있는 세상, 돈 좀 탁 놔버리고 말씀을 믿는 믿음의 훈련을 하면서, 하나님께 자신을 맡기고 하루하루 주신 일에 그냥 최선을 다해요. 내가 오늘 얼마를 벌어야 할까, 내가 오늘 돈을 많이 벌어야 할 텐데, 이런 계산이나 생각도 하지 말아요. 무슨 일이든지 일하는 목적을 돈에다 두지 말라는 말입니다. 하나님께서 자기에게 주신 업이고, 일이라는 것을 믿으면, 돈이 적다 많다 이런 것에 매이지 말고, 그냥 성실히 일하세요. 그리고 맡기세요. 맡기고 성실히 일하면서 영생의 생명, 자기 영생의 생명을 사랑하는 일에 충실하세요. 그 영적인 일, 영을 따르는 일에 관심을 쏟는다면, 그때부터 아버지가 이끌어 가시는 것을 확실히 경험하게 될 것입니다. 세상을 버릴 능력만 된다면 신앙은 성공하게 되어 있습니다. 세상을 마음에서 정말 벗어 내버릴 수만 있다면, 마음에서 딱 놔버린다면 신앙은 성공하게 되어 있습니다. 아니, 귀신을 섬기는 사람들도 마음에서 세상을 다 비우고, 오직 자기가 섬기는 그 신에게 마음을 두고, 목숨을 내놓고 온 마음을 다해 섬기는데, 하물며 나를 지으시고 구원하신 참 하나님을 섬기는 일에 어떻게 그렇게 마음에다 하나님이 싫어하시는 세상을 두고 좇으며 섬긴다고 할 수가 있는 것입니까? 그것은 하늘이 무너져도 섬김이 안 됩니다. 예수님께서 그것은 말씀이 막혀 들어가지 않는다고 분명히 말씀하셨지 않습니까? 결론은 예수님과 상관없다는 것을 말씀하는 것이니, 진정 믿으려면 정신 차린 믿음으로 돌아와야 할 것입니다.

참으로 좋은 땅만이 말씀을 듣고 깨달아 삼십 배, 육십 배, 백 배로 결실하는 것이니 좋은 땅이 돼야 합니다. 위에 말씀으로 결실할 수 없게 하는 그 같은 세 유형에서 힘이 된다면, 곧 나와야 할 것입니다. 마음에 세상이 있고 돈에 매여 있으면, 말씀을 절대로 깨달을 수 없는 겁니다. 이미 그런 것들로 심어져 지배받고 있기 때문에 절대로 말씀이 계실 수가 없게 됩니다. 마음이 그런 것들에서 깨끗이 청소되었을 때 말씀이 깨달아지는 신비한 경험을 하게 되는 것입니다. 진짜 좋은 땅이 하나님 아버지의 거두시는 알곡으로 아름다운 보석입니다. 자녀를 키워본 사람이라면 알 수 있지 않습니까? 자식이 부모의 마음을 알아서 부모의 뜻을 존중하여 따라주면, 그 자식이 얼마나 보배와 같고 사랑스럽지 않습니까? 얼마나 귀합니까? 그런데 마음을 알기는커녕 그거는 모른다 할지라도, 무슨 말 하면 탁탁 받아서 지가 더 잘난 것처럼 하는 것 그것 보뱁니까? 자식이 아니라 원수와 같지! 그렇잖아요?

그러면 여러분 자신이 좋은 땅인지, 아니, 좋은 땅이 어떤 것인지, 우리가 알고 있는, 우리가 생각하는 그런 것 말고, 하나님이 말씀하시는 좋은 땅이 무엇인지 눅8장으로 들어가서 보겠습니다. 같은 비유인데 여기는 이해가 쉽게 되어 있습니다. 8:15를 읽습니다. **좋은 땅에 있다는 것은 착하고 좋은 마음으로 말씀을 듣고 지키어 인내로 결실하는 자니라입니다.** 마태복음은 좋은 땅에 떨어지매 혹 백 배, 혹 육십 배…… 라고 간단히 말씀하셨는데, 여기서는 마태복음의 말씀을 좀 더 이해하여 적용할 수 있게 하신 구체적 말씀입니다. 그러니까 착하고 좋은 마음을 가진 것이 좋은 땅이라는 말입니다. 말씀을 듣고 깨닫는 것은 착하고 좋은 마음이기 때문이다. 그것이 바로 좋은 땅이라는 것입니다. 당연히 좋은 마음이니 착하지요. 그래서 착하다는 것은 좋은 마음이니 착한 것입니다. 그래서 착한 것, 좋은 것 다 같은 의미입니다. 그러면 '착하다'를 우리가 삶 속에서 많이 쓰고 있는 단어이니 무엇을 착하다고 하는 것인지 우리 다 잘 알지 않습니까? 아까 우리가 알고 있는 '완악'을 말한 것처럼 말입니다. 그러면 우리가 알고 있는 착한 것에 대해 예를 들어보겠습니다.

자! 어떤 학생이, 어떤 할머니가 무거운 짐 보따리를 이고 가는 것을 보더니, 얼른 받아서 그 할머니 댁까지 들어다 드렸대. 이거 착해요, 안 착해요? 착한 것이지요? 야! 그 학생 참 착하다 하지요. 어떤 사람이 누군지 모르지만, 불우한 학생에게 학교 마칠 때까지 학비를 대주어서 그 학생이 훌륭한 사람이 될 수 있었대. 자! 이것이 착하고 좋은 사람입니까, 아닙니까? 착하고 좋은 사람 맞지요? 누구는 남편이 생활 능력이 없어 궁색한데도 불구하고, 그런 내색 하지 않고 사는 것 보면 '사람이 참 무던하고 착한 것 같아' 그런 말 하지요? 사람이 무던하고 착한 것 같다. 이것이 우리가 생각하는 착하다는 거잖아요. 이 같은 모습들이 얼마나 착하고 좋은 마음들입니까? 그렇다면 이같이 착하고 좋은 마음들이라서 말씀을 듣고 깨달아서 결실한다는 것일까요? 아니라는 것 아십니까? 인간이 보는 착한 것과 하나님께서 말씀하시는 착한 것과는 전혀 관계없습니다. 만일 성경의 뜻을 인간이 생각하는 것으로 풀이하면 성경은 모순투성이가 돼 버립니다. 그래서 이것을 불법이라고 하는 거예요. 하나님의 관점에서 보는, 하나님이 생각하는 착한 것, 또는 좋은 마음, 좋은 땅을 알아야 합니다. 그러면 이것은 무엇으로 알 수 있습니까? 바로 성영님으로 하나님의 뜻을 알고 그 말의 뜻을 아는 것입니다. 알아듣습니까? 인간 양심적으로 착하고, 인간 성품으로 착하다는 것을 말하는 것이 아님을 아는 것이, 성경에 접근하는 방식이고, 사람이 하나님 앞에 가져야 할 예의요 겸손입니다.

그러면 착하고 좋은 것, 이미 듣고 배운 부분도 있으니 예수님께서 말씀하는 착하고 좋은 마음을 어떻게 말할 수 있을까요? 알 것 같으면서도 설명이 안 되지요? 그러니까 여러분이 잘 듣고 자신도 확실함에 서고 설명까지 할 수 있는 지식(능력)을 갖추란 말입니다. 착하고 좋은 마음 또는 착한 행실 하는 것은 인간 윤리 도덕, 이런 소극적인 것을 넘어선 하나님 입장의 것, 영적이라는 것 아시지요? 그러니까 성경을 전하고 해석하는 모든 사람이 그 수준에 있지 못하니, 다 똑같이 마음이 어질고 고운 사람이, 마음에 악이 없는 사람이, 하나님의 말씀을 잘 받아들이고 순종 잘하고 열심히 믿는다는, 이런 인간 중심적인 해석들로 쓰레기 같은 말들을 하고 있습니다. 지금 다 그렇게들 말함으로써 불법을 열심히 하고 있다는 말입니다. 그것을 듣는 사람들은 아주 이성적인 말이니 거부감 없는 겁니다. 아주 수준 있는 고상한 인격적인 가르침이라 여겨 그 말에 빠져드는 것입니다. 그래서 착하게 되려고 말이지요, 속에서는 시기와 질투로 부글부글하면서도 겉으로는 겸손한 척 가식으로 위장하는 겁니다. 그래서 믿음을 다 가짜 작품으로 만들어 놓는 거예요.

성경의 좋은 땅, 착하고 좋은 마음은 바로 자신이 하나님을 거역하고 떠나 산, 영 죽을 죄인이라는 것을 알고 통감하는 자의 마음을 말합니다. 하나님 앞에 자신을 보니 지옥의 심판을 피할 수 없는 죄인임을 알고 통감하는 하는 자, 그것이 바로 하나님이 보시는 착하고 좋은 마음입니다. 그래서 좋은 땅이요, 거기에 말씀이 뿌려지니 그 말씀을 지키고 인내로서 결실하는 것입니다. 그렇기에 우리가 말하고 생각하는 그 착함을 말하는 것이 아니라는 것, 이해됐습니까? 여기 서 있는 저도 우리가 생각하는 그런 착함이 있어서, 마음의 악함이 없고 어질어서 예수님께서 저를 만나주신 것 아닙니다. 저 어질고 착하고 하는 것과는 거리가 먼 사람입니다. 만일에 그것 때문에 예수님께서 만나주시는 것이라면, 저는 지금도 예수님 만나지 못했을 것입니다. 사면초가와 같이 욱여쌈을 당한 그 환경의 어려움으로 고통당하는 나를 불쌍해서 만나주시겠지, 그런 나를 정말 불쌍해서 만나주시겠지, 불쌍한 처지에 있는 나를 핑계로 하여 그렇게 만나주시길 갈망했습니다. 예배 열심히 참석 잘하면 만나주시겠지, 기도 열심히 하면 만나주시겠지, 내가 열심히 정성들이니 만나주시겠지, 그렇게 핑계를 해서 만나주시기를 간절히 갈망했는데, 그러나 이런 열심도, 불쌍한 것으로도 예수님을 만나지 못했습니다. 여러분! 이런 불쌍한 것 가지고도 예수님 만나지 못했어요. 얼마나 오랜 세월 이런 불쌍한 것으로 만나주시는 것인 줄로 알고 하나님을 찾고 간절히 구했는지 모릅니다. 그렇게 들었기 때문입니다. 예배 열심히 쫓아다니고 기도 열심히 많이 하고, 새벽 기도니 뭐 작정 기도니 밤샘 기도니, 이런 것에 열심히 하면 하나님이 만나주시고 복 주신다고 그렇게 들었기 때문입니다.

그래서 오랜 세월 나의 불쌍한 처지를 가지고 나와서 "아버지 만나주세요. 하나님 아버지 저 좀 만나주세요. 어디 계세요. 구만리장천에 계십니까? 아니면 나와 함께 계신다더니 도대체 나와 함께 계신 증거는 아무것도 없습니다. 구만리장천에 계신다면, 아버지 하나님을 부르면 응답하신다고 하셨으니 '그래, 나 여기 있다.' 하고 대답 좀 해주세요." 하고 매일 눈물로 기도했습니다. 뭔지 모를 것으로 마음이 슬프고 괴롭고 아파서 나에 대한 연민에 빠져서 그렇게 애원하고 애원했습니다. 그러나 예수님께서는 살아 계신 하나님이라는 그 표징만, 하나님이 나와 함께 계신다는 표징만 체험시키셨을 뿐, 내 안에 천국이 이루어지지는 않았습니다. 사람들이 나와 같은 동기로 하나님께 나와 만나주시라고 기도합니다. 내가 불쌍하니까 내 정성을 보고 '하나님이 나를 만나주시겠지!' 하고 자기 연민을 품고 기도하는데, 그러나 자기 착각이요, 오해입니다. 어느 날 내가 죄인임을 내 영혼에 처절하게 깨닫는 경험을 하게 되었습니다. 온몸에 힘이 쭉 빠져 그 자리에 주저앉을 만큼 처절하게 경험을 했습니다. 나 자신이 아주 가망 없는 죄인인 것을, 내 고집과 마음이 다 죄라는 것을 알았고, 하나님을 거역했고, 하나님을 떠나서 살아온 죄인이라는 것을 내 맘 깊숙이에서부터 복받쳐 오르는 애통의 눈물을 흘리면서 깨닫게 되었습니다.

기도하고 기도한 끝에 ……. 그래서 정말 지옥 떨어져도 마땅한 죄인으로 예수님께 나와 예수님 발 앞에 엎드려 눈물로 발을 적시면서 "주 예수여! 나는 죄인입니다. 나는 죄인입니다. 나는 죄인입니다." 얼마나 한없이 고백하면서 "주 예수여 나는 죄인입니다. 하나님 아버지! 나는 죄인입니다."를 한없이 고백하면서(한없이 터져서) 내 가슴을 치며 회개를 했습니다. 내 가슴을 치면서……. 그리고 날마다 내 양심에 걸리는 것, 죄라고 생각되는 것, 회개하고 또 회개하고 회개하는데 어느 날 성영님께서 내가 죄에서 아주 깨끗함을 얻고 자유케 된 내 모습을 영의 눈으로 확실히 보게 하셨습니다. 가르쳐주셨습니다. 그 기쁨은 경험해야 압니다. 경험해야! 그러니 목숨 내놓을 수 있지요. 이후 점차 영혼에 자유함의 능력이 서 가고, 영이요 생명의 말씀으로 영혼의 양식이 되니, 그 말씀으로 내가 얼마나 큰 권세가 있는 존재인지 성영님이 알게 하셨습니다. 그러므로 사단은 나를 속일 수 없고, 음부의 권세가 나를 이길 수 없는 권세이니, 세상에 두려울 것이 뭐 있으며 흉흉한 소식들이 무슨 문제며 염려거리가 되겠습니까. 말씀은 더욱더 깊게 열려가니 삼위 하나님과의 관계가 더 깊게 이루어져 친밀함이 깊어지니, 이 행복을 어찌 말로 다할 수가 있겠습니까. 이것은 한없으니 있는 자에게 더 주신다는 말씀이 내게 실제가 되었고 또 되리라 믿고 기대하고 있습니다.

기도도 말씀이 기도입니다. 그리고 이제는 성영님과 그저 친구처럼 대화합니다. 예전에는 그것도 시간을 봐 가면서, 기도를 오래 해야 하는 것처럼 그렇게 들었기 때문에, 어떤 때는 길게 기도했다고 생각했는데 시간을 보면 삼십 분도 안 된 겁니다. 하여 또 기도한다고 억지로 하기도 했습니다. 물론 늘 그랬다는 것이 아니고, 그렇게 못할 때도 많아서 그것이 마음의 짐이 되어 마음이 편치가 않았습니다. 그러니 이것이 얼마나 율법적이며 미신적입니까? 인격적이지 않았다는 말입니다. 율법적이면서도 하나님은 알지도 못하는 인본의 열심, 인본의 주장을 따른 것이니, 나와 하나님과의 인격적인 관계는 아니더라는 말입니다. 더 설명하면 최소한 하루에 한 시간씩은 기도하라 해서 시간을 채워야 하는 줄 알고, 남이 한 시간 하면 나는 두 시간 채워야지 하는 욕심으로 두 시간을 채우려고 억지로 기도하고 말이지요. 기도할 말이 생각나지 않으면 방언 있으니까 방언으로 하는 겁니다. 그렇게 했습니다. 그런데 지금은 그렇게 오랜 시간 엎드려서 기도하는 일 없습니다. 다 몰라서 우매하고 미련한 시간을 허비했던 것이지, 알게 된 지금은 매일 내 안에서 성영님과 교제하며, 성영님 안에서 기름 부음으로 나를 가르치고 이끌어주시니 내가 할 것이 없습니다.

또한 '성영님 이것은 어떻게 해야 할까요?' 하고 묻는 겁니다. 말씀에 대해서도 마찬가지입니다. '내 머리로는 이것인가! 하고 짐작은 하지만, 그러나 나는 천 번을 죽었다 깨도 모르는 것이니, 성영님이 가르쳐주세요.' 하고 말씀을 마음에 두고 생각하면서 성영님의 가르침을 기다립니다. 그렇게 성영님과 함께 친구처럼 대화하는 거예요. 아주 성영님 안에서 헤엄치고 살게 되었다는 것을 말씀드리는 것입니다. 친구처럼 말씀하시고 지혜가 돼 주시고 인내할 수 있도록 붙잡아 주시고, 무릇 있는 데서 받아 더 넉넉하게 하시는 것을 크게 경험하는 것입니다. 저는 그래서 예수님 때문에 아주 행복합니다. 예수님 때문에! 그런데 이제 내 주변을 돌아볼 때에 가슴이 짓눌려서 말입니다. 아프고 아주 근심되어 고민하게 되지만, 나 자신은 내 안에 계신 성영님과 함께하는 것이 얼마나 행복한지 말로 다할 수 없는 행복입니다.

여러분, 막1장에서 한 문둥병자를 우리가 만나보았잖아요? 그러므로 우리는 모두가 다 영적으로 그 같은 문둥병자였다는 것 다 알았잖아요? 예수님께 나온 문둥병자는 자신이 하나님께 부정한 죄인임을 알고 있었습니다. 하나님께서 부정한 자신을 깨끗게 해주시지 않으면 소망 없는 자기의 처지를 알고 있었습니다. 바로 이 문둥병자가 착하고 좋은 마음입니다. 착하고 좋은 마음으로 좋은 땅이라는 말입니다. 그 많은 무리 중에서 한 문둥병자만이 예수님이 그동안 숨죽이며 기다리고 기다린, 자기의 저주를 벗겨주실 주시라는 것을 마음으로 알아보았고, 예수님 앞에 나가지 못하도록 방해하는 모든 것들을 뚫고, 예수님 앞에 나와 꿇어 엎드리어 간구하였습니다. "주여 원하시면 저를 깨끗게 하실 수 있나이다" 주님이 저 같은 부정한 자라도 깨끗게 하시기를 원하신다면, 주님이 원하시면 저를 깨끗게 하실 수 있나이다 한 것입니다. 그러자 예수님께서 "내가 원하노니 깨끗함을 받으라" 내가 그 일을 위해 왔다. 내가 부정한 죄를 벗겨 깨끗게 하려고 왔다. 너와 같은 자를 깨끗게 하고 영생 얻게 하려고 오셨다는 말씀입니다. 그러자 즉시, 즉시입니다. 즉시! 즉시로 문둥병이 깨끗하여졌다고 하지 않았습니까? 많은 문둥병자가 있었지만, 그만이 예수님이 받으시는 죄인이었습니다. 그가 착하고 좋은 마음으로 용서를 경험하고 말씀을 듣고 깨달아 결실하는 좋은 땅입니다.

그래서 예수님께서는 죄인이 필요하다고 네가 죄인이면 내게 오라는 것입니다. 예수님은 죄인 찾으러 오셨습니다. 죄인을 찾으러! 예수님은 한 문둥병자 같은 그 죄인 찾으러 오셨지, 의인을 찾으러 오신 것 아닙니다. 죄인인 척만 하는 자들을 위해 오신 것 아닙니다. 나는 죄지은 적 없다고 하는 자를 찾으러 오신 것 아니에요. 나 좀 물질로 부자 되게 해주시면 주님 잘 믿겠다고 하는 자들을 위해서 오신 것 아닙니다. 죄인입니다. 죄인! 그러니까 죄인이 필요하다고, 죄인이면 내게 오라고 하신 거예요. 그러면 예수님 안에 용서가 있고, 생명이 있고, 쉼이 있고, 평안함이 있고, 풍부가 있고, 부유가 있고, 건강이 있다고 하신 것입니다. 천국의 이 모든 것들이 예수님의 말씀을 듣고 깨달아 자기 것이 되어 결실로 나타난다고 하신 겁니다. 자기가 죄인임을 깨닫는 자만이 예수님이 얼마나 귀하고 필요한 분인지를 알게 되고, 천국의 비밀이 허락되어 결실한다고 하는 것입니다.

열두 제자들도 가룟 유다만 빼고 죄인으로 살고 있었습니다. 지키라 주신 율법을 지키지 못하는, 자신들의 연약함을 알고 마음에 무거운 짐을 지고 있었습니다. 피 흘리실 메시아가 오시면 그 짐에서 자유 얻게 될 날을 기다리며 살고 있었습니다. 오셔서 고난받으실 메시아, 이스라엘의 왕이 되실 그리스도, 믿음의 조상 아버지 아브라함에게 언약하신 독자, 오직 고대하며 기다리던 그분이 오셔서 그들에게 "나를 따르라" 하시니 반사적으로 모든 것을 버려두고 예수님을 좇았다고 했습니다. 그분이 자기들이 기다리던 메시아냐, 아니냐? 이것저것 따져보고 알게 되어서 따른 것이 아니라, 자석에 끌리듯 그들의 심령이 예수님께 끌려 반사적으로 따라간 것입니다. 예수님께서도 그들의 영혼이 예수님을 만날 수 있는 착하고 좋은 마음, 좋은 땅이므로 부르셨습니다. 부르실 때, '지금 하던 것 좀 정리해놓고 가겠습니다.' 하지 않았습니다. 그냥 버려두고 좇았다고 했습니다. 그러므로 여러분! 오늘 이 말씀을 따따부따 따지지 말고 좀 받아들여서 믿음으로 적용하여 자신이 생명을 얻되 더 풍성히 얻는 예수님의 사람이 되기를 힘쓰기 바랍니다.

착하고 좋은 마음이 예수 그리스도를 만나 결실을 얻게 된다는 것을 알고, 누가 뭐래도 '예수가 밥 주냐? 옷을 주냐? 너 예수 믿는데 잘된 것 뭐 있냐?' 아무리 비난해도 '넌 그래라 결국은 네가 볼 것이라' 하고 예수님 사랑하는 일에 최선을 다하는 것입니다. 그러니 여러분이 착하고 좋은 마음인가 여러분 자신을 진단해 보십시오. 예수 그리스도로 살고자 몸부림치고 있는지 자신을 보시란 말입니다. 그리고 성경이 말씀하는 착하고 좋은 마음은 자기를 보는 눈을 가졌다는 말입니다. 자기를 보는 것은 자기를 아는 것이니, 예수님을 알고 예수님의 은혜와 그 사랑에 붙들려가는 것입니다. 하나님께서 66권으로 된 성경을 주신 것은 나를 알고 예수님을 확실히 알아서 연합의 관계를 이루라는 뜻에서입니다.

그래서 오늘날 말씀을 설교한다고 하는 것들도 들어야 할 것인지 스스로 분별할 수 있어야 합니다. 예수님께서는 막4:24에 너희가 지금 무엇을 듣는가 스스로 삼가라. 지금 너희가 듣는 것이 예수님의 말씀으로 생명을 주는 것인데 헤아리고 판단하고 있는 것인지 스스로 삼가라 하셨습니다. 또한, 저들로부터 누구로부터 하나님이 보내신 생명의 말씀을 듣는 것이냐, 자기 자신이 듣기에 좋은 자기중심의 말을 듣는 것이냐, 분별하라는 것입니다. 지금 듣는 것이 예수님의 말씀인지 깊이 생각하라. 무엇을 듣는가, 너희가 지금 무엇을 듣는가 말입니다. 정말 예수님 없는, 생명 없는 인간의 귀로 듣기에 좋은 말, 다 헛된 교훈이요, 누룩이요, 불법입니다.

예수님을 알고 예수님과 말씀으로 함께 있는 자가 천국을 유업으로 받는 것입니다. 예수님의 넓이와 길이와 높이와 깊이를 깨달으면 깨달을수록 자기의 유업이 되는 천국의 크기가 달라집니다. 예수님을 알고 그의 말씀을 깨닫는 자는 결실이 몇 배라는 것입니까? 혹은 삼십 배, 혹은 육십 배, 혹은 백 배라고 하셨으니, 자기의 영적인 복으로 자라 삼십 배에서 육십 배로, 육십 배에서 백 배로 나아가는 여러분이기를 바랍니다. 자기 안에서 이루어지는 천국의 크기가 달라져 가는 것을 경험하는 여러분이기를 바랍니다. 자기 안에 이루어진 천국이 자고 나면 자라고, 자고 나면 자라는 천국이 되기를 바랍니다. 아버지 나라에 들어갔을 때, 육체 안에서 이루어진 천국의 크기대로 그 영광을 얻는 것이니, 여러분이 심은 대로 거둘 것이니 그리 알기를 바랍니다.

또한 복음의 확산도, 누구에게 복음을 주어 그가 진정 좋은 땅으로 결실이 되고, 그가 또 복음을 주어 결실이 되게 함으로써, 삼십 배, 육십 배, 백 배로 맺어가게 되는 것입니다. 오늘 말씀 여러분이 아멘으로 받습니까? 말씀을 맺습니다.

예수님의 비유 말씀을 예수님의 의도대로 깨달아 우리 믿음에 적용할 수 있게 하신 성령님께 감사의 영광을 돌립니다. 아멘

제 6 장
좋은 씨의 알곡, 마귀가 덧뿌린 가라지

²⁴예수께서 그들 앞에 또 비유를 베풀어 가라사대 천국은 좋은 씨를 제 밭에 뿌린 사람과 같으니 ²⁵사람들이 잘 때에 그 원수가 와서 곡식 가운데 가라지를 덧뿌리고 갔더니 ²⁶싹이 나고 결실할 때에 가라지도 보이거늘 ²⁷집 주인의 종들이 와서 말하되 주여 밭에 좋은 씨를 심지 아니하였나이까 그러면 가라지가 어디서 생겼나이까 ²⁸주인이 가로되 원수가 이렇게 하였구나 종들이 말하되 그러면 우리가 가서 이것을 뽑기를 원하시나이까 ²⁹주인이 가로되 가만두어라 가라지를 뽑다가 곡식까지 뽑을까 염려하노라 ³⁰둘 다 추수 때까지 함께 자라게 두어라 추수 때에 내가 추숫꾼들에게 말하기를 가라지는 먼저 거두어 불사르게 단으로 묶고 곡식은 모아 내 곳간에 넣으라 하리라(······중략······) ³⁴예수께서 이 모든 것을 무리에게 비유로 말씀하시고 비유가 아니면 아무것도 말씀하지 아니하셨으니 ³⁵이는 선지자로 말씀하신바 내가 입을 열어 비유로 말하고 창세부터 감추인 것들을 드러내리라 함을 이루려 하심이라 ³⁶이에 예수께서 무리를 떠나사 집에 들어가시니 제자들이 나아와 가로되 밭의 가라지의 비유를 우리에게 설명하여 주소서 ³⁷대답하여 가라사대 좋은 씨를 뿌리는 이는 인자요 ³⁸밭은 세상이요 좋은 씨는 천국의 아들들이요 가라지는 악한 자의 아들들이요 ³⁹가라지를 심은 원수는 마귀요 추수 때는 세상 끝이요 추숫꾼은 천사들이니 ⁴⁰그런즉 가라지를 거두어 불에 사르는 것같이 세상 끝에도 그러하리라 ⁴¹인자가 그 천사들을 보내리니 저희가 그 나라에서 모든 넘어지게 하는 것과 또 불법을 행하는 자들을 거두어 내어 ⁴²풀무 불에 던져 넣으리니 거기서 울며 이를 갊이 있으리라 ⁴³그때에 의인들은 자기 아버지 나라에서 해와 같이 빛나리라 귀 있는 자는 들으라

(마13:24-30,34-43)

오늘 본문이 마13:24-30, 34-43이 되겠습니다. 좋은 씨, 알곡, 가라지, 마귀, 이런 등등의 것으로 말씀을 나누겠습니다.

예수님께서는 오늘 34, 35에 예수님 앞에 모여든 유대인의 큰 무리에게 비유가 아니면 아무것도 말씀하지 아니하셨다고 했습니다. 그것은 창세부터 감춰진 것들을 드러내 메시아의 언약을 가진 그들의 정신을 깨워 예수님을 알아볼 수 있도록 하려는 것이라 하셨습니다. 창세부터 감춰져 있던 것을 비유로 드러낼 때, 유대인 중에서 들을 귀 있는 자는 깨달을 수 있기 때문입니다. 그러면 창세부터 감춘 것이 무엇이냐? 바로 '선악과를 먹으면 정녕 죽으리라' 하신 그 속에 감춘 것, 하나님의 명대로 예수님이 오셔서 죽으시는 일입니다. 인자(사람으로 오신 하나님의 아들이란 뜻)로 오셔서 죄에 꽁꽁 묶여 사망으로 끌려가던 사람을, 그 죄에서 풀어주시고 사단의 손에서 구원하여 천국으로 들이시려는 것, 창조 전에 세우신 이 구원의 뜻을 처음 사람 안에 언약으로 넣으시고, 또한 아브라함과 그 후손에게 언약하시고, 마침내 언약하신, 생명이신 구주 예수님이 오셔서 천국 복음을 전파하여 가르치시고, 하나님 되심의 표적을 나타내 언약을 드러내신 바 된 것을 말합니다. 그래서 예수님께서 언약 안에 감추어져 있던 자신을 비유로 드러내 주시면서 예수님이 바로 그 언약으로 오신 분임을 말씀하신 것입니다. 그것이 오늘 창세부터 감추었던 것을 드러내리라 하신 말씀입니다.

그런데 오늘날은 감추어져 있는 것이 아닙니다. 하나님의 전 역사와 뜻을 이루시기도 하셨고, 누구든지 보고 듣고 구원 얻도록 다 개방하여 열어놔 버리셨으므로, 감추어진 것도, 비밀도 아니니 믿지 못할 이유가 없게 되었습니다. 그래서 이미 이루어진 구원의 뜻이 온 땅에 전파되게 하셨고, 전파되는 곳마다 예수님을 영접하지 않으면 하나님의 심판이 엄중하실 것이라는 것을 말씀해주고 있습니다. 그러므로 참으로 알 것은, 교회는 세상 말 들으러 오는 그런 세상 모임이 아닙니다. 죄를 알고 그 죄에서 구원 얻어 영생 주시는 하늘의 말씀을 듣기 위해서 와야 합니다. 예수님을 믿기 전 우리는 모두가 세상이 꽉 채워진 죽음에 속한 자들이었습니다. 그러므로 교회에 나와서 자기가 누구인가, 우리가 믿는 그 예수님은 누구이신가를 배우고 들음으로써 예수님을 알고, 자기 정체성을 찾고, 하나님이신 예수님의 말씀을 받아들여 사랑하고 따름으로써 죽음에 속한 채워진 세상을 하나하나 깨끗이 떨어져 나가게 해야 합니다.

예수님과 예수님의 말씀만이 생명이요, 죽음에 속한 세상을 하나하나 떨어져 나가게 하시는 능력이 되어 우리를 살리시고 영생케 하시니, 그러므로 그 예수님의 말씀에 빠져들어 가야 합니다. 예수님을 믿으러 나와서 죽음에 속한 자기를 사랑하겠느냐, 영생이신 예수님과 그 말씀을 사랑하겠느냐 할 때, 만일에 죽음에 속한 자기를 사랑하는 것이면 그것은 알맹이가 들지 않은 불에 태워질 쭉정이요, 쭉정이의 특징은 예수님의 말씀을 중요하게 여기지 않고 관심 두지 않는 것으로 드러나는 것입니다. 자기가 지금 무엇을 듣고 있는가, 듣는 말씀이 하늘의 말인지 땅의 말인지, 들어야 할 말인지 듣지 않아야 할 말인지 생각지 않습니다. 감각이 없다는 말입니다. 그러나 죽음에 속한 자기를 미워하는 것이면, 예수님을 사랑하고 그분의 말씀을 깨달아 행함이 되기를 사모하는 것으로 드러납니다. 그것이 곧 예수님을 사랑하고 자기를 사랑하는 것이기 때문입니다.

그런데 그리스도인들이 다 속는 사랑을 하고 있습니다. 복음을 듣고 감동되어 믿기로 했으면 누구나 영생의 말씀, 예수님의 말씀을 듣기를 원하고 행하므로 예수님을 알고 예수님 안으로 들어가야 하는데, 그 진심, 그 진정이 없습니다. 이제 믿기 시작한 사람이라고 해서 들어야 하는 말씀이 따로 있는 것이 절대로 아닙니다. 정말 믿기를 원하고 구원에 들기 원하면 정신 바짝 차리게 돼 있습니다. 말씀에 집중하여 열심을 품고 말씀을 따르기를 기뻐한다는 말입니다. 자기를 진심으로 사랑한다는 것은, 속는 사랑이라는 것이 얼마나 허무하고 헛되고 두려운 것이었는지를 알고, 어떻게 하는 것이 자기를 사랑하는 것인지를 말씀으로 깨달아서 그 사랑에 빠지게 되어 있는 것을 말합니다. 그렇기에 이제 믿기 시작했어도, 믿은 지 오래되었어도 성경이 말씀하는 예수님에 대해서 끊임없이 배우고 듣고 확실히 경험하는 관계가 되어야 합니다. 이제 믿기 시작했든 오래되었든 그런 것과는 상관없이, 얼마나 성령님을 의지하여 말씀을 깨닫고 알고 행하고 경험하기를 원하느냐, 얼마나 사모함을 가지고 노력하느냐 하는 것에 자기 신앙이 성공하고 실패하고 하는 것이지, 다른 이유 갖다 붙일 것 없습니다. 정말 예수님을 믿는 것은 자기 자신을 위해서이지 다른 누구를 위해서가 아닙니다. 믿음이 세워지면 또한 다른 사람을 세울 수 있는 능력입니다. 예수님 믿는 것을 삶의 한 부분쯤으로 생각한다면 그것은 큰 착각입니다. 그것은 예수님 만날 수 없습니다. 하나님께서 사람을 지으신 목적이 오직 하나님을 섬기는 것에다 두셨다면, 과연 우리 삶이 어떠해야 할지 생각해볼 수 있지 않습니까? 그러므로 한 부분이 될 수 없습니다. 예수님을 믿는 것이 우리의 본분입니다.

성경은 믿는 사람들 속에는 세 부류가 있음을 말하고 있습니다. 마3:12에 **알곡은 모아 곡간에 들이고 쭉정이는 꺼지지 않는 불에 태우시리라** 해서 알곡이 있고 쭉정이가 있음을 말했고, 오늘 본문 비유에서는 가라지를 말했습니다. 하나님께서는 알곡을 얻기 위해 곡식을 심었는데 결실할 때에 보니 심지 않은 가라지가 있더라고 했습니다. 또한 알곡이 돼야 할 곡식이 알곡이 되지 않고 쭉정이가 된 것이 있어 그 쭉정이는 필요 없기 때문에 꺼지지 않는 불에 태워버린다는 것이고, 가라지도 마지막 심판 때에 풀무 불에 던져 넣으리니 거기서 울며 이를 갊이 있으리라고 했습니다. 그런데 알곡 된 자, 곧 의인들은 43에서 **자기 아버지 나라에서 해와 같이 빛나리라** 얼마나 그 영광이 아름답고 찬란하면 해같이 빛나겠습니까? 여러분! 해 똑바로 바라볼 수 있습니까? 정면으로 쳐다볼 수 있어요? 빛이 너무 강해 눈멀어 버립니다. 그런데 그 영광이 얼마나 빛이 나면 하늘에서 해같이 빛나리라 하셨겠는가 말입니다. 의인, 즉 알곡 된 자의 받을 영광입니다. 그러니까 예수님을 믿는다는 거기에는 알곡이 있고 쭉정이도 있고 곡식이 아닌 가라지들도 있다고 했으니 그러면 무엇을 알곡이라 하고 무엇을 쭉정이라 하고 무엇을 가라지라고 하는 것인지를 보겠습니다.

오늘날 그리스도인들이 신앙생활을 너무나 감각 없이 하고 있습니다. 예수님께서 말씀하신 말씀에 대한 심각성이 없는 것을 볼 때, 참 걱정스럽다는 말입니다. 여러분! 믿음은 장난이 아닙니다. 종교 생활이 아니에요. 우리 목숨보다 더 중한 것이 믿음이에요. 인간은 죽어서 끝나는 것이 아니라 돌아가야 하는 존재입니다. 돌아갈 곳이 천국이냐, 지옥이냐 하는 것이지 다른 곳은 없습니다. 인간은 반드시 돌아가는 존재인 것을 인간의 영이 알기 때문에 믿지 않는 사람이라도 사람이 죽었을 때 '돌아가셨다. 저세상으로 갔다. 황천길로 갔다.'라고 말합니다. 그래서 예수님을 믿는 사람은 어느 때든지 이 땅에서 떠날 때 그대로 아버지 나라로 들어가야 합니다. 그런데 알곡만이 하늘 창고로 들어가는 것임을 말씀하고 있으니, 그러면 누가 알곡이냐 했을 때, 씨 뿌리는 비유에서 말씀하는 좋은 땅이라야만 알곡입니다. 무엇을 좋은 땅이라고 하는지는 이미 말씀을 전해드린 것이니 각자 자신을 보았지 않습니까? 예수님은 죄인을 부르러 오셨고, 자신이 예수님께서 찾는 죄인임을 통감하여 그 죄에서 구원받기를 진정으로 원하여 회개가 이루어지는 것이 예수님이 말씀하시는 좋은 땅입니다. 그런 자에게 비밀이었던 천국의 좋은 씨가 심어져 말씀을 듣고 성영님으로 깨달아 알곡으로 결실이 되는 것입니다.

이스라엘은 율법을 지키며 피 흘리러 오실 메시아를 대망하며 기다린 민족입니다. 그런데 지키라고 주신 율법을 온전히 지킬 수 없는 자신을 보면서 인간의 죄성을 깨닫고, 율법의 정죄로 인하여 영원히 심판받게 된 죄인임을 알아야 했고, 그 죄를 용서해주실 메시아를 기다려야 했음에도, 유대인들이 율법을 주신 하나님의 근본 의도를 보지 못하고, 율법을 잘 지키는 것으로 영생에 들어가는 것인 줄로 오해하여 지키는 것에만 뜻을 둬버렸습니다. 그런데 온전히 지킬 수 없음에도 다 지키는 것처럼 자신을 포장하고, 죄인을 불러 회개시키러 오셨다고 하시는 예수님 앞에서 "우리가 무슨 죄인이냐? 우리는 율법을 목숨 걸고 잘 지키니 죄 없다." 하고 자칭 의인들이 되어 있었습니다. 그중에 더러는 지키지 못하는 자신의 죄로 인해 감히 하나님께 나오지도 못하고 먼발치에서 "하나님 나는 죄인입니다." 하며 마음에 죄의 짐을 지고 고통받으며 죄인으로 살아가는 자들이 있었습니다. 그렇기에 예수님께서 오셔서 죄인 부르시고 찾으실 때 여러분! 누가 답하고 나올 수가 있었겠습니까? 죄의 짐 때문에 고통받는 자들이 그 부름에 응하여 나왔습니다. 자칭 의인들에게 죄인이라고 손가락질 받는 자들이 나왔습니다. 그래서 예수님께 죄 사함을 얻고 영혼의 자유함을 얻게 된 것입니다.

눅15:1, 2에서 **모든 세리와 죄인들이 말씀을 들으러 가까이 나아오니** 했습니다. 예수님 앞에 그들이 바로 좋은 땅이요, 알곡입니다. 거기서 자칭 의인인 그들은 예수님이 죄인을 영접하고, 죄인들과 음식을 같이 먹는다고 비웃으며 비난하고 쫓아다녔습니다. 천국의 말씀, 즉 예수 그리스도와 그분의 말씀을 듣는 자가 누구냐? 바로 하나님의 말씀 앞에 자신이 죄인임을 절감하는 자요, 그가 성령님으로 말씀을 깨달아 행하게 되는 것입니다(이것이 알곡 되는 길임). 제가 수없이 죄인만이 예수님을 만난다고 하는 말에, 말할 것이 그것밖에 없느냐고 누군가는 불만스러울지도 모르겠습니다. 그것은 아직 죄인으로서 예수님을 만나지 못했습니다. 죄인이라는 것을 머리로만 듣고 아는 정도일 뿐이라서 그렇습니다. 진짜 죄인으로 예수님을 만났다면 어제 듣고 오늘 또 들어도, 내일 또 듣는다고 해도 그 영혼이 죄인으로 예수님을 만난 것이 너무나 기뻐서 아멘이 절로 나고, 반갑고 즐거운 말씀으로 듣게 되는 것입니다. 들으면 들을수록 그것이 얼마나 진리인지 자기 영혼에 동의가 일어나고 "아멘, 아멘"이 솟구쳐 올라오고 "동의합니다.", "맞습니다.", "그래서 감사합니다." 하게 되어 있습니다.

그래서 이 감동이 영혼에 일어나지 않는다고 하면, 그것은 자신이 죄인임을 알도록 깨닫게 해달라고 성영님을 의지해서 기도해야 합니다. 구하라고 하셨잖습니까? 구하면 주신다고 하셨는데 구하지 않을 이유가 어디 있습니까? 쭉정이가 된다면 그때는 늦습니다. 하나님께 쭉정이로 보인다면 어떻게 하시겠는가 말입니다. 그래서 알곡 된 자, 자기가 예수님으로 구원받고 하나님의 영광 안에 들어가는 자가 되었다는 그 귀함을 아는 자면, 또한 예수님의 말씀이 얼마나 자신을 거룩함에 들게 하는 것인지, 얼마나 복되게 하는 것인지를 아는 것입니다. 예수님의 성품으로 변화 받게 됨으로써, 얼마나 신영한 인격이 되게 하는 것인지를 알기 때문에, 예수님의 말씀을 사랑하지 말라 해도 사랑하게 되어 있습니다. 행하지 말라 해도 행하는 그 행복을 버리지 않습니다. 그래서 말씀에 근거한 믿음의 주관을 확실히 가지지 않으면 쭉정이가 될 수밖에는 없습니다.

쭉정이라고 하는 것은 씨 뿌리는 비유에서 보았듯이 길가와 같은 마음, 즉 천국 말씀이 마음에 뿌려지긴 했으나 그 말의 의미를 깨닫지 못할 때는, 자기 것으로 받지 못하니 곧 마귀가 와서 **빼앗아** 버리는 것이요, 또한 돌밭과 같다는 것은 천국의 말씀을 듣고 기쁨으로 받기는 하는데 그 믿음으로 서지 않으니 어려운 일을 만날 땐 곧 넘어진다는 것이요, 가시 떨기와 같다는 것은 말씀을 듣기는 해도 세상 것을 마음에 두고 있어 말씀의 결실을 보지 못한다는 것이요, 이것이 바로 쭉정이의 모습입니다. 천국의 말씀을 듣지만 그에게는 천국이 없다는 것입니다. 천국은 예수님 때문에 핍박도 받고 환난도 따르는데 그런 상황이 되었을 때, 낙심하거나 원망하거나 불평하는 것 등, 타협하는 것 등은 말씀의 믿음이 없는 쭉정이라는 말입니다. 그리고 세상 염려에 매여 재물의 유혹에 있는 것은 천국을 추구하는 것이 아니라 세상을 추구하는 것이어서, 그것으로 말씀이 막혀 말씀의 결실을 보지 못한다는 것입니다. 그래서 쭉정이입니다. 그러므로 자신이 쭉정인지 알곡인지 스스로가 알 수 있지 않겠습니까?

예수님께서 말씀하신 천국은 그 첫걸음이 바로 '회개하라'입니다. 자기 생각을 다 내려놓고 세상을 따르던 것에서 돌이켜 예수님께로 유턴하라는 말입니다. 행2:38에 **베드로가 가로되 너희가 회개하여 각각 예수 그리스도의 이름으로 침례를 받고 죄 사함을 얻으라 그리하면 성영을 선물로 받으리니** 했습니다. 회개하여 침례 받고 죄 사함을 얻으면 성영님을 선물로 받는다는 것입니다. 그래서 천국의 첫걸음이 바로 회개요, 예수님의 피로 죄 사함을 얻고 예수님과 함께 죽는 것이요, 자기 믿음이 이와 같음을 침례 받는 것으로 나타내고, 예수님과 함께 사는 것입니다. 그러므로 이 믿음이 되지 않으면 그에겐 천국이 없으니 쭉정이라고 하는 것입니다. 그렇기에 믿는 것을 참으로 허투루 믿을 수 없습니다. 분명하고 확실한 믿음이 되어야 합니다.

그다음 오늘 본문에서 말씀하는 가라지입니다. 24-30까지는 구약의 유대인들을 비유한 것이고, 36-43까지는 예수님과 제자들과 신약 사람들의 비유입니다. 24에서 **천국은 좋은 씨를 제 밭에 뿌린 사람과 같으니** 했습니다. 다시 말해, 좋은 씨를 뿌린 것이 천국인데, 농부가 씨를 제 밭에 뿌린 것처럼, 천국의 씨도 제 밭에다 뿌렸다는 말입니다. 여기서 제 밭이라고 한 것은 씨에 맞는 토질, 씨에 맞는 밭을 말합니다. 예를 들어, 보리는 보리에 맞는 토질이 있고, 벼는 벼에 맞는 토질이 있지 않습니까? 만약에 벼를 보리에 맞는 토질에다 심는다면 어떻게 되겠습니까? 그 벼는 나지 않거나 죽습니다. 왜 그렇습니까? 벼는 물이 고인 논이라야 되는데 물이 없는 건조한 땅이기 때문에 그렇습니다. 제 밭이 아니기 때문이라는 말입니다. 마찬가지로 보리나 밀을 볏논에다 심어 놓으면 그냥 썩는 거지요. 물속에 담가놓기 때문입니다. 이렇게 각각의 씨들이 그 씨에 맞는 토질이 있어서, 토질에 맞게 뿌려 결실을 얻는 것처럼 바로 하나님께서 천국의 씨, 복음의 씨를 그 씨에 맞는 밭에다 뿌렸다는 말씀입니다. 이해됐습니까?

24에서 '천국은 좋은 씨'를 그랬는데 그러면 좋은 씨는 무엇일까요? 바로 생명의 씨, 예수님을 말합니다. 독생자의 생명의 씨가 뿌려진 것을 말합니다. 그러면 어디에다 복음인 이 천국의 씨를 뿌린 것입니까? 그 좋은 씨에 맞는 밭이 어디라는 것입니까? 이스라엘입니까? 이스라엘은 싹이 나서 이삭을 핀 것이고, 이스라엘이 시작된 곳, 그 조상이 누구예요? 아브라함입니다. 세상이 이미 형성되어 있는 민족이나 나라에는 천국의 좋은(생명) 씨를 뿌릴 수는 없습니다. 이미 타락한 인간은 온갖 우상과 종교에 그 마음이 젖어서 더럽고 악하니, 거기에다 하나님의 거룩하신 뜻, 생명의 씨의 복음을 담을 수 없습니다. 하나님의 생명을 어떻게 담을 수가 있습니까? 밀이나 보리를 논에다 뿌리면 썩어 버리는 것처럼, 볍씨를 마른 땅에다 뿌려보았자 싹이 나지 않는 것처럼, 하나님 생명의 씨를 그같이 온갖 우상들을 섬기는 더럽고 악한 곳에다 넣는다면, 그 같은 결과일 것밖에는 없는 것이라는 말입니다.

하나님께서 천국의 생명의 씨를 심을 수 있는 그 씨에 맞는 밭을 친히 준비하셨습니다. 무자 한 아브라함과 그 아내 사라를 택하여 우상이 들끓는 도시에서 떠나게 하시고, 가나안 땅으로 이끌어 정착케 하셨습니다. 그리고 아브라함에게 **내가 네게 큰 복을 주고 네 씨로 크게 성하여 하늘의 별과 같고 바닷가의 모래와 같게 하리니 네 씨가 그 대적의 문을 얻으리라 또 네 씨로 말미암아 천하 만민이 복을 얻으리니……** (창22:17,18)라고 하셨습니다. 이것을 갈3:8에 '모든 이방 민족들을 믿음으로 말미암아 의로 정하시려고 먼저 아브라함에게 복음을 전하되'라고 했습니다. 그러니까 복음을 가장 시초로 받은 사람이 누구라는 것입니까? 하나님께서 아브라함과 언약을 맺으시고, 그 다음 언약의 씨로 주신 이삭을 번제로 드리라는 것으로 아브라함의 믿음을 시험하신 후 "네 씨로 크게 성하고 네 씨가 대적의 문을 얻고 네 씨로 천하 만민이 복을 얻을 것이라"고 하셨습니다. 그래서 복음을 가장 시초로 받은 사람이 아브라함입니다. 바로 하나님의 이 생명의 씨로 말미암아 사망 권세를 깨트리고 사망에 처한 사람을 구원하여 생명 얻게 하실 것이라고 하셨습니다.

그러면 그 생명이 되시는 분이 누구라고요? 그러면 이 언약을 누구에게 넣으셨어요? 그래서 아브라함과 사라는 애 낳을 수 없는 죽은 것과 같은 그런 몸이 되었음을 자신들이 알고도 말씀을 믿은 바 되어 독자 이삭이 태어나 아브라함 가정에 하나님께서 생명의 씨로 오셨다는 증거가 되게 하셨습니다.(롬4:18-24) 이삭이 태어난 것은 혈통이 아니라 하나님께서 잉태케 하신 것으로서, 아브라함 가정에 생명의 씨로 오신 것을 의미합니다. 그래서 하나님께서 제 밭에 뿌린 좋은 씨요, 겨자씨가 모든 씨보다 작을지라도 그 속에 생명이 있어, 씨가 심어졌을 때는 싹이 나고 자라 나무가 되어 새들이 깃들이듯이 그것을 아는 사람이 그 한 알을 자기 밭에 갖다 심은 것과 같은 것입니다. 사라가 여자로서 모든 기능이 다 죽은 것 같은 그 몸에서 이삭이 태어났다는 것은 하나님의 이적입니다. 바로 처녀의 몸에서 예수님이 나실 것에 대한 예표입니다. 그리고 이삭은 예수님의 예표입니다.

말씀을 전하는 사람들이 그러지요? **이삭이 그 땅에서 농사하여 그 해에 백 배나 얻었고 여호와께서 복을 주시므로 그 사람이 창대하고 왕성하여 마침내 거부가 되어**(창26:12,13)라는 말씀을 가지고, 백 배나 얻은 그것이, 이삭이 농사를 했는데 예를 들어, 씨 하나 심었더니 거기에서 백 배를 거두듯이 했다는 식의 말들을 하고 있습니다. 이삭이 하나님께 순종했더니 하나님이 그에게 백 배의 복을 주셨다. 그러니 이 백 배의 복을 받으라고 외치고 있습니다. 이삭이 백 배나 얻었다는 것을 완전히 샤머니즘이 되게 하고 있다는 말입니다. 복음을 샤머니즘으로 왜곡하니 사람들이 "하나님 나도 순종하겠사오니 이삭에게 백 배의 복을 주신 것처럼 저에게도 그 복을 주세요. 그러면 열심히 주의 일 하겠습니다." 이런 데로 끌어다 써먹는 것입니다. 정말 저주입니다. 저주! '이삭이 농사하여' 한 것은, 하나님께서 알곡을 거두시기 위해 농사하는 것과 같다는 것을 비유한 것입니다. 이삭의 백 배의 복은 하나님의 완전한 영적인 복을 말하는 것으로서, 바로 생명의 주이신 예수님께서 인류에게 자신의 생명을 내주심으로 그 생명을 얻은 알곡을 백배로 거두시라는 의미입니다. 백 배라고 하니까 또 수학 공식을 생각하지 마세요. 예수님의 '완전한 정복', '완전한 승리', '완전한 열매'라는 뜻입니다. 그래서 저는 이런 부분, 성경의 뜻을 지들 맘대로 해석하여 왜곡하는 이런 것에 있어서 정말 할 말이 많습니다. 얼마나 많은 사람이 예수님은 어디 가고 인간 중심에서 나는 것들로 전하면서 기도하라고 하는지 모릅니다. 하나님을 귀신 섬기듯

하게 한다는 말입니다. 육체는 사는 데에 필요만 있으면 되는 것이지, 백 배의 복이라는 것이 어디 인간 육의 것에 해당이 되는 것입니까? 결국은 사단의 하수인들이 하나님께서 말씀하신 복을 물질 중심으로 만들어 놓았습니다. 물질 만능주의가 교회라고 이름하는 곳에 들어와서 지금 판을 치고 있고, 얼마나 예수님의 이름이 모독을 받게하고 있으며, 예수님의 이름을 망령되이 일컫고 있으며, 사단이 자기 보좌를 펴고 앉아서 오직 자기 육을 위하도록 하여, 하나님을 농락하듯이 영광을 받는 것입니다.

아브라함도 사라도 이삭도 야곱도 모두 다 하나님의 구원하시는 뜻을 이루시는 데 도구로 사용하시면서, 그 속에서 예수님을 보게 하시고, 구원을 보게 하시고, 예수님 안에 있는 하늘의 복을 보게 하신 것입니다. 그래서 아브라함과 이삭과 야곱의 그 후손들을 번성케 하시고, 여호와는 유일하신 하나님이시며, 인간을 구원하시는 일을 하신다는 것을 알게 하셨고 하나님을 섬기는 민족으로 친히 키우셨습니다. 레20:26에 **너희는 내게 거룩할지어다 이는 나 여호와가 거룩하고 내가 또 너희로 나의 소유를 삼으려고 너희를 만민 중에서 구별하였음이니라** 하셨고, 이같이 천국의 좋은 씨를 뿌리기에 맞는 민족을 친히 준비하시고 거기에다 천국의 씨, 예수 그리스도, 메시아를 기다리는 그 소망을 집어넣으셨습니다.

그래서 본문 25, 26에 곡식은, 아브라함에게 언약하신 것, 생명의 씨의 언약, 하나님께서 독생자를 내주시고 그로 복을 얻게 하시겠다는 그 언약을 받은 이스라엘입니다. 그런데 이렇게 좋은 씨가 심어진 하나님의 곡식 가운데 사람들이 잘 때에, 사람들이 잘 때가 언제인지 먼저 말씀에서 들었으니 이제 다 아시지요? 어느 때를 말합니까? 말라기 이후와 신약 사이지요? 원수가 와서 가라지를 그 곡식 가운데 덧뿌리고 갔다는 것입니다. 결실할 때에 보니 가라지도 보이거늘 했습니다. 사람들이 잘 때에 그 원수가 와서 뿌렸다는 것입니다. 잘 때라는 것은 밤에 잠자는 것을 말하는 것이 아니라, 영적 잠을 잤다, 하나님의 언약의 말씀으로 깨어 있지 않았다는 말입니다. 그렇게 깨어 있지 않을 때 원수가 와서 가라지를 덧뿌리고 갔다는 것입니다. 그래서 영적인 타락이 들어오고, 하나님의 언약에 대해서는 영적으로 소경이 돼버렸음을 말합니다. 구약성경 말라기부터 예수님이 나실 때까지 그 기간이 400여 년인데 바로 이때 그랬다는 것입니다.

유대교의 지도자들에게 신앙의 타락이 들어오게 되었고, 종교적으로 높은 위치라는 교만과 선민사상이 들어오고 이어 물질욕, 명예욕에 잡히고, 선지자들의 말을 외면했습니다. 그러니까 사단이 덧뿌린 가라지입니다. 벧후2:22에 **개가 그 토하였던 것에 돌아가고** 한 것이 바로 이들의 비유입니다. 성경은 가라지를 개로 표현하고 있습니다. 그러므로 하나님께서 선지자들을 보내, 회개하지 않으면 심판이 있음을 경고하여 외치게 하셨으나, 듣지 않고 오히려 돌로 치고 잡아 죽였습니다. 이것을 비유로 말씀하신 곳이 마21:33-43입니다. **다시 한 비유를 들으라 한 집 주인이 포도원을 만들고 산울로 두르고 거기 즙 짜는 구유를 파고 망대를 짓고 농부들에게 세로 주고 타국에 갔더니 실과 때가 가까우매 그 실과를 받으려고 자기 종들을 농부들에게 보내니 농부들이 종들을 잡아 하나는 심히 때리고 하나는 죽이고 하나는 돌로 쳤거늘 다시 다른 종들을 처음보다 많이 보내니 저희에게도 그렇게 하였는지라 후에 자기 아들을 보내며 가로되 저희가 내**

아들은 공경하리라 하였더니 농부들이 그 아들을 보고 서로 말하되 이는 상속자니 자 죽이고 그의 유업을 차지하자 하고 이에 잡아 포도원 밖에 내어쫓아 죽였느니라 그러면 포도원 주인이 올 때에 이 농부들을 어떻게 하겠느뇨 저희가 말하되 이 악한 자들을 진멸하고 포도원은 제때에 실과를 바칠 만한 다른 농부들에게 세로 줄지니이다

그렇기에 이들이 하나님의 아들도 죽이자고 했습니다. 그들의 죄를 지적하고 회개할 것을 촉구하니 다 죽였고, 예수님도 오셔서 그들의 죄를 지적하고 회개하라고 하시니 죽이려고 따라다녔습니다. 그러면 마귀가 덧뿌린 가라지가 누구라고 했습니까? 바로 바리새인 서기관 사두개인 유대인의 지도자들입니다. 그러면 바리새인 서기관 사두개인 이들이 누구에게서 나왔습니까? 그래서 예수님께서 요8장에 "너희는 너희 아비 마귀에게서 났으니 너희 아비의 욕심을 너희도 행한다."라고 하셨습니다. 예수님께서 오시기 가까운 때에 지도자급들이 다 사단이 덧뿌린 가라지이므로 백성들도 다 완악해져버렸습니다. 사단의 지배를 받게 되었다는 말입니다.

제가 2008년 초반기에 기독교 TV에, 아니 기독교 TV뿐만 아니라 세상 채널들에서도 유명 강사라고 이름이 붙은 어떤 목사의 설교를 듣게 되었는데, 그 유명 강사가 하는 말이 교회 안에 가라지들이 많이 있다. 우리가 가라지라고 해서 외면하면 안 된다. 이 가라지들이 알곡이 될 수 있도록 잘 이끌어 주면서 그들을 위해 열심히 기도해 주어야 한다고 했습니다. 그러면 여러분은 이 말이 이치로서 바르다고 생각합니까? 아니에요? 아니! 가라지가 알곡이 될 수도 있다니 기도해주면 되는 것 맞지 않습니까? 안 되는 것 확실해요? 그러니 그런 말로 이치를 어지럽히는 자나 그 앞에서 좋다고 아멘으로 화답하는

자들이나 똑같은 가라지이지, 도대체 가라지가 어떻게 알곡이 됩니까? 가라지면 가라지일 뿐입니다. 종자가 가라지면 영원히 가라지예요. 가라지면 가라지고 곡식이면 곡식이지, 곡식이 가라지가 되고 가라지가 곡식이 될 수 없습니다. 여러분 쭉정이도, 쭉정이가 되어 버렸으면 그것도 알곡이 될 수 없습니다. 그래서 저는 그때 그가 유명한 바리새인이요, 유명한 서기관이요, 유명한 사두개인이요, 유명한 종교 지도자로 가라지라는 것을 그냥 알았습니다.

바리새인은 율법주의자입니다. 하나님의 법을 지켰다는 자기 의로 하나님께 나오는 자들입니다. 그러니 예수님이 필요치가 않습니다. 서기관은 성경을 잘 안다는 그것으로 자기가 최고인 줄로 아는 사람들입니다. 성경 통달이 하나님의 비위에 맞는 것인 줄로 알고 성경의 박사가 된 사람들입니다. 이 서기관들은 이스라엘의 사회 정치 경제 문서가 다 율법에 의한 것이어서, 문서들도 취급했습니다. 율법을 다시 기록하고 해석하며 유대인들에게 그것을 가르쳤음으로써, 서기관들의 말이 하나님의 말씀과 동등한 것으로 여겼습니다. 이같이 유대인들의 신앙을 좌지우지하여 지배하다시피 했기 때문에, 유대인들이 서기관의 입에서 떨어지는 말을 하나님의 말씀으로 받게 되었습니다. 유대인들은 서기관이 하늘 문을 열 수도 있고, 하늘 문을 닫을 수도 있다고 생각했습니다. 그러므로 서기관은 소경이요, 유대인들은 소경을 따라간 같은 소경이요, 우매자이니 예수님이 필요치가 않습니다. 그래서 예수님께서 이들을 향해 눅11:52에 **화 있을진저 너희 율법사여 너희가 지식의 열쇠를 가져가고 너희도 들어가지 않고 또 들어가고자 하는 자도 막았느니라** 하셨습니다. 이 말씀에 서기관과 바리새인들이 거세게 달려들어 여러 가지를 따져 묻고 또 예수님의 말이 나오기만 하면 책잡으려고 노리고 있었다고 했습니다.

그러므로 여러분이 좀 지혜가 있다면 지도자가 얼마나 중요한 위치인지, 또 지도자를 제대로 만나야 한다는 것 알 수 있지 않습니까? 목사 딱지만 붙이면 무조건 믿는 그 무지에서 벗어나야 한다는 말입니다. 그다음에 사두개인은 현실주의자입니다. 땅에서 잘사는 것이 바로 하나님이 주시는 복이고, 그것이 하나님이 살아 계신 증거고, 땅에서 부귀와 명예를 이루어 존경받고 사는 것이 하나님의 뜻이라고 생각했습니다. 하나님의 존재는 믿고, 천사나 부활은 믿지 않았습니다. 그러니 이들도 예수님이 필요치가 않습니다. 이 세 부류가 그렇게 자신들의 신앙이 최고라고 생각하고 있는데 예수님께서 오셔서 "귀 있는 자는 들으라" 하시고 또 이 같은 가라지 비유를 말하는 것이 어쩐지 자기들을 놓고 말하는 것 같으니, 심사가 불편해지니, '저걸 어떻게 죽일꼬!' 하며 죽일 기회만 노리고 따라다녔습니다.(마22장)

그러니까 오늘날도 똑같다는 말입니다. 사단은 예수님을 자기 안에서 알지 못하도록 하려고 말씀 보는 눈을 가리고, 말씀을 인본의 뜻으로 해석하여 가르치도록 가라지를 뿌려놓았습니다. 오늘날 믿는다는 사람의 수는 바닷모래와 같이 많아도 실제로 예수님의 재림을 맞는 예수님의 사람은 보기가 어렵다는 것입니다. 그래서 그 가라지를 드러내 보이시는 경고의 말씀을 수없이 보냈어도 못 들은 척합니다. 자기들을 말한다는 것은 알기는 해도 못 들은 척 귀 막는 것입니다. 왜입니까? 자기가 쌓아놓은 공이 너무 크기 때문입니다. 땅에서 받는 영광이 예수님보다 더 크기 때문입니다. 그러니까 자기 정체를 가리는 구실로 말씀을 이용합니다. 그것에 대한 속뜻은 전혀 소경이면서 그 구절을 방패막이하여 "여자 보고 어디 남을 가르치라고 했느냐?", "여자 보고 어디 목사 하라고 했느냐?", "어디 감히 여자가 ……." 하며 "여기 이렇게 분명히 말씀했지 않느냐, 말씀에 있으니 똑바로 알고 하나님 두려운 줄 알라"는 엄포를 하고 나오는 것입니다. 소경되어 그 말뜻을 보지 못하는 자기의 수치를 또 그렇게 드러내니 참으로 가소롭기가 그지없습니다. 알아듣습니까?

　본문 29, 30에 가라지 뽑는다고 하다가 곡식까지 뽑힐까 염려하니 둘 다 추수 때까지 함께 자라게 두라고 하신 이것을 우리가 주목해야 합니다. 분명히 추수 때까지, 세상 끝날까지 함께 자라게 두라 하셨습니다. 그러므로 사단이 뿌려놓은 서기관 바리새인 사두개인이 오늘날 가르치는 지도자들이 되어서 천국에 들어가야 할 자들을 들어가지 못하도록 막고 있음을 여러분이 분명히 알라는 말입니다. 그러면 여러분이 가라지를 구분하느냐는 것입니다. 분별하느냐 말입니다. 가라지라고 해서 '나는 가라지' 하고 자신을 소개하는 것도 아니고, 가라지라는 티를 내는 것도 아니고, 똑같이 성경을 가지고 말씀을 전하는 것이니 무엇이 가라지인지 모르는 것 아닙니까? 또 가라지가 사람에게는 옳게 보인다고 했으니 무엇으로 분별을 하겠느냐는 말입니다. 가라지의 말이 사람에게는 옳게 보이고 옳은 것으로 들린다고 예수님께서 분명히 말씀하셨으니, 그러므로 성영님의 밝음이 없으면 속지 않을 자 아무도 없습니다. 이것을 여러분이 좀 심각하게 생각해봐야 하지 않겠습니까? 그러나 사람이 보기에는 옳고 듣기에도 옳은 것이나, 하나님께는 불법 하는 것으로(마23:28) 사람을 넘어지게 하는 것이어서 41, 42에 그것들을 거두어 내어 풀무 불에 던져 넣는다고 하셨습니다.

여러분은 이제 넘어지게 하는 것이 무엇인지, 무엇이 불법인지 그 동안 말씀을 다 듣고 배웠으니 잘 알게 되었지 않습니까? 여러분, 그들이 십자가의 예수님을 전하지 않는 것이 아닙니다. 예수님을 믿고 구원받으라고 말합니다. 그들도 예수님 십자가의 사랑을 강조하여 말합니다. 십자가의 사랑을 인간 육의 사랑으로 왜곡하여 혼합한 누룩 넣은 떡을 만드니 문제이지, 십자가의 사랑을 말한다는 말입니다. 오직 예수 한 분만이 구주라고 말합니다. 만일 그 말 안 하면 분명히 거짓이요 가라지로 드러나기 때문에 십자가 복음은 열심히 말합니다. 그러나 예수님과 구원을 전하면서도 예수님의 말씀을 땅의 것, 세상에서 잘되는 복을 말한 것처럼, 세상의 것 명예나 부귀 얻는 것에다 맞추고, 정신 개발하는 데 맞추어 줍니다. 바로 이것이 사두개 사상이요, 불법이요, 사두개 가라지입니다. 알아듣습니까?

또한 기도나 봉사나 헌금이나 예배를 열심히 잘해야 그것이 하나님이 기뻐하시는 것으로 복을 받는다고, 그런 행위들이 믿음의 중심인 것처럼 이끄는 것이 바리새 가라지입니다. 교회라고 하는 곳들에 헌금의 명목이 얼마나 많은지, 그 종류가 하도 다양해서 참으로 어이가 없습니다. 교회가 기업이라는 말을 듣지 않을 수가 없는 짓들입니다. 그런데 신자들이 이런 처사에 불편한 마음을 가지고 있으면서도 그것을 말하면 혹시나 벌 받을까 하여 두려워서 말도 못 합니다. 성경의 뜻에서 벗어났으면 의심하여 분별할 수 있어야 하는데, 목사는 하나님이 세웠다고만 생각하고 자신의 영혼이 죽는지 사는지도 모르면서, 마음에 불만을 품고 자신에게 열심히 속는 일에 충성하는 것입니다. 다 타락의 모습입니다. 이같이 구제, 예배, 헌금, 선교 등, 이런 행위들을 열심히 하는 것이 하나님의 뜻이고, 그래야 하나님께 복을 받는 것처럼 믿게 하여 자기 열심으로 행하게 하는 것이 넘어지게 하는 불법이요, 바리새 가라지입니다.

그리고 성경은 처음부터 끝까지 하나님의 구원하시는 피가 흐르고, 구원을 말하고, 구약에서도 신약에서도 오직 예수님을 말하고 있어서 사람이 예수님의 크기와 높이와 넓이와 길이를 아는 것에 힘쓰고, 예수님으로 세워진 믿음이 되어 천국을 소유해야 하는데, 성경이 인간을 주인공으로 세워놓은 것처럼 하여 사람을 높이고, 사람(목사)의 영광이 되게 하고, 사람(목사)의 말에 복종하게 하고, 성경을 인간의 지식이 되게 하는, 인간의 도덕률이 되게 하는 것에 충성하고 있습니다. 이런 것들이 다 서기관의 가라지입니다. 하나님께서는 이런 가라지를 구분하도록 분명히 나타내 보이셨기 때문에, 그러므로 사람이 이것을 보지 못하면서 믿는다고 하는 것, 죽었다 깨어나도 하나님의 믿음은 될 수 없습니다. 이제 바리새인 서기관 사두개인 이들이 누구냐? 지금까지 누누이 충분히 말씀드렸으니 모른다고 할 수 없습니다. 그렇지요? 그러니까 자신에게 바리새가 있는가, 서기관이 있는가, 사두개인이 있는가, 철저히 보십시오. 오늘 비유에서도 천국의 좋은 씨를 아무 데나 뿌리신 것이 아니라는 것을 통해서도 분명히 알 수 있는 것이지 않습니까?

천국의 좋은 씨를 아브라함 가정에 심으시고 싹이 나고 결실할 때에 실제가 되어 오셨고, 또한 37, 38에서 예수님께서 세상 모든 사람의 마음 밭에 예수님 자신과 말씀을 주신다고 했습니다. 그러므로 아브라함 가정에 좋은 생명의 씨를 심으시고, 그 생명으로 오신 예수님 자신을 예수님께서 또다시 사람들의 마음 밭에 뿌리고, 예수님과 예수님의 말씀을 뿌리시는데, 그같이 아브라함 가정에 뿌린 좋은 씨부터 마음의 밭에 받아서 싹이 나는 것으로 예수님을 알고, 예수님과 예수님의 말씀을 받은 자가 바로 결실한 알곡으로 천국의 아들들이라고 분명히 말씀하셨습니다. 그러면 여러분이 알곡과 가라지의 씨 뿌리는 이 비유를 깨달아 알고 믿고 받아, 가라지가 아닌 알곡으로 천국의 아들들이 되었습니까?

천국의 좋은 씨를 뿌릴 때, 씨에 맞는 제 밭에 뿌려 결실하셨다는 것을 말씀하셨고, 또한 천국의 말씀이 생명을 받을 수 있는 좋은 땅이라야 결실하는 것임을 말씀하셨으니, 정신을 차리고 깨달아서 자신이 좋은 땅이 되게 하는데 마음과 뜻과 목숨을 다하여 하나님의 결실이 돼야 할 것입니다. 그렇게 착하고 좋은 마음(밭)만이 예수님과 말씀으로 결실할 수 있는 제 밭입니다. 이것에 대해서도 씨 뿌리는 비유 말씀에서 다 말씀드렸습니다.

그런데 마귀가 가라지를 언제 뿌렸다는 것입니까? '사람들이 잘 때에'라고 했습니다. 깨어 있어야 함에도 자기 속에 깨어 있을 말씀이 없으니 다 영적으로 잠자고 있었다는 말입니다. 그 틈을 타서 마귀가 가라지를 덧뿌린 것입니다. 그러므로 40에 '세상 끝에도 그러하다'고 말씀하심으로써 오늘날도 엄청난 세력으로 자라난 가라지의 때가 될 것임을 예고하셨습니다. 성영님으로 맺은 영적인 것이 없는 때, 다시 말해 사람들의 영혼이 예수님의 부활하신 생명을 얻지 못했으므로, 그 생명 얻게 하는 진리의 말씀이 없으므로, 무질서한 말들로 생명을 얻지 못하도록 하였으므로, 마귀가 가라지의 말을 하나님의 말씀인 것처럼 덧씌워 뿌렸다고 하는 것입니다. 그래서 교회에 영이요 생명의 말씀이 없으면, 즉 하나님의 과녁에 맞히지 못한 말씀이면 다 가라지입니다. 그렇다면 말씀이 없는 교회가 어디 있느냐 하지 않겠습니까? 인간이 말씀이라고 생각하는 그 말씀 없는 교회는 존재하지 않습니다. 다 공자 맹자 말 가지고 하는 것이 아니고, 성경 말씀 가지고 설교하여 예배한다고 하는 것이기에, 교회라고 하는 곳에 말씀이 없다고 말하지 않는다는 말입니다.

그런데 하나님의 과녁에 맞힌 말씀으로 영의 생명 얻는 성령님의 말씀이냐, 인간의 과녁에 맞는, 인간 중심이 만족하는 인간의 말이냐? 하는 그 차이가 있기 때문에 그렇습니다. 성령님으로 하나님의 뜻과 의도에 맞는 말씀을 주는 것은 좋은 땅에 맞는 것이기에, 생명으로 뿌려져 결실이 되게 하는 것이지만, 씨 뿌리는 비유에서 말씀하듯 좋은 씨를 뿌리기는 했으나 마음들이 길가와 같고 돌밭과 가시덤불과 같아서 쭉정이가 돼버리는 것은 얼마든지 있습니다만, 그러나 인간 중심에서 나는 바리새, 서기관, 사두개와 같은 자들의 전하는 말은 가라지로서 듣는 자도 같이 가라지가 되는 것입니다. 그래서 교회가 생명을 주는 말씀이 아니면, 마귀의 아들들이 되는 것임을 분명히 말씀하셨지 않습니까? 그러므로 영생에 들어가려면 절대로 이 생명의 말씀, 예수님의 뿌리신 천국의 말씀에 들어와야 합니다. 예수님이 하나님의 아들이요 구주라는 것을 안다고 하더라도, 예수님과 예수님의 말씀이 피가 되고 살이 되어 세워진 속사람, 영의 사람이 아니면 쭉정이입니다. 예수님의 말씀으로 된 믿음이 아니면 쭉정이라는 말입니다. 쭉정이로 뭐합니까? 불에 던져 태운다는 것 아닙니까.

참으로 사람들이 믿는다는 열심은 있어도, 저의 전하는 말씀을 듣고 하나님의 진리 말씀이라는 것을 믿으면서도, 절대로 자기 생각을 벗어내지 않으므로 예수님과 맞는 진정한 믿음이 되지 못하고 있습니다. 저의 이 천국의 말씀을 듣고 마음에 뿌려지긴 하는데 곧바로 마귀가 빼앗아 버립니다. 들어서 마음에 뿌려지긴 했는데 말씀에 대한 자기중심의 것이 워낙에 강하게 세워져 있으므로, 다시 말해 말씀의 제 밭이 아니므로 능력이 되지 못하고, 자기중심의 주인인 마귀에게 빼앗겨 버리는 것입니다. 그래서 구원과 생명 얻는 지식의 말씀, 지혜의 말씀인 레마가 앞에 있다 해도 말씀에 들어오지 못하는 것입니다. 성소에 들어오지 못하고 있다는 말입니다. 아니면 결국 스스로 말씀에서 떠나 망할 길로 들어가는 것입니다. 정말 예수님을 믿기 원하면 자기 생각은 이미 예수님과 함께 십자가에서 죽었음을 알고 자기 생각을 십자가에 내려놓아야 합니다. 예수님의 말씀은 곧 예수님의 생각이니, 예수님의 생각을 따르는 결단력이 있어야 합니다. 예수님의 생각을 따르고 자기 마음을 예수님의 말씀이 지배하시도록 철저히 자기를 쳐서 복종해야 합니다. 그렇지 않으면 안 됩니다.

예수님이 오시기 전, 구약에서는 하나님께서 친히 좋은 씨를 심을 좋은 땅을 선택하여 준비하셨지마는 예수님이 오신 이후 오늘날은 온 세상이 듣고 믿음을 가지라고 주신 말씀이므로 이제 기록된 성경 말씀에서 하나님의 뜻과 역사와 말씀의 속뜻을 성영님의 도움을 힘입고 깨달아가면서 자기 믿음을 세워가지 않으면 안 됩니다. 예수님과 말씀이 함께 거하실 수 있는 제 밭이 되게 해야 한다는 말입니다. 그래서 예수님의 말씀을 자꾸 듣고 또 듣고 함으로써, 자기 안에 심어지는 말씀이 되고 행하는 믿음이 되어야 그것이 천국이요 생명이 될 수 있는 것입니다.

사람이 말입니다. 자기 생각을 버리지 못해서 신앙이 되지 않는 그런 안타까운 모습들이 너무나 많은데요. 제 주변 사람 중에 다른 종교(불교)에 심취해 있다가 기독교로 돌아와서 목회자가 된 사람이 있었는데 그가 말입니다. 기독교로 오기 전에 믿었던 그 종교의 교리 사상을 가지고 사람들에게 말씀을 풀어주고 있어서 제가 너무나 놀랐습니다. 불교에 심취해서 머리털을 밀고 절에 들어앉아 불경 외다가 목회자가 되어 성경 말씀을 불교 세계의 사상으로 해석하여 얼마나 왜곡되게 하는지 참으로 어이가 없었습니다. 그러니 사단이 그런 자들을 기독교로 파송한 것이지 않겠습니까? 이런 곳에 말려들면 같이 불구덩이로 던져질 것밖에는 없지 않겠어요? 그래서 지금까지 제가 여러 경우를 보고 깨달은 것은, 단순히 우상에게 절한 것이나 점치러 다닌 것은 하나님께 가증함임을 본인이 깨닫고 회개하고 깨끗이 돌아서서 예수님의 말씀을 철저히 배우고 그 말씀의 능력으로 믿음이 되면 되는데, 그렇게 불경을 외웠거나 어떤 종교의 강령을 배우고 외웠거나 어떤 주문 같은 것들을 외우고 심취해 있었다면, 그 마음에 이미 그것으로 뿌리가 박히고 자라버렸음으로써 하나님의 말씀을 절대로 바르게 깨달을 수 있거나 믿을 수 있는 것이 아니라는 것을 확실히 알았습니다. 여러분이 이것을 유념하여 참고하기 바랍니다.

롬8장에 "육신의 생각은 사망이라고 했고, 육신의 생각은 하나님과 원수가 된다고 했고, 하나님의 법, 즉 진리의 법에 굴복지 아니할 뿐 아니라 할 수도 없다"고 했습니다. 이같이 "육신에 있는 자들은 하나님을 기쁘시게 할 수 없느니라"고 분명히 말했습니다. 절대로 하나님의 말씀이 그 속에 거할 수 없으므로, 하나님의 법에 굴복이 안 되는 것입니다. 바리새인 서기관 사두개인과 같은 자들은 다 육신에 있는 자들입니다. 그러므로 믿기 원하면 절대로 예수님의 생각을 따르고 자기 마음이 지배받고 있는 것들에서 나와 예수님의 말씀이 거하시도록 해야 합니다. 오늘 우리는 **좋은 씨를 뿌리는 이는 인자요** 하시므로 곧 예수님께서 좋은 씨를 뿌리셨고 그 씨를 받아 싹이 나고 그 씨의 결실이 된 자만 천국의 아들들이라는 것을 확실히 듣고 알게 되었습니다. 나도 예수님이 구주시라는 것을 믿는다는 것으로 천국의 아들이 되는 것이 아니라는 것, 예수님의 가르치는 말씀으로 알게 되었습니다. 그러므로 우리 개개인이 이 좋은 씨에 맞는 제 밭이 되어야 한다는 것을 또한 깨달아 보았습니다. 말씀을 듣고 깨달아 결실할 수 있는 것은 착하고 좋은 마음이라야 한다 하신 그것이 바로 착하고 좋은 제 밭입니다. 아멘입니까?

오늘 말씀을 맺으면서 이 같은 예수님의 말씀으로 우리 믿음을 더욱 굳게 세워주신 삼위 하나님께 감사와 찬송으로 영광을 돌립니다. 아멘

제 7 장
보화, 진주, 그물

⁴⁴천국은 마치 밭에 감추인 보화와 같으니 사람이 이를 발견한 후 숨겨 두고 기뻐하여 돌아가서 자기의 소유를 다 팔아 그 밭을 샀느니라 ⁴⁵또 천국은 마치 좋은 진주를 구하는 장사와 같으니 ⁴⁶극히 값진 진주 하나를 만나매 가서 자기의 소유를 다 팔아 그 진주를 샀느니라 ⁴⁷또 천국은 마치 바다에 치고 각종 물고기를 모는 그물과 같으니 ⁴⁸그물에 가득 하매 물가로 끌어내고 앉아서 좋은 것은 그릇에 담고 못된 것은 내어 버리느니라 ⁴⁹세상 끝에도 이러하리라 천사들이 와서 의인 중에서 악인을 갈라내어 ⁵⁰풀무 불에 던져 넣으리니 거기서 울며 이를 갊이 있으리라 ⁵¹이 모든 것을 깨달았느냐 하시니 대답하되 그러하오이다 ⁵²예수께서 가라사대 그러므로 천국의 제자 된 서기관마다 마치 새것과 옛것을 그 곳간에서 내어 오는 집주인과 같으니라

(마13:44—52)

오늘 보화, 진주, 그물 이 세 가지의 비유 말씀을 보겠습니다. 마13장과 막4장은 같은 비유 말씀인데, 막4:21-24에 보면 예수님께서 또 저희에게 이르시되 사람이 등불을 가져오는 것은 말 아래나 평상 아래나 두려 함이냐 등경 위에 두려 함이 아니냐 드러내려 하지 않고는

숨긴 것이 없고 나타내려 하지 않고는 감추인 것이 없느니라 들을 귀 있는 자는 들으라 또 가라사대 너희가 무엇을 듣는가 스스로 삼가라 너희의 헤아리는 그 헤아림으로 너희가 헤아림을 받을 것이요 또 더 받으리니 있는 자는 받을 것이요 없는 자는 그 있는 것까지 빼앗기리라는 말씀을 하셨습니다. 사람이 등불을 가져오는 것은 등경 위에 두어 온 집을 비추려는 것이 아니냐? 그같이 하나님께서도 하나님의 하시는 일을 하나님의 사람, 하나님의 집안사람들에게는 창세부터 다 비추어 드러내셨지 숨긴 것이 없다. 다 나타내신 것이지 감춘 것이 없다. 숨긴 것이 없고 감춘 것이 없으므로 지금 그것을 너희 앞에 비유로 다 드러내 주는 것이니, 그러므로 들을 귀 있는 자는 알아듣고 이해가 되어 지금 이 말을 하는 예수님을 알아보고 예수님께로 나아올 것이라는 말씀입니다. 다시 말해 너희가 하나님의 집에 있는 권속들이면 집 안 구석구석 다 비추어서 보여 알게 하였으니, 못 알아들을 일이 없다는 말입니다. 그러므로 너희가 지금 무슨 말을 듣는가 스스로 삼가라. 너희가 말씀을 뿌리는 자의 말을 못 알아듣는다면, 그를 알아보지 못한다면 하나님의 집안사람이 아니기 때문이니, 그러므로 못 알아듣는 너희 자신을 스스로 돌아보아야 할 일이지, 삼가지 않고 말씀을 뿌리는 자와 그 말씀에 대해 헤아려 헤치면 너희에게 그것이 그대로 돌아간다는 말씀입니다.

또한 숨기려는 것이 목적이 아니니 다 나타내실 것이고, 감추는 것이 목적이 아니니 다 드러낸다는 겁니다. 그러므로 지금 너희 앞에 와서 말씀을 전하고 비유로 드러내 주는 그가 바로 창세로부터 정녕 죽으리라에 감춰있던 분이라는 것을 드러내시면서 하나님의 구속의 일을 이루시려고 오셨다는 것을 말씀하신 것입니다. 그래서 너희가 말씀을 못 알아듣고 메시아를 알아보지 못하는 것이면, 창세로부터 감추어진 것은 하나님의 사람들에게 감추려는 것이 아니었고, 누구에게 감추려고 했다고요? 사단입니다. 예수님께서 오셔서 죽으실 것, 바로 그것은 사단에게는 감추어진 비밀입니다. 그래서 사단의 종자들에겐 감추어진 것입니다. 그렇기에 예수님의 말씀을 못 알아듣고 메시아를 알아보지 못하면, 그들이 누구 집안사람이라는 것입니까? 사단의 집안사람들이기 때문이라는 것입니다. 그들에게는 영원히 감추어졌으므로 하늘에 들어갈 수가 없습니다. 그들에게 조금 있는 것, 하나님께 제물로 제사하며 율법을 지킨 그 수고의 조금 있는 것까지도 빼앗고, 오늘 본문 50의 말씀대로 추수 때에 거두어서 풀무 불에 던져 넣으리니 거기서 슬피 울며 이를 갊이 있으리라고 하셨습니다.

그러므로 오늘날 믿는다고 하는 여러분이 참으로 예수님의 말씀을 어떻게 들어야 하는지 무엇을 듣는 것인지 스스로 삼가서 들어야 할 것입니다. 예수님의 말씀을 듣고 깨달아 알고 받아 자기 믿음의 행함이 되고 따르기 원한 간절한 마음으로, 사모함으로 마음을 다해 듣는 자는 받을 것입니다. 구약의 율법의 본뜻을 깨달아 자기에게 적용하여 자신을 알고 회개한 자는, 이것이 작은 것인데 이 같은 작은 것에서 더 받아 큰 것으로 받게 된다고 하는 것입니다. 그러나 예수님의 말씀을 자기 머리로 생각하고 저울질하여 인간의 유전과 전통에 결부하여 맞다 맞지 않는다며 판단하고 말씀을 갈라놓고 저울질하면, 이것은 들을 만하고 저것은 들을 수 없는 말이라고 헤아리는 것이면, 그것이 그대로 자기에게 돌아가서 하나님께 판단 받는다고 하는 말씀입니다.

우리는 참으로 하나님이신 예수님의 말씀 앞에 스스로 삼가서 겸손으로 말씀을 받아야 합니다. 말씀을 감각 없이 해서는 안 됩니다. 예수님을 아는 것은 곧 무엇을 아는 것이라고요? 천국을 아는 것이요, 천국을 아는 것이 예수님을 아는 것이니 그러므로 하늘의 생명 얻는 천국을 알고 소유하여야 합니다. '나는 예수님 믿어요. 나는 구원받았어요. 나는 천국을 믿어요.' 하는 그 말로 천국을 소유하는 것이 아니라 이 믿음은 씨와 같은 것이라고 말씀드렸습니다. 그래서 씨로만 있으면 천국을 경험할 수 없고 소유할 수도 없으니 예수님의 말씀을 적용하여 속사람의 능력, 믿음의 능력을 갖춰감으로써 천국의 것을 소유해 가야 한다고 말씀드렸습니다. 예수님께서 자신을 겨자씨로 비유하시면서 우리 믿음도 겨자씨로 비유하셨는데, 겨자씨가 아주 작은 씨지만, 그 씨에 생명이 있어 땅에 심어졌을 때는 그것이 자라 새들이 날아와 깃들일 만큼 나무가 되는 것처럼, 우리 믿음도 생명이 있어 그같이 성장하게 된다는 것을 말씀한 것이라고 말씀드렸습니다. 이제 예수님으로 말미암아 천국을 소유하게 되었으니 그 천국을 침노하라고, 침노하는 자가 천국을 소유한다고 하셨습니다.

만일에 예수님의 말씀을 헤아리면 그에게 예수님은 없습니다. 그에게 예수님의 생명은 없는 겁니다. 그 속에 예수님의 말씀이 없으면 영의 생명 얻는 경험은 일어나지 않습니다. 오늘 본문 말씀 이하 53-58의 말씀에서도 얼마든지 깨달아 볼 수 있습니다. 예수님께서 고향 나사렛 회당에 들어가서 가르치시고 이적을 행하셨습니다. 그러자 사람들이 이 사람의 이 지혜와 이런 능력이 어디서 났느냐 하고 서로 놀라고 감탄하기는 했어도 예수님을 배척했습니다. 예수님 말씀의 지혜와 능력을 알아보려고도 하지 않았고 받지 않았습니다. 말씀을 헤아리고 헤치는 일을 하였습니다. 그러므로 예수님께서도 거기서 능력을 행치 않으셨다고 했습니다. 예수님의 말씀이 믿는다는 속에 있지 않으면 천국의 능력은 없는 겁니다. 부활하신 예수님 생명의 능력은 없는 것이라는 말입니다.

오늘날 교회 신도들이 하나님의 뜻대로 된 믿음이어야 함에도 믿음을 어떻게 가져야 하는지, 하나님의 뜻대로 믿는 것이 무엇인지도 모르는 믿음 생활을 하여 하나님의 과녁에서 빗나가 있습니다. 하나님의 말씀을 전하는 목사가 영적이냐? 즉 성영님으로 전하는 말씀이냐? 하는 것은 전혀 모를뿐더러, 자기 영혼을 맡겨도 될 만한 사람인지 아닌지 생각해 볼 영적 지각도 없습니다. 목사라는 것 때문에 무조건 신뢰하고 믿고, 목사가 끄는 대로 따라가는 것이 믿음인 줄 알고 따라가는 것입니다. 예수님의 말씀을 따르는 것이 아니라 목사의 말을 따라간다는 말입니다. 또 한편 사람의 심리에 무엇이 있습니까? 이력이나 배경이 좋으면 훌륭한 것이라 여겨, 그런 사람하고 악수만 해도 우쭐거리고 싶어 하잖아요. 그처럼 신도들이 목사에게 명예가 있고 학위가 있고 세상 것으로 포장이 잘돼 있으면 훌륭한 목사인 줄로 아는 겁니다. 그리고 오늘날 말의 기술이 뛰어난 시대라 얼마나 말 풀이들 잘합니까! 그런 말 풀이를 들으며 말씀이 좋다고, 큰 은혜받았다고 감탄합니다. 그 메시지의 근거가 어디로서냐? 자기냐? 성영님에게서 나온 것이냐 하는 것은 관심도 없습니다. 관심 없다기보다는 관심을 가져야 하는 것인지 아예 모른다는 말이 맞는 말이겠습니다.

복음은 철학 사상을 전하는 것 아닙니다. 성경을 전하는 것도 아니에요. 여러분이 잘 이해하고 들으세요. 복음은 성경을 전하는 것도 교리를 전하는 것도 아닙니다. 세상에서 끝날 것들로 얼마나 포장이 잘 되었는가를 전하는 것 아니에요. 하나님이 복 주셔서 자기 자식이 얼마나 훌륭한 인물이 되었는지 그런 것 전하는 것 아닙니다. 하나님이 복 주셔서 물질의 복을 받았다는 것을 전하는 것이 아닙니다. 선지자들도 예수님의 제자들도 세상의 명예나 학위들을 내세우고 다니지 않았습니다. 그들에겐 내세울 어떤 명예도 없었고 학위도 없었어요. 그러면 없어서 내세우지 않은 것이지, 있으면 드러내지 않겠느냐는 것이 아닙니다. 자기 것은 자신과 함께 그 어떤 것도 죽음에 내줘야 할 죄에 속한 것이요, 또한 세상이라는 것을 예수님의 가르침으로 철저히 알았습니다. 성영님이 오시니 자기는 예수님과 함께 죽었음을 알고, 예수님으로 사는 능력이 되어 자기 목숨을 아끼지 않고, 죄인의 구주시며 십자가에서 구원을 이루시고 승천하신 예수님을 전하고 다닌 것입니다. 예수님께서도 명예 있고 학위 있다고, 그런 자 부르지 않았어요. 예수님께 명예 있다고 하는 자, 학위 있다고 하는 자들이 모여들지 않았습니다. 그들을 친구로 두신 적도 없어요. 예수님의 곁에는 언제나 죄인들이 있었고 가난하고 죄인으로 비난받는 사람들이 모여들고 말씀을 듣기 위해서 따라다녔습니다. 그렇기에 믿는 자가 받는 진정의 말씀은 성영님에게서 나오는 것이어야 합니다. 성영님에게서 나오는 것만이 복음입니다. 하나님의 것이어야 합니다. 말씀을 하신 분의 의도와 맞는 그 본뜻을 전하는 것입니다. 그것이 구원 얻는 말씀이고 영생 얻는 말씀입니다.

하나님께서 죽음에 처한 세상에 생명을 주시는 기쁜 소식의 복음을 보내셨습니다. 그것을 기쁜 소식 복음이라고 했습니다. 그래서 복음의 결론은, 예수님과 나와 한몸을 이루는 것이기에, 누구든지 말씀을 통해서 한몸을 이루는 뜻으로 깨달아야 합니다. 그것이 천국이요 예수님과 나와 한몸을 이루어 사나 죽으나 예수님과 함께 있는 것입니다. 다시 말해 복음은 예수 그리스도요, 예수님으로 말미암은 죄 사함과 구원과 생명과 영생과 부활과 재림과 심판과 영적 부유입니다. 그래서 그 복음을 전하는 것입니다. 죄인을 구원하신 예수님과 죽음에서 일어나신 예수님의 생명과 예수님이 하나님이신 것과 구주이신 것, 예수님께서 행하신 일과 말씀으로 예수님의 성품이 되게 하셔서 하늘의 복을 주시는 이 모든 예수님의 것을 전해야 한다는 말입니다. 그래서 성경의 말씀을 추상적으로만 알던 것을 열어 주고 경험의 신앙이 되도록 하는 것이 복음의 말씀이요 복음의 일입니다.

그런데 어떻게 그렇게 메시지 속에 예수님보다 자기 명예를 더 크게 부각시키는 것입니까. 예수님은 작은데 자기 학벌 자랑, 지식 자랑은 더 크고 자기의 자식들이 훌륭한 인물이 되었다는 그 자랑이 더 커서 예수님을 묻어버리는 것, 말로 다할 수가 없습니다. 그러니 사람들이 예수님을 아는 대로 열리는 것이 아니라, 그것이 하나님의 복을 받은 증거이지 않으냐는 생각을 하게 되고, 오로지 그 복에 목마른 사람들의 마음에다 또 그 복 받으려는, 그것은 복이 아님에도 그 소망만 넣어주는 것입니다. 그러니 여러분, 이 말씀, 이 생명이 그들에게 들리겠습니까? 이 생명의 복음이 들리겠냐는 말입니다. 저의 전하는 이 말씀이 들어가겠어요? 그렇지 않으면 인간의 교훈, 인간의 사상을 높이는 스스로 지식인처럼 하는 사람들에게, 그것이 자기의 가치고 높은 자존감으로 여기고 스스로 지식 있는 척하는 사람들에게, 그 수준 맞춰주느라고 파스칼이 어떻고, 키르케고르가 어떻고, 칼빈이 어떻고, 누가 어떻고 하는 그들의 사상들을 열심히 늘어놓음으로써 이들과 저들을 더 높은 상석에 앉혀 놓아 주는 것입니다. 그러니 그것을 전하는 그들 지식에 감탄하고 지식 있는 자신의 입맛에도 맞으니 그들을 존경하는 마음이 서 '아멘'으로 동의하는 것입니다. 그래서 예수님은 희미하고 세상 것인 그런 포장만 열심히 씌워지는 것입니다. 그러나 여러분, 그에게서 예수님을 들을 수 있어야 합니다. 그가 참으로 성경 어디에서든지 예수님을 보고 전해주는 것이냐, 그래서 전하는 그도 제자들처럼 예수님으로 구원받고, 예수님으로 살고 있느냐, 말씀 듣는 그도 예수님으로 기쁘고, 예수님으로 행복하고, 예수님 때문에 천국을 소유하게 되었고, 예수님과 한몸을 이루는 믿음으로 서게 되었느냐? 그러므로 이같이 예수님으로 세워주는 말씀이냐를 볼 수 있어야 하는 것입니다.

말씀 전함은 하나님과 같아야 한다는 말입니다. 예수님의 생각과 같아야 합니다. 우리의 믿음이, 예수님과 예수님의 말씀으로 일치하기만 하면, 성영님으로 말미암아 우리 영혼에 확실히 경험되는 것입니다. 복음은 예수님께서 죄와 병을 짊어지셨다는 것을 말하는 것이지 않습니까? 맞아요? 그게 복음입니다. 또한 예수님은 '부유' 그 자체입니다. 무엇을 부유라 하는지 이제 여러분이 설교 말씀 속에서 다들어 알고 있을 것이니 다시 설명하지 않겠습니다. 부유이신 분이 가난케 되심은 우리로 부유케 하려 하심이라, 즉 부유하신 예수님께서 부유가 1프로도 없는 사람의 가난을 경험하신 것은, 사람으로 예수님의 부유를 경험하게 하려고 그 문을 열어놓으신 것을 말합니다. 영혼이 잘됨같이 범사가 잘되는 영적 부유를 열어놓으신 것이란 말입니다. 그래서 우리가 예수님의 부유를 취하기 위해서 힘써 믿음의 노력을 하면, 가난은 점점 물러가고 마침내 부유가 이뤄지는 것입니다.

어둠이 물러가고, 저주가 떠나고 영적 부유의 복을 누리게 되는 것입니다. 그러므로 여러분이 참으로 마음 문을 열고 저의 전하는 말씀을 그대로 받아들여 능력을 갖춰가는 복이 있길 바랍니다.

오늘 비유도 무엇을 말씀합니까? 천국은 마치 밭에 감추인 보화와 같다. 좋은 진주를 구하는 장사와 같다고 하셨으니 감추어져 있는 것과 같은 보화를 발견했을 땐 자기 소유 다 팔았다는 것 아닙니까? 좋은 진주를 구하는 장사처럼 구한다는 것이잖아요. 그러기에 우리 또한 진정으로 보화를 발견했다면, 자기 소유 다 팔아 사야 하는 것임을 알 수 있지 않습니까? 보화는 누구 비유입니까? 예수님입니다. 그러니까 예수님께서 지금 무엇을 말씀하고 싶어 하시는지 우리는 이제 예수님의 마음을 아는 것이잖아요. 밭에 감춰있듯이 있는 보화, 그것이 곧 예수님 자신이라는 것을 말씀하는 것입니다. 어떤 가치를 따질 수도 없고 값을 매길 수도 없습니다. 그러니까 우리가 복음을 들었습니다. 하나님께서 인간은 지옥 가게 생긴 존재라는 것을 가르쳐주셨고, 그런데 예수 그리스도로 말미암아 인간의 죄를 대속하셔서 용서하시고 하나님의 자녀로 받아주신다는 것을 듣게 되었습니다.

그 사람을 죄에서 구원하여 생명을 얻게 하시려고 예수 그리스도를 보내셨다는 것, 그분은 처녀 마리아의 몸에 성영님으로 잉태되어 사람으로 나시고, 구주의 이름이신 예수님 이름을 가지고 하나님의 아들로 오셨다는 것을 들을 수 있었던 이것이 우리로서는 엄청난 보화를 발견한 것이지 않습니까? 자기가 죽음 뒤에 영벌에 떨어지느냐, 영생 복락으로 가느냐 하는 너무나 큰 중차대한 문제가 걸렸다는 것, 천지 만물과 사람을 창조하신 하나님께서, 그 사실을 세상으로 다 알게 하려고 이스라엘을 택하여 세우시고 보내셨다는 것을 알았을 땐, 그보다 더 중한 일은 없는 것이잖아요. 그렇기에 그 영원한 지옥의 형벌에서 건져주실 분이 유대민족 속에 오신 그리스도라는 것을 듣고 알았을 땐, 그 밭 속에 감춰있는 보화를 자기 것으로 하려면 그 밭을 사야 하는 일이니, 그것을 사는 값으로는 자기 소유를 다 파는 것이더란 말입니다. 그러므로 자기 소유를 다 팔아 그 밭을 샀다는 것 아닙니까. 그렇기에 보화로 비유되신 예수님을 발견하였으면, 자기 소유를 다 팔아 예수님을 자기 것으로 소유하여야 그것이 천국이라고 하신 것입니다. 그러니 천국을 믿는다는 말로 가는 것이 아니라는 것 알라는 말입니다. 천국은 예수님을 소유하는 것인데 예수님을 소유하는 것, 하늘의 보화를 소유하는 것은 자기 소유 다 파는 것이다. 이것이 제 말입니까? 예수님의 말씀입니다.

우리가 예수님을 어떤 한 사람처럼 생각해서는 안 됩니다. 예수님은 천국이요, 예수님 안에 천국의 모든 것이 있습니다. 창조 때부터 마지막 종말까지의 인류를 다 포용하실 수 있는 분입니다. 그래서 천국입니다. 천국이 하늘에 어떤 장소로, 죽어서 가는 곳으로만 알고 있다면, 그것은 잘못된 지식입니다. 서두에 말씀드린 대로 천국을 소유해야, 즉 예수님이 성영님으로 자기 안에 보혜사로 오셔 계셔야 육체에서 떠나면 그대로 천국입니다. 물론 장소가 있지만, 먼저 이 땅에서 내게 이루어져야 합니다. 그렇기에 우리가 먼저 장소적 개념을 깨끗이 내려놓고 지금 기회 주신 이 세상에서 내게 천국이 이루어지는 그 믿음이 돼야 합니다. 성경은 죽어서 천국 가느냐 못 가느냐를 다루지 않고 네가 지금 천국이냐 아니냐를 다루고 있습니다. 그러므로 지금 이 땅에서 천국이 돼야 하고 이미 천국을 소유해야 죽어서도 그대로 천국이라는 것을 알아야 합니다. 세상에서는 보지도 못하고 듣지도 못하고 생각지도 못했던 하늘의 모든 것, 그래서 보화로 비유하신 땅에 오신 천국, 예수 그리스도를 소유해야 그것이 천국입니다.

44에 '밭에 감추인 보화와 같은 천국을 사람이 발견하고 기뻐하여' 했습니다. 천국은 자기 소유를 다 팔아야 하는데, 그러면 자기 소유를 팔아 버릴 수 있는 자가 누구인가? 바로 유대인 속에 감춰져 있듯이 있는 구주 예수님(천국)이 보화인 줄을 알고 기뻐하는 자, 그 보화를 발견한 것을 참으로 기뻐하는 자가 자기 소유를 파는 것입니다. 그 보화를 자기 소유로 하는 것은 곧 자기 소유를 파는 일이니, 밭에 감추인 보화를 보화로 알아보고 기뻐하는 자가 팔아 버린다는 말입니다. 진짜 보화를 자기 소유로 하는 것은, 그동안 보화가 아닌 것을 보화인 줄로 알았던 자기 소유를 파는 것이니, 자기 소유를 팔지 않고는 도무지 유대인의 밭 속에 그 보화는 살 수가 없으니, 그러므로 보화를 보화로 보지 못하면 자기 소유는 팔 수가 없는 것입니다. 그 밭을 사는 것은 자기 소유 파는 것인데 진짜 보화를 발견한 그 기쁨이 있으면, 자기 소유는 팔게 되어 있습니다. 그러니까 자기 소유가 있으면 천국을 소유할 수 없다. 이 말뜻 이해됩니까? 천국은 입으로만 '아멘' 한다고 소유할 수 있는 것이 아니요, 예수님 믿는다는 것으로 소유되는 것도 아니요, 자기 소유 다 파는 것이라는 것도 이해하십니까? 이것이 없이는 천국은 없습니다. 예수님은 계시지 않는다는 말입니다. 천국이 뭐냐? 진짜를 소유하려고 가짜를 버리는 것이라는 말입니다. 생명을 취하기 위해서 자기의 소유, 즉 죽은 것들을 다 팔아 버리는 것이란 말입니다. 자기 소유는 다 죽은 것인데 죽은 그것은 사단의 것으로서, 그 사단의 것을 소유로 하고 있으면 하늘이 두

쪽 난다 해도 천국은 소유할 수 없습니다.

　그러면 여러분에게 물어볼까요? 여러분은 예수님을 천국으로 소
유하기 원하십니까? 그러면 '자기 소유를 다 팔아' 하셨으니 자기 소
유로 된 집이나 전토를 다 팔고, 자기 소유의 돈도 다 내놓겠습니까?
예수님이냐 세상 것이냐 할 때 무엇을 선택하시겠습니까? 저는 소원
하기는 여러분이 세상의 것 다 포기해야 한다면 포기할 수 있는 믿음
이기를 참으로 소원합니다. 그러나 이 대답은 제게 하실 것 없고 자
신에게 하십시오. 자기 자신에게! 참으로 예수님이냐, 자기에게 있는
물질이냐, 선택해야 한다면 무엇을 선택하겠느냐? 거지가 될지언정
참으로 예수님을 선택할 수 있느냐 하는 물음을 자신에게 하십시오.
이 말이 극단적이라 생각하십니까? 그렇다고 절대로 비판하거나 헤
아리거나 비난하면 안 됩니다. 그것은 자기 믿음의 문제이지 예수님
께서 말씀하셨으면 그것은 우리를 망할 길로 들이려는 것이 아니니,
그러므로 저는 예수님의 생명을 얻지 못할, 사람이 듣기 좋은 말, 사
람 비위에 맞는 것을 골라 말할 수 없습니다.

　오늘날 가라지의 말을 말씀이라고 듣는 사람들이야 어차피 같은
가라지이니 그렇다 치지만, 진정 믿음이 될 자들이 받아야 할 예수님
의 생명의 말씀을 비판하거나 헤아리고 나오면, 그것은 성영님을 훼
방하는 죄입니다. 성영님의 가르침을 따른 말씀, 아버지의 원대로 예
수님의 생명을 전하는 말씀을 비판하고 헤아린다면, 그것은 말씀을
주신 성영님을 훼방하는 죄라는 말입니다. 그것은 사함이 없습니다.
사함이 없어요! 그것은 사단의 교만입니다. 하나님께서 교만한 자를
물리치신다고 말씀하셨으니 하나님의 이 말씀에 걸리면 마귀가 자기
것으로 권리를 가지고 당당히 낚아채는 것입니다. 너무나 자명한 사

실이니 이것을 유념해야 할 것입니다. 우리를 지으신 뜻은 예수님으로 살게 하려고, 예수님의 말씀으로 사는 자 되게 하려고 지으신 것이니, 그러므로 성영님의 말씀 앞에 스스로 겸손하여 그 말씀을 따라 사는 것이 소원이 돼야 합니다. 성영님의 도와주심을 구하며 마음을 다해 말씀으로 사는 능력을 갖추는 것을 노력할 것밖에는 없는 존재입니다. 그렇기에 말씀은, 여기서 한두 절 잘라 전하고, 저기서 한두 절 자르고 하여 전하는 것 아닙니다. 물론 그렇게 해야 할 때도 분명히 있습니다. 그러나 바른 믿음이 되어 천국을 소유하려면 예수님께서 말씀하시고 행하시는 그 현장으로 함께 들어가 보고 듣고 함으로써 말씀 한 절 한 절을 깨달아가며 따라가야 하는 것입니다.

마17:5에 아버지 하나님께서 말씀하시길 **이는 내 사랑하는 아들이요 내 기뻐하는 자니 너희는 저의 말을 들으라** 하셨습니다. 그러므로 이제 예수님의 말씀을 들으라고 하신 아버지의 명이니 우리 또한 예수님의 말씀을 현장에 같이 가서 들어야 합니다. 여러분, 구약의 여호와 하나님께서 예수님에게 바통을 넘겨주셨으니, 그러면 우리가 예수님의 말씀을 들어야 합니까, 듣지 않아야 합니까? 그렇기에 우리는 계속하여 예수님께서 말씀하신 그곳으로 들어와 말씀을 듣는 것입니다. 그런데 문제는 여러분이 말씀을 어떻게 듣느냐입니다. 완악한 저희냐, 좋은 땅으로 결실하는 너희냐 그것이 여러분에게 있다는 말입니다. 제가 여러분에게 예수님과 그 말씀을 따르려면 자기 소유로 돼 있는 집이나 전토나 돈이나 다 팔아 버려야 하지 않느냐는 질문에 여러분의 속에서 반응이 일어난 것이 있습니다. 바보가 아닌 이상 '아니 그럼 거지로 살라는 건가?' 하는 식의 반응이 있다는 말입니다. 그러나 이런 자기 생각을 앞세워서 불쾌감이나 반항의 마음을 품는다면, 그것이 바로 완악한 저희 쪽입니다. 믿는다는 것은 말씀에 대해 온전히 이해되지는 않지만, 예수님께서 말씀하셨으면 그것은 분명히 복을 말씀하신 것을 믿는 것입니다. 진정 성영님을 의지하여 기꺼이 행할 수 있게 해주시라는 믿음을 가지고 기도하는 것입니다. 그것이 바로 예수님을 따를 수 있는 자라고 할 수 있습니다. 하나님의 말씀이면 기꺼이 따르기 원하는 마음만 있다면, 자신이 성경 볼 눈이 열리지 않아 말씀이 이해되지 않아도, 성영님께서 말씀 전하는 사람을 통해서 이해로 열어주시고 따를 수 있도록 하시는 것입니다.

오늘 비유 말씀에서 '자기 소유를 다 팔아' 하신 것은 집이나 전토를 팔았다는 말씀 아닙니다. 집 팔고 땅 팔고를 말씀하는 그 이상의 것을 말합니다. 자기 소유라는 것은 자기 생각, 자기 사상, 자기주장, 자기 이론 등의 자기중심을 말합니다. 즉 인본을 말한다는 말입니다. 인본은 자기가 스스로 주인 되어 있는 것입니다. 하나님과 원수를 맺은 것이 인본(자아)입니다. 인본은 사단의 성품입니다. 그렇기에 인본은 밭 속에 묻힌 보화와 상반(相反)되는 것입니다. 그것을 자기 소유라고 하는 거예요. 그다음은 지금 그 인본의 마음에 있는 것, 마음을 차지하고 있는 것이 무엇이냐, 명예냐, 권세냐, 지식이냐, 물질이냐, 집이냐, 전토냐, 자식이냐, 전통이냐 이런 등등의 것을 말합니다. 이것을 자기 소유라고 하고 코스모스의 세상이라고 말합니다. 사단에 의하여 세워진 세상이라는 말입니다. 이 같은 세상을 마음에 잡고 있으면 밭 속에 묻힌 보화와 상반되는 것으로서 보화를 자기 것으로 할 수 없습니다. 그러므로 자기 소유를 다 팔아야 보화를 소유할 수 있습니다. 팔아 버리지 않으면 죽었다가 깨도, 하늘이 무너져도 보화를 자기 소유로 할 수 없습니다. 이런 세상이 마음에 있으면 절대로 예수님을 소유할 수 없다, 자기 속에 세상이 없어야 하늘의 것을 받아들일 수 있다는 것, 이렇게 말씀드리면 이해가 되겠습니까?

비유에서 다 팔았다고 하신 '다'는 자기 소유라고 하는 것을 어느 것은 남기고 어느 것은 팔아 버렸다는 말이 아닙니다. 다입니다. 다! 다 팔았다고 했습니다. 인본의 자기에서 나는 것은 다 사단에게로 넘겨줘 버려야 함을 말합니다. 예수님께서 '다 팔아' 하신 것은, 내가 어떤 물건을 파는 것은 돈을 받고 파는 것이지만, 여기서 다 팔았다는 것은 돈을 받고 팔았다는 것이 아니라, 여러분, 집이나 전답을 팔 때 계약서를 쓴 뒤 소유 권리증을 넘겼으면 과거는 내 것이었지만, 이제 권리증 넘기고 나면 내 것이라고 할 수 있습니까, 없습니까? 그때는 법적으로 이미 권리 상실이 됐기 때문에 다시 내 것이라고 주장할 수가 없습니다. 자기에게서 다른 사람에게로 넘어갔으니 자기와는 끝난 것입니다. 바로 자기 소유라고 하는 것과 그렇게 깨끗이 끝나야 하는 것을 말하는 것입니다. 유대인의 밭 속에 묻힌 보화를 발견했다면, 자기 소유로 했던 것은 깨끗이 다 넘겨주는 것으로 끝내는 것을 말합니다. 여기서 또 '밭을 샀다. 진주를 샀다.'라고 하신 것도 돈을 주고 샀다는 말이 아니라, 자기 소유를 팔아 버리는 것이 보화를 사는 것으로서, 곧 팔았다는 것과 반대로 산 것이면, 그것은 아무도 건드릴 수 없고 빼앗을 수 없는 자기 소유가 되는 것을 말하는 것입니다. 그렇다면 여러분은 성경 안에, 또는 유대인 민족 속에 감춰있듯이 한 보화를 발견하였습니까? 예수님을 믿는다고 하니 보화를 발견한 것은 맞습니다만, 그러면 자기 소유를 다 팔아 그 밭을 샀나요? 밭 속에 묻힌 보화를 자기 소유로 하였느냐는 말입니다. 참 난감한 질문을 제가 하고 있습니다. 그러나 말씀의 의도는 말하지 않을 수 없습니다. 그래서 다 팔아 버린 자가 예수님께서 **아무든 지 나를 따라오려거든 자기를 부인하고 자기 십자가를 지고 나를 좇을 것이니라**(마16:24)는 말씀의 능력이 된 것입니다.

또한 집이나 전토나 돈이나 이런 물질을 믿는 것, 물질을 자기 주인처럼 자리를 내주고, 그것이 자기의 소유이고 또한 소유하려는 것, 다 자기 소유라고 하는 것입니다. 그런 소유욕이 마음에 있으면 보화가 감추어진 밭은 살 수가 없습니다. 밭을 살 수 없다면 그 보화와는 무슨 관계가 되겠습니까? 하나님을 떠난 인간은 인간의 참 존엄성과 가치를 모르고, 눈에 보이는 것을 가치로 알고 그것을 소유하려고 끝없이 추구하며 살고 있습니다. 그러나 인간에게 있어 참가치는 세상 것이 아니라 하늘에 있는 영적인 것입니다. 그러므로 그것이 우리 마음에 딱 깨달아졌을 때는, 세상 것을 소유로 하던 그 소유욕은 버릴 수 있는 것입니다. 진정으로 자기가 소유해야 하는 것이 세상 것이냐, 하늘의 것이냐 하는 가치가 깨달아졌을 땐, 여러분, 세상 것을 소유로 하겠습니까, 하늘의 것을 소유하겠습니까? 하늘의 것의 가치를 안다면 그것을 소유하기 원하여 자기 소유욕은 버릴 수 있는 것입니다. 세상 것을 다 배설물로 여기고, 참으로 자기의 소유를 다 팔아 버리는 능력이 있는 것입니다. 천지와 만물을 창조하시고 우리 사람을 지으신 하나님께서 우리 인간의 길은 천국이냐 지옥이냐, 예수님을 따르느냐 마귀를 따르느냐, 영이냐 육이냐 이 두 길밖에 없다는 것을 분명히 가르쳐 보이셨습니다. 그러므로 성영님의 도움을 구하여 사람의 참가치를 알고 받아야 할 것입니다.

그래서 예수님만이 우리가 발견해야 할 보화와 같은 분이기에 복음을 들은 우리는 지금까지 내가 소유하고 있던, 내 마음속에 가졌던 소유욕을 다 깨끗이 내줘버리고 그 자리에 예수님을 영접해야 하는 것입니다. 진정 믿기 원하면 예수님이 주시는 이 말씀에 우리는 주저함이 없어야 합니다. 보화를 발견한 이 사람은 밭 주인에게도 양보하지 않았어요. 이제부터 **천국은 침노를 당하느니라** 하셨으니, 이 말씀은 천국은 침노하는 자의 것이라는 말씀이니, 그러므로 세상의 모든 것은 양보해도 천국은 양보할 수 없는 것입니다. 밭 주인에게도 '당신 밭에 엄청난 보화가 묻혀 있는데 당신 밭이니, 당신이 주인이니 당신 가지시오. 발견은 내가 했지만 양보하리라.' 하지 않았어요. 자기가 소유하려고 숨겨놓고 가서 자기 소유를 다 팔아 샀다는 것입니다. 그러므로 천국을 소유하는 것은 세상 그 어떤 것과도 바꿀 수 없는 것이기에 대가를 치르더라도 자기 소유로 해야 한다는 비유입니다.

밭은 이스라엘의 유대민족을 말합니다. 하나님께서 이스라엘에다 하늘 영광의 비밀을 넣으셨습니다. 하늘 영광, 시온의 영광의 비밀을 넣으셨어요. 시온의 영광의 비밀은 하늘에 계신 하나님이 땅에 사람으로 오신다, 구주로 오신다는 말씀입니다. 그것이 구약의 내용입니다. 아담과 그의 자손 셋이 나오고, 노아가 나오고, 함과 야벳과 셈이 나오고, 아브라함이 나오고, 이삭이 나오고, 야곱이 나오고, 요셉, 다윗, 솔로몬, 다니엘 등등이 나오지만, 그러나 성경이 이 사람들을 소개하여 사람을 전하게 하려는 것이 아닙니다. 이들을 말하라는 것이 아니라, 이들을 통해서 누구를 드러내기 위함이라고요? 오실 예수님을 미리 드러내 주는 들러리 역할입니다. 들러리! 예수님을 알리고 말하기 위해서입니다. 하늘에 계신 하나님이 땅의 사람으로 오시려고 그들로 철로와 같은 역할이 되게 하셨습니다. 징검다리 역할이 되게 하셨습니다. 그런데 세상 것에다 복을 연결하여 야곱이 복을 받았으니 그 복 받으라고, 그 복 받을 주제들이 되지 못한 사람들에게 야곱의 복을 말하고 이삭의 복을 말하고 있으니, 이 얼마나 웃기는지 듣고 있자면 기가 찬다는 생각밖엔 들지 않는 거지요.

이 유대인들이 시온의 영광의 비밀이신 메시아가 오셔서 피 흘려 주실 것을 기다려야 했는데, 지도자들이 타락하면서 그 언약의 비밀 위에다가 사단이 바리새인들을 뿌려서 '자기 의'라는 가라지의 농사를 짓게 했습니다. '자기 의'라는 가라지 농사! 하나님의 말씀을 인간 지식이 되게 하는 서기관을 뿌려서 인간 지식, 인간 교훈의 가라지 농사를 짓게 했습니다. 세상에서 잘되는 것이 하나님의 복이라고 하는 현세주의자를 뿌려서 가라지 농사를 짓게 했습니다. 그래서 시온의 영광의 비밀이 가라지 속에 묻혀버렸습니다. 하나님은 이스라엘에다 생명의 씨를 넣었는데 그 위에다가 가라지를 뿌려 농사를 지어 그것이 왕성해지니 시온의 영광의 비밀이 깊이 묻혀버린 것입니다. 그런데 그 유대인 속에 묻혀 있는 메시아 영광의 비밀이신 예수님을 누가 발견하였습니까? 바로 이방인입니다. 정작 밭 주인은 밭 속에 보화를 묻어버리고 자기 것들을 보화로 여겨 경작하기에 바쁠 때에, 그 유대인 속에 있는 밭에 보화를 이방인들이 발견해 낸 것입니다. 그러니까 멀리 동방에서 별의 인도를 받고 오기도 하고, 구주가 오신 것의 소식을 듣고 와서 개라는 소리를 들어도 그 앞에 엎드려 '개는 주인의 상에서 떨어지는 부스러기라도 먹나이다.' 하고 기어코 침노하여 보화를 소유하지 않았습니까? 이방인이 유대인 속에 보니 참으로 귀한 보화가 있는 겁니다. 그러니 보화를 보화로 알아보았으니, 그 보화를 캐내기 시작한 것입니다. 이방인들이 유대인 속에 보화를 보고 그것을 자기 소유로 하고 목숨도 버려 순교하기도 하고, 이것을 전 세계에 전하게 되지 않았습니까?

사도행전이나 바울 서신들이 다 이방인에게 복음이 전해지고, 받는 것을 기록한 것입니다. 그래서 예수님께서 마19:30에 **그러나 먼저 된 자로서 나중 되고 나중 된 자로서 먼저 될 자가 많으니라**고 하신 먼저 된 자로서 나중 되는 것은 유대인들이고, 나중 된 자로서 먼저 될 자가 많으니라 하신 것은 이방인을 말합니다. 그래서 유대인이 시온의 영광의 비밀을 가진 먼저 된 자임에도 그 사명을 감당하지 못했으므로, 사명이 이방인에게 넘어가 나중 된 자로서 먼저 될 자가 많게 된 것입니다. 그런데 예수님의 이 말씀을 전부 뭐에다 갖다 붙입니까? '나는 믿은 지 20년 되었는데 이제 믿은 지 몇 년 안 된 사람이 더 열심이니, 나중 된 자가 먼저 된다더니 정말 맞다'고 그런데다 붙이지 않습니까? 먼저 믿은 자가 나중 되라는 말씀이 어디 있습니까. 먼저 믿었으면 믿음이 성장해 가야 하는 것이 천국이지, 먼저 믿은 자가 나중 된다는 것은 없습니다. 먼저 된 자로서 나중 된 것은 유대인을 말한 것이고, 나중 되었는데 먼저 될 자가 많게 되었다는 것은 이방인을 말합니다.

유대인들이 이제 먼저 된 자로서 나중 된다고 하신 것은, 예수님 재림할 때쯤 예수님이 메시아임을 인정하여 대 회심이 일어날 것을 말합니다. 성경대로 하면 예수님의 재림 때에 성령님으로 난 자들은 전부 데려가고 또 죽은 자들은 부활하여 예수님과 공중에서 잔치할 때에, 땅에서는 환란이 있게 되는데 그때 예수님을 메시아로 믿고 회심한 유대인들이 처처에 다니면서, 예수님께서 십자가에 달려 피 흘리고 죄를 사하신 구주시라는 것을 전하며 마지막 이삭줍기식의 열매를 거두게 될 것입니다. 먼저 된 자로서 하지 못한 일을 마지막 때 마무리 짓도록 하실 것입니다. 그때는 성영님이 계시지 않은 사단의 때이니만큼 엄청난 핍박이 있을 것이고, 예수님의 죄 사함의 피를 증거하며 고난을 받으며, 예수님의 피를 증거하는 그 일로 죽임을 당하는 그 같은 마지막 순교의 피 흘림으로 마무리를 짓게 하실 것입니다.

그다음 **또 천국은 마치 좋은 진주를 구하는 장사와 같으니 극히 값진 진주 하나를 만나매 가서 자기 소유를 다 팔아 그 진주를 샀느니라** 하신 진주 비유는 보화 비유와 같은 것이지만, 성격이 좀 다릅니다. 보화 비유는 하나님이 인간의 죄를 사하시려고 사람으로 오셔서 죄 없는 피를 흘려주셨다는, 그래서 사람이 피로써 죄를 용서받고 구원 얻어 하늘에 들어가게 되었다는 그 복음에서, 그 같은 구주의 참진리를 발견하고 기뻐하여 자기 모든 소유를 다 팔아 버리고, 보화가 있는 그 밭을 샀다는 것이고, 진주 비유는 그 보화를 캐내어 자기 소유로 하려고 하나님께서 이스라엘을 들어서 펼치신 하나님의 전 역사를 살피고, 뜻을 깨닫고, 거기에서 또 팔아 버려야 할 것들을 팔아 버리면서, 예수님 안으로 들어가 진정으로 예수님을 더 깊게 알고, 연합을 이루게 되었으므로 하늘에 들어가게 된 것을 말하는 것입니다. 진주 장사라 한 것은, 참으로 희귀하고 좋은, 값진 보화와 같은 하늘의 것, 예수님 안에 있는 그 천국을 온전히 소유하려고 적극적으로 행동해 나간다는 것을 의미합니다. 보화가 묻힌 그 밭 속에서, 성경 속에서, 좋은 진주를 구하는 장사와 같이 열심을 품고 구하고 찾고 두드리니 참으로 값진 진주를 만났다는 것 아닙니까. 좋은 진주를 구하려고 열심을 다하여 구하다 그같이 값진 진주를 만났으니, 그 값진 진주를 사는 것은 또한 자기 소유를 다 팔아야 하는 것이니, 자기 소유를 팔지 않을 이유가 어디 있습니까. 그렇기에 자기 소유를 다 팔아야만 살 수 있는 값진 진주를 다 팔아 샀다고 했습니다.

예수님께서 진주를 비유로 드신 것은 지금이나 예수님 당시 때나 진주는 희소성으로 그 가치가 대단했다고 봅니다. 제가 어디에선가 진주에 대한 글을 읽어보았는데, 지금 지구상에 거래되고 있는 진주는 99% 그 이상이 양식 진주라는 것입니다. 과거에는 어느 정도 채취가 되었지만, 지금은 바다에서 조개가 키워내는 천연진주는 거의 없다고 보면 되고, 너무 희귀해서 부르는 것이 값이라는 것입니다. 진주조개를 1톤 이상을 까야 보석으로 취급될 수 있는 진주는 겨우 한 개 정도밖에 얻지 못한다는 것입니다. 그러니 천연진주는 접할 기회가 거의 없다는 것이지요. 그런데 다른 보석들은 사람이 연마하여 만드는 것이지만, 진주는 인류 최초의 보석으로서 유일하게 생명체로부터 만들어지는 것이 바로 이 진주입니다.

조개껍데기 사이에 작은 모래알 같은 이물질이 들어가 살에 박히면, 조개는 그것을 뱉으려고 안간힘을 씁니다. 그렇게 뱉으려고 몸살을 하는 중에 조갯살에서 분비되는 물질로, 그 이물질을 싸고 또 덮고 하여 진주층을 이룬다는 것입니다. 그 일이 수백 번에서 천여 번까지 반복되면서 진주를 만들어 낸다는 것이지요. 그러니 예수님께서 진주를 비유로 들어 말씀하신 것을 이해할 수 있겠지요? 천연진주 중에서도 모양이나 색감 등이 아주 좋은, 말하자면 최상급이 있지 않겠습니까? 그렇게 좋은 진주는 값을 매길 수가 없어 부르는 것이 값이라고 하니, 그래서 값진 진주라고 하는 것이지요. 이같이 진주 장사가 그런 좋은 진주, 값진 진주를 구하려고 힘을 쏟고 얼마나 수고를 기울이겠습니까? 그 수고 끝에 값진 진주를 만나니, 자기 소유를 다 팔아 버려도 그 값진 진주에 비길 수는 없기 때문인 것이지요. 그래서 여러분도 이 좋은 진주, 값진 진주를 구하는 진주 장사가 돼야 하지 않겠습니까?

바로 천국은 살아있는 생명체의 조개가 진주를 만들어 내는 그 과정과 같다, 비밀스러운 가운데서 자기 살을 깎아내듯 하는 그 고통 중에 진주가 형성돼 좋은 진주, 값진 진주로 나오는 것과 같다는 것을 의미합니다. 그러나 하나님께서 하시는 일은 누구도 들여다볼 수 없는 비밀과 같은 일이라서, 사람으로서는 알 수 없다는 것, 또한 예수님이 오시기 위한 그 길도 진주가 만들어지는 그 과정과 같이 고난이 따른 것이었다는 것, 그래서 사람으로는 왜 우리에게 이런 고난이 있느냐 하는 의문만 있을 뿐, 그 원인은 알지 못했다는 것을 의미합니다. 하나님이 하시는 일은 하나님께서 하나님의 눈으로 보게 해주셔야만 한다는 것을 의미한다는 말입니다. 창조 때부터 구원의 주로 오실 것을 언약하신 예수 그리스도와 예수님 안에 있는 천국의 모든 것, 우리에게는 완전히 드러난 것은 아니지만, 우리에게 그 믿음을 주시고 천국을 경험케 하시는 것으로 알 수 있게 하셨습니다.

이제 자기의 소유를 팔고 예수 그리스도를 모셔 들였으면, 예수님의 깊이와 높이와 넓이와 길이를 알아 예수님과 한몸을 이뤄 연합의 삶을 살기 위하여서는, 이제 누구든지 진주 장사가 돼야 합니다. 진주 장사라 하니 나와 상관없는 다른 사람을 말하는 것이 아니라, 자기가 진주 장사가 돼야 하는 것을 말합니다. 그러니까 좋은 진주, 값진 진주 구하러 다녀야 하지 않겠습니까? 이제 진주 장사가 되었으니 좋은 진주, 값진 진주 구하러 다녀야 하지 않겠는가 말입니다. 진주 좀 구하러 다니라니까요! 그래야 좋은 진주, 값진 진주 구할 수가 있지 않겠어요? 그런데 예수님을 만난 기쁨이 속(영)에서 있어야 진주 장사가 될 텐데, 예수님을 만난 기쁨이 있는 자가 그리 없어서, 장사치가 되지 못하고 있다는 말이에요. 혼의 기쁨이 있다 해도 진짜 하늘의 좋은 진주를 구하려는 장사치가 없다. 부지런히 구하는 장사이어야 하는데 자기 소유를 팔아 버리지 않으므로 하늘의 것을 소유하는 장사치가 되지 못한다는 말입니다.

왜 좋은 진주, 값진 진주를 그렇게 구하려는 것일까요? 앞에 말했듯이 그 가치를 알기 때문에 그런 것 아닙니까? 예수님에게서 오는 천국의 가치를 안다면 구하지 않을 이유가 어디 있다는 말입니까? 구약과 신약을 넘나들면서 구하고 찾는 것입니다. 구하고 찾는 데 어려움이 있다면 두드리라. 자기의 미치지 못하는 한계를 아뢰고 구하고 찾는 것을 주시라고 간청하라는 말입니다. 예수님께서 **구하라 그러면 너희에게 주실 것이요 찾으라 그러면 찾을 것이요 문을 두드리라 그러면 너희에게 열릴 것이니 구하는 이마다 얻을 것이요 찾는 이가 찾을 것이요 두드리는 이에게 열릴 것이니라** 하셨지 않습니까? 세상 것 잘되게 해달라고 비는 데 쓰라는 것이 아닙니다. 예수님과 예수님으로 주어지는 아버지의 나라 천국, 예수님의 이 모든 것을 구하라는 말씀입니다.

이렇게 장사처럼 구해야 구약은 예수님(천국)을 비춘 그림자와 같은 역할이었다는 것을 알게 되고, 신약은 그 실체가 온 것임을 알게 되고 실체이신 예수님 안에 천국이 다 보여 알게 된다는 것을 말하는 것입니다. 그렇게 알게 되니 천국을 자기 것으로 소유하여야 할 것인데, 그 엄청난 복된 천국이 자기 천국으로 소유돼야 할 텐데, 보니 천국을 보지도 못하고 천국을 소유할 수 없는 것이 있어, 그것을 살펴보니 무엇인지를 알게 되는 것 아닙니까? 내 것으로 해야 할 텐데 소유가 안 되는 그 이유를 알게 되는 것이라는 말입니다. 바리새인들, 서기관들, 사두개인들 이 세 부류가 절대로 천국을 소유하지 못할 자들인 것을 알게 되잖아요? 그들이 예수님을 영접했습니까? 천국을 소유했어요? 그러니까 알게 되잖아요. 바리새인 서기관 사두개인, 하나님을 잘 섬긴다고 하는 이들을 보니까 그 어마어마한 좋은 것을 받아 소유하지 못하고, 천국이신 예수님도 알아보지 못하는 것이 무엇 때문인지 알 수 있더라 말이지요. 그 공통점을 보니 자기 지혜, 자기 지식, 자기 사상을 하나님 말씀 위에 두고 있는 것을 보게 되지 않더냐 말입니다. 보게 되지 않더냐! 자기 지혜, 자기 지식, 자기 사상으로 말씀이 가로막혀, 말씀의 뜻을 깨달을 수가 없게 되었잖아요. 그러니 예수님을 볼 수도 없고, 영접하지 못하니 심판의 판결을 받아버렸다는 말입니다. 이것을 자기 소유라고 합니다.

예수님께서는 자기 소유를 못 박아 죽음(사단)에 내줘버리기 위해서 오셨습니다. 그런데 하나님께서 그 값진 진주와 같은 보화를 그들 속에 두시고 그것이 무엇인지 잊지 않도록 깨우시는 말씀을 여러 모양으로 보내셨음에도 그들은 보화가 자기에게 보이지도 않고 잡히지도 않으니, 언약을 기다리는 순종과 인내를 버리고 자기 소유를 다시 사들였음으로써 하나뿐인 그 보화와 같은 값진 진주를 소유할 수 없게 되었다는 것을 이같이 우리가 알게 되었다면, 자기 소유를 다 팔아 버려야 되지 않겠습니까? 이것을 제가 저의 임의대로 말하는 것이 아니라 예수님도 오셔서 아버지 것을 가지고 너희에게 전한다고 하셨고, 성영님께서도 오셔서 예수님의 것을 가지고 말할 것이라고 하셨고, 저도 성령님께서 저에게 주신 것을 여러분에게 전해드리는 것입니다.

그러면 여러분이 자기 소유가 무엇인지 바리새인 서기관 사두개인들을 통해서 다 보고 이해했습니까? 또한 여러분이 천국을 소유하려면 자기 소유는 다 팔아 버려야 하는 것을, 자기에게 적용하여 다 팔 것으로 받습니까? 아니면 다 팔고 천국을 소유하셨어요? 장사치처럼, 값진 진주를 구하러 다니다 보니 참으로 값진 진주를 소유하기 위해서는 '아! 인본에서 나는 지혜, 생각, 사상 이 모든 것은 하나님의 말씀을 거스르는 원수라는 것, 육체의 정욕과 안목의 정욕, 이생의 자랑은 하나님과 원수로 행하는 것으로서 절대로 천국을 소유할 수 없게 하는, 하나님께는 악이라는 것' 진정으로 알고 인정하여 다 팔아 버린 능력이 되었는가 말입니다.

참으로 저 자신도 좋은 진주를 구하는 장사처럼 말입니다. 하나님의 뜻을 바로 알고 싶은 간절함이 너무 커서, 그렇게 구약과 신약을 넘나들면서 열심히 구하고 찾고 두드리며 다니다 보니, 아! 예수님에 대한 너무나 엄청나고 귀한 가치를 알게 되었습니다. 그런데 자기 소유가 있으면 그 엄청난 값진 진주라 해도, 아무리 엄청나다 해도, 아무리 내 것으로 소유하고 싶어도 자기 소유에서 놓여나지 않으면 그것을 소유할 수 없는 것도 진정으로 경험하게 되었습니다. 그러므로 예수님의 십자가 죽음에 나도 함께 죽었음을, 넘겨 줘버렸습니다. 하늘의 그 보화와 같은 그 좋은 것을 얻기 위해서는, 그것이 영원한 안식과 생명을 얻는 진정한 보화인 것을 알게 되었으니, 그까짓 가치도 미련도 전혀 없는 사단이 주인 된 자기 소유라는 것들을 붙잡고 있어야 할 이유가 당연히 없는 것이니 아주 기뻐하여 다 팔아 버리지 않았겠습니까? 그래서 좋은 것, 값진 것으로 비유하신 천국의 그 가치를 알면 다 팔아 버릴 수 있는 것입니다.

그다음 **천국은 마치 바다에 치고 각종 물고기를 모으는 그물과 같으니 그물에 가득하매 물가로 끌어내고 앉아서 좋은 것은 그릇에 담고 못된 것은 내어 버리느니라 세상 끝에도 이러하리라 천사들이 와서 의인 중에서 악인을 갈라내어 풀무 불에 던져 넣으리니 거기서 울며 이를 갊이 있으리라**고 했습니다. 천국은 온 세상에 복음이 전파되어 그리로 들어오는 모든 사람들 중에서도, 그물을 친 사람이 물가에 끌어내어 좋은 것은 가져가고 필요 없는 것은 내어 버리듯 그와 같이 의인 중에서 악인을 갈라내어 풀무 불에 던져 넣는다는 것입니다. 잘 들으라는 말입니다. 잘 들어라! 천국은 그물이 되어서 물고기를 모으는 것인데 그 그물에 들어온 중에서도 갈라낸다. 의인 중에서 악인을 갈라낸다는 것입니다. '나는 예수님을 믿는다고 예수님이 흘려주신 피로 죄 사함을 받았다고 그래서 구원받았다'라고 신앙생활 열심히 하는데, 분명히 말은 보면 믿음이 있는 것 같기는 한데 그 속은 팔아 버리지 아니한 자기 소유가 서 있는 것입니다. 사단이 주인인 자기 소유가 여전히 자기에게 보화요, 값진 진주나 되는 것처럼 팔아 버리지 아니한 채로 있는 것입니다. 그러니 그 속에 예수님도 없고 예수님이 계시지 않으니, 천국이 소유되지 아니한 악인이니 그것을 갈라내야 하는 것은 분명히 맞는 것이지 않습니까?

예수님께서는 사단의 것을 팔아 버리지 않은 것을 악인이라고 하셨습니다. 그러므로 자기 소유를 다 팔아 보화와 같은 천국을 산 의인이냐, 아니면 자기 소유를 팔아 버리지 않은 악인이냐? 그 악인은 풀무 불에 던져 넣는다고 했습니다. 천국을 소유했으면 하나님 곳간에 들이고, 나머지는 다 풀무 불에 던져 넣어버린다는 것입니다. 풀무 불에 말입니다! 51에 그러면 너희가 이 모든 것을 깨달았느냐? 마태복음 13장의 씨 뿌리는 비유부터 그물 비유까지 이 일곱 가지의 비유를 다 깨달았느냐는 물음입니다. 그러면 여러분은 이제 다 깨달았습니까? 깨달았다고 하는 것은, 깨달은 그것이 자기 삶이 되어 천국이 드러나야 의인으로 하나님 곳간에 들인 것이라는 것 아멘입니까?

52에 **예수님께서 가라사대 그러므로 천국의 제자 된 서기관마다 마치 새것과 옛것을 그 곳간에서 내어 오는 집주인과 같으니라** 했습니다. 예수님 당시 때에 서기관은 율법학자입니다. 율법을 연구하고 해석하여 유대 백성들을 가르친 자들입니다. 그런데 자기 소유인 인본의 지혜로 말씀을 연구하고 풀어서 가르침으로 다 지옥 자식이 되게 하였습니다. 그러나 예수님께서 말씀하신 '천국의 제자 된 서기관'은 그같이 자기 소유를 다 팔아 보화가 묻힌 밭을 사서 그 보화를 캐낸 자입니다. 좋은 진주, 값진 진주를 사기 위해 장사치처럼 성경 신구약을 넘나들면서 좋은 진주, 값진 진주를 발견하고 자기 소유를 다 팔아 그 값진 진주를 자기 소유로 한 자입니다. 그가 바로 예수님의 제자로서 말씀을 가르치는 자입니다. 신약시대에 성영님께서 그런 자를 불러서 말씀을 가르칠 자로 세우시는 것입니다. 새것은 신약을 말하는 것이고 옛것은 구약을 말합니다. 곳간은 신구약성경을 말하면서, 특히 하나님의 생명의 뜻을 이루시는 일에 필요한 모든 요소들로 생명 얻은 알곡들을 거두어들인 곳간에 대하여입니다. 집주인은 천국의 제자 된 서기관을 말합니다.

집주인이 자기 곳간을 누구 허락받고 드나들까요? 아니지요! 자기 곳간이니 마음대로 드나들면서 필요한 것들을 꺼내는 것입니다. 그처럼 예수님께서 신약의 서기관들에게 이 성경의 곳간을 맡겼습니다. 성서에 옛것과 새것인 구약과 신약에서 율법과 복음의 관계를 하나님의 의도대로 연결하여 전하고 적용하도록 가르쳐야 합니다. 그러므로 천국의 제자 된 서기관이라야 이 성서의 어디를 열어도 예수님을 보는 겁니다. 예수님이 보이지 않으면 천국의 서기관이 아닙니다. 천국의 제자 된 서기관만이 성서의 어디를 열어도 예수님을 볼 수가 있음으로써, 말씀을 가르쳐 사람들의 영적 눈을 열 수 있게 하고, 예수님을 만나는 기쁨, 천국을 소유한 기쁨을 가질 수 있도록 하는 것입니다.

성경에 사람들을 등장시킨 것은 그 사람을 연구하여 사람을 전하라는 것이 아니고, 예수님을 알게 하려고 예수님이 오시게 하는 데 들러리 역할이 되게 하였습니다. 만일에 예수님은 없고 사람들을 주인공이 되게 한다면, 그것은 천국의 제자 된 서기관이 아닙니다. 그것을 여러분이 구분해야 합니다. 천국의 제자 된 서기관에게만, 하나님께서 하나님의 곡식 간을 맡겨주셨고, 그것이 예수님께서 "내가 너에게 천국 열쇠를 주리니" 하신 그 천국 열쇠를 받은 능력이요 권세입니다. 아무리 그 사람이 옳게 보이고, 그 말이 자기 생각에 맞아서 '아멘, 아멘' 하지만, 그러나 하나님이 천국 열쇠를 주어 세우신 천국의 제자 된 서기관이 아닌 사람들이 너무나 많기 때문에, 이것을 구분할 눈과 귀가 있어야 한다는 것을 말씀드리는 것으로 오늘 말씀을 마칩니다.

말씀을 깨닫게 하시고 말씀으로 사는 능력이 되게 하신 성영님께 감사드리고 모든 영광을 삼위 하나님께 돌립니다. 아멘

제 8 장
겨자씨, 누룩, 겨자씨 한 알만한 믿음, 베데스다

(1) 겨자씨 비유

³¹천국은 마치 사람이 자기 밭에 갖다 심은 겨자씨 한 알 같으니 ³²이는 모든 씨보다 작은 것이로되 자란 후에는 나물보다 커서 나무 가 되매 공중의 새들이 와서 그 가지에 깃들이느니라 ³³또 비유로 말씀하시되 천국은 마치 여자가 가루 서 말 속에 갖다 넣어 전부 부풀게 한 누룩과 같으니라

(마13:31-33)

예수님께서 비유로 말씀하시는 것은 유대인들에게 예수님 자신을 드러내 주시기 위함이고, 천국의 속성을 말씀하시고자 함이라는 것 말씀드렸습니다. 예수님께서 겨자씨의 비유를 드셨는데, 여러분이 겨자를 알지요? 매운맛과 향이 어우러져 있어서 우리 식단에 양념이나 약재로 쓰이고 있지요. 겨자 잎과 줄기는 나물로 먹는다고 합니다. 그런데 "천국은 마치 사람이 자기 밭에 갖다 심은 겨자씨 한 알 같으니"라고 하셨는데, 이 겨자씨가 그냥 저절로, 또는 떨어져서 난 것이 아니고, 사람이 자기 밭에다 한 알을 갖다 심었다는 것입니다. 사람이 아주 긴히 필요해서 심었는데, 여러 알을 심은 것이 아니고 오직 한 알이라는 것입니다. 오직 한 알을 심었다는 것을 강조한 표현입니다.

근데 "이는 모든 씨보다 작은 것이로되 자란 후에는 나물보다 커서 나무가 되매 공중의 새들이 와서 그 가지에 깃들이느니라" 하셨습니다. 이 겨자씨가 아주 작다. 말하자면 씨가 땅에 떨어지면 작은 씨라서 눈에 보이지가 않습니다. 그런데 그 작은 씨가 심어지면 나물로 먹을 정도로만 자라는 것이 아니라, 약 1m에서 3m 정도까지 자라 나무가 된다는 것입니다. 그러니 새들이 날아와 가지에서 쉬거나 둥지를 틀고 알을 품어 새끼를 친다는 것이지요. 여기서 '천국은 마치 사람'이라고 한 '사람'은 하나님을 비유한 것입니다. 그러면 겨자씨 한 알은 누구를 비유한 것일까요? 예수님입니다. 그런데 왜 겨자씨로 비유하셨을까요?

하나님께서 이 겨자씨와 같은, 그러니까 이 겨자씨가 모든 씨보다 작은 씨라서 그 씨앗이 땅에 떨어지면, 눈에 보이지 않아 찾을 수 없습니다. 그러면 그런 작은 씨 속에 있는 생명이 보일까요, 안 보일까요? 그것은 볼 수가 없습니다. 보이지 않는 거예요. 그러나 씨가 생명이라는 것은 사람이 압니까, 모릅니까? 알잖아요. 그 씨 속에 생명은 보이지 않아도 씨 속에 생명이 있으면, 그 생명이 싹터 올라와 자라서 다시 원래의 형태로 나오는 것은, 사람이 다 알고 있는 것입니다. 그같이 하나님께서 사람의 눈에는 보이지 않는, 사람의 눈에는 띄지 않는 그 작은 겨자씨와 같은 언약의 씨, 곧 예수님의 생명의 씨를 아브라함 가정에 심으셨다는 것입니다. 그다음 그 씨가 싹터 이스라엘 속에서 자라 나물이 되고, 그 나물이 더 크게 자라 나무가 되었습니다. 즉 예수님이 나오셨다는 말입니다. 여러분, 씨나 나물이나 나무나 성분이 같을까요, 다를까요? 같습니다. 그래서 아브라함부터 생명의 언약을 받아, 네 씨로 말미암아 천하 만민이 복을 받으리니

한 그 씨는 곧 예수님을 말한다고 갈3:16에 말하고 있으니, 다 예수님의 생명의 언약으로 자라왔다는 말입니다.

그런데 그 유대인들 속에 예수님이 오셨는데도, 사람들이 예수님을 언약으로 오신 독생자로 보는 것이 아니라, 아주 작고 보잘것없는 일개 나사렛의 목수 요셉의 아들로만 보는 겁니다. 예수님의 이적과 표적을 보고 선지자로 여기기는 했습니다. 이 사람의 지혜와 이런 능력이 어디서 났느냐 하면서도 배척했습니다. 심지어 이 사람의 이 모든 능력이 어디서 났겠느냐? 저가 귀신의 왕 바알세불을 힘입지 않고는 능력을 행하지 못했을 것이라는 비난도 서슴지 않았습니다. 그래서 예수님께서 그들 눈과 정신을 깨우고자 그같이 그들이 실제로 보고 느끼고 알고 있는 겨자씨로 비유를 든 것입니다. 겨자씨가 모든 씨보다 작은 것이로되, 자란 후 나무가 되어 공중의 새들이 와서 그 가지에 깃들이는 것을 너희가 보며, 보이지 않는 그 작은 씨의 생명력에 새삼 감탄하지 않느냐? 그렇듯 모든 씨보다 작은 것이라도 그 속에 생명이 있기만 하면, 그 생명이 약동하고 약동하여 씨에 비해 어마어마한 큰 나무를 이뤄 공중의 새들의 안식처요 보금자리가 되어주듯, 지금 너희가 한 사람으로만 보고 비난하고 배척하는 내가 바로 하나님께서 자기 땅에다 갖다 심은 한 알의 겨자씨 같은, 아브라함 가정에 심으신 생명의 씨가 싹터 자라 온 세상 사람이 들어와 쉼을 얻고 안식을 얻게 될 나무로 왔다는 것을 비유하여 말씀한 것입니다.

너희 조상 아브라함도 나의 때 볼 것을 즐거워하다가 보고 기뻐하였는데(요:56), 내가 바로 너희가 바라고 기다리던 메시아다 말이지요. 그러므로 너희가 메시아를 기다렸다면, 진정 생명의 언약의 씨가 너희 속에 있어 그 생명의 씨가 싹터 자라왔다면, 마치 사람이 자기 밭에 갖다 심은 겨자씨 한 알 같은 나를 알아보았을 것이라는 말씀입니다. 이제 겨자씨가 자라서 큰 나무가 되니 공중의 새들이 가지에 깃들이는 것처럼, 내게 나와 나를 영접하는 자마다 하늘 생명을 얻고 쉼을 얻는다고, 이것이 너희가 받을 천국이라, 예수님 자신이 천국이시라는 것을 비유한 것입니다. 예수님 품에 들기만 하면 쉴 곳이 되고 영원한 안식처가 되신다는 말씀의 비유입니다.

(2) 누룩 비유

앞에 겨자씨 비유와 누룩 비유가 연결되는 것으로서, 예수님의 생명 얻게 하시는 복음이 온 세상에 퍼져나가 예수님의 신부인 교회들이 서게 될 것을 비유한 것입니다. **천국은 마치 여자가 가루 서 말 속에 갖다 넣어 전부 부풀게 한 누룩과 같으니라**고 하십니다. 부풀게 하는 것이 누룩의 성질이지요? 좋은 뜻이든 나쁜 뜻이든 부풀게 한다는 것에 의미를 두면 됩니다. '커진다, 퍼진다.'는 의미도 됩니다. 그러니까 '천국은 여자가 서 말의 가루 속에 넣어 전부 한 덩어리로 부풀게 한 누룩과 같다.'는 것이지요. 여기서 '여자'는 이스라엘과 그 '신앙'을 말합니다. '가루'는 '온전히 드려지는 희생 제물, 온전한 희생으로 드려지는 생명의 떡이신 예수님'을 의미합니다. '서 말'은 삼위 하나님의 역사, 아버지의 일하심과 아들 예수님의 일하심과 성령님의 일하심을 의미합니다. 이스라엘에 독생자 언약의 복을 주시고, 그 이스라엘 신앙 속에서 그 복을 온전케 하시려고, 삼위 하나님이 함께 일하신 것을 의미하고, 십자가에서 그 복이 다 이루어짐으로써, 이제 삼위 하나님의 구원하신 뜻이 온 세상에 퍼져나가 세상 모든 사람이 구원 얻는 이것이 하나님이 하시는 일이요, 그것이 천국이라는 것입니다. 그래서 천국은 가루 서 말 속에 갖다 넣어 전부 부풀게 한 누룩과 같이 계속 퍼져 나가는 것이 그 속성입니다. 개인이든 교회이든 간에 삼위 하나님으로 말미암은 믿음은 계속 성장해가는 것이고 성장해가는 것이 천국이지 멈춰있거나 뒤로 퇴보하는 것은 천국이 아닙니다. 천국은 생명이기 때문에 그 생명이 있으면 계속 자라고 약동하고 운동하는 것이지, 그것이 천국이지 미지근한 것은 천국이 아니라는 것, 분명히 알기 바랍니다.

(3) 믿음이 한 겨자씨만큼만 있으면

마17:20에 너희 믿음이 적은 연고니라 진실로 너희에게 이르노니 너희가 만일 믿음이 한 겨자씨만큼만 있으면 이 산을 명하여 여기서 저기로 옮기라 하여도 옮길 것이요 또 너희가 못할 것이 없으리라

눅17:6에 너희에게 겨자씨 한 알만한 믿음이 있었더면 이 뽕나무더러 뿌리가 뽑혀 바다에 심기우라 하였을 것이요 그것이 너희에게 순종하였으리라

예수님께서는 우리 믿음도 겨자씨로 비유하셨습니다. 여러분, 앞에 비유의 말씀에서 겨자씨가 모든 씨보다 작은 씨임에도 땅에 심어졌을 땐 그것이 어떻게 됐다고 했습니까? 그 속에 생명이 있어 큰 나무로 자라 새들이 깃들인다고 하셨듯이, 지금 예수님께서는 그같이 우리에게도 한 겨자씨만큼만 믿음이 있으면 산도 옮기고, 뽕나무더러 뿌리가 뽑혀 바다에 심기우라 하면, 그것이 순종한다고 하십니다. 한 겨자씨만큼만 믿음이 있으면 말입니다. 도무지 사람은 할 수 없는 일

을, 그 믿음은 한다고 하십니다. 한 겨자씨만큼만 믿음이 있으면, 이런 신비하고 놀라운 일이 일어난다니, 이것이 얼마나 멋지고 놀라운 일입니까? 산을 명하여 여기서 저기로 옮기라 하니 옮겨진다는 것, 뽕나무더러 뿌리가 뽑혀 바다에 심기우라 하면 심어진다는 것이 아닙니까? 그러나 진짜 저 산을 옮길 수 있다는 말씀은 아니지요. 누가 믿음으로 산을 옮겼다고 하는 것은 들어본 적은 없고, 뽕나무도 뿌리가 뽑혀 바다에 심기우라 해서 심어졌다고 하는 것도 들어본 적은 없습니다. 사람이 산을 옮긴다는 것, 뽕나무를 바다에 심어지게 한다는 것, 어떤 방법으로도 할 수 있지 않습니다. 예수님께서도 산을 옮겼다고 하신 말씀은 성서에 없습니다.

이것은 비유의 말씀이라는 것을 우리는 이제 다 아는 것이니, 그러면 무엇을 비유하신 것인가? 그러나 무엇의 비유인지 다 안다 해도, 사람으로서는 옮길 수 없고 바다에 심어지게 할 수 없습니다. 한 겨자씨만큼만 믿음이 있으면 할 수 있습니다. 그것은 생명이 있기 때문입니다. 그러면 한 겨자씨만큼만 있는 믿음은 어떤 것일까요? 예수님을 겨자씨로 비유했지 않습니까? 하나님께서 믿음의 조상 아브라함에게 하신 독자의 언약, 그 언약이 영혼에 심어진 자, 그 언약을 가진 자가 겨자씨 한 알만한 믿음이요, 예수님이 그 언약으로 오신 독생자인 것을 알아보고, 영접한 그것이 겨자씨만큼의 믿음입니다. 겨자씨 한 알만한 믿음이라고 하는 것입니다. 그 믿음은 하나님이 심으신 생명의 씨요. 그 씨가 영혼에서 자라 예수님을 열매로 만나게 된 생명의 믿음입니다. 그래서 그 믿음만 있으면 그것은 생명이 있는 믿음이니, 산도 옮기고 뽕나무도 바다에 심기어지게 한다는 것입니다. 그러면 오늘날도 예수님에 대한 믿음을, 이같이 아브라함으로부터 받은 정확한 믿음이 아니면, 산을 옮길 수 있을까요? 뽕나무 바다에 심기어지게 할 수 있을까요? 하늘이 무너져도 없는 거예요. 그 신앙 속에만 하나님의 독생자 언약이 살아 있고, 그 신앙 속에만 생명의 씨가 있고 싹터 자라 산도 옮기고 뽕나무도 바다에 심기게 함으로써 예수님을 열매로 맺는 것입니다.

그러면 산은 무엇이고 뽕나무는 무엇일까요? 산은 도무지 옮겨버릴 수 없는, 나면서부터 사람을 매고 있는 것, 타고난 자아, 본성의 것을 비유한 것입니다. 뽕나무는 원래 뿌리를 땅속에다 깊게 내리는 식물이라 그렇게 깊게 뿌리내린 것을 들어서, 사람의 본성에 깊이 뿌리를 내려 자란 그 저주 의식들을 비유한 것입니다. 그것이 겉으로 드러난 것이 곧 병입니다. 죄와 귀신으로 인한 질병들입니다. 귀신의 지배를 받고 병의 노예가 된 죄의 열매들, 이것이 전부 사람을 묶고 있는 산 같은 것이요, 깊게 뿌리내린 저주입니다.

예수님께서 산을 말씀하신 것은, 한 사람이 아들에게 있는 간질을 고침 받으려고 제자들에게 왔는데 고치지 못했어요. 그 아버지가 예수님께 고하자 예수님께서 믿음이 없고 패역한 세대라고 꾸짖으시며, 그 아이를 데리고 오라 하시고 꾸짖으시니, 귀신이 나가고 아이가 그 때부터 나았다고 했습니다. 제자들이 우리는 어찌하여 쫓아내지 못했습니까 하자 예수님께서 너희 믿음이 적은 연고라고 하셨는데, 여기서 '믿음이 적은' 하신 것은 아직 율법의 정신에서 나오지 못하고, 예수님에 대한 믿음이 확실치 못하고, 예수님이 생명의 주인임을 아직 믿지 못하고 있는 자들이라는 말입니다. 그렇게 말씀하시고 보여주었음에도 도대체 예수님에 대한 믿음이 없는 자들이라는 말입니다. 율법으로는 간질을 고치지 못합니다. 귀신을 쫓아내지 못합니다. 병을 고치지 못합니다. 본성의 저주에서, 저주의 의식들에서 놓여날 수 없습니다.

그런데 예수님이 오셔서 귀신을 쫓아내고 모든 각색 병을 고치시고, 죽은 자를 살리고 죄를 사하는 권세가 있음을 나타내셨습니다. 보리떡 다섯 개와 물고기 두 마리의 이적으로 자신이 하늘로부터 오신 생명의 떡이심을 나타내셨습니다. 자신이 하나님의 아들임을 밝히셨습니다. 그러므로 이들이 이 같은 예수님을 진정 알아보고 믿으면, 그것은 겨자씨만큼의 믿음일지라도 그 믿음은 생명이니 그렇게 생명을 노략질한 귀신을 쫓아낸다고 하는 것입니다. 율법은 할 수 없는 것을 하신 하나님이시며 생명의 주인이라는 믿음이 진정 마음에 한 겨자씨만큼만 있어도, 그것은 생명이니, 자기에게 있는 산도 저리로 옮기고, 뽕나무도 뿌리가 뽑혀 바다에 심기우게 한다는 것입니다. 그 믿음은 바로 생명이기 때문이요, 그 믿음은 산 것이기 때문이요, 그 믿음의 출처와 근거는 아브라함에게 언약하신 독생자가, 마침내 사람 안에 오셨음을 믿는 믿음으로 그 예수님에게 두었기 때문이요, 그래서 생명 없는 죽은 것들이 이 예수님의 믿음(생명) 앞에서는 굴복하는 것이기 때문입니다. 어둠이 빛 앞에 있을 수 없고, 죽은 것은 생명 앞에 있을 수 없기 때문입니다.

그래서 예수님께서 막11:20-25에 사람들의 믿음 없음을 아주 안타까워하시는 심정으로 이 믿음을 가지라고, 강조하듯 말씀하신 것을 보는 것입니다. 여러분이 믿음을 이해하고 바로 하려면 그 말씀을 좀 읽어보는 것이 좋겠습니다. **저희가 아침에 지나갈 때에 무화과나무가 뿌리로부터 마른 것을 보고 베드로가 생각이 나서 여짜오되 랍**

비여 보소서 저주하신 무화과나무가 말랐나이다 예수께서 대답하여
저희에게 이르시되 하나님을 믿으라 내가 진실로 너희에게 이르노니
누구든지 이 산더러 들리어 바다에 던지우라 하며 그 말하는 것이 이
룰 줄 믿고 마음에 의심치 아니하면 그대로 되리라 서서 기도할 때에
아무에게나 혐의가 있거든 용서하라 그리하여야 하늘에 계신 너희
아버지도 너희 허물을 사하여 주시리라 하셨더라 예수님께서 무화과
나무를 저주하여 마른 것을 베드로가 보고 그것을 이야기한 겁니다.
예수님께서 너희가 믿음이 있으면, 이런 일도 한다고 하셨습니다. 이
사건도 산이나 뽕나무나 다 같은 것을 말합니다. 22에 예수님께서
"하나님을 믿으라"고 말씀합니다. 하나님을 믿으라는 것은 '하나님의
믿음을 가지라'는 말입니다. 곧 하나님의 뜻이 무엇인가를 확실히 알
고 그 뜻을 가진 믿음이 되라는 말입니다. 그것을 하나님을 믿으라
고 말씀한 거예요.

그러니까 그 믿음은 지금까지 제가 겨자씨만큼만의 믿음이 무엇이
냐에 대해서 설명해드린 그것을 말하는 거예요. 아셨습니까? 23에
'그 말하는 것이 이룰 줄 믿고 마음에 의심치 않으면' 했습니다. 그
같이 하나님의 뜻을 가진 하나님의 믿음이 되어서 산도 옮기라 하고
뽕나무도 바다에 심기우라 하라는 것입니다. 그것이 하나님께서 뜻
하신 일로써 하나님이 하시는 일이라는 것입니다. 하나님께서 예수
님을 통해서 하시는 일이, 사람을 그런 것에서 구원하시기 위한 것이
니, 그러므로 너희가 그 하나님의 일에 대한 믿음에 서서 명하고 쫓
아내라는 것입니다. 그러면 그대로 된다는, 그대로 되었다는 것을 믿
는 것이지, 여기에 의심하거나 하면 하나님의 믿음이 없다는 증거가
된다고 하는 말씀이에요. 그래서 지금까지 말씀드린 그 믿음으로 세

워지고 명하고 쫓아내는 그것을 마음에 의심치 않아야 그대로 되는 것이라는 것을 여러분이 절대 명심할 일입니다. 그리고 용서에 걸리지 않아야 한다는 것 또한 절대 명심할 일입니다. 그걸 말씀한 것이라는 것, 여러분 '아멘'이 되겠습니까?

그래서 오늘날 영에 예수님의 생명을 얻은 자, 곧 성령님이 오신 자는 영적이요, 믿음이요, 하나님 자녀의 권세가 주어졌습니다. 그러므로 자녀의 권세, 진리를 가진 권세가 되려면, 이제 예수님의 말씀과 표적 나타내심의 뜻을 내 것으로 온전히 받아들여 내 안에 있는 저주와 저주의식은 사단의 것이니 사단의 것으로 옮겨버리는 것입니다. 그 믿음만 있으면 바로 뽕나무도 뿌리가 뽑혀 바다에 심기우라 하면 바다에 심기어지는 것입니다. 이것은 다 사단의 것이니, 예수님이 오시기 전 산처럼 버티고 서서 사람을 정죄로 묶고 있던 죄와 저주와 모든 저주 의식, 이런 것은 다 사단의 것이니, 믿음으로 옮겨버리고, 바다는 사단이 지배한 세상을 상징하는 것이니, 곧 사단이 지배한 세상의 것은 다 그 사단의 것으로 돌려주는 것입니다. 그리고 예수님의 생명을 얻은 자는 이제 죄의 정죄나 저주는 발붙일 수가 없는 것이니, 자신을 저주로 묶고 있던 것들을 그 믿음으로 옮겨버리는 것입니다.

그러면 자기 속에 깊게 박혀 있던 것이 뿌리가 뽑혀 바다에 심어지는 것입니다. 이것은 눈에 보이는 것이 아니니 참으로 믿음이라는 것, 믿음의 일로 영적이라는 것이 여러분에게 열리는 이해가 확 있어야 하고, 뿌리가 뽑혀 바다에 심어졌다는 그것을 분명히 백 프로 믿는 것이 돼야 합니다. 백 프로 믿는 것이라는 것은 '진짜 그럴까? 에이 설마! 그런 일이 가능하나! 아닐 거야!' 하는 이런 것, 믿어졌다 안 믿어졌다 하는 이런 것이 아닙니다. 물론 믿음이 돼야 할 것이지만, 이렇게 요동하는 것은 예수님에 대한 믿음이 분명치 않다는 것을 증명하는 것입니다. 예수님께서 말씀하셨으면 그렇다는 것으로 백 프로 믿고 흔들리지 않는 그것이 믿음이요, 그것을 믿음으로 말미암아 새 피조물의 능력이 차차 나타나게 되고 경험하게 되는 것입니다.

이 믿음이 되었으면 하나님 자녀의 권세요, 예수님의 이름을 알고 이름의 권능을 나타내시는 성령님이 오셔 계신, 즉 능력을 나타내는 천사가 있는 것이요, 마귀를 굴복케 하는 권세입니다. 그래서 예수님께서 "이 산을 명하여 여기서 저기로 옮기라 하여도 옮길 것이요 또 너희가 못 할 것이 없으리라" 하신 것은 바로 이 믿음을 가지라고 하는 말씀입니다. 산은 요동치 않습니다. 그처럼 믿음이 겨자씨만큼만 있어도 그 믿음은 산처럼 요동하지 않음을 말하고, 그같이 요동하지 않아야 하는 것을 말합니다. 겨자씨 한 알만한 믿음만 있으면 그 믿음은 계속 자라나서 온전한 천국이 되는 것입니다. 그래서 이 **믿음이 있는 자들에게는 이런 표적이 따르리니 곧 저희가 내 이름으로 귀신을 쫓아내며 새 방언을 말하며 뱀을 집으며 무슨 독을 마실지라도 해를 받지 아니하며 병든 사람에게 손을 얹은즉 나으리라**고 마16장에 말씀하신 것입니다.

이렇게 믿음이 겨자씨만큼만 있으면 그 믿음은 생명이 있어 요동치지 않는 믿음이니, 이 믿음은 이제 못할 것이 없습니다. 자기 속에 버티고 있던 산을 옮겨놓는 것입니다. 왠지 불안이 있고 두려움이 있으면, 그 산을 자기에게서 옮겨버리라는 말입니다. 그 산을 명하여 쫓아내라 그 말입니다. 자기 속에 산들을 두고 있는 것은 생명이 아니요, 천국이 아니니, 뿌리가 뽑혀 바다에 심어지게 하라는 것입니다. 자기 속에 뿌리 깊이 있는 산, 즉 두려움의 영, 슬픔의 영, 낙심의 영, 고독의 영, 고집의 영, 비웃는 영, 정죄의 영. 비판의 영, 막무가내 영, 거짓의 영, 욕심의 영, 분쟁의 영, 혈기의 영, 분노의 영, 미움의 영, 조급의 영, 산만한 영, 초조의 영, 책임 전가하는 영, 의심케 하는 영 이런 등등의 부정적인 모든 것들에 지배받아 있던 것을 쫓아내고 옮겨버리라는 것입니다.

이제는 믿음이 있어 옛 성품에 들어앉아 뿌리내린 이런 저주 의식은, 그것들에게 옮기라 하면 다 옮길 것이니, 저주받은 악한 영의 것이니, 내게서는 이제 끝났으니, 내 것이 아니니, 내게서 다 옮기라고 명하라는 말입니다. 그러면 굴복한다는 것입니다. 이 얼마나 행복한 권세입니까? 이 얼마나 어마어마한 권세인가 말입니다. '예수님을 믿는 자는 표적이 따르는데 예수님의 이름으로 뱀을 집으며' 하셨지 않습니까? 뱀은 저주의 영을 상징하는 짐승입니다. 뱀을 집는다는 것은 내게 저주의 영을 물리치는 권세가 있다는 말입니다. 저주의 영을 굴복케 하는 권세임을 말합니다. 그러므로 이런 저주의 영, 귀신을 얼마든지 묶고 결박하는 것입니다. 이것이 믿는 자의 권세입니다. 아셨습니까? 우리가 참으로 예수님을 믿으면 겨자씨만큼만 있던 믿음이 계속 자라도록 천국을 경험해가야 합니다. 말씀을 근거하여 믿음을 사용함으로써 계속 천국을 침노하여 소유해야 합니다.

예수님께서 피 흘리셨다, 죄 사함을 얻게 하셨다, 영생을 얻게 하셨다, 내가 채찍에 맞으므로 너희가 나음을 얻었다, 나는 부활이요 생명이니 나를 믿는 자는 영원히 죽지 아니한다 하는 등등의 이 같은 모든 예수님의 것들을 백 프로 자기 것으로 받는 것입니다. 예수님의 이 모든 말씀을 자기 양식으로 계속 받아먹는 것입니다. 그래서 자기 영적 사람의 몸을 이루는 피가 되고 살이 되고 생명이 되게 하는 것입니다. 자기 안에서 예수님의 것으로, 예수님의 모든 말씀으로 살아서 그대로 운동하는 말씀이 되게 하는 것입니다. 피로 죄를 씻어 주셨다고 하면 그 말씀을 자기 것으로 받아 시인하여 그 믿음을 말하여 복창하면 죄가 씻어지는 것이요, "나는 부활이요 생명이니 나를 믿는 자는 죽어도 살겠고 무릇 살아서 나를 믿는 자는 영원히 죽지 않는다" 하신 말씀을 받아 기쁨의 복창이 일어나고, 그 말씀으로 함께 살면 그 말씀이 부활의 날에 자기를 일으키는 것입니다. 부활도 모르고 자기 속에 부활이 없는데 이후에 부활하겠습니까?

천국이 어떻게 생겼을까 보고 싶어 하는 우리에게 예수님께서는 그것이 천국이라고 말씀하신 겁니다. 사람이 천국 가기 원한다고 해도, 천국이 그 안에 없으면 말씀이 그를 부활의 날에 일으키지 못하는 것입니다. 하나님은 질서의 하나님이고 공의의 하나님이니, 말씀을 외워 안다는 것으로 천국이 되는 것이 아니라, 세상과 죄에서 돌이켜 회개한 자의 것이 되는 것입니다. 그래서 부활의 날에 말씀이 그를 일으키는 것입니다. 그렇기에 하나님은 회개를 초월하실 수가 없다는 것, 분명히 알아야 할 것입니다. 회개가 분명히 된 자가 천국을 소유하는 것입니다. 그래서 예수님께서 너희가 내 말을 너희의 것으로 받았으면, 그 말을 입으로 복창하여 내놓아라, 원하는 대로 구하라 말입니다. 그러면 너희에게 그대로 되리라 하시지 않았습니까? 믿음대로 된다고 하니 예수님께서 말씀하시지 않은, 예수님의 말씀에도 없는 세상 것, 육의 것을 구하라고 하신 것 아니에요.

우리의 문제들도 말씀에 근거를 두고 믿음을 사용하는 것입니다. "나에게 평안을 주옵소서", "건강을 주시옵소서", "불안을 물리쳐 주옵소서"라고 달라고만 하는 것이 아니라, 예수님께서 병을 짊어지시고 채찍에 맞아 피 흘려 나음을 주셨고, 저주를 담당하셨고, 죄를 대속하셨고, 가난한 우리 대신 가난케 되시므로 우리로 부유케 하셨다고 하셨고, 평안을 끼쳐주셨다고 하셨으니, 그러므로 이 모든 천국이 우리의 것이 되는 권리를 줬다는 것입니다. 그러니 천국을 침노하라, 이제 건강할 권리가 와있으니 네 것으로 받아, 예수님이 채찍에 맞아주심을 감사하고, 나은 자임을 복창하고 병을 쫓아내라는 것입니다. 불안 염려를 쫓아내고 옮겨버리라는 것입니다. 부유할 권리가 있음을 감사하고 예수님과 말씀으로 부유의 능력을 갖춰가라는 것입니다. 그러면 환경도 따라서 부유를 누리게 되는 것입니다.

저는 여러분에게 물질로 부자 되게 해줄 능력 도무지 없습니다. 직장이 없는 사람에게 취업시켜줄 만한 사회적 능력도 없습니다. 그래서 만일에 누구든지 저에게서 세상 지식, 세상 정보를 듣기 원하고 세상 학문의 말 등을 요구한다면, 저는 그런 것은 줄 것이 없기 때문에 저하고는 코드가 맞지 않습니다. 그래서 잘사는 복이나 받자고, 마음의 위로나 되자고 오는 사람이 있다면 저는 감당할 자신 전혀 없습니다. 저는 여러분이 예수 그리스도로 말미암은 영적 부유를 이루게 하려는 것 외에는 다른 것을 내주는 것 원치 않는 사람입니다. 하나님의 뜻을 깨달았기 때문이요, 아버지를 알고 예수님을 알고 성영님을 알았기 때문입니다. 그래서 그 영적 부유를 이루게 하려고, 지금까지 그 말씀을 전해왔습니다. 그러기에 누구든지 이 말씀을 받아 겨자씨만큼만 믿음이 있어도, 그것은 생명이니 그 생명은 계속 자라나게 되어 있고, 산도 옮기고 뽕나무도 바다에 심기어졌을 것이요, 영적으로 부유한 자가 되었을 것입니다.

또한 그것은 삶도 부유한 것입니다. 아버지께서 주시는 참복인 것입니다. 돈이 많아서 부유한 것이 아니라, 세상을 초월하여 사는 능력, 마음에서 염려하지 않는 능력, 아버지가 채우시는 복으로 모든 것을 넉넉히 감당하고, 누리고 살게 되는 복이 되었을 것이란 말입니다. 그렇기에 이것을 여러분이 믿고 받는다면 영적 부유를 사모하십시오. 그러면 환경도 아버지가 확실히 책임지는 것입니다. 막 16:17, 18에 "내 이름으로 귀신을 쫓아내고 새 방언을 말하고 뱀을 집으며 무슨 독을 마실지라도 해를 받지 아니하며 병든 사람에게 손을 얹은즉 나으리라" 하신 것은 바로 이제 믿는 자들에게는 예수님과 같은 영적 권세를 주겠다, 영적 권세가 와있다는 말씀입니다. 만일 믿음이 한 겨자씨만큼만 있으면, 또 너희가 못할 것이 없으리라 하셨지 않습니까? 예수님과 같은 영적 권세가 와있으니 못할 것이 없다는 말씀입니다.

마8:26에 예수님께서 "바람과 바다를 꾸짖으신대 아주 잔잔하게 되거늘" 했습니다. 이것은 자연적인 바람을 말하는 것이 아니라, 배후에 악한 영들이 배를 뒤엎어 죽이려고 바람으로 바다를 일으킨 것을 말합니다. 겨자씨만큼만 믿음이 있어도 이같이 자연적인 바람이 아니라, 배후에 역사하는 악한 영들의 역사를 꾸짖어 잠잠케 할 수 있는 것입니다. 이런 권세가 믿는 자에게 와 있다 그 말입니다. 막 9:25-26에 "아이의 아비가 벙어리 되고 귀먹은 아들을 예수님께 데리고 왔을 때 귀신을 꾸짖어 가라사대 벙어리 되고 귀먹은 귀신아 내가 네게 명하노니 그 아이에게서 나오고 다시 들어가지 말라 하시니 귀신이 소리 지르며 그 아이에게서 나갔다"라고 했습니다. 이것은 다쳐서 못 듣고 말을 못하는 문제가 아니라, 귀신이 듣지 못하게 하고 벙어리 되게 한 것을 말합니다.

그래서 이 겨자씨 한 알의 믿음이 있는, 그래서 예수님의 이름이 와 있고, 그 이름을 믿는 자 앞에 귀신은 굴복하는 것입니다. 도무지 그 믿음 앞에는 빛 앞에 어둠이, 생명 앞에 죽음이 있을 수가 없는 것입니다. 이 믿음은 바로 영적 권위요 영적 권세이기 때문입니다. 예수님의 이름은 하나님의 이름으로 영적 권세요, 권위요, 능력입니다. 그렇기에 예수님과 같은 영적 권세가 와 있는 것을 말하는 것입니다. 그러니 여러분이 이것만 말씀드려도 우리 믿음의 근거가 분명해야 하는 것, 하나님의 뜻대로 된 것이 아니면, 믿음이 아니라는 것 알 수 있는 것이지 않습니까? 무조건 믿습니다가 아니라는 것, 기도만 열심히 한다고 해서 능력 아니라는 것, 분명히 알 수 있는 것이지요? 그러므로 여러분이 겨자씨 한 알만한 믿음이기를 진심으로 바랍니다. 그것은 생명이니 온전히 천국을 소유하는 큰 믿음으로 자라가는 것입니다. 아멘

(4) 베데스다 못가와 병자

²예루살렘에 있는 양문 곁에 히브리 말로 베데스다라 하는 못이 있는데 거기 행각 다섯이 있고 ³그 안에 많은 병자, 소경, 절뚝발이, 혈기 마른 자들이 누워 [물의 동함을 기다리니 ⁴이는 천사가 가끔 못에 내려와 물을 동하게 하는데 동한 후에 먼저 들어가는 자는 어떤 병에 걸렸든지 낫게 됨이러라] ⁵거기 삼십팔 년 된 병자가 있더라 ⁶예수께서 그 누운 것을

보시고 병이 벌써 오랜 줄 아시고 이르시되 네가 낫고자 하느냐 [7]병자가 대답하되 주여 물이 동할 때에 나를 못에 넣어 줄 사람이 없어 내가 가는 동안에 다른 사람이 먼저 내려가나이다 [8]예수께서 가라사대 일어나 네 자리를 들고 걸어가라 하시니 [9]그 사람이 곧 나아서 자리를 들고 걸어가니라

[14]그 후에 예수께서 성전에서 그 사람을 만나 이르시되 보라 네가 나았으니 더 심한 것이 생기지 않게 다시는 죄를 범치 말라 하시니

(요5:2–9, 14)

요5장에 기록된 베데스다 못가와 병자에 대해서 요약하여 말씀드립니다. 베데스다 못가의 일은 비유가 아닙니다. 하나님께서 구원의 뜻을 깨달아 볼 수 있게 하신 것으로서 예수님이 오신 당시에 있었던 사건입니다. 2에서 히브리 말로 '베데스다'라 하는 못이 있다고 했는데 '베데스다'의 뜻은 '긍휼의 집' 또는 '은혜의 집'입니다. 이것은 하나님의 집에서 긍휼을 베푸신다, 은혜를 베푸신다는 의미입니다. 병의 저주에서 구원하신다는 의미예요. 죄로 인하여 들어온 이 모든 병을 낫고 자, 큰 소망으로 연못가에서 물의 동함을 목마르게 기다리는 이 병자들을, 마침내 오리라 언약하신 분이 오셔서 낫게 하신다는 것을 보인 뜻입니다. 예루살렘 성전을 하나님의 집이라고 표현합니다. 그곳에서 긍휼을 베푸실 것인데, 어떤 긍휼이냐? 바로 하나님께 죄를 지은 인간의 죄를 사하시고, 그 죄로 인하여 병들어 고통받는 것을 긍휼히 여겨, 무슨 병이 되었든지 다 낫게 하실 것이라는, 병에서 구원하실 분이 오실 것이라는, 그것을 이 베데스다를 통해 천사가 율법 속에 두신 뜻을 나타내 미리 보여 알리신 뜻이란 말입

니다.

다시 말해 4에서 "천사가 가끔 못에 내려와 물을 동하게 하는데 동한 후에 먼저 들어가는 자는 어떤 병에 걸렸든지 낫게 됨이러라" 고 했습니다. 예루살렘 성전 가까이에 있는 연못을 베데스다라 이름하고 가끔 천사를 보내 물이 동하게 하여, 제일 먼저 뛰어드는 자는 낫게 하시는 것으로, 그같이 하나님이 사람 가운데 오셔서, 사람을 묶고 있는, 인생에 들어온 고달픈 무거운 짐을, 평안하기를 원하나 평안할 수가 없는, 육체에 들어온 그 모든 병을 낫게 하실 것이라는, 그것을 미리 보여 예고하신 것이라는 말입니다. 그렇기에 누구든지 사람으로 오신 그분에게서 병자들의 나음을 얻는 일이 나타나면 그분이 곧 천사로 말미암아 알리신 바 된, 베데스다로 오신 분이라는 것을 알라는 것입니다. 그분이 곧 낫게 하시는 하나님이요. 하나님의 집, 성전이 오신 것이라는 것을 그 사건으로 알리신 방법이었습니다. 그 예수님께 나오는 자마다 하나님의 긍휼하심으로 낫게 하신다는 것을 나타내 보인 것입니다. 그래서 베데스다는 긍휼을 베푸실 하나님의 뜻을 깨닫게 하시는 한 방편입니다. 그처럼 하나님의 창조물인 사람도 천사도 자연도 다 오실 예수님을 알리는 일을 하는 것에 사용되었던 것입니다.

그다음 연못의 물이 동하는 것은, 연못 가운데서부터 물이 끓어오르듯이 하며 움직이는 것을 말합니다. 천사가 그 물을 동하게 한 후에 맨 먼저 들어가는 자는 어떤 병에 걸렸던지 낫게 된 것은 바로, 하나님께서 천사로 말미암아 주신 율법의 역할을 보이신 뜻입니다. 율법이 병을 낫게 한다는 것이 아니라, 율법이 말하고자 하는, 율법 속에 넣으신 하나님의 본뜻을 알게 하시는 방법이라는 말입니다. 그러니까 3에서 **그 안에 많은 병자, 소경, 절뚝발이, 혈기 마른 자들이 누워 물의 동함을 기다리니** 하지 않았습니까. 이 베데스다 못가에서 물이 동하기를 초조하게 기다리는 모든 병자는 바로, 율법의 저주 아래 놓인 인간의 처참한 모습을 의미합니다. 천사가 가끔 와서 물을 동한 후에 먼저 들어가는 자만 낫게 되는 것으로서 모든 병자가 해당하는 것이 아니니, 그때를 놓친 다른 병자들, 잠깐 한눈파는 사이 이미 다른 누군가가 들어가 버렸고, 물만 동하기만 하면 즉시 뛰어 들어갈 것으로, 마음 준비 단단히 하고 대기하고 있다가, 물이 동하는 것을 보고 즉시 뛰어 들어갔지만, 동시에 뛰어든 누군가와 간발의 차이로 기회를 놓치고, 몸과 옷만 적시고는 실망을 가득 안고 나와야 하고, 또 한편 다른 사람이 먼저 뛰어 들어가는 것을 보면서도 반사적으로 자기도 그냥 뛰어 들어가 보는 이런 진풍경이 있지 않았겠습니까? 그러니 이것이 얼마나 실망이 되고 슬픈 광경인가 말입니다. 이것이 율법 앞에 놓인 인간의 영적 고통인 것을 보여준 일입니다.

낫고자 하는 그 간절한 목마름은 또 물이 동하기를 기다리는 것으로 소망을 갖습니다. 언제 물이 동할지를 모르니 잠시도 자릴 비울 수도 없고, 마음을 놓을 수도 없습니다. 바람이 불어 물결이 치니 그것이 물이 동하는 것인 줄 알고, 여기저기서 뛰어 들어가기도 합니다. 그러나 물이 동한 것이 아니라서 다시 힘들여 올라옵니다. 입은 옷은 다 젖고 온몸의 아픔을 견디며 간신히 기어 올라와서 돌아보니, 그사이 물이 동하여 다른 사람이 뛰어 들어가 낫게 된 것을 보는 겁니다. 그렇기에 이 베데스다 연못가는 율법 아래 있는 인간의 처참한 모습임을 보여준 것이란 말입니다. 죄로 인하여 들어온 이 모든 저주의 고통에서 놓여나고 나음을 얻기 원하는, 그 긍휼을 입기를 원하는 영혼들의 형편을 보는 것입니다. 어느 때나 죄 사함의 긍휼을 입을까, 어느 때나 저주가 온전히 벗겨져 온몸을 괴롭히는 병의 나음을 얻게 되어 인생의 이 고달픈 마음과 몸의 짐을 벗게 될까 하는 그 목마름을 가진 자들의 형편을 보는 것입니다.

그래서 이 베데스다는 긍휼을 베풀어 죄를 사하시고 모든 병을 낫게 하시는, 물의 동함같이 그 은혜를 주실 분이 오실 것임을 알리신 뜻이었습니다. 그같이 저주에 묶여있는 자기 백성을 긍휼히 여겨, 은혜 베푸실 베데스다로 비추어주신, 그 예수님께서 기어코 그 베데스다 못가에 오셨음을 우리가 6절에서 보지 않습니까? 예수님이 오셔서 병자를 물에 넣어주신 것이 아니에요. 그냥 "네가 낫고자 하느냐?" 물으셨습니다. "대답하되 주여, 내 힘으로는 도저히 들어갈 수도 없어 누가 나를 좀 넣어 주었으면 좋겠는데, 넣어줄 사람도 없고 내가 가보려고 하는 동안 늘 다른 사람이 먼저 내려갑니다."라고 자기의 큰 무력함을 고백하니, 예수님께서 "일어나 네 자리를 들고 걸어가라 하시니" 그 삼십팔 년 동안 묶여 있던 병자가, 병에서 놓여나 곧 나아서 자리를 들고 걸어갔다고 했습니다. 예수님께서 14절에 "그를 만나 네가 나았으니 더 심한 것이 생기지 않게 다시는 죄를 범치 말라" 하심으로 병이 죄로 인함이었다는 것을 알 수 있게 하셨습니다.

그러므로 베데스다 못가에 이 모든 병자가 이제는 물이 동함을 기다리며 실망과 좌절과 고통을 겪을 필요가 없게 되었습니다. 죄를 사하시는 예수님께 나오기만 하면, 나음을 얻게 되는 긍휼을 입게 되었으니, 베데스다 연못물의 동함은 그칠 것이며, 긍휼의 집의 실체가 되시는 예수님께서 오셨으니 더는 필요가 없게 되었습니다. 그 예수님께서 오셔서 **수고하고 무거운 짐 진 자들아 다 내게로 오라 내가 너희를 쉬게 하리라 나는 마음이 온유하고 겸손하니 나의 멍에를 메고 내게 배우라 그러면 너희 마음이 쉼을 얻으리니 이는 내 멍에는 쉽고 내 짐은 가벼움이라**(마11:28-30)고 부르시는 것으로, 예수님 자신이 그 긍휼을 베푸실 분으로 오셨음을 나타내셨습니다. 예수님의 이 부르심이 곧 은혜 베푸실 물이 동한 것입니다. 천사가 물을 동한 것은 단 한 사람만 고침 받는 것으로 그쳤지만, 예수님의 부르심으로 물이 동한 것은, 이제 영원히 그치지 않는, 누구든지 뛰어드는 자마다 나음을 얻게 되는, 베데스다 긍휼의 집에 동한 영원한 물입니다.

오늘도 우리는 사람이 하나님을 알고 만나 하늘에 들어가는 자가 되게 하려고, 이같이 온갖 사건들로 비추어주고 나타내어 깨달을 수 있도록 하신 아버지의 자비하신 그 사랑을 보게 되었습니다. 성경 전체를 통해서 이렇게나 자세하게 나타내주고 계시니 아버지의 그 사랑과 복을 느끼고 깨닫지 못할 이유가 없습니다. 이제 여러분이 오늘 말씀에 이해가 되셨고 아멘으로 받는 말씀이 되겠습니까? 말씀을 여기서 맺습니다.

삼위 하나님께 감사 올려드리며 모든 영광을 돌립니다. 아멘

제 9 장
죄인을 불러 회개시키러 왔노라

³¹예수께서 대답하여 가라사대 건강한 자에게는 의원이 쓸데없고 병든 자에게라야 쓸 데 있나니 ³²내가 의인을 부르러 온 것이 아니요 죄인을 불러 회개시키러 왔노라

(눅5:31-32)

　우리는 이제 예수님이 누구이신가, 하나님이신 예수님께서 사람이 되어 오신 이유가 무엇인가에 대하여 모두 다 잘 아는 바가 되었고, 그 예수님을 믿는다 말하고 있으며, 그 예수님을 믿는 믿음에 있습니다. 오늘 본문이 바로 우리의 믿는 예수님이 세상에 오신 이유에 대하여 말씀하신 내용입니다. 예수님이 오신 것은 의인을 부르러 오신 것이 아니라 죄인을 불러 회개시키러 왔다고 하셨습니다. 이것이 예수님이 세상에 오신 이유요 뜻입니다. 예수님이 육신으로 세상에 오신 이유가 죄인 때문이라고, 그 죄인을 부르러 오셨다고 분명히 말씀하셨습니다. 그래서 마20:28에 죄인의 죗값을 대신 치르시려고, 자신을 대속물로 주려 오셨다고 말씀하셨고, 십자가에 달려 피 흘려 생명을 온전히 내주셨습니다.

하나님께 지음을 받은 처음 사람이, 동산 중앙에 있는 선악과는 먹지 말라 하신 말씀을 어기고, 사단의 유혹을 받아들여 먹은 불순종은 영적인 죄가 되었고, 그러므로 아담에게서 나온 모든 사람은 영적 죄가 유전되었습니다. 아담 이후에 인간은 형제를 살인하는 죄악을 범하고 하나님을 떠나 나가 사단을 자기 안으로 받아들였으므로, 사단과 함께 심판을 받게 된 존재가 되었습니다. 다시 말해 하나님의 의가 없는 사람이 거기다 불순종하고 죄악을 범하여 천하에 의인은 없나니 하나도 없는, 다 죄인으로 정죄되었다는 말입니다. 그렇게 하나님에게서 떠나 죄로 타락한 인간은 자기가 자신의 주인이 되어 살면서 악을 밥 먹듯이 행하는 전적으로 타락한 죄악의 종자, 행악의 종자가 되었고, 이 말세 때는 하나님을 대적하는 어마어마한 죄악의 열매들로 무르익었다고 말씀하는 것입니다.

그래서 하나님의 선언은 "인간은 다 죄인으로 죽게 되었다"는 것이고, 예수님은 죽음에 처한 그 "죄인을 불러 회개시키러 왔노라"고 하신 것입니다. 그런데 천하 인간에 '의인은 없나니 하나도 없다'고 하셨으니 예수님께서 죄인을 부르러 왔다고 하신 것은 이해가 되는데, 오늘 예수님의 말씀은 "내가 의인을 부르러 온 것이 아니라"고 말씀을 하셨다는 것입니다. 그러면 의인은 없나니 하나도 없다는 말씀과는 달리 의인이 있다는 말씀인 것입니까? 세상의 지음을 받은 사람으로는 분명히 하나님께서 말씀하는 의인이 있을 수 없습니다. 의인은 분명히 없는데 그런데도 예수님께서는 왜 의인 부르러 온 것이 아니라고 하셨는지, 그 의인은 무엇을 말씀하는 것인지, 오늘 의인과 죄인에 대해서 여러분에게 말씀을 드리려는 것이니, 각자 자신의 믿음을 깨닫는 기회가 되기를 바랍니다.

하나님께서 '세상에 의인은 없다'고 선언하셨음에도 구약에 보면 또 누구는 의인이라고 말한 사람이 있는데 창6:9에 **노아는 의인이요 당세에 완전한 자**라고 했습니다. 눅1:6에 침례 요한의 부모 사가랴와 엘리사벳에게도 **이 두 사람이 하나님 앞에 의인이니 주의 모든 계명과 규례대로 흠이 없이 행하더라**고 했습니다. 그런데 히브리서가 구약과 신약을 어떻게 보아야 하는지 그것을 잘 연결해서 말해주고 있어서 그같이 사람을 왜 의인이라고 했는가를 깨달아 볼 수가 있습니다. 히10:1에 **율법은 장차 오는 좋은 일의 그림자요 참형상이 아니므로**라고 했습니다. 히8:5에서는 **저희가 섬기는 것은 하늘에 있는 것의 모형과 그림자**라고 했습니다. 그러니까 구약은 실체가 있다는 것을 미리 보이시는 예표요 모형이라는 말입니다. 여러분이 잘 이해하세요. 실체가 있다. 그렇기에 그 실체를 미리 예표로 보인 모형이다. 그 실체의 그림자라 그 말입니다. 그것을 가르치고자 '의인이요' 한 것입니다. 진짜가 있는 것을 미리 모형으로 보여준 것입니다. 그래서 구약에 의인이라고 하는 것은 진짜 의가 되시는 분, 의의 실체이신 예수 그리스도가 오실 것에 대한 그림자 역할이었습니다.

노아도, 사가랴와 엘리사벳도 죄인으로 태어났지만, 하나님에 대한 절대적 신앙과 그 삶을 하나님과 말씀 앞에 흠 없이 행하여 사는 것으로 곧 오실 예수님을 미리 보여준 것입니다. 그렇기에 구약의 모든 이야기는 예수 그리스도가 중심입니다. 예수님을 알게 하고, 예수님이 오시는 것에 집중된 것입니다. 그래서 예수님께서 내가 의인을 부르러 온 것이 아니라고 하신 그 의인은, 의이신 예수님을 알리기 위하여 그림자 역할을 감당한 그들을 말씀하는 것이 아니라, 자기가 스스로 의인인 척하는, 자칭 의인이라고 하는 자들을 말한다는 것을 곧 알 수가 있습니다. 예수님 당시 스스로 의인으로 자처한 사람들이 바로 유대교의 지도자들과 바리새인 서기관 사두개인들이었다는 것을 우리는 잘 알고 있습니다. 이들은 스스로가 자신들은 하나님의 말씀대로 살고 있기 때문에 영생에 들어간다고 생각했습니다. 율법을 지키고자 목숨을 걸었고 자신들의 양심에도 걸리는 것 없고, 그러므로 저기 저 죄인들과 같지 않다고 자신들은 죄인이 아니라고 생각했습니다. 예수님이 죄인 부르러 왔다고 하시니 자기들과는 상관없는 미친 자의 소리로 여겼습니다. 그렇기에 지금 본문에서 예수님이 '내가 온 것은 스스로 죄 없다고 하는 자, 자기 행위의 의로 자기를 높이는 자를 부르러 오신 것이 아니라'는 것을 말씀한 것입니다. 그런데 여러분! 오늘날도 자신이 죄인임을 깨닫는 사람들보다도 죄인인 척만 하는 사람들로만 넘쳐나고 있습니다.

예수님은 '내가 온 것은 죄인을 불러 회개시키러 왔다'고 예수님 자신이 오신 뜻을 분명히 말씀하셨습니다. 그래서 딤전1:15에 말하기를 **미쁘다 모든 사람이 받을 만한 이 말이여 그리스도 예수께서 죄인을 구원하시려고 세상에 임하셨다 하였도다** 했습니다. 그러면 여러분은 내가 세상에 죄인 불러 회개시키러 왔다고 하신 예수님의 이 말씀에 어떻게 대답하셨습니까? 예수님의 이 부름 앞에 "예, 나는 죄인입니다. 하나님이 말씀하는 죄인입니다. 예수님이 부르시는 죄인 여기 있습니다. 예수님이 찾으시는 죄인 여기 있습니다. 저는 예수님이 아니고는 도무지 살 수 없는 죄인입니다." 하고 자신이 진심으로 죄인인 것을 알고 그 죄인으로 예수님 앞에 무릎 꿇어 답하셨습니까? 교회 수년, 수십 년을 다녔어도 죄인 부르시는 예수님의 그 음성(말씀)이 영혼에 들리지 않아 대답하지 않았다면, 진심으로 죄인임을 고백하고 그 발 앞에 엎드려 눈물 흘려보지 못했다면, 말씀 앞에서 자기의 죄를 보지 못했다고 하면, 그는 죄인인 척만 하며 믿는다고 한 것밖에는 없습니다.

음식의 맛도 눈으로 보고 안다고 할 수 없습니다. 음식을 먹어야만 그 맛을 알 수 있습니다. 그처럼 성경 말씀이 인간은 모두 죄인이라고, 그래서 예수님께서 죄인 부르러 오셨다고 말씀하고 있어도, 참으로 자신이 죄인인 것을 영혼으로 받지 않으면, 자신이 죄인임을 인정하여 자기의 죄를 보게 하여주시라고 기도하여 영혼으로 깨닫지 못하면, 죄인 부르러 오신 예수님을 만날 수는 없습니다. 말씀을 안다고 해도 그것은 음식을 먹어보지 않고 맛을 말하는 것과 같습니다. 눈으로만 보는 것은 경험이 아닙니다. 직접 먹고 맛을 아는 것만이 경험입니다. 먹어야 맛을 알고, 맛을 말할 수 있으며 자기의 피가 되고 살이 되는 것입니다. 하나님께서는 인간은 모두가 죄인이라고 말씀하셨고, 예수님은 그 죄인을 불러 회개시키러 오셨다고 하셨습니다. 그렇기에 예수님의 이 말씀을 듣고도, 자기의 죄인 됨을 깨달아 보지 않는다면, 여기에는 구원도 없고, 하나님의 사랑을 영혼에 경험할 능력도 없습니다. 인간은 의인은 없나니 하나도 없어 그 영혼이 다 멸망 받게 되었다고 하는 말씀을 듣고도 자신이 멸망 가운데 떨어질 죄인이라는 것을 받아들이지 않으면, 죄인 부르시고 찾으시는 예수님의 음성은 들을 수가 없다는 말입니다.

예레미야 13:23에 **구스인이 그 피부를, 표범이 그 반점을 변할 수 있느뇨 할 수 있을진대 악에 익숙한 너희도 선을 행할 수 있으리라**고 했습니다. 만일 구스인의 검은 피부를 희게 할 수가 있다면, 표범의 얼룩 반점을 변하게 하여 희게 할 수 있다면, 뿌리도 죄요 줄기도 죄요 죄의 열매를 맺은 너희일지라도 행위 완전하여 하나님을 만날 수 있는 선이 있을 것이다. 하나님의 율법에 완전하여 하나님의 의에 이를 수 있을 것이다. 그러니까 불가능하다는 말씀입니다. 불가능하다! 구스인이 그 피부를, 표범이 그 반점을 변할 수 있느뇨? 흑인의 피부가 희게 될 수가 있느냐, 표범의 그 반점을 없이 하겠느냐 말이지요. 할 수가 없다 말입니다. 그것이 흑인의 본질이고 표범의 본질이기 때문에 변할 수 없는 것입니다. 그것이 본바탕이기 때문에 변할 수가 없는 것입니다. 그것처럼 너희도 뿌리가 죄악의 종자이니 도무지 선을 행할 능력, 하나님의 선이 없는 온전히 죄의 종자라는 것입니다. 그러므로 인간은 영원한 형벌 앞에 놓였는데, 자기의 힘으로나 행위로나 어떤 방법으로나 죄를 해결할 수 없는 불가피한 존재라는 것입니다. 그렇기에 하나님께서 죄를 말씀하신 그 앞에 죄를 인정해야 합니다. 하나님이 말씀하시는 죄에 대해서 깨달아야 합니다. 진심으로 그 영혼에 깨달아서 죄인 부르러 오셨다고 하신 예수님 앞에 엎드려 "예수님이 찾으시는 죄인 여기 있습니다. 저는 죄인입니다." 하고 통회할 수 있어야 합니다. 그같이 통회하고 자복할 수 있는 것이 예수님을 만날 수 있는 통로인 것입니다.

자기를 들여다봐도 자기 하는 짓을 봐도 더럽고 부패한 것이 가득한 것밖에 없지 않습니까? '아! 나라는 존재는 하나님의 용서의 은혜가 아니면 아주 가망 없는 죄인이구나!' 할 수밖에 없는 죄의 모습이지 않습니까? 이것을 깨닫는 것이 진짜 복입니다. 그런데 예수님이 내가 온 것은 죄인 부르러 왔다고 하니, 참으로 많은 사람들이 죄인은 되기 싫고 죄인인 척만 하고 있습니다. 자기 고상한 인품으로 보나 사회적인 입지를 보나 자기 마음 씀씀이를 보나, 자기는 그 죄인이라고 하는 자들과는 차원이 다르고 수준이 있다는, 자신을 그런 죄인 축에다 둔다는 것은 불쾌하고 말이 안 된다는, 그 도도함을 자기 속에다 두고, 그저 어쩔 수 없이 죄인인 척만 하고 있다는 것입니다. 그 마음이 절대로 하나님께 죄인으로서 무릎 꿇지 않는 것입니다. 하나님의 말씀에 비춰 가망 없는 죄인임을 참으로 깨달아야 함에도, 하나님께서 죄라고 하신 것을 자기가 판단하는 겁니다. 자기 기준으로 자기를 보니 별로 양심에 걸리는 것 없이 살아온 자기 의가 보이는 겁니다. 그래서 자기 속 깊은 곳에서부터 죄인으로 굴복되지 않는 겁니다. 성경은 자기 의는 더러운 옷 같다고 말씀하셨으니, 그것을 깨달아 알지 아니하면 도무지 말씀 앞에 굴복할 수가 없습니다.

예를 들어, 자기는 해 끼친 적 없는데 어떤 사람이 사람들 앞에 자기를 헐뜯고 흉을 보고 다닌다고 할 때, 자기는 자기 양심에 비춰 봐도 그 사람처럼은 살지 않았는데, 그 사람 같이는 하지 않았는데, 그런데도 자기를 흉보고 헐뜯는다니 그가 미운 생각이 드는 겁니다. 미운데, 믿는 처지라서 드러내어 어떻게 해볼 수는 없고, 마음에 그 사람이 고통을 좀 받았으면 좋겠다는 생각을 하는 겁니다. 벌을 좀 받았으면 좋겠다는 생각을 속에다 둔다는 말입니다. 그런데 오히려 잘되고 있으니, 잘되는 그것을 보고 마음에서 그가 잘되니 좋다 할 수가 있겠습니까? 여러분! 믿는다는 그 속에 왜 이 같은 시기와 계산과 미움이 있습니까? 미운 이유는 분명하지만, 거기에 왜 똑같이 반응하는가 말입니다. 그것은 바로 하나님께서 말씀하신 죄에 대해 알지 아니하고, 자기의 기준으로 죄를 알고 있기 때문에 그렇습니다. 자기 속에 자기 의를 두고 있으니 그가 몹시 나쁜 것이고, 자기 기분을 몹시 상하게 하는 것이니 그를 미워하는 것, 자기 처지에서는 너무나 타당한 것입니다. 다들 죄짓고 사는데 나는 그런 죄짓지 않고, 나는 저 사람같이는 살지 않는다는 것입니다. 이같이 남에게 해 끼치지 않고 자기는 양심적이라는 것이, 마음속에 깊이 세워져 있으면, 말씀하시는 죄를 자기 속에서 깨달을 수가 없고 죄인으로 굴복할 수가 없는 것입니다. 자기 의가 살아 있으면, 하나님께서 인간을 왜 죄인이라 하는지 머리로는 안다고 해도 마음에서는 죄인으로 굴복되지 않는 겁니다. 그래서 믿는다고 하면서도 죄인인 척만 하니 신앙생활이 어려운 것입니다.

또한, 사람들이 자기 의를 자기 속에 구축하는 데 있어 그 대상이 대부분 가족일 것 같습니다. 특히 남편과 아내 사이입니다. 아니면 자녀와 부모 사이입니다. 서로 마음속에 쌓아가는 것이 상대에 대한 미움이고 자기 자신에게는 연민과 우월감을 쌓는 겁니다. '그래도 내가 그만큼 했기 때문에……, 내가 그렇게 안 했으면 벌써 이 집구석, 내가 없으면 너는……, 이만큼 된 것도 다 내 덕이지' 하는 식의 우월감을 갖고 있는 겁니다. 그러니까 저 사람은 미운 사람이고 거기에 희생되는 나는 너무 억울하고 불쌍한 겁니다. 그래서 자기 연민에 빠지고 자기 의가 자기 속에 세워지는 것입니다. 아주 단단히 세워집니다. 그러니 하나님의 말씀 앞에서 자기는 죄인인 것 같지가 않은 겁니다. 내가 얼마나 억울하게 살아왔는지, 저 사람 때문에 내 인생이 얼마나 큰 손해를 입고 고통을 겪어왔는지……, 그래서 억울하고 불쌍한 자기를 하나님께서도 그렇게 인정하고 보아주실 것이라는 그런 착각을 하는 것입니다. 자기 생각은 그것이 맞는 거지요. 죄인이라고 하면은 저기 나를 괴롭힌 저 사람이 벌을 받아도 싼 죄인이지, 책임을 다하며 살아온 나는 그다지 죄짓지 않았다는 식으로 자기 의를 굳게 붙들고 있는 것이 대부분입니다. 자기가 받은 상처가 크다는 것을 굳게 붙들고 풀지 않는 원한의 마음들이 너무나 많다는 것입니다.

그래서 사람들이 하나님의 말씀 하시는 것을 자기 양심으로 대하려는 아주 잘못된 악을 가지고 있습니다. 자기 양심으로 대한다는 말입니다. 그러니 자기는 죄인이 아닌 것 같은 착각에 빠져서 죄인 부르시는 예수님의 부름을 듣지 못하는 것입니다. 나는 내 양심에 어긋나게 살지 않았다는 것이 마음속에 세워져 있기 때문에, 죄인이라는 것이 마음에서 절대로 굴복이 되지 않는 것입니다. 자기 속에 이같은 양심의 의를 품고 있으면, 하나님이 말씀하시는 죄에 대하여 들을 때는 양심의 괴로움이 있다가도 돌아서면 감각이 없어져 버립니다. 말씀을 들을 때는 양심이 좀 괴롭긴 합니다. 말씀을 듣고 '하나님 저는 죄인입니다' 했어도 그것은 머리로만 알고 입으로만 하게 되어서 돌아서면 희미해지는 것입니다.

우리 인간이 사람과의 상대적인 의, 자기 양심의 의로 하나님 앞에 설 수 있는 것이 절대 아닙니다. 아무리 자기가 도덕적으로 흠이 없어도 그것 가지고 하나님 앞에 설 수 없습니다. 이사야 64:6에 **대저 우리는 다 부정한 자 같아서 우리의 의는 다 더러운 옷 같으며 우리는 다 쇠패함이 잎사귀 같으므로……** 했습니다. 즉 인간은 인간이 보기에는 바르고 도덕적이라 해도 인간의 의라는 것은 하나님 앞에서는 다 더러운 옷 같다는 것입니다. 그렇기에 마음에 자기의 의가 세워져 있으면 하나님께는 죄 없다고 하는 것과 같아서, 예수님이 의인 부르러 온 것이 아니라 하신 그 의인의 자리에 있게 되는 것입니다. 이같이 스스로 의인인 자는 예수 그리스도의 은혜를 머리로는 알아도 영혼으로 깨달아 볼 수가 없습니다. 영혼으로 받아질 수가 없는 것입니다. 독생자를 죽이신 하나님의 그 사랑을 깨달을 길이 없는 겁니다. 그러니 하나님의 죄 용서와 구원과는 관계없습니다. 양심으로 하나님을 섬기는 것이라면, 자기 양심이 하나님을 섬기는 기초가 된다면 그것은 샤머니즘입니다. 종교인입니다. 예수님 당시에 바리새인 서기관 제사장, 유대교의 지도자들이 "화 있을진저 독사의 새끼들아"라고 예수님께 책망을 듣고 심판을 선고받은 것은, 바로 그들이 자기 행위가, 자기 양심이 신앙의 기초가 되어서 하나님을 섬긴다고 하였기 때문입니다. 그래서 하나님의 뜻과 어긋난 방향으로 가버렸습니다. 그들은 자신들이 헌금도 잘하고 기도도 열심히 하고 구제도 잘하고 금식도 잘하고 죄짓는 일이 없으니, 하나님을 잘 섬기는 의인이라고 생각했고 영생에 들어간다고 생각했습니다. 그같이 자기 의가 높이 세워져 있었으므로, 죄인이라고 하는 말씀 앞에 절대로 무릎을 꿇을 수가 없었습니다. 그래서 '화 있을진저 독사의 자식들'이라고 하신 것은, 자신들을 의인으로 위장하고 하나님을 섬기는 것처럼 하여 스스로 자신을 섬기는 위선자들아, 저를 낳은 자기 어미를 물어 죽이는 이 독사 같은 자식들아, 이 짐승들아 하고 저주를 가진 자들이라는 것을 직설로 선포한 말이었던 것입니다.

사람들은 거짓 것으로 믿음을 말해주고 있습니다. 하나님께서는 우리가 세상에서 찢기고 상처받고 삶의 실패를 만났을 때, 위로해주시는 분이요, 새로운 삶의 힘을 주시고 복된 길로 인도해주시는 분이라고 말하여 사람들을 미혹하고 있다는 말입니다. 맞는 말인 것 같기는 하지만, 그러나 하나님은 육체가 사는 것에 실패 만났다고 위로나 하시고, 힘내서 잘살게 하려고 힘을 주시는 그런 종교의 하나님이 아니고, 하나님의 믿음이 되어 있는 자, 자녀로 난 자는 그 삶을 책임져 주시는 하나님입니다. 예수님을 믿는다고 하면서도, 세상에서 찢기고 상처받고 그 상처로 괴롭고 힘든 것은 왜냐, 바로 죄인이기 때문인 것이요, 죄에서 용서받은 자유가 그 안에 이루어지지 않았기 때문입니다. 예수님을 믿는 사람이 여전히 상처를 싸안고 마음이 괴롭고 우울하고 힘들어하는 것은 하나님이 말씀하시는 죄인으로서, 죄 용서의 자유를 얻지 못했기 때문이라는 말입니다. 성령님이 그 안에 오셔 계시지 않기 때문입니다. 예수님을 믿는 것은 자기의 죄를 알고 그 죄에서 용서받는 것을 말합니다. 용서받은 그 자유의 기쁨이 자기 속에서 솟구쳐 올라와야 합니다. 자기 속이 상처로 얼룩져 싸안고 살아왔다면, 바로 그것이 죄에서 난 것이기에 그런 죄에서 난 것들도 예수님께서 십자가에서 못 박혀 다 죽음에 내줘버렸으므로, 이제 예수님을 믿는 자는 그런 죄에 속한 상처들도 죽었습니다. 더는 그 속에 죄로 인한 상처가 살아서 주장할 수가 없습니다. 속에서 예수님의 십자가 사랑이 샘솟기 때문에 이제 모든 것을 넉넉히 이기는 것이요, 그 기쁨으로 예수님을 드러내고 사는 것입니다. 그래서 예수님께서 이 같은 얽매인 것을 풀어 자유를 주시고 영생케 하시려고, 죄인을 불러 회개시키러 오셨다고 하셨습니다. 이 같은 복을 주시기 위해서 말입니다.

그래서 그런 것들이 자기 속에 보이거나 올라오거나 할 때마다 "이제 너는 과거 옛사람이요, 예수님과 함께 다 죽었으니 내 것 아니다." 하고 부인해 버려야 하는 것이지, 하나님 앞에 그 어떤 것도 내 의를 세워서는 안 되는 것입니다. 만일에 과거에 자기는 누구로부터, 부모로부터 큰 상처를 받았기 때문에, 그래서 자기는 슬픈 사람이고, 자기는 억울한 사람이고, 자기는 우울한 사람이고, 그래서 그것밖에 안 되는 사람이고, 그래서 나는 할 수 없는 사람이고 하는 이런 철저한 자기의식을 품고 있는 것이라면, 그것도 자신의 의를 세우고 있는 일인 것입니다. 왜 그렇습니까? 내가 죄인인 것을 알고 진정으로 예수님을 만나 구원을 받았다면, 이미 그 같은 옛사람은 예수님과 함께 죽었고 예수님 안에서 새 피조물이 되었으니, 그런 죄 된 과거를 싸안고 살고 있을 수가 없기 때문입니다. 상처받게 하던 그들도, 상처를 주던 부모도, 또한 상처받았다는 자신도 다 죄에 묶여서 죄로 사는 것이었으니, 부모도 죄요, 상처받은 나도 죄요, 상처받았다는 감정을 마음에 화로 두고 그것을 폭발하며 살던 그것은 더 큰 죄요, 그러므로 누가 상처 주었다고, 상처받았다고 하는 것이 다 죄인이었기 때문이었다는 것을 알게 되기 때문입니다. 그것을 따지고 논하고 비판하는 것 다 부질없는 죄라는 것을 알게 되기 때문입니다. 오히려 상처 주던 그들을 긍휼히 여기는 마음이 있게 되기 때문입니다. 그래서 과거는 죽었음을 진정 마음에 깨달아 과거 옛사람은 끝났음을 아는 것으로 경험되고 예수님의 생명으로 다시 났으니, 과거의 옛사람과 온전히 분리된 새로운 피조물로, 천국의 기쁨을 누리며 성령님으로 사는 자인 것입니다. 그럼에도 여전히 상처 된 과거를 품고 자기애에 빠져 살고 있다면, 그것은 구원에 온전히 들지 않았다는 것을 보이는 것이요, 그것으로 의인 노릇 하고 있다는 것을 알아야 할 것입니다. 저는 나에게 두었던 시선을 부모님께로 돌려 그 영혼 상태를 들여다보니 내가 받은 상처보다도 더 말할 수 없는 큰 상처들이 있는 것을 보게 되어 한없이 불쌍하고 불쌍해서 견딜 수 없는 북받치는 울음에 가슴을 치며 운 적이 꽤 있었습니다.

말씀 앞에 자신의 죄인 됨을 깨닫고 무릎 꿇는 사람, 자기에겐 온전히 의가 없다는 것을 진정으로 아는 사람은 자기의 의가, 인간의 의가 하나님 앞에 도무지 설 수 없는 것이요, 얼마나 교만한 것인지를 알게 되는 것입니다. 우리는 저 사람 때문에, 남편 때문에, 아내 때문에, 자식 때문에, 부모 때문에 내가 손해보고 억울하고……, 나는 잘못 안 했는데……, 너무 억울해 하는, 이 같은 상처를 붙들고 자기 의로 삼아 사는 자가 아닙니다. 이것은 악인들의 것입니다. 정욕에서 나오는 악인의 것입니다. 얼마나 많은 사람이 예수 그리스도가 의가 되어야 할 그 믿음이 되지 않고, 자기 생각과 고집을 내려놓지 못하여 자기 구원을 막고 있는지 모릅니다. 자기 구원의 기쁨을 막고 있다는 말입니다. 그래서 불행한 신앙생활을 하고 있는 것, 말로 다 할 수 없습니다. '저는 하루에 기도를 몇 시간씩 합니다. 저는 성경을 외우는 능력을 갖췄습니다. 저는 예배 생활 열심히 합니다.' 하는 사람은 넘쳐나는데 진짜 믿음 된 자가 없습니다. 그 같은 것도 중요하지만, 진짜 중요한 것은 하나님의 말씀하시는 죄인이라고 하는 것, 그것을 깨달아서 그 죄인 찾으시는 예수님께 '그 죄인 여기 있습니다.' 하고 응답하고 예수님 앞에 나와야 합니다.

예수님께서 우리를 밤샘 기도시키기 위해서 오신 것 아닙니다. 있는 것 다 바치게 하려고 오신 것이 아닙니다. 쫓아다니면서 구제 봉사 열심히 하게 하려고 오신 것 아니에요. 먼저 예수님이 오신 뜻이 무엇인가, 죄인 불러 회개시키러 오셨다고 분명히 말씀하셨습니다. 따라서 진짜 죄인으로 예수님 만나야 하는데, 죄인만이 예수님 만날 수가 있는데, 죄인만이 예수님이 만나주시는데, 진짜 죄인은 되기 싫고 가짜 죄인이 되어서 죄인인 척만 하고 있는 것입니다. 그런 사람들이 밤새워 기도하는 목적이 무엇이겠습니까? 자기 자신이 얼마나 하나님께 대하여 죄인인지를 보게 해주시고, 자기 자신에게 대하여도 얼마나 죄인지를 깨닫게 해달라고 기도하는 것이겠습니까? 새벽마다 나와서 기도하는 목적이 무엇이겠습니까? 자기가 죄인인 척만 하는 자인 것을 알지 못하면서, 자기 속에 자기 의를 가지고 그 의에 붙들려서, 자기는 의롭고 저 사람은 나쁜 사람이고 저 사람 때문에 내가 못 살겠다고, 부모에게서 아물지 않는 큰 상처를 받았다고, 그런 나를 위로 좀 해주시라고 하는 부르짖음들을 여러분은 영의 귀로 듣습니까? 이렇게 죄에서 자유 얻은 기쁨이 없기 때문에 예수님의 이름 들어서 열심히 세상의 것, 육신의 것이나 구하고 자기애를 더욱 잘할 수 있게 해주시라는 중언부언의 기도들을 하는 것을 여러분은 영의 귀로 듣는가 말입니다.

그러므로 우리는 하나님이 말씀하시는 죄인, 자기가 얼마나 더럽고 추하고 이기적이고 고집만 가진 죄인인지를 보게 해달라고 기도해야 하는 것 너무나 중요합니다. 성경에서 날 죄인이라고 하니 나로 죄인 됨을 깨닫게 해주시라고, 내가 죄인임을 보여주시라고 기도하는 겁니다. 지금까지 죄인인 척만 하고 살면서 온갖 신세 한탄하고 미워하고 자기 의를 굳게 붙들고 자기애에 빠져 살아왔던 죄를 먼저 회개해야 합니다. 나에게 왜 복이 없는가, 하늘의 그 엄청난 복을 주시려고 죄인을 부르러 오신 예수님 앞에 과연 얼마나 눈먼 자, 귀먹은 자로 살아왔는지 먼저 회개해야 합니다. 자기 속에 의인인 척만 한, 하나님께서 제일 싫어하시고 미워하시는 죄를 품고 살아왔던 것을 먼저 철저히 회개해야 합니다. 그래서 하나님께서 말씀하시는 복에 대해서, 무엇을 복이라고 말씀하시는 것인지를 깨달을 능력이 없어서, 세상 것으로 풍족하지 않아서 자기 마음이 그렇게 괴롭고 힘든 것이라고, 자기가 계산하고 생각하고, 그것을 위해 거룩하신 예수님의 이름을 부른 것을, 보이는 것들이 채워져야 행복한 것인 줄 알고 그런 것만 소원하고 있었던 것을 철저히 회개하고 통회 자복해야 합니다.

정말 우리는 무엇보다 내가 죄인임을 보게 해달라고 기도해야 합니다. 내가 이대로는 안 된다고 애통하여 고백해야 합니다. 나를 영으로 보이시는 그 은혜를 경험해야 합니다. 그 은혜가 얼마나 행복하고 기쁜 것인지를 경험해야 합니다. 죄에서 자유 얻고 진리를 알게 된 그것이 얼마나 기쁘고 행복한지를 경험해야 하는 것입니다. 그래서 우리를 용서하신 하나님의 그 크신 사랑을 자기 영혼에 경험해야 합니다. 성영님으로 경험하게 되기를 진정으로 사모하여 기도해야 하는 것입니다. 이 엄청난 용서, 예수님께서 십자가에서 죽으시고 부활하셨으므로 우리가 살길이 열렸습니다. 그러므로 예수 그리스도 안에서 하나님은 아버지가 되셨음을 성영님으로 보고 알아야 합니다. 자기 속에서 그 경험이 되어야 합니다. 예수님께서 십자가에서 이루신 그 어마어마한 하늘의 복을, 성영님으로 말미암아 주시는 것을 영의 눈으로 보고 경험해야 합니다. 하나님께서 그 복을 주시려고 육체로 오셔서 십자가에 올라가 죽으시고 다시 사신 것입니다. 그러므로 예수님께서 이루셨다 하신 그 엄청난 복을 사람 안에 이루어지게 하시려고 하늘에서 성영님이 오셨고, 이미 이천 년 전에 성영님이 오시는 것으로 하늘 문이 활짝 열린 것입니다. 성영님이 그 안에 오셔서 계신 자의 그 복은 땅에서도 잘 되게 되어 있습니다. 그렇다고 '땅에서 잘 되는 복도 있으니 잘 믿어야지' 이런 계산이 아니라 하나님의 뜻에 합당하게 사는 삶, 그 자체가 복인 것이지, 여기에 다른 계산을 두어서는 안 되는 것입니다. 우리가 하나님 아버지 앞에 있게 되는 것은 오직 예수님의 의밖에 없습니다. 예수 그리스도의 의로 살 때에 예수님 안에 있는 모든 복이 따라오는 것입니다.

인간 간의 상대적인 의, 양심의 의는 더러운 옷과 같아서 하나님 앞에 말라 부서져 버리는 나뭇잎과 같다고 했습니다. 그런 자기의 의를 붙잡고 하나님 앞에 죄인인 척 해보았자 하나님께 통하지 않습니다. 하나님이 말씀하시는 죄, 그 죄를 알고, 성영님으로 보이시는 자기의 죄인 됨을 본다면, 그것이 진정한 하나님의 복을 보게 되는 복의 길입니다. 천국을 소유하는 통로입니다. 하나님께 대하여 자기의 죄를 눈을 열고 보니 애통하지 않을 수 없고 통회하지 않을 수 없고, 그러므로 예수님만이 자기의 의가 되신다는 것을 더욱 절감하게 되어 예수님으로 사는 능력을 갖추게 되는 것입니다. 예수님의 말씀만이 자기 영혼이 사는 의요, 생명이라는 것을 알고 그 의로 사는 복을 크게 알게 되는 것입니다. 말씀을 대할 때마다 내 죄를 깨닫고 깨달아서, 내 모습을 보면 볼수록 하나님 아버지의 은혜가 크게 부각되니 이것만큼 큰 복이 어디 있습니까. 그래서 자신을 알면 알수록 예수님이 없이는 살 수 없는 것을 알게 되니, 무릎 꿇지 않을 수 없는 그 큰 복이 있는 것입니다. 성영님께서 우리를 한 순간 한 순간 매일 붙드시고 지키시고 인도해 가시니, 그것을 또한 알게 되니 여기에 무슨 복이 더 필요한 것입니까.

성경은 사람을 두 종류로 말하고 있습니다. 예수님의 의로 사는 예수님의 사람을 '쏘마'라고 했고, 자기 양심으로 사는 육의 사람을 '싸룩스'라고 했습니다. 육의 사람을 '싸룩스'라고 한다는 말입니다. '쏘마'의 사람은 하나님 보좌 우편 예수님이 계신 곳에 있는 복을 가졌지만, '싸룩스'의 사람은 저주요 심판을 받아 영원한 불못으로 들어간다고 했습니다. 아니라고 아무리 소리치고 몸부림쳐도, 하나님이 어떻게 그러실 수 있느냐고 우겨보고 싶어도, 하나님 앞에 설 때에 감춰진 것 없이 드러나 자기 입으로 자기가 심판받을 수밖에 없는 자기의 죄를 직고할 것이라고 하셨습니다. 하나님께서 "너 무슨 죄를 지었잖느냐" 하시는 것이 아니라, 자기 입으로 자기가 직고한다는 말입니다. 자기가! 그래서 건강한 자에게는 의사가 쓸데없는 것과 같이, 바로 네가 건강하다고 하니 의사인 내가 무슨 필요가 있겠느냐? 하늘 가는 의가 있어야 하는 네게 그 의가 되어 주려고 오신 예수님을 거절하고 네 의로 살겠다고 하니, 하나님의 의는 필요 없는 것 아니냐? 인간이 하나님의 의가 없으면 살 수 없다는 하나님의 진단을 받아들여서 "나는 의가 없습니다. 나는 하나님께 죄 범한 죄밖에 없는 죄인일 뿐입니다. 나는 하나님의 기준인 율법을 지킬 수 없는 연약한 자입니다. 나는 내 행위로 구원 얻을 수 없음을 아는 죄인입니다."를 진정으로 고백하는 그에게 내가 쓸 데 있는 의원이라고 지금 예수님께서 그것을 말씀한 것입니다.

예수님은 죄인이 필요하여 죄인을 불러 회개시키러 왔다고 하셨으니, 그러면 하나님께서 말씀하시는 의에 대해 깨닫게 되었다면, 자신이 또한 하나님의 의가 필요한 죄인임을 깨닫게 되었을 것이요, 예수님의 부르심에 응답하였을 것입니다. 그 응답은 곧 회개로 나타날 것입니다. 회개는 눈물 흘리며 "나 잘못했습니다."만 말하는 것이 아닙니다. 자기에게 의가 없는 것을 알기에 그 의를 입고 살고자 하여, 마음이 과거 것에 붙잡혀 있는 것들을 깨끗이 죽음에 던져 내버리고, 세상 것에 집착하던 것에서 돌이켜 예수님을 자기의 의로 삼고 말씀을 따르고 행하는 것을 말합니다. 세상은 사람의 마음을 잡아끄는 힘입니다. 그래서 사단이 세운 '코스모스'의 세상이라고 하는 것입니다. 사람은 그 마음이 세상에 고정되어 있습니다. 예외가 없습니다. 그렇기에 예수님을 믿는 것은 세상에 고정된 우리 마음을 오직 예수님께로 돌이켜 예수님께 마음과 생각을 고정하여 묶어놓는 것입니다. 물질도 문화도 문명과학도 학문도 예술도 교양도 혈육 관계도 다 세상에 마음을 고정하도록 끌어당기는 힘입니다. 그래서 이것들에 끌려다니는 것을 회개하지 않은 것을 육의 사람이라고 하는 것이요, 자기 의를 세우고 세상에 집착하는 것을 죄악이라고 하는 것입니다. 여기에 있으면 절대로 회개도 아니요, 또한 회개가 되지 않습니다.

여러분! 창조주 하나님께서, 그 크기를 측량할 길 없는 하나님께서 육신으로 이 땅에 오신 것은 바로 죄인을 불러 회개시키려는 것이라고 하신 것이 아닙니까? 그래서 우리는 확실하게 이 회개가 되도록 하나님께 마음을 고정하고 말씀을 받아들여 그 말씀으로 사는 능력을 갖추고 기도하는 것입니다. 오늘 우리는 '건강한 자에게는 의원이 쓸데없고 병든 자에게라야 쓸 데 있나니' 하신 말씀을 깨달아 보았습니다. 또한, 예수님이 오신 것은 '의인을 부르러 온 것이 아니요 죄인을 불러 회개시키러 왔노라' 하신 것도 깨달아 보았습니다. 마20:28 에서 **인자가 온 것은 섬김을 받으려 함이 아니라 도리어 섬기려 하고 자기 목숨을 많은 사람의 대속물로 주려 함이니라** 하신 말씀대로 십자가에 못 박혀 죽으셨으나 다시 살아나셔서, 회개하고 예수님을 믿는 자마다 죄가 대속되었고, 죄에서 자유 얻고 영생을 얻게 되었습니다. 죄인인 나를 위해, 죄인인 여러분을 위해 죄 사함 얻고 영생을 얻게 하시려고 십자가로 올라가신 것입니다. 그래서 이 은혜가 내 것이 되려면 죄에서도 세상에서도 내 인본에서도 철저히 돌이키는 회개를 하는 것입니다. 여러분이 진정으로 이것을 아멘으로 받습니까? 말씀을 맺습니다.

우리의 의원이 되셔서 죽은 우리를 살리시고 고치시고 나음을 얻게 하신 예수님, 우리 대신 속죄물이 되셔서 죄에서 자유 얻게 하시고 생명 얻게 하신 예수님께 무한 감사를 드리며 삼위의 하나님께 모든 영광을 돌립니다. 아멘

제 10 장

잃은 양 찾은 예수님, 잃은 드라크마 찾은 여자

[1]모든 세리와 죄인들이 말씀을 들으러 가까이 나아오니 [2]바리새인과 서기관들이 원망하여 가로되 이 사람이 죄인을 영접하고 음식을 같이 먹는다 하더라 [3]예수께서 저희에게 이 비유로 이르시되 [4]너희 중에 어느 사람이 양 일백 마리가 있는데 그 중에 하나를 잃으면 아흔아홉 마리를 들에 두고 그 잃은 것을 찾도록 찾아다니지 아니하느냐 [5]또 찾은즉 즐거워 어깨에 메고 [6]집에 와서 그 벗과 이웃을 불러 모으고 말하되 나와 함께 즐기자 나의 잃은 양을 찾았노라 하리라 [7]내가 너희에게 이르노니 이와 같이 죄인 하나가 회개하면 하늘에서는 회개할 것 없는 의인 아흔아홉을 인하여 기뻐하는 것보다 더하리라 [8]어느 여자가 열 드라크마가 있는데 하나를 잃으면 등불을 켜고 집을 쓸며 찾도록 부지런히 찾지 아니하겠느냐 [9]또 찾은즉 벗과 이웃을 불러 모으고 말하되 나와 함께 즐기자 잃은 드라크마를 찾았노라 하리라 [10]내가 너희에게 이르노니 이와 같이 죄인 하나가 회개하면 하나님의 사자들 앞에 기쁨이 되느니라

(눅15:1-10)

오늘은 잃은 양과 잃은 드라크마의 비유입니다. 우리는 모두가 하나님께서 성경에 하나님 자신을 계시하여 주신 바대로, 천지 창조와

사람을 지으신 유일한 하나님이시라는 것과 그 외에 다른 신은 없다는 것을 받아 고백한 신앙이 되었습니다. 또한, 우리에게 성경의 말씀을 사실로 믿고 하나님의 존재를 믿을 수 있도록 돕는 분은 성영님이시라는 것도 분명히 알게 되었습니다. 그런데 유일하신 참 하나님은 말 그대로 한 하나님이지만, 존재에 있어서는 세 인격, 즉 아버지와 아들과 성영님의 세 인격으로 계십니다. 이것을 삼위라고 말합니다. 그리고 신학적으로는 삼위일체라고 하는데 삼위일체라는 말은 성경엔 없지만, 한 하나님이 세 인격으로 계시면서 하나의 뜻을 가지고 일하시고, 그 일을 하시는 데는 각각의 분야로 나타나고 있기 때문에, 그래서 삼위의 하나님, 또는 삼위일체의 하나님이라고 말하고 있습니다. 한 하나님 안에 아버지의 인격이 있고 아들의 인격이 있고 성영님의 인격이 있어, 삼위 하나님이라고 한다는 말입니다.

천지 만물과 사람을 창조하시기 전, 아버지 안에 함께하신 인성(생명, 아들)과 신(성영님)이, 하나님의 형상을 따라 모양대로 사람을 지으시고, 천지를 창조하실 것과 지으신 그 사람이 죽으리라는 것을 받아들이면, 그것을 죄로 정하여 그 죄에서 구원하여 영생을 주시는 뜻을 계획하셨습니다. 함께 계획하신 그 뜻을 이루실 때는, 아버지 하나님은 모든 일의 지휘를 하셨고, 인성(아들)은 아버지에게서 나와 육신으로 오셔서 십자가에 달려 죗값을 치러 구원을 이루어 놓으셨고, 또 아버지와 아들에게서 나오신 성영님은 예수님의 이루신 이 모든 구원의 사실을 사람 안에 오셔서 믿게 하시고 이루어지도록 일하시고 계신 것입니다. 다 이해하고 있지요? 또한, 성경 기록의 감동도 성영님이시고 기록된 말씀을 믿도록 도우시고, 인간이 죄인인 것도 예수님이 구주이신 것도, 천국이 있고 지옥이 있는 것도, 믿을 수 있게 하시는 것도 성영님입니다. 말씀을 통해서 예수님을 계속 변호해 주시고, 말씀을 근거로 하여 계속 변호하시고 증거하십니다.

요16:13에 진리를 깨닫게 하시고 진리 가운데로 인도하시며 예수님과 더 깊은 경험의 관계가 되도록 도우시고, 다시 오실 예수님과 새 하늘과 새 땅에 대한 일, 이 같은 모든 장래 일에 대하여 믿게 하시고 보증하시는 분이 성영님이라고 하셨습니다. 그러므로 이 삼위의 하나님을 정확히 알고, 믿는 것이 되어야 바른 믿음이 됩니다. 하나님의 뜻대로 믿는 믿음이 된다는 말입니다. 그래서 반드시 성영님의 도우심을 구하여 성영님으로 믿는 믿음이 되고, 일생 성영님을 의지하고 교제하는 관계의 신앙이 되어야 합니다. 일생만 아니라 영원히 하나님 아버지 나라에 가서도 성영님으로 사는 것입니다. 성영님으로! 내가 하나님의 자녀로 다시 나는 것도 성영님으로 나는 것이요, 내가 믿음이 성장하고 영적인 사람으로 자라는 것도 성영님으로 되는 것이요, 육을 벗고 하나님 나라로 가는 것도 성영님으로 가는 것이요, 몸으로 부활하는 것도 성영님으로 부활하는 것이요, 하나님 나라에 가서 영원히 사는 것도 성영님으로 사는 것입니다.

그래서 우리의 믿음은 성영님과의 관계가 절대적이기 때문에 반드시 성영님을 알고 교제를 이루는 믿음이 돼야 합니다. 그렇게 되기를 참으로 바랍니다. 진심으로 바랍니다. 그런데 성영님께서 제가 말씀을 준비할 때 무엇을 깨닫게 하셨는가 하면, 아버지 하나님을 성부라고 부르는 것, 아들 예수님을 성자라고 부르는 것이 아니라고 하셨습니다. '성부' '성자' 하는 것이 아니라는 말입니다. 성부, 성자라고 하는 것은 하나님께는 맞지 않는다고 하셨습니다. 물론 '성부 하나님' 하는 것이나 '아버지 하나님' 하는 것이나 하나님(아버지)을 말하는 것은 맞지만, 그래서 우리는 맞는 것이라고 생각하지만, 성영님은 아니라고 분명히 가르쳐주셨습니다. 저도 지금까지 아버지 하나님을 성부로, 아들 예수님을 성자로 표현해 왔습니다. 왠지 친근한 마음이 들지는 않았지만, 내 안에서는 친근하지 않았어요. 그러나 성부라고 하면 아버지는 아버지인데 차원 있는 부름인 것 같은 느낌 때문에 다른 생각 하지 않았습니다. '성부', '성자'라고 하는 것에 마음에서는 거부가 있었지만 다른 생각을 해보지 않았단 말입니다.

그래서 성경을 다시 점검해보았어요. 그런데 하나님을 성부라고, 예수님을 성자라고 부른 곳이나 그렇게 불러도 되는, 흐름이라는 것도, 느낌을 들게 하는 것도 찾아볼 수가 없었습니다. 그러므로 하나님을 부르는데 있어 성경이 하지 않았고, 사람이 임의로 변경한 것으로서 성영님께서 아니다 하셨으면 아닌 것이니, 이것을 말씀하신 후부터는 하나님께서 미워하시는 것으로 여겨 저도 사용하는 것을 깨끗이 금했으니 여러분도 금하기 바랍니다. 그리고 이미 나간 설교에는 그렇게 부른 곳이 꽤 있을 것이니 이해하기 바랍니다. '성부 성자'의 '성'을 하나님께 붙일 수 없는 이유는 '성'을 한자어로 '성인 성(聖), 성스러울 성(聖)'을 썼습니다. 한문 성경을 보니 '성인 성'으로 표기가 돼 있었습니다. 그러면 하나님이 성인입니까? 하나님을 성스러운 분이라고 합니까? 하나님은 성인이 아닙니다. 성스럽다고 표현하는 것도 아닙니다. 인간 중에서도 사람들로부터 존경받는, 높임을 받는 그런 정도의 사람을 성인이라 칭하는데, 하나님을 그런 정도나 되는 것처럼 칭할 수는 없는 겁니다. 그것은 인간의 어리석음입니다.

하나님은 하나님 자신을 거룩하다고 말씀하셨습니다. 거룩을 다른 말로 하면 '의'입니다. 흠이 없다는 말이에요. 거룩을 원어로는 '하기

오조'라 하는데 하기오조는 '구별'을 뜻합니다. 하나님은 피조물이 아닌 창조주다. 어떤 피조물과도 구별된 신으로서 창조주다. 피조물 중에는 거룩함이 없고 오직 하나님만이 거룩하시다는 말입니다. 그래서 거룩은 하나님께만 사용됩니다. 그런데 하나님께서 내가 거룩하니 너희도 거룩할지니라 하셨습니다. 그래서 거룩하신 하나님, 예수 그리스도께서 사람 안에 오시면 거룩할지니라 하신 그 거룩이 이뤄진 것입니다. 바로 거룩하신, 의이신, 흠 없으신 예수님이 내 안에 오셨으니 거룩한 것입니다.

그래서 '성'을 하나님께는 사용할 수 없지만, 사용할 수 있는 것은 하나님으로 된 것, 여러분이 이해를 잘하십시오, 하나님으로 말미암은 것은 하나님께서 거룩케 하셨다는 의미에서 '성'을 붙였습니다. 하나님과 관계된 것, 관계되는 것 등은 하나님께서 구별시키셨다, 하나님의 거룩함으로 구별된 것이라는 뜻에서 사용하셨습니다. 그러니까 성전, 하늘 성전을 모세에게 지으라고 명하시고 피로 정하게 하여 구별하셨으므로 성전이라고 하셨고, 또는 성도라고 한 것, 성영님으로 다시 나 하나님의 거룩한 자가 되었다는 뜻에서 성도라고 불렀습니다. 또 성일, 하나님께서 안식일을 거룩하게 구별하셨으므로 성일이라 하고, 구약에 성일이 있잖습니까, 그같이 하나님에게서 나온 것, 하나님의 것을 성일, 또는 성회라 한 것입니다. 하나님과 관련된 것에 붙여졌습니다. 이해됐습니까? 우리가 한 분 하나님을 어떻게 알아야 하고 어떻게 불러야 하는지 예수님께서 그 호칭을 '아버지와 아들과 성영님'이라고 정확히 가르쳐주셨습니다. 또한 성경은 그 관계에 대해서 정확히 가르쳐주고 있습니다. 바로 한 하나님이 삼위로 계시면서 일체이신 것과 아버지와 아들과 성영님, 그러니까 예수님께서도 '성부 아버지', '성부 하나님' 하고 부른 적이 도무지 없습니다. 계속 내 아버지라고 불렀습니다. 그리고 성부라 부르라고 하신 것도 아니고 '아버지'로 부르라고 가르쳐주셨습니다. 그래서 삼위일체 하나님의 한 위는 아버지요. 한 위는 아들이요. 한 위는 성영님임을 분명히 구분하여 주셨습니다.

그러면 성영님은 왜 앞에 '성'을 붙여서 성영님이라 하였는가? 본래는 성영님을 '영'이라고 합니다. 영! 요14:17에 '저는 진리의 영'이라 하셨고, 행2:17에 '말세에 내가 내 영으로 모든 육체에 부어 주리니' 해서 영이라고 했고, 행16:7에 '예수의 영'이라고 했고, 고전 2:12에 '오직 하나님께로 온 영을 받았'고 했고, 갈4:6에 '하나님이 그 아들의 영을 우리 마음 가운데 보내사' 했고, 요일4:2에 하나님의 영이라고 했고, 아무튼 성영님을 영이라고 했습니다.

그런데 그 하나님의 영, 예수님의 영이 사람 안에 들어오시는 것이기에, 사람 안에 오셔서 사람과 직접적인 관계를 맺으시는 것이기에 성영님이라고 한 것입니다. 사람 안에 오셔서 영의 사람으로, 하나님의 자녀로 거듭나게 하시고, 믿음을 도와주시는 일을 하시니 그래서 성영님이라고 하셨다는 말입니다. 직접 사람 안에 오시기 때문에, 사람 안에 오셔서 믿음을 도와 거룩케 하시기 때문에 그래서 '성영님'입니다. 모든 생물이 기동하는 것도 바로 영이신 성영님에 의해서입니다. 하나님의 영의 기운으로 사는 거예요. 그렇기에 성영님입니다. 사람 안에 들어오셨을 때는 하나님의 영이 사람의 영이 되어 주셨으므로, 그래서 성영이라고 한다는 것, 여러분이 이 부분에 대해서 이해되어 알기를 바랍니다. 좀 뻥 뚫리기를 바랍니다. 오늘도 우리가 우리 안에 오신 성영님으로 예배드리는 것이요, 말씀으로 사는 능력을 갖추도록 도와주시는 성영님을 의지하는 것입니다. 그래서 아버지와 아들, 예수님과 성영님이 함께하는 영적인 예배, 신영과 진정으로 드리는 복된 예배를 드리는 것입니다.

이제 본문의 말씀입니다. 오늘 예수님께서 잃은 양 찾은 목자와 잃은 드라크마를 찾은 여자를 비유로 말씀하신 것을 우리가 읽어보았습니다. 1에서 7까지의 내용은 예수님이 죄인을 찾아오셨다는 말씀이고, 8에서 10까지는 죄를 사하여 주시고 생명과 복을 주신다는 하나님의 그 언약을 받은 이스라엘, 즉 유대인들이 찾아야 하는 것은 바로 예수님이라는 것을 말씀한 비유입니다. 그러니까 잃은 양 찾은 목자는 죄인 찾으시는 예수님을 비유한 것이고, 잃은 드라크마 찾은 여자는, 하나님의 말씀을 받고 하나님의 언약을 가진 이스라엘이 찾아야 하는 것은 그 예수님임을 비유한 것입니다. 그러면 이 비유가 우리와는 상관없는 것입니까? 더욱 상관있다는 것, 거듭 말하지 않아도 여러분이 아십니다. 우리가 찾아야 하는 분, 우리가 만나야 하는 분은 바로 예수님이시라는 것을 비유의 말씀으로 깨달아 알도록 하셨습니다. 예수님은 죄인을 찾으시고, 우리는 그 죄인으로 예수님으로부터 찾아진 바 되어야 하고, 그래서 말씀 안에서 구해야 하는 분, 찾아야 하는 분은 오직 예수님이요, 말씀을 통해서 예수님과 계속 만남이 이루어지고 그 말씀이 말하는 예수님을 자기 안으로 모셔 들여야 한다는 것을 말씀하시는 비유입니다.

목자는 자기의 양 무리를 우리에 안전하게 넣을 때까지는, 양 무리가 풀을 뜯는 중에 이리나 다른 사나운 짐승들에게 잡아먹히지 않도록 지키고 보호하는 데 마음과 힘을 다합니다. 항상 마음과 눈을 두고 살핀다는 말입니다. 짐승에게 물리면 사력을 다해 짐승의 입에서 기어코 양을 건져내어 상처를 싸매주고 각별히 돌봅니다. 또한 자기 양들을 배불리 먹게 하려고 푸른 풀밭을 찾아다니고 물가로 인도하여 언제나 부족함이 없도록 하는데 열심을 다합니다. 양을 치는 목자에 대해서 그 목자상을 대표로 보여주는 사람이 바로 다윗입니다. 이스라엘의 이대 왕이었던 다윗은 왕이 되기 전에는 어려서부터 부모를 도와서 양 치는 일을 했습니다.

삼상17장에 보면 이스라엘이 블레셋과의 싸움으로 늘 항오를 벌이고 있는 상태인데, 블레셋의 용사 골리앗이 키가 2미터 90센티 정도라니 그 크기가 상상됩니까? 이 구척장신인 골리앗이, 자기와 일대일로 싸울 자를 내보내라, 만일 우리가 싸움에 지면 너희의 종이 되겠다, 그러나 골리앗이 그를 죽여서 이기면 너희가 우리의 종이 되어 우리를 섬겨야 한다고 이스라엘을 계속 위협하고 야유하며 싸움을 거는 것을 이 소년 다윗이 보게 되었습니다. 이로 인해 사울과 온 이스라엘은 놀라고 심히 두려워하며 그 앞에서 도망했다고 했습니다. 그러니 이스라엘은 자나 깨나 골리앗이 두려운 존재가 되어 마음에 쉼이 없는 가운데 있으니, 심지어 이스라엘을 모욕하러 온 골리앗을 죽이는 사람에게는 사울 왕이 많은 재물과 딸을 줄 것이라는 말까지 돌게 되었습니다. 소년 다윗이 이 광경을 보고 듣고는 도대체 "이 할례 없는 블레셋 사람이 누구관대 사시는 하나님의 군대를 모욕하겠느냐"라고 했으니, 여러분이 소년 다윗이 하나님에 대한 신앙이 얼마나 확고한지를 알 수 있지 않습니까? 그냥 예사로 해본 말이 아니란 말입니다. 그렇기에 골리앗 보기를 자기 양을 물어가는 한 마리 이리에 불과한 자로 보았습니다. 짐승을 쳐서 죽이듯 골리앗을 죽이는 것은 다윗에겐 아주 쉬운 것입니다.

다윗이 골리앗을 쳐서 죽일 것을 사울에게 고하자 사울이 걱정하며 "아니다. 넌 아직 어려서 안 된다. 네가 어디 감히 그 큰 장수인 골리앗을 죽인다고 하느냐. 더구나 그는 어려서부터 용사였는데 그러니 말아라. 말아" 하고 다윗을 말렸습니다. 그러자 다윗이 사울에게 뭐라고 했는지 아십니까? 주의 종이 아비의 양을 지킬 때에 사자나 곰이 와서 양 떼에서 새끼를 움키면 내가 따라가서 그것을 치고 그 입에서 새끼를 건져 내었고 그것이 일어나 나를 해하고자 하면 내가 그 수염을 잡고 그것을 쳐 죽였었나이다. 주의 종이 사자와 곰도 쳤은즉 사시는 하나님의 군대를 모욕한 이 할례 없는 블레셋 사람이리이까 그가 그 짐승의 하나와 같이 되리이다 또 가로되 여호와께서 나를 사자의 발톱과 곰의 발톱에서 건져 내셨은즉 나를 이 블레셋 사람의 손에서도 건져 내시리이다 했습니다. 물론 다윗의 이런 선의 모습은 예수님에 대한 예표적인 것입니다만, 저는 이 같은 다윗이 얼마나 사랑스러운지, 진정한 하나님을 향한 경외심의 참 인격과 마음의 진실에서 우러나는 다윗의 신앙을 보면서, 얼마나 내 마음이 흐뭇하고 기쁘고 사랑스러운지, 크게 감동이 되어 다윗에게 그렇게 사랑이 가더라는 말입니다. '아, 다윗이 하나님의 마음을 가진 자로 하나님이 누구신지를 진정 알고 있었구나! 그래서 하나님을 사랑하는 마음이 크니 그렇게 담대할 수가 있었구나!' 하고 다윗의 마음을 읽을 수가 있었습니다. 여러분 소년 다윗이 **이 할례 없는 블레셋 사람이 누구관대 사시는 하나님의 군대를 모욕하겠느냐** 했으니, 소년, 이때 17세라고 성경이 밝히고 있는데, 이 소년의 이 말이 얼마나 당당합니까? 얼마나 멋집니까? 조금도 마음이 비굴하지 않은 당찬 이 말은, 바로 하나님을 아는 데서 나온 것입니다. 하나님을 안다는 것은 하나님의 마음을 가졌다는, 하나님의 마음이라는 말입니다. 또한 이것은 하나님의 보좌를 찬탈하려고 반역을 일으킨 사단의 교만한 행위에 분노하신 예수님께서 오셔서 단번에 머리를 깨실 것이라는 것을 보이신 예표입니다. 하나님이신 예수님의 이 분노는 사람의 혈기에서 나는 분노가 아니고, 하나님의 사랑과 공의에서 나는 분노이십니다.

다윗은 어려서부터 목동으로 양 무리와 함께 생활했습니다. 다윗이 양을 돌보는 데 있어 양의 부족한 부분들을 살피고 양을 사랑하여 돌보는 일에 마음을 다하였습니다. 다윗이 양을 향한 자기의 그같은 선한 열심을 통해서 하나님의 마음을 보게 되었습니다. 이 얼마나 감격스러운 복입니까. 자기의 치는 양들을 위해 푸른 초장을 찾고, 잔잔한 물가로 이끌어 물을 마시우고, 양들의 풀을 뜯고 물마시고 쉬는 평화로운 모습을 보면서 다윗의 마음도 그같이 행복감에 젖는 것입니다. 새끼 양을 움켜가는 사납고 포악한 짐승에게, 자기 목숨을 잃을 수도 있다는 두려움과 위태함보다는 먼저 새끼 양이 그 짐승의 먹이가 되어 처참하게 찢겨 죽을 것을 생각하면 지체할 수가 없습니다. 잡아먹힐 위기에 처한 새끼 양을 구하려는 것에만 마음이 있으니, 그같이 위험을 무릅쓰고 사자나 곰을 상대하여 기어코 그 입에서 양을 건져내는 것입니다. 그렇기에 다윗이 그 같은 양을 향한 자기 열심 속에서 하나님의 마음을 보게 되었다는 말입니다.

자기 백성을 향하신 그 하나님의 사랑과 열심이 얼마나 크신지를 다윗의 마음에 크게 감동으로 깨달아지고, 하나님께서도 그렇게 목자처럼 자기에게서 눈을 떼지 않으시고 보호하시며 지키시고, 힘을 주시며 쉴 만한 물가로, 푸른 초장으로 인도하시는 분이라는 것을 알게 되었던 것입니다. 그러면 여러분! 여러분은 자신을 통해서 하나님의 마음을 봅니까? 자신에게서 하나님을 봐요? 그렇다면 이것만큼 큰 복이 어디 있겠습니까? 다윗이 그렇게 목자와 같은 하나님을 날마다 경험하게 되었다는 것입니다. 그래서 다윗이 하나님을 목자로 비유하여 "여호와는 나의 목자시니 내게 부족함이 없으리로다" 하고 계속 그 은총을 노래하고 찬양한 것입니다. 하나님에 대한 신앙이 진실한 다윗은 늘 자신의 죄를 알고 심영에 통회하며 자복하여 진심의 회개를 잘하였습니다. 진리이신 여호와 하나님을 진심으로 사랑하고 경외하여 하나님의 마음을 닮은 자, 하나님의 마음을 가진 자였습니다. 다윗이 장성한 뒤에 깨달았기 때문에 그렇게 진실해져서 하나님을 사랑한 것이 아닙니다. 어려서부터 그 부모에게 신앙을 배우고 또한 하나님을 경외하며 사랑하는 일이 다윗의 그 마음에도 합하였기 때문에 자기의 목숨을 다하여 하나님께 올려드리는 사랑을 하고 살았던 것입니다. 어려서부터!

또한 하나님께서 "다윗을 만나니 내 마음에 합한 사람이라 내 뜻을 다 이루게 하리라"라고 하셨습니다. 다윗을 만나니 내 마음에 합한 사람이라 하셨습니까, 안 하셨습니까? 그 말이 행13:22와 삼상13:14에 기록돼 있습니다. 하나님께서 내 마음에 합한 사람이라 내 뜻을 다 이루게 하리라 하셨습니다. '내 마음에 합한 사람'이라 하신 것은 그가 하나님의 마음을 가졌다는 말입니다. 하나님의 마음과 같은 마음을 가진 사람이라는 말이에요. 그래서 하나님께서는 사람의 외모를 보시지 않고 그의 중심을 보신다고 하셨습니다. 하나님께서 중심을 보신다고 하는 그 중심도 우리가 생각하는 그런 중심을 말하는 것이 아닙니다. 그렇기에 여러분이 하나님께서 말씀하는 중심에 대해서도 분명한 이해가 있어야 합니다. 삼상 16:7에 하나님께서 사무엘 선지자에게 다윗을 왕으로 기름을 부을지니라 하시면서 이르시기를 **그 용모와 신장은 보지 말라…… 나의 보는 것은 사람과 같지 아니하니 사람은 외모를 보거니와 나 여호와는 중심을 보느니라**고 하셨습니다. 그러니까 중심을 보신다는 것은 사람의 마음이 진정 진리를 찾는가, 하나님과 같은 마음인가를 본다는 말씀입니다. 바로 다윗의 중심이 그렇게 하나님과 같은 중심을 가졌으므로 하나님의 마음에 합한 것입니다.

그래서 오늘날 예수님을 믿는 우리가 예수님의 마음을 가져야, 예수님의 마음과 같은 마음을 가져야 그것이 하나님의 마음에 합한 것입니다. 잘 알아듣기 바랍니다. 우리 중심이 예수님의 중심과 같은지 중심을 보시는 하나님께 보여야 한다는 말입니다. 그래서 빌립보서 2:5에 **너희 안에 이 마음을 품으라 곧 그리스도 예수의 마음이니**라고 했습니다. 마18:35에도 보면 우리가 용서에 대해서 이 말씀을 나눴잖습니까? **너희가 각각 중심으로 형제를 용서하지 아니하면 내 천부께서도 너희에게 이와 같이 하시리라** 하셨잖아요? 여기서 말씀하는 중심도 바로 너희가 예수님의 마음으로 예수님의 마음과 같아서 형제를 용서하지 아니하면…… 그 말입니다. 예수님의 마음으로 용서가 되어야 바로 하나님의 마음에 합한 것입니다. 그러니까 사람들이 하나님의 뜻대로 믿기를 원한다고, 뜻대로 믿게 해주시라고 대부분 그렇게 기도하는 경우가 많이 있지 않습니까? 그런데 예수님의 마음과 같은 자가 하나님의 마음에 합한 자요, 그것이 하나님의 뜻이요, 뜻대로 믿는 것임을 말합니다. 하나님의 뜻이 그에게 이루어진 것입니다. 바로 성전이 되었다고 한다는 말입니다. 성전!

양은 자기 목자의 음성만 압니다. 자기 목자의 음성을 알아요. 양은 자기 목자의 음성만 알도록 창조되었어요. 왜냐? 예수님은 하나님의 어린 양으로 비유하고 예수님의 음성을 듣고 따르는 자를 양으로 비유하여 목자이신 예수님과 예수님을 믿는 자의 관계를 알게 하기 위해서, 양을 자기 목자의 음성만 듣도록 창조하시고, 그같이 목자와 양의 관계로 비유를 드신 것입니다. 그래서 양은 자기 목자의 음성을 듣고 그 인도를 따라가는 것입니다. 자기 목자의 음성이 아니면 아무리 양이 좋아하는 꼴을 주며 불러도 그 음성을 따르지 않고 돌아보지도 않습니다. 그래서 예수님을 믿는 자를 양으로 비유한 것입니다. 또 성경은 예수님을 어린 양으로 비유하고 있습니다. 하나님의 어린 양이라고 말하지요? 왜 어린 양입니까? 어린 양은 어미의 돌봄을 받고 오직 그 어미에게서 젖을 받아먹고 성장합니다. 그처럼 예수님께서도 오직 하나님 아버지로부터 양육을 받으시고, 오셔서 또 그 아버지 것을 자기의 양들에게 먹이시는 일을 하신 것입니다. 그래서 구약은 예수님을 하나님의 어린 양으로 비유하셨어요. 독자의 씨로 심어져, 곧 어린 양으로 그 신앙의 혈통 속에 계시면서 아버지 것을 받는 양육을 받아 오신 것입니다. 그래서 하나님의 뜻을 그 영혼에 가진 사람들의 그 신앙이, 여자의 후손으로 오시는 예수님을 드러내 주면서, 오셔서 하실 일에 대하여 말하게 하신 것입니다. 선지자들로 말하게 하였고, 또 누구보다도 다윗이 가장 크게 예수님을 드러냈습니다. 잠언도 대부분 예수님을 말한 것입니다. 신앙의 사람들을 통해 예수님을 말하였기 때문에 그래서 구약에서는 비밀로 계셨다고 하는 것이요, 예수님을 하나님의 어린 양으로 비유하였던 것입니다.

그리고 요10장에서 예수님은 예수님 자신을 **선한 목자**라고 하셨습니다. 양은 자기 목자의 음성을 멀리서도 알아듣습니다. 그래서 참으로 예수님의 양이면, 예수님의 양이기 때문에, 예수님의 말씀을 듣고 따르게 되어 있습니다. 그래서 오늘날 진짜 예수님의 양인지 아닌지를 아는 것은 멀리 볼 것도 없습니다. 자기 목자 음성 듣기를 원하여 그 말씀 따르기를 기뻐하느냐, 오직 자기 목자 음성에만 온 마음을 두고 있느냐, 그것이 예수님의 양입니다. 양이라면 자기 목자가 아닌 음성은 절대 듣지 않기 때문입니다.

예수님께서는 요10장에 **양은 그의 음성을 듣나니 그가 자기 양의 이름을 각각 불러 인도하여 내느니라 자기 양을 다 내어 놓은 후에 앞서 가면 양들이 그의 음성을 아는 고로 따라오되 타인의 음성은 알지 못하는 고로 타인을 따르지 아니하고 도리어 도망하느니라…… 나는 선한 목자라 내가 내 양을 알고 양도 나를 아는 것이 아버지께서 나를 아시고 내가 아버지를 아는 것 같으니 나는 양을 위하여 목숨을 버리노라 또 이 우리에 들지 아니한 다른 양들이 내게 있어 내가 인도하여야 할 터이니 저희도 내 음성을 듣고 한 무리가 되어 한 목자에게 있으리라…… 내 양은 내 음성을 들으며 나는 저희를 알며 저희는 나를 따르느니라**고 말씀하셨습니다. 여러분 이것이 얼마나 맞는 말씀입니까? 교회 다닌다고 해서 다 양이 아니라는 것, 그래서 목자의 음성 듣기를 원치 아니하고 목자인 것처럼 가장한 거짓 목자, 사단의 누룩 넣은 떡에 취하여 따라다닌다고 하는 것 아닙니까? 그렇기에 예수님 외에는 사람이 양의 목자가 될 수 없습니다. 만일에 자신을 목자로 말하는 자가 있거나, 직분을 목자로 호칭하는 자가 있다면 그것은 100프로 거짓 선지자나 거짓 그리스도인입니다. 거짓 목자인 사단의 종입니다. 예수님만 양의 목자입니다. 예수님의 말씀을 듣고 따르는 자가 양입니다. 그렇기에 예수님께서 베드로에게도 '네 양을 치라'고 하지 않으셨습니다. 내 어린 양을 먹이라, 내 양을 치라, 내 양을 먹이라고 예수님의 양이라고 하셨습니다. 아셨습니까? 그러니까 누구만 목자에요? 목사가 목자입니까? 목사는 목자가 아니에요. 오직 예수님만 양의 목자입니다. 그래서 오늘날 목사를 목자라고 하여 그 목자의 말을 따라간다고 하는 것이면 그것은 예수님의 양이 아니기 때문에 사람을 목자라고 해도 거부감 들지 않고 따라간다는 것, 분명히 알기 바랍니다.

그런데 양이 고집이 세고 무능합니다. 그렇기에 목자의 음성이 들리지 않으면 어디로 가야 할지 모르고 방황합니다. 방향도 모르고 방향감각도 없습니다. 혹 무리에서 떨어지면 자기가 왔던 길도 모르고 돌아갈 길도 모릅니다. 그래서 양은 목자의 음성과 목자의 막대기가 없으면 안 됩니다. 자기를 해치러 오는 적이 있어도 몇 발짝 뛰어 도망가는 것 외에는 방어할 능력도 없습니다. 목자가 지키지 않으면 그냥 잡아먹히는 것입니다. 오늘 본문 4에서 **너희 중에 어느 사람이 양 일백 마리가 있는데 그중에 하나를 잃으면 아흔아홉 마리를 들에 두고 그 잃은 것을 찾도록 찾아다니지 아니하느냐** 하셨습니다. 목자는 자기 양을 알기 때문에, 특히 어린 양은 각별히 돌보기 때문에 자기 양 무리에 양이 다 있는지 없는지 목자는 알아차립니다. 또한 하루를 마감하면서 양을 우리에 넣으며, 이탈한 양은 없는지 수를 헤아려 봅니다. 그런데 만일에 양 하나가 눈에 띄지 않는다면 목자는 그 양 무리를 두고 잃은 양을 찾으려고 다시 오던 길을 되돌아 있을 만한 곳을 다 찾아다닙니다. 그 한 마리의 양을 포기하지 않고 찾기까지 찾아다닌다는 것입니다. 목자는 불쌍한 그 양이 짐승의 먹이가 되지 않았기를 마음으로 빌면서 애타게 양을 부르며 찾아다닙니다. 그러다 그 목자의 음성을 듣고 멀리서 울부짖으며 목자를 찾는 그 양을 만났을 때, 주인의 마음이 얼마나 기뻤을지를 저는 충분히 상상이 갑니다. 안도하며 기뻐하는 목자의 모습이 눈에 선합니다.

오늘 예수님께서 잃은 양을 찾은 목자의 비유를 드신 것은 바로 예수님 자신이 잃은 양 찾으시는 목자로 오셨다는 것을 말씀하고자 함입니다. 잃은 양을 찾은 목자의 심정처럼 예수님께서도 간절히 찾는 자가 있다, 애타게 찾는 자가 있다 그러면 예수님께서 누구를 찾는 것일까요? 목자의 음성을 기다리는 길 잃은 양을 찾으시는 것입니다. 바로 아버지의 집을 나가 탕자로 살던 죄인을 찾으시는 것입니다. 아버지께 돌아오고자 하여도, 자신이 아버지께 죄를 지었으므로 차마 돌아오지 못하고 먼발치에서 아버지 집을 그리워하는 집 나간 탕자, 곧 자신이 아버지께 죄지었음을 아는 죄인을 찾는 것입니다. 죄인! 바로 수가성 사마리아 여자가 아버지 집을 그리워하는, 목자를 애타게 찾고 기다리던 잃은 양입니다. 사마리아인들이 집 나간 탕자로 죄인임을 아는 잃은 양입니다.

예수님께서 말씀하신 잃은 양은 목자의 음성에서 떠나 먹이에만 정신이 팔려 자기 배 채우기에 급급해 있는 그런 양을 말하는 것 아닙니다. 목자의 소리를 외면하고 자기 배 채우기 위해 정신이 팔려서 제멋대로 행동하여 무리에서 이탈한 그런 이기적인 양을 말하는 것이 아닙니다. 그런 것을 잃은 양이라고 하는 것 아닙니다. 양 무리 중에서 무시당하고 괴롭힘을 당하는 약한 양입니다. 힘 있는 양들이 서열적인 것도 있고, 힘을 과시하려고 제 눈에 힘없는 약한 양을 타깃 (target)으로 삼고 계속 쫓아다니며 괴롭히는 것입니다. 괴롭힐 만한 대상이 눈에 꽂히면 포기하지 않습니다. 눈에 띌 때마다 흥분하여 머리로 받아치고 쫓아다니며 괴롭힙니다. 그렇게 괴롭힘을 당하는 약한 양이 무리에서 밀려 쫓겨나게 되고, 또는 숨다가 그 양 무리에서 떨어져 길을 잃게 된 그런 경우를 말합니다. 주인이 그 사정을 다 알고 있습니다. 무리에서 밀려나서 길 잃어버린 것을 안다는 말입니다. 그렇기에 불쌍한 그 양이 짐승에게 발견되어서 먹이가 되기 전에 찾아야 하니, 양 무리를 들에 두고 급히 찾으러 가는 것입니다. 애타게 울며 주인의 소리를 찾고 있을 것을 생각하면 한시가 급합니다.

바로 우리 영혼이 이같이 생명이 갈하여 꼴을 먹이시는 목자를 간절히 찾는 영혼으로서 예수님의 양이어야 하고, 예수님께 찾아진 바 되어야 한다는 것을 의미하는 것입니다. 이것이 잃은 양의 비유 뜻입니다. 믿는다는 사람이 세상의 것으로 배를 불리려고 하는 것은, 예수님의 말씀에 절대로 관심을 둘 수 없고, 자신이 죄인인 것도 관심을 둘 수 없습니다. 이것이 원리입니다. 오직 목자이신 예수님의 음성, 말씀에 귀 기울여 따라가는 것만이 양이 할 일이요, 예수님의 양입니다. 참으로 여러분이 예수님의 양이면 예수님이 자기 목자임을 안다는 말입니다. 그래서 목자이신 예수님을 만났다는 것의 그 기쁨, 짐승에게 잡아먹히지 않은 그 안도감, 그 위로가 크게 있을 것입니다. 짐승에게 잡아먹힐 수밖에 없던 자기가 목자이신 예수님을 만나게 되었으므로 두려움과 무서움에서 놓여난 그 위안이 크게 있을 것이라는 말입니다.

오늘 목자는 "야 이놈아! 도대체 왜 이탈해서 나를 이렇게 힘들게 괴롭혀! 나를 이렇게 애먹이고 이런 고생을 시키느냐"고 호통한 것이 아니라, 그 기쁨이 얼마나 큰지 당신은 걷고 그 양은 어디에다 멨어요? 어깨에다 메고 즐거워하며 집에 돌아와서는, 이웃을 불러 음식을 나누며 내가 잃었던 양을 찾았다고 양을 찾은 이야기꽃을 피우지 않습니까? 그래서 목자가 찾는 것은 무리에서 밀려나 길 잃은 한 마리 양입니다. 또한, 길 잃은 양이 애타게 찾는 것은 주인의 음성입니다. 주인의 음성! 유대인들은 목축이 대부분 업이었으므로 예수님의 이 비유 말씀을 알아들어야 했습니다. 눅19:10에 **인자의 온 것은 잃어버린 자를 찾아 구원하려 함이라** 하신 말씀대로, 유대인들에게 친숙한 비유를 들어 바로 예수님 자신이 그 목자와 같이 아버지의 집에서 잃어버린 자들을 찾으러 세상에 오셨다는 것을 비치신 것입니다. 잃어버린 자가 예수님이 찾는 자요. 잃어버린 자만이 예수님의 음성을 듣습니다. 잃어버린 자만이 예수님의 음성을 찾는 것입니다. 예수님의 말씀을 듣고 또 듣기를 원하는 것입니다. 예수님을 만난 기쁨이 있고, 예수님의 위로와 함께 예수님의 영광에 함께 앉는 것입니다. 5에서 **찾은즉 즐거워하여 어깨에 메고** 한 것이 바로 그것을 의미합니다. 예수님의 영광에 함께 앉게 한다는 것, 함께 앉는다는 의미입니다.

그러면 여기서는 잃어버린 자가 누구라는 것입니까? 1, 2에 **모든 세리와 죄인들이 말씀을 들으러 가까이 나아오니** 누구만 말씀을 들으러 나왔어요? 죄인만 들으러 나왔어요. 세리도 죄인이라고 비난받고 조소를 받았습니다. 오늘날로 말하자면 유대인들에게 왕따를 당했습니다. 무리에 함께할 수가 없었어요. 그래서 세리와 죄인들만 말씀을 들으러 나왔어요. 바로 이들이 하나님이 찾으시는 잃은 양입니다. 2에 **바리새인과 서기관들이 원망하여 가로되 이 사람이 죄인을**

영접하고 음식을 같이 먹는다 하더라 했듯이 이들이 세리를 보고 자기 동족의 세금 걷어서 로마에 주는 자라고, 그 죄인들과 음식을 같이 먹는다고 원망하며 서로 수군거린 겁니다. 하나님의 거룩한 자라면 어떻게 저 죄인들과 음식을 같이 먹을 수 있는 것이냐는 거지요. 바리새인과 서기관들이 누굽니까? 스스로 의인인 척하는 자들입니다. 스스로 의인이 되어 있는 자들입니다. 오늘날로 말하면 예수님을 믿는다고 하면서 스스로 의인인 척하는 사람, 죄인인 척만 하는 사람입니다.

지금 여기에서 볼 수 있는 것이 무엇입니까? 하나님의 법을 잘 지키기 때문에, 주일 예배를 빠지지 않고 잘 나오기 때문에, 십일조는 떼먹지 않고 잘 내고 있기 때문에, 나는 죄와 상관없는 자라는 자칭 의인인 이런 바리새인이 자기 속에 있고, 나는 성경을 많이 읽었기 때문에 성경에 대해서는 너보다 더 잘 안다고, 하나님을 잘 알고 있다고, 성경을 수십 독하여 성경을 꿰고 있어서 성경에 대해서는 자신이 있다고 하는 서기관, 세상 지식을 높이는 서기관이 자기 속에 있으며, 물질로 부자가 돼야 그것이 하나님이 주신 복이라고, 땅에서 잘 사는 복을 받는 것이 예수 잘 믿는 증거라고 하는 사두개인이 자기 속에 있으면, 도무지 예수님을 알아볼 눈도 알아들을 귀도 없어, 예수님의 말씀이 그 속에서 거부당한다는 것을 여실히 보인 것입니다. 예수님의 말씀이 자기 속에서 거부당하는 것입니다. 자기는 듣는다고 말씀 앞에 앉아 있지만 그 영혼은 거부하는 것입니다. 자기 속에 바리새인이 나서서, 자기 속에 서기관이 나서서, 자기 속에 있는 사두개인이 나서서 수군거리고 받아들이지 못하게 막는 것입니다.

예수님 당시에 바리새인 서기관 등, 이들은 죄를 보게 하시려고 주신 율법을, 자기들은 잘 지키기 때문에 하나님 앞에 거리끼는 것이 없다고 스스로 의인으로 자처했습니다. 한편은 자신이 죄를 지은 죄인이라 하여 감히 하나님 앞에 고개를 들지 못하고 살던 죄인들이 있었습니다. 그런데 의인으로 자처하던 이들이 이 죄인들은 비난받아 마땅하다 하여 정죄하고 경멸했습니다. 스스로 의인으로 자처한 종교 지도계층에 있던 이들에게, 예수님께 말씀을 들으러 나온 세리와 죄인들이, 소외계층 사람들이 멸시와 조소를 받으며 죄인으로 내몰렸던 것입니다. 그러므로 죄인으로 불리던 이들 자신도, 비난과 경멸당함을 받을 것으로 알고 있었습니다. 율법 앞에 죄인으로, 하나님 앞에 죽을 죄인으로 살고 있었단 말입니다. 그렇기에 이들이 예수님께 찾아진 바가 된 잃어버린 양이요, 예수님의 양입니다. 스스로 죄 없다고, 의인이라고 자처한 바리새인 서기관은 바로 주인의 음성을 듣지 않고 자기가 힘 있다고, 능력 있다고 약한 양을 무시하고 받아치며 괴롭혀 무리에서 밀어낸 고약한 양들입니다.

7에 내가 너희에게 이르노니 이와 같이 죄인 하나가 회개하면 하늘에서는 회개할 것 없는 의인 아흔아홉을 인하여 기뻐하는 것보다 더하리라 했습니다. 이 말씀은 하늘에서는 회개할 것 없는 의인 아흔아홉으로 말미암아 기뻐하는데 그보다 죄인 하나가 회개하면 더 기뻐한다. 그런 말이 아닙니다. 바리새인이 누구냐, 서기관이 누구냐? 회개할 것이 없다고 하는 자들, 회개가 무엇인지 깨닫지 못하는 자들입니다. 그런데 이들이 하나님의 뜻을 이루기 위하여 율법을 받아 그 일을 행한 그것으로는 하늘에서도 기뻐하는 것이지만, 그것보다 더 중한 것, 하나님의 주신 율법의 본뜻은 죄인임을 깨닫는 데 있고, 예수님으로 죄 용서받게 하는 데 있으니, 그러므로 율법의 뜻대로 너희가 죄인임을 아는 것을 기뻐한다는 말씀입니다. 너희가 죄인임을 알 때에, 너희 앞에 와계신 하나님을 볼 것이라고, 그러므로 하늘에서는 죄인이라야 예수님을 만나는 것이니 그 죄인 하나를 원하시고 기뻐하신다는 말씀입니다.

하늘에서 원하는 것은 아흔아홉이 아니라 아흔아홉에서 하나를 더해야 한다는 것입니다. 율법을 지켜 행하는 것만이 하나님이 원하신 뜻이 아니라, 그 아흔아홉 속에 넣은 근본의 뜻, 사람이 하나님의 뜻에 완성이 돼야 할 하나가 더해져야 한다는 말씀이에요. 율법의 모든 것을 지키고 행한 그것도 기뻐하시는 것이지만, 그러나 율법의 모든 것이 집중되어야 하는 그것은 하나라는 것입니다. 그 하나가 빠지면 아흔아홉이 다 소용없다는 뜻이에요. 이스라엘이 아흔아홉을 했으면 백으로 완전케 되는 가장 중요한 하나, 바로 너희가 죄인임을 알아야 한다는 말씀입니다. '죄인 = 예수님'이니 그러므로 죄인임을 알아야 한다는 것, 죄인임을 알 때에 죄인의 구주이신 예수님을 만나 한몸을 이루는 것이니, 그것을 알라는 말입니다. 너희가 아흔아홉을 이뤘어도 율법의 뜻대로 죄인임을 알고, 죄인의 하나로 죄인 찾아오신 예수님께 찾아져야 그것이 하늘에서도 기뻐하는 것이라고 하는 것입니다. 죄인으로 예수님을 맞아 영접해야 그것이 율법의 뜻이요, 백(100)으로 완성되는 것입니다. 백은 예수님의 수입니다. 그래서 인간은 예수님으로 완성이 돼야 백의 수에 드는 것입니다. 그런데 너희가 그 죄인이라는 하나를 잃었으니 예수님도 잃게 되었고, 그렇게 목숨을 다해 행하여 온 너희의 그 아흔아홉도 다 잃은 것이 되었다고 하시는 말씀입니다. 그러므로 너희가 가장 귀중한 하나를 잃어버린 것이 있다. 인간은 의가 없는 죄인이라고 했지, 언제 너희 행위로 구원받을 수 있다고 했느냐? 그 귀중한 하나를 너희가 어느 때 잊어버리고 그 잘못된 것을 가졌는지, 잃어버린 그 하나를 반드시 찾아야 한다는 것을 말씀하시기 위해 오늘 8에서부터 여자가 잃어버린 드라크마를 찾은 비유를 들어주신 것입니다. 잃어버린 그것을 반드시 찾아야 한다는 말씀입니다.

8에서 '어떤 여자가' 한 것은 하나님의 신앙을 가진 이스라엘을 의미한다고 말씀드렸습니다. 드라크마는 그때 은전으로 된 화폐 명칭인데, 한 드라크마는 노동자의 하루 품삯 정도였다고 합니다. 돈의 가치로는 크지 않습니다. 그런데 드라크마를 비유로 하신 것은 은이라는 것과 열 개라는 것과 돈이라는 각각의 그 특성에 있습니다. 은도, 열 개도, 돈도 다 사용된다는 점에서 의미를 두었다는 말입니다. 그때 당시 유대 풍습에 남자가 자기와 혼인할 여자에게, 남편으로서 일생 변함없이 사랑하고 남편의 의무를 성실히 이행하겠다는 그 의무 사항들을 각각 은전 하나하나에 약속으로 둔(새긴) 열 개의 은전 드라크마를 한데 꿰어 증표로 주었습니다. 또한 그것을 여자가 받아들이면 여자 자신도 아내로서 생사고락을 같이하여 남편만 바라며 존경하고 아내의 도리를 성실히 이행하겠다는 약속이 되었습니다. 그렇기에 이 드라크마는 여자의 일생이 걸린 일입니다. 혼인 약속의 증표인 이 열 드라크마는 일평생 간직하여야 할 가장 귀한 서약의 증거이므로, 자기 목숨과도 같은 의미를 가졌습니다. 여자의 일생이 걸린 대단히 중요한 의미를 가졌다는 말입니다. 그리고 여자가 증표로 받은 열 드라크마를 머리에 장식으로 하고 혼인에 임하여 축하객이 그에 대한 증인이 되고, 그러므로 하객의 축하와 축복을 받으며 혼인

이 이루어졌습니다. 그렇기에 이 열의 약속의 의미는 하나가 깨지면 안 됩니다. 하나가 깨지면 다 깨진 것과 같기 때문입니다.

그렇다면 만일 여자가 혼인날이 곧 다가오는데 하나의 드라크마를 잃었다면 그 여자가 찾겠어요, 안 찾겠어요? 여러분이라면 찾지 않겠습니까? 열 개가 약속의 증표입니다. 열 개가! 하나를 잃으면 증표는 효력이 없어 스스로 그 약속을 버린 것이 됩니다. 그래서 아홉 개의 약속이 온전히 집중된 그 하나를 잃으면 다 잃은 것입니다. 약속의 증표는 열이어야 합니다. 하나가 없으면 아홉의 의미도 효력이 없습니다. 열이라야 온전한 효력이 있습니다. 그래서 혼인날 그 하나가 없으면 혼인은 성사가 안 되는 것입니다. 여자가 남자를 맞아들일 근거를 버린 것이 된 것입니다. 그러면 여러분이 8에 **어느 여자가 열 드라크마가 있는데 하나를 잃으면 등불을 켜고 집을 쓸며 찾도록 부지런히 찾지 아니하겠느냐** 하신 말씀이 이해가 되겠습니까? 바로 여자가, 신앙은 신앙의 결국이신, 신앙의 실체가 되시는 그 예수님을 찾는다는 뜻입니다. 반드시 찾아야 하는 것임을 이제 알겠어요? '아니, 그까짓 돈 가치 없는 은전 하나 잃은 것인데, 그것이 뭐 그리 대단하다고 그렇게 찾고 또 찾고, 온 방을 쓸고 찾아야 되냐'라고 쉽게 생각하여 말하지만, 이제 찾아야 한다는 것 상상이 되겠습니까? 자기 일생의 문제, 목숨의 문제가 걸린 것이니 반드시 찾아야 하는 겁니다. 그래서 예수님께서 등불을 켜고 온 집을 쓸며 구석구석까지 살펴보고, 그래도 없으면 또 쓸며 살펴보고 기어코 찾을 때까지 부지런히 찾지 않겠느냐고 하셨습니다. 여기 '부지런히'는 '다급한 일이므로 지체함 없이 찾기에만 집중한다.'는 의미입니다. 9에 **또 찾은즉 벗과 이웃을 불러 모으고 말하되 나와 함께 즐기자 잃은 드라크마를 찾았**

노라 하리라 마침내 잃은 그 드라크마를 찾았을 때의 기쁨은 예수님께서 '또 찾은즉' 하셔서 잃은 양 찾은 목자의 기쁨과 같은 기쁨으로 묘사하고 있지 않습니까?

여러분이 참고하도록 열에 대해 부연 설명을 합니다. 성경에서 '열' 하는 것은 딱 열 개라는 것을 말하는 것이 아니라 꽉 찬 완전의 의미에서의 열입니다. 하나님께서 사람을 구원하시는 일에 필요한 모든 뜻을 사람이 알고 받아 행하게 하신 것이 바로 완전한 것인데, 그것이 예수님을 만나는 성전의 길입니다. 그래서 '열' 했을 때는 하나님이 사람에게 맡겨주신 일, 땅에서 백성이 해야 할 하나님의 전 일을 의미하면서 그 뜻을 행하라고 하신 하나님의 백성 이스라엘의 완전한 총수(數)와 함께, 온 땅에서의 하나님의 구원하시는 뜻으로 메시아를 만나게 되는 총수(數)를 의미하는 겁니다. 또 백이라고 했을 때는 백 명이나 백 개를 말하는 것이 아니라, 예수님의 이루신 십자가의 완전한 승리의 수, 곧 예수님의 수로써, 예수님의 그 승리하심으로 구원받아 예수님과 하나가 된 수입니다. 하나님의 곡식밭에 온전히 익은 열매들로 예수님 안에서 거두게 된 그 총수(數)의 의미입니다. 또 천이라고 했을 때는 땅에서의 구원하시는 열의 일과 백의 일이 끝나고, 하늘에 들어가 하나님과 함께하는 때의 수로써 하늘 수, 천국 수라는 의미입니다. 그래서 완전함은 하나님의 구원하시는 뜻의 완전함, 구원을 이루신 것의 완전함, 구원의 온전한 성취로 하늘에 들어간 것으로서의 완전함을 말하고. 그리고 한 사람이라고 했을 때는 하나님은 한 사람, 아담이냐, 예수님이냐, 오직 예수님 한 사람만 보신다는 의미입니다. 아담(사람)이 예수님을 만나 예수님 안에 있느냐, 예수님이 그 안에 있느냐 없느냐 하는 것만 보신다는 말입니다. 이해됐습니까?

그러니까 예수님의 이 비유는, 하나님께서 이스라엘에 영원한 생명의 복(하늘나라)을 주실 것을 피로 언약하시고, 이스라엘은 아멘으로 받아 피차에 언약을 맺었는데, 그 언약을 이스라엘이 받아들였다는 말입니다. 그래서 성경은 하나님과 이스라엘이 정혼한 사이와 같은 것으로 묘사되고 있습니다. 이제 그 약속을 피 흘려 이루시려고 하나님께서 정혼한 그 이스라엘에 오셨는데, 이스라엘이 신랑을 만날 수 있는 유일한 정표 하나, 없으면 절대로 혼인할 수 없는 가장 중요한 것 하나, 자기가 구원받아야할 죄인인 것과 그 자신(이스라엘)을 위해 피 흘리러 오실 메시아를 잃었더라는 것입니다. 그것은 하나님과 맺은 언약을 버린 것과 같아서, 그래서 그들과 혼인이 성사되지 못하게 되었다는 말입니다. 죄인과 예수님은 하나로 이퀄(=)입니다. 그래서 죄인 = 예수님이에요. 그렇기에 너희 앞에 와계신 예수님이 너희가 잃어버린 그 드라크마 하나다. 너희가 죄인임을 잃어버린 그 드라크마 하나다. 예수님과 죄인이 만나야 하는 것이 드라크마 하나인데, 그것을 잃었다고 하는 것을 말씀한 뜻입니다. 아홉이 집중되어야 하는 것, 가장 중요한 그 하나를 잃어버렸다, 신랑을 만나 혼인으로 들어가야 하는 것을 잃어버렸다는 말입니다.

그렇기에 이 여자가 세상에서 사는 동안에 함께할 혼인이라도, 그렇게 중히 여겨 파기하지 않으려고, 그 약속을 붙잡으려고 잃은 것을 기어코 찾고 찾음으로써 찾았듯이, 너희가 바로 하나님의 언약하신 것, 너희가 누구며 너희가 그 언약을 어떻게 받아야 하는지, 마음을 돌이켜 여자가 드라크마를 찾은 것과 같은 열심으로 찾아야 한다는 말씀입니다. 그러면 밖에서 잃은 것이 아니라 집에서 잃은 것이니 찾아진다는 말씀입니다. 그러니까 이방인 속에다 잃은 것이 아니다. 밖에서 잃은 것이 아니라는 말이에요. 이방인 속에다 언약을 넣으신 것이 아니고, 다른 종교에다 넣은 것이 아니고, 하나님의 집의 권속들 속에 넣은 것이니, 그러므로 집에서 잃은 것이니 구하라 찾으라 하신 것입니다. 하나님께서 자기 백성에게 주셨다는 말입니다. 자기 백성에게! 자기 집안사람들에게 주신 언약이라는 거예요. 그래서 자기 집안사람에게 주신 것에서 잃은 것이니 찾으면 찾는다고, 찾을 수 있다고 하는 비유의 말씀입니다. 오늘날 우리는 이 성경을 말씀합니다. 성경이 곧 하나님의 집안일을 기록한 것이니 성경 안에서 찾고 찾으면 찾아진다는 말씀입니다. 그래서 죄인 하나가 회개하면 그것이 곧 예수님과 하나가 되는 일로써 하나님의 뜻입니다.

그러면 오늘 두 가지의 비유 결론이 무엇입니까? '죄인 하나'라는 것입니다. 잃은 양 찾은 목자의 7에서도, 여자가 열 드라크마를 잃은 것을 찾은 10에서도 죄인 하나가 회개하는 것, 사람마다 각각 자신이 하나님이 말씀하시는 죄인임을 알고 회개하면, 아버지께 듣고 배워 죄인임을 깨달아 회개하면, 그 죄인을 위해 오신 예수님을 만나 한몸을 이루게 되니, 그것이 곧 하나님의 사자들 앞에 기쁨이 된다고 하는 것입니다. 그런데 유대인들이 그 드라크마를 잃은 것이 되었으니, 신랑은 만날 수가 없게 돼 버렸습니다. 열 드라크마, 즉 언약과 말씀과 사건과 율법과 행하는 그 일 속에서 감춰지듯이 계셨던 메시아와 죄인인 자기를 보고, 그분과 한몸을 이루는 뜻이 되어 함께 기쁨을 나눠야 함에도, 결국 팔아 버린 인본을 다시 사들여 하나님의 그 언약에서 나간 자들이 돼 버린 것입니다. 그러나 하늘에서는 행위 완전하다고 자신을 의인처럼 생각하는 자들이 아무리 많아도 그것은 하나님 나라에 합당한 자가 아니요, 죄인 하나가 회개하는 것이 기쁨이고, 하나님의 사자들, 구원 얻을 후사들을 돕기 위해 보내진 천사들도 그것이 기쁨이 된다고 하는 것입니다.

그래서 지난 말씀에도 예수님이 오신 것은 의인을 부르러 온 것이 아니고, 죄인을 불러 회개시키러 왔다고, 그것이 예수님이 오신 뜻이라는 것도 말씀드렸고, 오늘 비유도 예수님께서 죄인만 찾으시고 죄인 하나가 회개하면 그것이 하늘의 기쁨이라고 했으니, 여러분이 예수님이 오신 뜻을 확실히 알라는 말씀입니다. 성경에 누가 성공했고 누가 복을 받았고 누가 출세를 했고 하는 등등의 이야기들로 성경의 본질을 흐리고 왜곡하며 성경을 다 아는 것처럼 말하고들 있지만, 그래서 모든 이야기를 다 알고 말씀을 다 안다고 해도, 자신이 하나님의 말씀하시는 죄인으로 죄를 보지 못하면, 그것은 성경 다 모르는 것이요, 바리새인 서기관 사두개인 종교지도자일 뿐입니다. 인간은 백 퍼센트 죄입니다. 백 퍼센트! 인자로 오신 예수님은 백 퍼센트 의입니다 의! 사람이 그래도 윤리나 도덕에 흠이 없고 남을 도와 자기를 희생하고 착한 마음과 선함이 있으면, 저 사람보다는 내가 더 착한 성품이고 양심적이면 그중 한 칠십 퍼센트 정도는 죄인이라 치고, 그래도 한 삼십 퍼센트 정도는 죄인 아닌 부분도 있지 않으냐 하는 것, 하나님께는 없습니다. 그것은 말라 부스러지는 나뭇잎과 같다고 성경은 말씀하고 있습니다.

그래서 죄인인 척만 하는 사람, 자기를 좀 낮다고 생각하는 사람은 자기에게서 죄를 보지 않고 그 마음이 하나님께 온전히 굴복되지 않습니다. 요한일서 1:7과 9에 말씀하길 그것은 자기를 속이는 자요, 또한 하나님을 거짓말쟁이로 만드는 자라고 했습니다. 다른 사람의 행동을 평가하기 좋아하고, 세상 것에서 만족을 얻고자 하는 것에만 마음을 둡니다. 참으로 자신이 지옥의 사망으로 끌려들어 갈 죄인이라는 것을 안다면 회개하게 되어 있습니다. 우리는 회개가 무엇인지 듣고 다 배워서 잘 알고 있습니다. 그러나 배워 알고 있는 것이 회개가 아닙니다. 자기 마음에서부터 회개가 일어나야 죄인이 맞습니다. 입으로 고백하는 것도 중요하지만, 회개의 뜻은 하나님이 제시하신 길로 방향을 돌이키는 것, 내 생각도 내 삶도 다 예수님께 맞히는 것, 그것이 회개입니다. 자기가 예수님의 의가 아니면 지옥으로 떨어질 처참한 존재라는 것을 깨달은 자는, 예수님의 의로 살게 되고, 그 의로 사는 것이 얼마나 귀하고 행복한 것인지를 알게 되니 진정의 회개가 깨끗이 일어나게 되는 것입니다.

누가복음 18장에 한 죄인을 볼 수가 있습니다. 어떤 바리새인과 세리가 성전에 같이 기도하러 올라왔어요. 그런데 바리새인은 자신이 하나님의 모든 말씀을 지키니, 죄인이 아닌 의인인 줄 알고 하나님 앞에 가슴을 펴고 기도합니다. 그러나 세리는 멀리서 감히 눈을 들어 하늘을 우러러보지도 못하고 다만 가슴을 치며 가로되 "하나님이여 불쌍히 여기옵소서 나는 죄인이로소이다" 하고 자신이 하나님 앞에 감히 설 수 없는 죄인이라고 했습니다. 그러므로 죄인인 이 세리가 하나님께 의롭다 하심을 받았다고 했습니다. 예수님께서 찾으시는 자는 죄인입니다. 죄인만이 예수님을 만날 수 있습니다. 하늘에는 죄인만이 예수님으로 말미암아 갈 수 있습니다. 오늘 2에서 예수님께서 **죄인을 영접하고 음식을 같이 먹는다**고 했습니다. 영접이라는 것은 예수님을 영접하는 우리에게만 해당하는 것인 줄로 알았는데, 예수님께서도 죄인을 영접하더라는 것입니다. 죄인을! 그러니 내가 죄인이면 이 얼마나 놀라운 은혜입니까? 하나님께서 죄인인 나를 영접하시다니요. 또 식탁을 같이하더라고 했습니다. 이 말은 예수님과 함께 보좌에 앉는 것을 뜻합니다. 예수님이 계신 곳에 내가 있고, 내가 있는 곳에 예수님이 계신 것, 그 영광의 자리에 함께 앉히신다는 의미입니다.

또한 죄인만이 구주이신 예수님의 양이므로 음성을 듣습니다. 요 10장에 예수님께서 **내 양은 내 음성을 들으며 나는 저희를 알며 저희는 나를 따르느니라** 하셨습니다. **목자의 음성을 아는 고로 따라오되** 했습니다. 예수님이 자기 목자이면 목자의 음성을 안다는 것입니다. 예수님의 양은 목자이신 예수님의 음성만 듣고 따라가는 것이지, 다른 음성은 듣지 않는다는 것입니다. 그래서 양은 자기 목자의 음성을 아는 고로 따라오되 타인의 음성은 알지 못하는 고로 타인을 따르지 아니하고 도리어 도망하느니라고 했습니다. 나는 내 양을 알고 양도 나를 안다고, 내 양이 아니므로 듣지 않고 믿지 않는 것이지, 내 양은 내 음성을 들으며 나는 그들을 알고 그들도 나를 따르느니라고 하셨습니다. 내가 저희에게 영생을 주노니 영원히 멸망치 아니할 터이요 또 저희를 내 손에서 **빼앗을** 자가 없느니라고 하셨습니다. 이것이 얼마나 맞는 말씀인지 참으로 얼마나 얼마나 맞는 말씀을 하셨는지, 저는 이 같은 말씀 앞에 나 자신이 예수님의 양인 것이 기뻐서, 내가 예수님을 세상 누구보다도 더 필요로 하는 죄인이었던 것이 기뻐서, 가슴이 터질 것 같은 동의와 감사함에 내 온 마음으로 '아멘'을 외치곤 했습니다. 내 영혼이 참으로 물 만난 고기가 되어서 얼마나 자유로운지, 얼마나 말씀의 배부름을 얻어 만족함을 얻고 있는지를 모릅니다.

그래서 죄인인 것을 알고 자기의 죄를 보는 자는 예수님을 알고 예수님의 음성(말씀)을 들으며 그 말씀을 따르기 원하고, 예수님의 음성 외에는 다른 것 듣는 것 원하지 않습니다. 참으로 그렇습니다. 정말 그렇습니다. 다른 음성은 다 속이는 것임을 알기 때문에, 예수님 말씀 외에는 듣지 않는다는 말입니다. 자기의 죄를 보지 못한 지도자들과 바리새인 서기관 사두개인은 예수님 보지 못했습니다. 그들 앞에 계셨어도 예수님 보지 못했습니다. 아니, 하나님이 말씀하시는 죄를 보지 못하는데, 어떻게 죄를 대속하실 예수님을 볼 수가 있겠습니까?

여러분이 죄인으로 예수님 만나지 못하면, 그에게 예수님이 없으면 오늘 밤에라도 그 영혼이 떠나면 그는 지옥으로 떨어집니다. 그렇기에 하나님께서는 네 먹고사는 것, 사람 때문에 좀 고통당하는 것, 그것이 문제가 아니라 네가 죽음 앞에 섰을 때 네 영혼이 갈 곳이 어디냐? 그것을 생각하라고 하신 것입니다. 오늘 예수님께서도 너희가 성경에서 반드시 찾아야 하는 것, 누가 땅의 복을 받아 거부가 되었느냐? 그런 것이나 찾아야 하는 것이 아니라, 너희를 왜 죄인이라고 하는 것인지를 찾으라는 것입니다. 그 죄인을 찾으시는 구주 예수님을 찾고 만나야 한다는 것입니다. 오늘 예수님 비유의 이 말씀, 잃은 양 찾은 목자와 잃은 드라크마를 찾은 여자에 대해서 여러분이 다 이해하고 들으신 줄로 믿습니다. 여러분이 적용하는 말씀으로 받게 되기를 바랍니다. 말씀을 맺습니다.

우리에게 진정한 뜻을 깨달아 알 수 있도록 도와주신 성영님께 감사하고, 말씀의 복을 주신 삼위의 하나님께 모든 영광을 돌립니다. 아멘

제 11 장
당신 영혼은 지금 어디에 있습니까?

¹⁹한 부자가 있어 자색 옷과 고운 베옷을 입고 날마다 호화로이 연락하는데 ²⁰나사로라 이름한 한 거지가 헌데를 앓으며 그 부자의 대문에 누워 ²¹부자의 상에서 떨어지는 것으로 배불리려 하매 심지어 개들이 와서 그 헌데를 핥더라 ²²이에 그 거지가 죽어 천사들에게 받들려 아브라함의 품에 들어가고 부자도 죽어 장사되매 ²³저가 음부에서 고통 중에 눈을 들어 멀리 아브라함과 그의 품에 있는 나사로를 보고 ²⁴불러 가로되 아버지 아브라함이여 나를 긍휼히 여기사 나사로를 보내어 그 손가락 끝에 물을 찍어 내 혀를 서늘하게 하소서 내가 이 불꽃 가운데서 고민하나이다 ²⁵아브라함이 가로되 얘 너는 살았을 때에 네 좋은 것을 받았고 나사로는 고난을 받았으니 이것을 기억하라 이제 저는 여기서 위로를 받고 너는 고민을 받느니라 ²⁶이뿐 아니라 너희와 우리 사이에 큰 구렁이 끼어 있어 여기서 너희에게 건너가고자 하되 할 수 없고 거기서 우리에게 건너올 수도 없게 하였느니라 ²⁷가로되 그러면 구하노니 아버지여 나사로를 내 아버지의 집에 보내소서 ²⁸내 형제 다섯이 있으니 저희에게 증거하게 하여 저희로 이 고통받는 곳에 오지 않게 하소서 ²⁹아브라함이 가로되 저희에게 모세와 선지자들이 있으니 그들에게 들을지니라 ³⁰가로되 그렇지 아니하니이다 아버지 아브라함이여 만일 죽은 자에게서 저희에게 가는 자가 있으면 회개하리이다 ³¹가로되 모세와 선지자들에게 듣지 아니하면 비록 죽은 자 가운데서 살아나는 자가 있을지라도 권함을 받지 아니하리라 하였다 하시니라

(눅16:19-31)

우리는 부자와 거지 나사로 하면, 부자는 죽어서 음부로 들어갔고, 나사로는 아브라함의 품인 낙원으로 들어갔다고 하는 것으로 잘 알고 있습니다. 부자도, 거지 나사로도 조상 아브라함의 후손으로서 하나님의 언약 안에 있던 사람들입니다. 그럼에도 이들의 사후는 서로 다른 장소로 들어갔다는 것입니다. 그래서 오늘 우리가 이 부분을 중점으로 하여 살펴보고 우리 믿음을 바로 하는 기회로 받는 말씀이 되겠습니다.

이제 세상 끝날에는 하나님께서 사람을 공의로 심판하실 것입니다. 어떤 편견이나 어떤 오해도 없이 말씀대로 공정하게 심판하실 것입니다. 반드시 행한 대로 갚으신다는 말입니다. 하나님은 '의' 자체이시고 거룩하신 분이니 죄를 용납하실 수가 없습니다. 흙으로 된 사람의 육체는 다시 흙으로 돌아가지만, 하나님께 범죄 한 영혼은 마귀를 심판하시는 지옥으로 함께 들어가 영원히 고통받아야 하게 되었습니다. 그런데 하나님은 사람이 죄 때문에 지옥의 형벌로 떨어지는 것을 원치 않으시기에, 그것은 하나님의 뜻이 아니기에 사람을 그 죄에서 구원하여 하나님 나라로 들이실 뜻을 가지셨습니다.

그래서 성경은 '의인은 없나니 하나도 없다'고 말하여, 인간은 모두가 다 죄에 꽁꽁 묶여 자신을 그 죄에서 구원할 수 없는 존재가 되었으므로, 하나님께서 사람을 짓기 전, 하나님 자신이 친히 사람이 되어 오셔서, 죗값을 치르고 죄를 처리하실 뜻을 가지셨습니다. 하나님이라도 사람으로 오셨을 때는 죄 아래 있게 되므로, 죄인이 받는 그 심판을 받아 지옥의 형벌로 들어가는 것입니다. 그래서 예수님께서 사람을 죄로 가둔 그 율법 아래 오셔서, 죄를 범한 영혼은 죽으리라 하신 율법의 요구대로 죄인처럼 심판을 받으셨습니다. 형벌 받을 자처럼 십자가에 못 박혀 죽음(지옥)으로 들어가셨으나, 예수님은 죄 없는 하나님이니 그 죽음(지옥)의 권세를 이기고 다시 살아나셨습니다. 예수님이 죽음에서 부활하셨다는 말입니다. 이 땅에 왔다 간 사람 누구도 죽음을 이기고 살아난 자는 없습니다. 예수님만 살아나셨습니다. 생명의 피를 흘리셨으므로 죗값을 치르셨고, 죄는 장사지내버렸습니다. 부활하심으로 사망 권세는 깨졌습니다. 그러므로 이제 사람이 죄에서 놓여나 예수님의 부활의 생명을 얻어 사는 길이 열렸습니다. 예수님을 죄인의 구주로 믿는 자는 피가 죄를 사하셨음으로써, 죄 때문에 지옥 가지 않게 되었습니다. 사망 권세자인 사단이 예수님의 이 은혜 입은 자를 죄인으로 정죄할 수 없게 되었고, 사망으로 끌고 갈 수가 없게 되었습니다. 예수님께서 성영님으로 자기 안에 와계신 자는 육체에서 떠나면 그대로 하나님 아버지 나라 천국으로 들어가는 것입니다. 그래서 이 같은 관계가 되어 아버지 나라에 들어가려면, 어떻게 해야 하는가를 잘 배우고 알아서 행하므로, 그 관계를 이루는 일에 마음을 다하여야 할 것입니다. 예수님께서 성영님으로 오셔서 자기의 흘리신 피와 찢기신 살을 먹여주시는 관계가 돼야 합니다. 그 같은 관계만이 구원 안에 있는 것입니다.

오늘 본문 내용이 무엇을 말하고 있습니까? 부자도, 부자의 상에서 떨어지는 것을 먹던 한 거지 나사로도 때가 되매 죽었다는 것입니다. 그런데 죽어서 장사된 것으로 끝난 것이 아니라, 부자는 음부, 그 고통받는 곳, 불꽃 가운데로 들어갔고, 나사로는 천사들에게 받들려 아브라함의 품에 안겼다는 것입니다. 아브라함의 품은 낙원을 의미합니다. 하나님과 동행하며 살던 아브라함은 하나님의 벗이라 칭함을 받고 믿음의 조상이 되었으므로, 그래서 아브라함의 품은 낙원을 의미하고, 구원받은 후손들의 처소로 묘사되고 있는 것입니다. 오늘 본문의 부자와 나사로, 이 두 사람의 대조되는 삶과 죽음을 통하여 우리에게 무엇을 가르쳐주고 있습니까? 사후 세계는 분명히 존재한다는 것, 그러므로 이 땅에서 육체가 사는 동안 영혼의 것을 준비하지 않으면, 죽음 뒤에는 절대로 절대로 기회가 없다는 것, 이 땅에서 어떻게 살았느냐로 사후 세계에 들어가는 장소가 다르다는 것을 분명히 그 실제의 모습을 보이시고 말씀하여 주고 있는 것입니다. 사람의 죽음 뒤에는 낙원, 즉 영생하는 하나님의 나라로 들어가는 것이냐, 아니면 음부, 즉 불꽃의 고통받는 지옥으로 들어가느냐 하는 두 곳이 있을 뿐임을 보게 하셨다는 말입니다.

19에 한 부자가 있어 자색 옷과 고운 베옷을 입고 날마다 호화로이 연락하는데 했습니다. 부자는 말 그대로 재물이 풍족한 사람입니다. 자색 옷을 입었다는 것은 권력과 명예의 자리에 있거나 부자였다는 것을 의미하고, 고운 베옷을 입었다는 것은 부자들만이 입을 수 있는 옷임을 의미합니다. 이 부자는 많은 재물을 가지고 육체의 향락을 쫓아 날마다 연회를 베풀고 흥을 내며 사는 일에 마음을 두고 살았습니다. 다시 말해 안목의 정욕과 육체의 정욕과 이생의 자랑으로 살았다는 말입니다. 그러면 이 부자가 하나님을 모르는 자라서, 하나님을 믿지 않는 사람이라서 이 같은 세상 연락에 빠져 살았다는 것일까요? 예수님의 모든 말씀은 하나님 밖의 사람들을 대상으로 하신 것 아닙니다. 하나님 밖의 이방인을 대상으로 말씀하는 것이 아니요, 하나님을 믿는다고 하는, 하나님의 백성을 대상으로 한 것입니다.

오늘 24와 27에 부자가 아브라함을 무어라 부르고 있습니까? '아버지 아브라함이여' 했습니다. '아버지 아브라함이여' 하는 이것은 곧 자기가 아브라함의 자손임을 자부하고 자랑이 되어 있던 유대인의 정신을 보여주는 것입니다. 그래서 '아버지 아브라함이여' 하고 절규하듯 부른 것입니다. 아브라함의 자손으로 하나님의 택함을 받은 민족이라는 그 의식 속에서, 하나님의 복을 받은 줄로 알았던 바리새인이요, 사두개인이었습니다. 여러분이 이들이 누구인지 이제 다 알고 있지 않습니까? 이 부자는 지금 음부에서 아브라함의 혈통이라는 그 자부심을 가지고 아브라함에게 자비를 구한 것입니다. 그래서 침례 요한이 와서 이 선민사상에 젖어서 회개할 줄 모르는 유대인들에게 눅3:7-9에 **독사의 자식들아 누가 너희를 가리켜 장차 올 진노를 피하라 하더냐 그러므로 회개에 합당한 열매를 맺고 속으로 아브라함이 우리 조상이라 말하지 말라 내가 너희에게 이르노니 하나님이 능히 이 돌들로도 아브라함의 자손이 되게 하시리라 이미 도끼가 나무뿌리에 놓였으니 좋은 열매 맺지 아니하는 나무마다 찍혀 불에 던지우리라**고 외쳤던 것입니다.

이 부자가 아버지 아브라함을 부르며 자비를 구하지만, 25에서 **얘너는 살았을 때에 네 좋은 것을 받았고 나사로는 고난을 받았으니 이것을 기억하라 이제 저는 여기서 위로를 받고 너는 고민을 받느니라**고 했습니다. '얘'라고 친근히 부른 '얘'는 원어로 '테크논'이라 하는데, 테크논은 '아들아'라는 부름입니다. 이 부자가 아브라함을 아버지라 부르니 아브라함이 '그래 아들아!' 하며 너와 내가 아버지와 아들의 관계라 할지라도 그 청하는 바를 들어줄 수가 없다는 것, 죽음 뒤에 맞은 결과는 각자 자신이 육체로 있을 때 맺은 그 결과로서 열매라는 것을 말해주고 있습니다. 자기가 육체에 있을 때 어떻게 살았느냐, 그 결과를 맞은 것이라는 말입니다. 그는 죽음 뒤에 있을 영원의 문제는 깊게 생각하지 않았습니다. 하나님의 택함을 받은 민족이라는 것만을 믿고, 아브라함이 민족의 조상으로 복을 받은 줄은 알고는 있었어도, 자신에게 있을 죽음 뒤에 일은 관심 두지 않았습니다. 세상 향락이 하나님께서 주신 복이라고 생각하고 자기에게 좋은 것에 취해 사는 것으로 낙을 즐기는 것, 그 이상 죽음 뒤에 있을 일은 생각하지 않았습니다. ₩아브라함이 지금 그 부자가 음부, 그 불꽃의 고통 중에 들어가게 된 이유를 25에서 분명히 말해주고 있습니다. '애, 너는 살았을 때에 네 좋은 것을 받았고' 육체의 향락을 위하고 그 향락으로 정신의 즐거움을 삼았습니다. 그것이 자기의 좋은 것이었습니다. 육체의 정욕, 안목의 정욕, 이생의 자랑이 이 부자에게는 좋은 것이었습니다. 그같이 자기의 좋은 것, 육체를 위한 것을 추구하여 살았으므로, 자기에게 영광이 되는 삶을 추구하였으므로 육체가 있을 동안 호화로이 연락하며 살았던 그것이 이미 다 자기의 좋은 것으로 받아버린 것이 됨으로써 그 육체가 죽고 나니 죽음 뒤에는 육체의 자리가 아니라, 영혼의 자리더라는 말입니다. 그렇기에 고민을 받을 일밖에는 없게 되었다고 말한 것입니다.

그러면 여러분은 어떻습니까. "아유, 나는 그런 부자는 아니니까 그렇게 살고 싶어도 돈이 없어 못 사니, 나는 이 부자와 상관없다." 하십니까? 돈이 많은 부자가 아니라서 그렇게 못 사는 것이지, 부자라면 그렇게 살아보기도 하겠다는 말이잖습니까? 자기 생각이 이와 같다면 부자와 다를 바 없습니다. 믿는다고 해도 사람들의 관심사가 오로지 세상 것이지, 영혼의 문제에 심각하게 고민하며 돌아보는 사람이 그리 없는 것 같습니다. 육체의 정욕을 따라 사는 것에 두려움 없습니다. 풍족함을 꿈꾸고 이 세상의 것이나, 세상 돌아가는 것에 더 관심을 쏟고, 생각을 매고 영혼의 문제에는 심각함이 없습니다. 세상 것을 소유해보려고 잘 살아보려고 성공해보려고 머리를 싸매고 애쓰고 연구하며 생각을 집중하여 사는 것에 온전히 매달려, 가장 중요한 자기 호흡이 끊어지면 어떻게 될까에 대해서는 감각이 없는 것입니다. 죽음 뒤에는 영원한 지옥이 있고 천국이 있다는 것을 진정 으로 믿는다면, 여기 이 부자와 거지 나사로의 죽음 뒤에 처한 그 상황에 대해서, 그렇게 가벼이 여겨버리지는 않을 것입니다. 예수님의 이 말씀을 참으로 믿는다면 이같이 죽음 뒤에 맞는 이 엄청난 차이에 대해서 심각하게 고민하지 않을 수가 없을 것입니다. 사람은 누구나 죽음을 눈앞에 두고 사는 존재임을 진정 자각하고 살고 있다면, 그렇게 하나님보다 사람이 두려워서 사람 눈치나 보고 자기 좋은 것을 받기 위해 분투하며 살지는 않을 것입니다.

여러분이 이 현 세상에서 육체의 정욕, 안목의 정욕, 이생의 자랑의 것들을 취하고자 마음이 따라가는 것이라면, 그것은 죽음 뒤에 낙원으로 들어가지 못하고 결국 음부로 들어가게 될 것입니다. 나사로를 거지라고 한 것은, 물론 부자의 대문간에서 부자의 상에서 떨어지는 음식을 먹고 있었으니 거지는 맞습니다. 그러나 나사로가 거지로 있다는 것은 그가 세상의 그 어떤 것도 소유한 것이 없다는 것을 뜻하는 것입니다. 자기 소유라는 것이 있지 않다. 육체의 정욕, 안목의 정욕, 이생의 자랑을 전혀 추구함이 없는, 영혼이라는 것을 말하는 것입니다. 조상 아버지 아브라함이 가 있는 곳, 하나님께서 독자 이삭을 번제로 드리라 하셨으나 그를 번제로 드리게 하신 것이 아니라, 다만 아브라함의 믿음을 시험하사 그 믿음을 의로 여기시고, 대적의 문을 여실 자손을 주실 것이라는 그 언약을 받은 아버지 아브라함을 그리워하며, 대적의 문을 여실 그 독생자가 아직 오시지 않았어도 아브라함과 함께 있기만 하면, 그분을 만나게 될 것을 알기에, 오직 조상 아브라함이 있는 그 하늘 본향을 바라보았다는 것을 말하는 것입니다.

세상의 그 어떤 것도 소유가 없는, 세상으로는 몹시 가난하기 짝이 없는, 말 그대로 세상 것은 다 비어 있는 거지라는 말입니다. 그러나 나사로의 영혼에는 하늘이 가득 차 있었습니다. 아브라함의 품을 꿈꾸며 모세와 선지자들의 말을 잘 듣고 깨달아 날마다 새김질하며, 그의 영혼은 이미 하늘에 있었습니다. 하늘 본향 아버지 아브라함이 있는 그곳에 가 있었습니다. 피부에 흐르는 피고름을 안고서도, 심지어 개들이 와서 핥기도 하여 아픈 고통은 더욱 크게 느껴져 고통이었지만, 그래도 나사로는 자기 영혼이 아브라함의 품에 있는 것을 꿈꾸니, 아픈 것도 잊고 있는 겁니다. 부자의 대문간에 누워서 부자의 상에서 떨어지는 음식으로 목숨을 연명하지만, 하늘에 들어가면 받을 그 유업을 생각하면 자기의 처한 그 상황은 얼마든지 초월할 수 있었습니다.

나사로는 부자를 부러워하지 않았습니다. 절대로 부러워하지 않았습니다. 천사들이 자기를 받들어 아브라함의 품에 들일 것을 바라보고 있었습니다. 나사로의 꿈대로 나사로의 소망대로 나사로가 죽자 나사로가 무덤 속에 묻혔다 하지 않고 그 거지가 죽어 천사들에게 받들려 아브라함의 품에 들어갔다고 말했습니다. 무엇을 바라보느냐, 재물을 바라보느냐, 이 나사로는 아브라함의 품을 바라보았단 말입니다. 바라본 그 품으로 받들려 들어갔습니다. 나사로는 자기의 좋은 것, 육의 좋은 것을 거절하고 이 영광을 바라보았습니다. 하늘에 들어가 위로받기를 원하였습니다. 조상 아브라함이 있는 곳, 이삭과 야곱과 함께 하나님이 계신 곳, 그 나라에 가서 누릴 행복을 생각하면 그 영혼이 평안에 젖어, 자기 현실을 까마득히 잊어버리는 것입니다. 그렇게 육체의 정욕, 안목의 정욕을 버린 나사로는 그 나라를 소망하며 바라보았던 대로 천사들에게 받들려 믿음의 조상 아버지 아브라함의 품에 들어갔습니다. 낙원으로 들어간 것입니다.

여러분! 여러분은 하나님 아버지의 나라가 나사로보다도 더 확실하게 보여야 합니다. 오늘날 우리에게는 하늘나라가 땅에 임하여 오신 성령님이 계시니, 성령님을 모신 영혼은 성령님의 눈으로 영롱하고 찬란한 하늘의 영광을 보는 것입니다. 그 나라에 가서 예수님과 함께 누릴 그 영광을 보는 것입니다. 나사로와 같이 자기의 좋은 것, 육의 좋은 것을 거절한 자, 하늘의 것을 소유하려고 자기 소유를 다 팔아 버린, 세상을 비운 영혼에 나타나는 신영한 능력이요, 복입니다. 성령님으로 충만한 자에게 있는 영광입니다. 믿는 자는 누구든지 이 영광에 들어가야 합니다. 최소한 성령님께서 하나님의 나라를 소망하게 하시는 것이 자기에게 있어야 합니다. 그래야 육체에서 떠나면 그대로 천사들에 받들려 그 나라로 들어가는 것입니다. 만일에 세상을 붙들고 세상 사람들과 더 있기를 원하고 부자를 부러워하여 바라보면, 롯의 처와 같은 곳에 있게 되는 것이어서 성령님께서 그 마음에 계실 수가 없고, 하나님의 나라에 대한 꿈도 소망도 두실 수가 없습니다.

잠27:1에 **너는 내일 일을 자랑하지 말라 하루 동안에 무슨 일이 날 는지 네가 알 수 없음이니라** 했습니다. 모든 인생의 허물이 다 벗겨질 날이 있고 네가 오늘 당장이라도 무슨 일을 당하여 육체가 무너져 떠날 수도 있으니 자랑할 것이 아무것도 없다는 것입니다. 잠언23:4, 5에 **부자 되기에 애쓰지 말고 네 사사로운 지혜를 버릴지어다 네가 어찌 허무한 것에 주목하겠느냐 정녕히 재물은 날개를 내어 하늘에 나는 독수리처럼 날아가리라**고 했습니다. 재물을 쌓기 위해 매달리지 말라. 인간의 지혜를 버리라. 그것은 자기를 파멸로 가게 하는 것이니, 다 버리고 하나님의 지혜를 구하라는 것입니다. 부자도 부귀영화 공명으로 언제까지나 살 줄 알았지만, 부귀영화가 그의 목숨을 붙잡아 놓지도 못하고, 죽음도 해결하지 못했습니다. 그가 죽어서 묻히는 무덤도 호화롭게 장식하여 있으려 했겠지만, 그곳도 구더기가 자기 육체를 파먹으니 있을 곳이 못 되었습니다.

사람들이 '죽으면 그만이지'라고 말하듯이 인생이 참으로 죽어서 그만이 되었으면 얼마나 다행이겠으나, 참으로 얼마나 다행이겠으나 그러나 부자는 죽어서 호화롭게 장식한 무덤에 들어가는 것으로 끝이 난 것이 아니라, 본문 23에 저가 음부에서 고통 중에 있다고 말했습니다. 나사로도 부자도 죽어서 죽음으로 끝나버린 것이 아니라, 영원한 영혼의 자리에서 만나게 되었다는 것입니다. '부자는 음부에서 고통 중에' 했습니다. '음부'는 구원받지 못한 사람들이 마지막 심판, 백 보좌 심판 때에 유황으로 타는 불못으로 들어가기 전에 가 있는 자리입니다. 다시 말해 형을 선고받기 전 미결수가 가 있는 감옥과도 같은 곳을 의미합니다. 부자가 '내가 이 불꽃 가운데서 고민한다.'고 그곳의 처지를 말함으로써, 그 음부만 하더라도 불꽃이 타듯이 하는 아주 괴로운 곳임을 밝히고 있습니다. 끝날에 마귀와 그 사자들과 구원받지 못할 자들과 함께 던져질 곳은 영원히 불과 유황으로 타는 못입니다. 그러나 부자가 완전한 심판을 받기 전에 있는 그곳도, 불꽃 가운데 고통받고 있는 곳임을 호소했습니다.

부자는 죽음 뒤에 있을 영광이나 고통에 대해 생각지 않고, 현세의 것을 취하여 사는 것에 만족하였습니다. 육신의 것으로 연락하며 사는 것을 택한 그는 그 목숨이 다하자 결국 영혼이 가야 할 그 음부로 끌려가게 되었습니다. 음부의 불꽃 가운데서 고통 중에, 저 건너편 아브라함의 품에 나사로가 너무나 행복하고 평화로운 가운데 있는 것을 보았습니다. 여러분! 저는 이 말씀을 여러분에게 하면서도 제 속에서는 이 부자를 말하고자 하는 것에 있지 아니하고, 부자의 형편이 여러분의 형편이 되어서는 안 된다는 것을 간곡히 말하고 있습니다. 참으로 부자의 삶에서 자신을 비춰보고 깨닫기를 너무나 바라는 그 간절함으로 말씀드리고 있습니다. 저는 지금 예수님께서 '내 소자의 눈물진 간곡함이 있어, 내가 내 소자를 통하여 그렇게 수없이 다시 말하여 보냈으나 네가 듣지 아니하였다.'고 내 영에 말씀하시는 것을 듣고 있습니다. 여러분! 세상의 것으로, 육체의 것으로 연락하며 살던 부자가 죽어서 보니 음부라는 것입니다. **아버지 아브라함이여 나를 긍휼히 여기사 나사로를 보내어 그 손가락 끝에 물을 찍어 내 혀를 서늘하게 하소서 내가 이 불꽃 가운데서 고민하나이다**고 호소한 것이지 않습니까? 그러니 그 음부에는 물 한 방울도 없어, 입을 시원하게 축이고 싶은데 물 한 방울이 없어……, '손가락 끝에 물을 찍어 내 혀를 서늘케 하소서 이 불꽃 가운데서 괴로워서 견딜 수가 없습니다.'라고 고통받으며 호소하는 이 호소가 여러분에게 들려져야 하지 않습니까. 느껴져야 하잖아요?

여러분! 예수님께서 이 지옥에 대한 실상을 말씀하신 것, 말로 형용할 수 없는 고통이 있다는 것을 언제까지 여러분에게 호소해야 하겠습니까? 언제까지……, 그러나 이 호소함도 반드시 시효가 있다는 것을 아십시오. 그러니 예수님의 말씀을 들었으면 좀 받으십시오. 좀 들으십시오. 여러분! 제발 좀 들으십시오! 어쩌려고 강 건너 불구경하듯이 자기 영혼의 문제를, 어떻게 그렇게 소홀히 하십니까? 자기 영혼의 문제를 왜 그렇게 소홀히 하느냐고요. 예수님 믿지 않으려면, 말씀 믿고 받지 않으려면 교회 나올 필요는 없잖습니까? 영혼에 관심두지 않으려면 교회 뭐 하자고 나오는 것입니까? 믿음이 온전케 되기 원한다면 사람도 두려워하지 마세요. 오늘 죽을 일이 있다 해도 두려워하지 마세요. 자기 안에 예수님이 계신 것을 믿음으로 받고 감사하며 영혼의 일을 생각하고 힘써 거룩함에 이르도록 믿음의 경주를 다 하세요. 정말 간절히 호소합니다. 여러분에게 정말 호소해요. '죽으면 그만이지'가 아니라 오히려 살아있을 때보다, 육체 안에 거할 때보다 죽음 뒤에 영혼의 감각은 더욱더 확실합니다. 이 부자의 영혼이 음부로 들어가 불꽃 가운데서 심히 고통을 겪고 있는 것을 보고 있습니다. 육체가 없는데 영혼이 무슨 감각이 있냐? 하지만, 육체를 지니고 있을 때보다 더 예리한 감각이 있는 것을 우리가 지금 보고 있습니다. 사후 세계를 보고 있다는 말입니다.

부자가 아브라함도 알아보았고 나사로도 알아보았습니다. 죽음 후에도 이해력이나 기억력이나 감각이 다 있는 것을 오늘 우리가 말씀에서 확실히 보고 있는 것입니다. 육체로 있을 때보다 더 예리한 영과 혼의 감각, 영적인 감각을 가졌습니다. 부자가 "아버지 아브라함이여 나를 긍휼히 여기사 나사로를 보내어 그 손가락 끝에 물을 찍어 내 혀를 서늘하게 하소서" 했을 때 아브라함의 대답은 부자의 말대로 할 수가 없다는 것이었습니다. 부자가 "그러면 구하노니 아버지여 나사로를 내 아버지의 집에 보내소서. 내 형제 다섯이 있으니 그들에게 사후 세계를 전해서 저희로 이 고통받는 곳에 오지 않게 해 주소서."라고 간구하였지만, 그것도 할 수 없다고 하였습니다. 육체로 있을 때 기회를 버린다면 죽음 뒤에는 절대로 기회가 없다는 것입니다. 회개도 육체로 있을 때 하는 것이요, 형제를 구원 얻게 하는 것도 죽음 뒤에는 기회가 없다는 것이요, 영혼이 육체에서 한번 떠나면 몸부림쳐 봐도 소용없는 것이요, 그 어떤 것도 들어줄 수가 없다는 것입니다.

부자는 부자라서 지옥에 간 것 아닙니다. 나사로는 가난했기 때문에 구원받은 것 또한 아닙니다. 세상에서 형편이 어떻든 하나님이 보내신 말씀을 받아들이지 않으면 음부로 들어가는 것입니다. 이미 예수님께서 "나로 말미암지 않고는 아무도 아버지께로 올 자가 없다."라고 말씀한 대로 예수 그리스도가 자기 안에 와계시느냐에 있습니다. 누구나 교회에 와서 예배하고 찬송하고 기도할 수는 있습니다. 그러나 믿음 있는 것처럼 보이지만, 그것으로 예수님이 그에게 오신 관계의 믿음이 되는 것은 아닙니다. 하나님은 구원받아야 할 믿음의 절차를 절대로 무시하지 않으십니다. 회개가 없이는 결단코 믿음을 인정하지도 않으시고 구원하실 수도 없으십니다. 그리스도인이 되는 가장 첫째 경험은 회개입니다. 회개가 없으면 결단코 하나님은 만날 수 없습니다. 우리 인생은 나이가 드는 것도 늙어가는 것도 막을 수가 없고, 어느 날 갑자기 죽음 앞에 서면, 죽음을 맞을 수밖에 없습니다.

저도 노년에 들어서니 나이 먹은 증세가 여실히 느껴집니다. 지난해와 올해가 확실히 달라진 것을 몸으로 느낍니다. 이같이 인생이 가는 길을 막을 길은 없습니다. 오직 마지막 죽음 앞에 섰을 때 아버지 나라로 들어가는 것이냐, 부자가 들어간 그 음부 지옥으로 들어갈 것이냐, 두 곳밖에는 다른 곳이 없습니다.

육체가 있는 동안 그 육체를 정욕에 사용할 것인지 영혼을 위한 기회로 삼을 것인지 선택해야 합니다. 성경은 육체를 영혼을 위한 기회로 쓰라고 말합니다. 롬6:12, 13에 **그러므로 너희는 죄로 너희 죽을 몸에 왕 노릇 하지 못하게 하여 몸의 사욕을 순종치 말고 또한 너희 지체를 불의의 병기로 죄에게 드리지 말고 오직 너희 자신을 죽은 자 가운데서 다시 산 자같이 하나님께 드리며 너희 지체를 의의 병기로 하나님께 드리라고** 했습니다. 세상 것으로는 가난하더라도 믿음이 성공하면 그것은 진정한 성공입니다. 천국은 이미 그의 것이니 참으로 말로 설명할 수 없는 어마어마하게 큰 성공입니다. 예수님께서는 나사로가 세상 것으로는 그 어떤 것도 만족해하려 하지 않았다는 것을 우리에게 보이셨습니다. 부자의 문간에 누워서 부자의 상에서 떨어진 음식을 받아먹고, 온몸에 부스럼으로 개들이 핥아대고 사람들의 곱지 않은 시선을 받았지만, 나사로의 영혼은 자유로웠습니다. 그는 이미 아버지 아브라함의 품을 바라며 마음은 언제나 영원의 세계를 준비했었습니다.

그 육체에서 나사로가 떠나는 날 사람들은 아마도 나사로의 시체를 거적때기로 말아서 공동묘지에 던져 넣었을 것입니다. 그러나 나사로는 버려진 그곳에 있다고 하지 않았습니다. 몸은 흙이니 흙으로 돌아갔고 그 육체 안에 있던 나사로는 육체에서 떠나자 천사들이 받들어 낙원, 아브라함의 품으로 들어갔습니다. 헌데를 앓던 육체의 고통도 끝이 났습니다. 추위와 더위의 고통도 없습니다. 먹을 것, 마실 것, 입을 것도 염려 없습니다. 모든 고통과 슬픔과 외로움도 없습니다. 오직 영혼의 행복만이 꽉 들어찼습니다. 사랑과 희락과 화평이 꽉 들어찼습니다. 안식의 즐거움이 언제나 충만합니다. 자고 나면 새롭고 자고 나면 새롭습니다. 이렇게 나사로는 큰 위로를 받게 되었습니다. 다윗은 시편 16:9-11에 **이러므로 내 마음이 기쁘고 내 영광도 즐거워하며 내 육체도 안전히 거하리니 이는 내 영혼을 음부에 버리지 아니하시며 주의 거룩한 자로 썩지 않게 하실 것임이니이다 주께서 생명의 길로 내게 보이시리니 주의 앞에는 기쁨이 충만하고 주의 우편에는 영원한 즐거움이 있나이다**라고 했습니다. 다윗이 성영님의 감동으로 말한 이 말씀은 사람으로 오셔서 십자가에서 죽으시나 다시 사실 예수님에 대한 예언인데, "주께서 생명의 길로 내게 보이시리니 주의 앞에는 기쁨이 충만하고 주의 우편에는 영원한 즐거움이 있다"라고 하신 것은 또한 참신앙의 사람, 예수님과 한몸을 이룬 자에게 있을 영광을 말한 것이기도 합니다. 다윗이(다윗은 고난받으실 예수님, 왕으로 오실 예수님을 예표함) 주 예수님 앞에는 기쁨이 충만하고 주 예수님의 우편에는 영원한 즐거움이 있음을 성영님의 감동으로 본 것입니다. 이같이 나사로의 영혼에는 이 기쁨이 있었고, 즐거움으로 가득한 그곳으로 들어가 큰 위로를 얻게 되었습니다.

그렇기에 여러분! 하나님께서는 네가 세상에서 얼마나 성공하고 잘 살았느냐? 얼마나 사람들에게 칭송받는 인품이 되었느냐? 얼마나 하나님을 위해 일한다고 열심이었느냐? 재물을 많이 얻어 얼마나 가난한 사람들을 많이 도왔느냐 하는 것들에 있지 않습니다. 나사로를 통해서 그것을 확실히 가르쳐 보이시는 것입니다. 나사로의 모습은 세상이 그 속에 있지 않다는 것, 육의 것이 그 속에 있지 않다는 것, 오직 아버지 아브라함이 받은 하나님의 언약을 마음에 두고 기다린 신앙, 오직 그 신앙 외에는 다른 어떤 것도 그 속에 갖지 않았다는 것을 나사로를 통해 보인 것입니다. 이스라엘 신앙의 모습을 대표로 보인 것이라는 말입니다. 다시 말해 나사로는 예수님이 세상에 오시기까지의 이스라엘 신앙의 형편을 보인 것입니다. 욥기서의 욥이라는 사람이 이스라엘 신앙이 어떻게 전개되어 갈 것인지를 미리 보인 계시, 예표로 보인 것처럼, 그같이 나사로는 참신앙의 추구가 무엇인가, 세상에서의 신앙은 육체의 고난이 따른다는 것을 보인 것입니다. 사람의 눈으로 볼 때는 하나님께서 계시지 않은 것 같은 고난을 겪지만, 마침내 신앙이 승리한다는 것을 보인 것이라는 말입니다. 부자와 나사로는 신앙의 두 양상입니다. 부자라고 해서 하나님을 믿지 않은 것이 아니라, 믿음의 방향이 자기에게 두었다는 것을 보인 것이고, 나사로는 하나님의 계시 언약에 두었다는 것을 확실히 보인 것입니다. 그래서 거짓 신앙과 참신앙으로 나뉘는 것입니다. 이해됐습니까? '심지어 개가 그 헌데를 핥더라.'고 한 것은 바리새인 서기관 사두개인 유대교의 지도자들, 이들은 다 토한 것을 다시 먹는 개로 비유합니다. 그 개들이 신앙을 가만두지 않고 핍박하고 비난하고 고통스럽게 한다는 뜻입니다. 부자는 자기의 좋은 것을 취하여 살게 하신 것이, 택함을 받은 선민에게 주신 하나님의 복이라는 그 우월의식으로 사는 배부른 자를 의미합니다. 오늘날 믿는다는 우리에게서는 오직 그에게 예수님이 계시느냐? 그에게서 예수님이 보이느냐 하는 것이지, 하나님께서는 다른 그 어떤 것도 보지 않으신다는 것을 알기 바랍니다.

아담 이후 타락한 모든 인간은 사단을 주인으로 하여 사는 성품이 되었으므로, 마음이 오직 육의 정욕을 좇아 사는 세상과 물질욕으로 꽉 들어차 버렸습니다. 그것으로 마음의 눈이 가려져 죽음 뒤 영원의 세계에 대해서는 생각지 못하는 것입니다. 그래서 인생을 잘 사는 사람은 죽음 뒤에 있을 영원의 세계에 관해 관심을 가진 사람이라 할 수 있습니다. 죽음 뒤에 영원의 세계를 생각지 않고 산다면, 이 땅에서의 삶도 올바르게 살지 못합니다. 그러나 죽음 뒤에는 하나님의 심판이 있고, 심판의 장소인 영원한 지옥이 있고, 영생하는 복이 있음을 깊이 인식하여 영원의 세계를 바라본 사람은 잠시 사는 이 땅에서 그렇게 탐욕의 노예가 되어 살지 않습니다. 생명의 근원이 되는 마음을 잘 다스리고 삽니다. 그렇기에 믿는다면 먹을 것이 있고, 입을 것이 있고, 있을 곳이 있으면 그것으로 족한 줄 알고 살아야 합니다.

인간의 정신이 요구하는 것은 지식입니다. 그래서 육체의 욕구보다 정신 개발이 더 높은 경지라고 알고 있기 때문에 그 정신 개발을 위해 힘쓰고 노력하는 것입니다. 부모가 땀 흘려 일하여 수고하며 자식을 공부시키려는 것도 다 여기에 있습니다. 남한테 뒤떨어지지 않고 더 잘 돼야 한다는 정신의 욕구에서 나오는 것입니다. 그래서 정신의 특징이 뭐냐? 바로 생존 경쟁의 부분이에요. 약육강식의 부분입니다. 그렇기에 상대보다 더 올라서려는 갈등을 안고, 위에 올라서려고 하는 것입니다. 이 정신의 욕구가 강한 사람일수록 이기기 위해서 끊임없이 투쟁과 노력을 기울입니다. 그 경쟁에서 탈락할까 봐 불안 속에 사는 겁니다. 이것이 인간답게 사는 것이라고 생각하는 불신자들의 정신세계요, 이것이 죄악이요, 큰 불행입니다.

그러나 예수님을 믿으려면 이 정신세계에서 깨끗이 떠나 나와야 합니다. 생존 경쟁, 약육강식의 이 죄악에서 속히 돌아서야 합니다. 그리고 예수님의 말씀으로 계속 지배받고 말씀으로 살기를 힘써야 합니다. 정신의 지정의가 예수님을 따르는 데로 완전히 돌아서야 합니다. 나사로와 같은 정신이 되어야 한다는 말입니다. 하나님께서는 인간의 정신 위에 있는 것이 바로 영이라고, 영만이 하나님을 인식하고 성영님이 오신 영으로 하나님을 알고 교제한다고 가르쳐주고 있습니다. 그렇기에 정신이 영을 따라야 창조하신 뜻에 부합한 바른 사람이 되는 것입니다. 그러면 정신이 어떻게 영을 따르는 것이냐? 예수님의 모든 말씀은 영이요 생명이니, 자기 정신이 추구하던 자기의 모든 것을 깨끗이 내리고 돌이키고, 그 예수님의 말씀으로 지배받아 사는 것이 영(성영님)을 따르는 것입니다.

영이 가진 특징이 뭐냐? 롬14:17에서 **하나님의 나라는 먹는 것과 마시는 것이 아니요 오직 성영 안에서 의와 평강과 희락이라**고 했습니다. 하나님의 나라는 먹고 마시는 그런 육체의 것에 있지 않다는 말입니다. 먹는 것과 마시는 것에도 사실 육체와 유기된 정신의 기쁨이나 즐거움이 있지만, 그것이 아니라는 말입니다. 오직 성영님 안에서 있는 의와 평강과 희락으로 그것이 행복이라고 한 것입니다. 행복은 영의 것으로 성영님 안에서 있는 것이니, 그러므로 이제 정신에 성영님 안에서 의와 평강과 희락이 있으라는 말입니다. 그래서 성영님으로 이루어지는 영의 것에 관심 없는 사람은 이 행복은 모를뿐더러 없습니다. 세상 지식을 많이 얻어 그 지식으로 정신이 크게 만족한다 해도, 성영님 안에 있는 참기쁨과 행복은 알 수 없습니다. 그래서 한 부자처럼 죽음 뒤에 있을 영혼의 문제는 관심 없고, 말씀에 귀를 닫고 있으면서 '나는 누구보다 세상 지식을 많이 가졌으니', '나는 남이 갖지 않은 세상 명예를 가졌으니', '나는 남보다는 가진 것이 많이 있으니' 그것으로 행복하다고 자만하는 자들에게 오늘 한 부자와 거지 나사로를 통해서 사후 세계의 결과를 보라고 하시는 것입니다. 분명히 보게 하셨습니다.

이사야 55:2, 3에 **너희가 어찌하여 양식 아닌 것을 위하여 은을 달아주며 배부르게 못할 것을 위하여 수고하느냐 나를 청종하라 그리하면 너희가 좋은 것을 먹을 것이며 너희 마음이 기름진 것으로 즐거움을 얻으리라 너희는 귀를 기울이고 내게 나아와 들으라 그리하면 너희 영혼이 살리라**고 하셨습니다. 요6:35에 **예수께서 가라사대 내가 곧 생명의 떡이니 내게 오는 자는 결코 주리지 아니할 터이요 나를 믿는 자는 영원히 목마르지 아니하리라**고 하셨습니다. 요6:51에 **나는 하늘로서 내려온 산 떡이니 사람이 이 떡을 먹으면 영생하리라**고 하셨습니다. 영(성영님)으로 살아야 하는 인간이 세상의 것들을 위해서는 온 육체와 정신을 다 쏟고 쓰면서도, 영혼을 위해서는 왜 그렇게 귀를 막고 있느냐는 것입니다. 세상 것들에서, 육체와 정신의 것들에서 이제 떠나 나와 하나님의 말씀을 귀 기울여 듣고 하나님을 아는 지식을 가지라는 것입니다. 죽음 뒤에 가야 할 그 영원한 세계의 것을 취하라는 것입니다. 그러면 너희가 살리라. 너희가 기쁠 것이라고 말씀하시는 것입니다.

오늘 여러분! 부자와 거지 나사로가 현세에서 추구하던 것이 무엇이었는지, 영적인 지식으로 받아졌습니까? 죽음 뒤에 있을 음부와 낙원에 관해서 영혼의 감각으로 받아졌습니까? 지옥이 정말 있을까,

천국이 정말 있을까 하는 막연함에 있지는 않습니까? 그러면 믿음을 주시라고 기도하세요. 이제는 세상 과학도 블랙홀이라는 것을 발견하여 그동안 수차례 발표한 적이 있습니다. 근래에도 미국의 천문학자들이 어마어마한 질량의 블랙홀을 발견했다고 했습니다. 인간 과학이 그 어마어마한 질량의 블랙홀을 발견하여 발표했다는 말입니다. 지구나 태양뿐만 아니라 지구보다 몇백 배, 태양보다 수백 배나 큰 별들도 그 블랙홀에 닿기만 하면 빨려 들어가서 사라져버린다는 것입니다. 천문학자들은 그것을 블랙홀이라 말하지만, 저는 그것을 성경이 말씀하는 불과 유황이 타는 무저갱이라는 것으로 받아들이는 입장입니다. 위치를 알 수 없는 무저갱, 불과 유황이 타오르는 그곳은 인간 과학이 발견하여 말한 그곳이라는 것으로 받는다는 말입니다.

눅8:31에 예수님께서 귀신들린 사람에게서 귀신에게 나오라 하시니 그 귀신이 자기를 무저갱으로 들어가라 마시기를 간구했다고 했습니다. 이제 요한계시록에 기록된 대로 사단과 그 영들, 하나님께 배은망덕한 모든 자들을 불과 유황으로 타는 그 무저갱으로 던져버릴 것을 분명히 말씀하셨습니다. 사람이 육체로 있는 동안만이 자기 영혼이 어디로 갈 것인지를 정할 기회입니다. 또한 기회를 주었음에도 여전히 돌이키지 않는다면, 버림받을 수 있다는 것을 알기 바랍니다. 27, 28에 부자의 요청이 있습니다. **가로되 그러면 구하노니 아버지여 나사로를 내 아버지의 집에 보내소서 내 형제 다섯이 있으니 저희에게 증거하게 하여 저희로 이 고통받는 곳에 오지 않게 하소서** 했습니다. 그러나 아브라함은 **저희에게 모세와 선지자들이 있으니 그들에게 들을지니라** 말합니다. 또 30에 부자가 청합니다. **가로되 그렇지**

아니하니이다 아버지 아브라함이여 만일 죽은 자에게서 저희에게 가는 자가 있으면 회개하리이다 말하자면 "아니, 아버지여! 그들이 모세와 선지자들에게는 듣지 않을 것입니다. 그러나 만일 죽은 자가 가서 사후 세계가 있다고, 불꽃 가운데서 고통받는다고 말하면 그들이 다 믿을 것이니, 나사로를 보내서 증거하게 해주소서" 했다는 말입니다.

그러나 31에서 아브라함이 뭐라 말합니까? **모세와 선지자들에게 듣지 아니하면 비록 죽은 자 가운데서 살아나는 자가 있을지라도 권함을 받지 아니하리라 하였다 하시니라** 하나님께서 그렇게 말씀하셨다는 말입니다. 여러분, 이런 답답할 일이 어디 있습니까? 죽고 보니 불꽃 가운데서 고통받는 음부입니다. 자신의 처지를 어떻게 돌려놓아 볼 수도 없습니다. 형제들이라도 그곳에 오지 않기를 바라지만, 그들은 모세와 선지자들에게 듣지 않고 있으니, 형제들도 음부에 오지 않을 수가 없게 되었습니다. 그러나 이 부자가 죽은 자가 가서 사후 세계를 알려준다면 그들이 믿을 것이라는 생각이 들었습니다. 이것이 바로 인간 자기 생각이요, 자기 계산입니다. 그렇기에 믿는다고 해도 이같이 자기 생각을 따라서 자기 계산을 앞세워 하는 믿음 생활이 다라고 해도 과언 아닐 것입니다. 아브라함은 분명히 모세와 선지자들에게 듣지 아니하면, 죽은 자가 살아나 실상을 말한다 해도 권함을 받지 아니하리라고 이것이 하나님의 말씀이라고 했습니다.

그렇기에 여러분, 믿는 것은 모세와 선지자들에게 듣지 아니하면, 하나님의 뜻대로 된 믿음은 될 수 없으니 육체에서 떠날 땐, 부자에게 처한 것과 같은 형편이 될 수 있다는 것을 명심해야 할 일이라는 것을 아십시오. 다시 말해 환상에서, 꿈에서, 천국을 보았네, 지옥을 봤네, 예수님을 보았네 하는 것들로 하나님께서 말씀하는 믿음이 되는 것도, 죽은 자가 살아나서 천국이 있다고, 지옥이 있다고 증거하는 것으로 믿음이 되는 것도 아니라는 말입니다. 이 같은 것들로 예수님을 알고 예수님을 믿을 수 있고 만날 수 있는 것이 아니에요. 모세와 선지자가 말한 것, 여러분이 알다시피 창세기, 출애굽기, 레위기, 민수기, 신명기, 이 오경을 모세가 기록했다 하여 모세오경이라고 합니다. 하나님의 창조를 기록했습니다. 하나님의 창조부터 하나님의 역사를 말하였으니, 그것을 마음과 뜻과 힘 다하여 배우고…….
창세기 1:1부터 예수님을 말하고 있잖아요. 모세가 구약의 율법을 말한 것 같지만, 율법 속에 본뜻은 죄인과 예수님을 말하는 것이요, 내가 죄인인 것을 알게 하려고 기록했다고 하지 않았습니까?

선지자들도 와서 뭐라고 외쳤습니까? 회개하라, 죄를 버리라, 돌이키라, 하나님께 돌아오라, 우리의 구세주로 죄를 사해주실 피 흘릴 분이 오신다, 왕이 오신다, 의의 왕이 오신다, 평화의 왕이 오신다. 성경 곳곳에 또 구절 속에 시편의 모든 고백도 다 예수님을 말하는 것이요, 그러기에 모세와 선지자들에게 듣고 배워서 죄인인 자기를 알고 예수님을 아는 것이요, 자기에게 적용하는 겁니다. 죄를 버리고 회개하는 것입니다. 나를 향하신 하나님의 뜻을 진정으로 배우고 알아야 회개할 수 있고, 예수님을 내 구주로 영접하여 모셔 들일 수 있는 것이지, 지금 예수님께서 죽은 자가 살아가서 "아 천국이 진짜 있다, 지옥이 진짜 있다"고 아무리 증거한다 해도 그것은 예수님을 알 수 있는 것도 예수님을 말하는 것도 아니라고, 그것으로 예수님을 믿을 수 있는 것이 아니라고 분명히 못 박아 말하여준 것이 아닙니까? 모세와 선지자들에게 들을지니라고 말씀하신 대로, 이같이 창세기부터 요한계시록까지 열어서 전하는 말씀을 듣고 배우면서, 예수님을 분명히 알고 자기를 알고 예수님을 온전히 자기 안에 영접하여 모셔 들여 믿을 때에 바로 영혼의 때를 준비하는 지혜입니다.

예수님께서 말씀하신 부자와 나사로에게 처해진 이것을 믿는 것입니다. 구약의 모세와 선지자를 통해 말씀하신 이 예수님을 믿는 것입니다. 예수님은 분명히 말씀하셨습니다. 아버지께서 내게 이끌지 아니하면 아무라도 내게 올 자가 없다. 죽은 자가 살아와서 말한다 해도 올 수 없다. 아버지께서 내게 이끌지 아니하면……. 그러니까 아버지가 구약을 기록하게 하셨습니다. 성전을 통해 예수님께 나아가는 길이 되게 하셨고, 구약의 모든 말씀, 모든 사건이 다 예수님을 말씀하신 것을 집중하여 배우고 아멘입니다. 예수님은 나의 구주이십니다. 예수님은 나의 왕이시고, 예수님이 나의 중보시고, 예수님이 나의 대제사장이심을 믿습니다. 내가 예수님 안에 있고 예수님이 내 안에 계시니 내가 천국에 앉힌 바 되었습니다. 이 같은 진정의 믿음으로 영혼에 맺어져 고백하며 영혼의 준비가 되어야 한다는 말입니다. 여러분이 알아듣고 이해하셨습니까?

오늘 부자와 나사로의 처한 이 상황을 사실로 받습니까? 그러면 당신 영혼은 지금 어디에 있습니까? 지옥입니까, 천국입니까? 이 질문의 대답은 자신에게 하시고 오늘 이 말씀을 다 받으신 줄로 믿고, 적극적이고 진정으로 믿는 이들이 되기를 바라면서 말씀을 맺습니다.

말씀을 살펴보게 하시고 우리 믿음을 바로 할 수 있도록 돌아보게 하신 성영님께 감사하고 삼위의 하나님께 모든 영광을 돌립니다. 아멘

제 12 장

아들을 위하여 베푼 혼인 잔치 비유

[1]예수께서 다시 비유로 대답하여 가라사대 [2]천국은 마치 자기 아들을 위하여 혼인 잔치를 베푼 어떤 임금과 같으니 [3]그 종들을 보내어 그 청한 사람들을 혼인 잔치에 오라 하였더니 오기를 싫어하거늘 [4]다시 다른 종들을 보내며 가로되 청한 사람들에게 이르기를 내가 오찬을 준비하되 나의 소와 살진 짐승을 잡고 모든 것을 갖추었으니 혼인 잔치에 오소서 하라 하였더니 [5]저희가 돌아보지도 않고 하나는 자기 밭으로, 하나는 자기 상업차로 가고 [6]그 남은 자들은 종들을 잡아 능욕하고 죽이니 [7]임금이 노하여 군대를 보내어 그 살인한 자들을 진멸하고 그 동네를 불사르고 [8]이에 종들에게 이르되 혼인 잔치는 예비되었으나 청한 사람들은 합당치 아니하니 [9]사거리 길에 가서 사람을 만나는 대로 혼인 잔치에 청하여 오너라 한대 [10]종들이 길에 나가 악한 자나 선한 자나 만나는 대로 모두 데려오니 혼인 자리에 손이 가득한지라 [11]임금이 손을 보러 들어올 새 거기서 예복을 입지 않은 한 사람을 보고 [12]가로되 친구여 어찌하여 예복을 입지 않고 여기 들어왔느냐 하니 저가 유구무언이어늘 [13]임금이 사환들에게 말하되 그 수족을 결박하여 바깥 어두움에 내어던지라 거기서 슬피 울며 이를 갊이 있으리라 하니라 [14]청함을 받은 자는 많되 택함을 입은 자는 적으니라

(마22:1-14)

하늘의 것은, 그것을 얻고자 간절히 구하고 찾고 두드리는 자에게 만 열리게 되어 있습니다. 그것은 오직 말씀을 통해서입니다. 말씀으로 우리 안에 이루어지게 하시는 것이기에, 성령님을 의지하여 구하고 찾고 두드리는 그 수고를 마다하지 않아야 합니다. 진주 장사가 값진 진주를 구하려고 동서 사방으로 찾아다니는 그 수고 끝에 얻게 되었을 때 그 기쁨이 얼마나 컸겠습니까? 그처럼 우리가 하늘의 보화를 찾으려고 말씀을 듣고 배우는 일에 수고하여 얻게 되면, 그 행복과 기쁨은 말로 할 수 없는 것입니다. 그같이 오늘 성령님께서 이 혼인 잔치의 비유를 통해 하늘의 보화를 찾을 수 있게 하신 그 큰 기쁨을 나누려고 합니다. 그러므로 여러분이 진정 밭에 감춰진 보화와 같으신 우리의 주 예수님을 더욱 깊이 알고 만나는 관계가 되어 믿음을 견고히 세우는 기회로 삼기를 바랍니다.

본문 2에서 **천국은 마치 자기 아들을 위하여 혼인 잔치를 베푼 어떤 임금과 같다**고 했습니다. 그것이 천국이라고 하셨으니 바로 하나님께서 아들 예수님을 위하여 혼인 잔치를 베풀었다고 하는 것, 우리는 충분히 이해하고 있습니다. 그런데 임금이 종들을 보내어 이미 청한 사람들을 혼인 잔치에 오라 했더니 오기를 싫어했다는 것입니다. 여기 비유에서 임금은 하나님이고 임금의 아들은 예수님이고 청한 사람들은 이스라엘 유대인들이고 종들은 선지자와 복음 전하는 예수님의 제자들을 비유한 것입니다. 하나님을 임금으로 비유한 것은 임금은 그 나라를 지배하는 절대 주권자이기 때문입니다. 임금의 말은 곧 법입니다. 살릴 권한과 죽일 권한이 있어요. 그러나 임금의 권한으로 무조건 죽이고 무조건 살리는 것은 아닙니다. '나라'는 통치권자에게 다스림을 받는 영역이라는 말입니다. 그래서 나라의 임금이 사랑과 공의를 기초로 하여 법을 세우고 그 법 체제 아래서 다스립니다. 그래서 하나님을 임금으로 비유한 것입니다.

예수님의 모든 비유는 기록이 없던 신구약 중간사를 알 수 있게 하는 역할이며, 유대인들에게 희미한 메시아 언약을 깨워 예수님을 알아보게 하려는 것으로서, 곧 예수님 자신에 대한 비유입니다. 모든 비유의 초점이 다 예수님입니다. 만일에 비유의 초점을 인간에다 두면 그것은 예수님이 말씀하는 불법입니다. 2에서 **자기 아들을 위하여** 한 것은 '아버지가 아들을 영화롭게 하려고'라는 말입니다. 하나님께서 아들 예수님을 영화롭게 하려고 천국 잔치를 베풀었다는 거예요. 그래서 아들이신 예수님을 영화롭게 하지 않은 자는, 다시 말해 왕이신 예수님의 통치 아래 있지 않으면, 그는 하나님이 베푼 잔치에 들어온 자가 아니니, 하나님의 심판에 들어가는 것입니다. 임금이 자신보다 더 사랑하는 독자 아들을 위해 베푼 혼인 잔치이니만큼, 얼마나 귀한 것들로 풍성하고 다양하게 준비되었지 않겠습니까? 일반인들은 접해보지 못한 아주 귀한 산해진미로 차린 잔칫상과 같다는 의미입니다. 아버지가 아들을 아주 영화롭게 하려고 완벽하게 준비하였으니, 청함 받은 모든 사람은 와서 그 아들 안에서 준비하여 차려놓은 것을 받아먹고 배부름의 만족으로 기쁘고 즐거운 잔치가 되자고 한 것입니다.

혼인 잔치는 천국 잔치를 의미합니다. 천국 잔치는 무엇이 준비되었는가? 아들로 인하여 하나님께서 베푸신 하나님의 부유, 즉 죄 용서와 치료와 구원과 의와 부활의 생명, 영생하는 생명과 생명 안에 있는 안식의 평강과 희락, 이 같은 엄청난 하늘의 새로운 것들을, 쇠하지 않고 마르지 않고 날마다 새로운 행복으로 가득 찬 영원한 것을, 완벽하게 갖추었다는 것을 말합니다. 임금의 초청에 응하기만 하면 임금만이 준비할 수 있는 특별한 음식을 마음껏 먹고 행복한 날을 누릴 수 있는 것처럼 하나님께서 배설한 이 천국 잔치에 들어오면 하나님만이 준비하실 수 있는, 오직 아들을 통해서만 주실 수 있는 신비한 복을 마음껏 받아 가질 수 있고, 누릴 수 있는 것이라는 것을 말하는 것입니다.

3에서 **그 청한 사람들을 혼인 잔치에 오라 하였더니 오기를 싫어하거늘** 했습니다. 여기서 청한 사람들은 구약 백성을 의미하고 특히 구약성경 말라기 이전의 사람들로부터 예수님이 오셨을 때까지의 유대인들을 중심으로 한 것입니다. '오기를 싫어하거늘' 신앙의 변질이 왔다는 말입니다. 육신의 정욕을 좇아갔습니다. 선지자들을 보내 회개하고 돌이킬 것을 촉구했지만 듣지 않았습니다. 계속 종들을 보내 하나님께로 돌아오라고 외치게 하시고, 돌이키지 않으면 하나님의 심판이 임한다고 외쳐도 듣지 않았습니다. 그들의 답변은 우리가 언제 주님을 떠났다고 하느냐? 주님을 열심히 잘 섬기고 제물을 바쳐 제사하는 일도 잘하고 있는데 도대체 우리가 언제 주님을 떠났다고 그러느냐고 나옵니다. 눈이 어두워지니 육신을 좇으며 세상 것으로 만족하려는 자신들의 죄악상을 볼 수가 없게 되었습니다. 돌아볼 힘을 빼앗겨버렸습니다. 깨닫고 돌이킬 수 없는 곳으로 돌아가 버렸어요.

그다음 4에서 7까지 **다시 다른 종들을 보내며 가로되 청한 사람들에게 이르기를 내가 오찬을 준비하되 나의 소와 살진 짐승을 잡고 모든 것을 갖추었으니 혼인 잔치에 오소서 하라 하였더니 저희가 돌아보지도 않고 하나는 자기 밭으로, 하나는 자기 상업차로 가고 그 남**

은 자들은 종들을 잡아 능욕하고 죽이니 임금이 노하여 군대를 보내어 그 살인한 자들을 진멸하고 그 동네를 불사르고 하신 내용은 말라기 이후에 생겨난 바리새인 서기관 사두개인과 대제사장, 제사장들입니다. 이때의 유대인들은 선지자들의 외치는 말을 아예 듣고자 하지 않았습니다. 선지자들을 비웃고 하나님을 어기는 자들이라고 심한 모욕을 퍼부으며 6에서 선지자들을 **잡아 죽였다**고 했습니다. 또한 그들이 예수님을 어떻게 모욕했는지 어떻게 잡아 죽였는지를 우리가 보았지 않습니까? 선지자들은 돌로 맞아 죽고 여러 가지 방법으로 죽임을 당했습니다. 돌이켜 회개하지 않으면 하나님의 진노의 심판이 너희 머리 위로 돌아갈 것이라고 외치니, 지금 자신들은 죄인들과는 달리 거룩한 삶을 살면서 안식일과 율법을 철저히 지키며 하나님을 잘 섬기고 있고, 백성에게 율법을 잘 지키도록 단속하며 지도하고 있는데, 어디서 하나님의 율법도 모르는 놈이 함부로 나와서 거짓 선동을 하고 다니느냐! 저것은 율법을 범하라고 백성을 선동하고 하나님을 모독하는 것이니 죽이라고 했던 것입니다.

그러니까 잔치에 오라 하니 5에서 하나는 어디로 갔다고 하는 것입니까? 돌아보지도 않고 자기 밭으로 갔다. 또 하나는 어디로 갔습니까? 자기 상업차로 갔다. 자기 것을 장사하러 갔다는 말입니다. 그러면 무엇을 자기 밭이라고 한다고 했습니까? 자기 밭에 갔다는 것이 뭐가 그렇게 문제입니까? 자기 밭은 곡식이나 채소를 심는 자기 밭을 말하지 않습니까? 예수님께서 그것을 비유로 말씀하신 것으로서 곧 자기 밭이라고 하신 것은 바로 자기 마음, 자기중심을 말씀한 것입니다. 그것이 자기 밭입니다. 하나님의 백성이 다 자기중심으로 나갔다는 말입니다. 인간 자기중심이 바로 자기 밭입니다. 자기 밭은 곧 자기이니 자기 마음대로 자기가 심고 싶은 것을 심고 자기가 원하는 씨를 뿌리고 자기의 좋은 것을 심습니다. 그래서 하나님을 중심으로 하여 살아야 하는 하나님의 백성이 하나님의 말씀을 버리고 자기중심이 되어 하나님에게서 나갔다는 것을 자기 밭으로 갔다는 것으로 비유하신 것입니다. 그래서 하나님의 것을 장사해야 하는데 자기 것으로 장사했다는 말씀입니다.

눅14장에서는 자기 밭을 샀다고 했습니다. 샀다는 것은 팔아 버렸던 자기 것을 도로 사들였다고 하는 말입니다. 하나님을 중심으로 하여 살던 유대인이 다시 자기중심이 되어 자기 것을 세워 하나님 말씀을 자기 머리로 이해하고 판단하여 자기 말씀이 되게 하였다. 인간의 교훈이 되게 했다는 말씀입니다. 그리고 상업 차 갔다, 즉 하나님께서 아들을 영화롭게 하기 위해 혼인 잔치를 베풀고 잔치에 오라고 청하였는데 하나님의 잔치에는 관심 없고, 하나님의 말씀에 대하여 세운 자기 것을 장사하기 위해 돌아보지도 않고 갔다는 말입니다. 자기 것을 장사하기 위해 돌아보지도 않고 갔다는 말은, 말씀의 주인은 하나님이심에도 자기가 주인인 것처럼 말씀을 사기 머리로 해석하여 사람들에게 그것을 사들이게 했다 그 말입니다. 아까 자기 밭을 샀다고 하지 않았습니까? 선지자들을 통해서 주시는 하나님의 말씀을 귀 기울여 듣고 순종하여 따르던 유대인들이, 하나님의 말씀을 간절히 기다리던 유대인들이, 어느 때부터 선지자와 선지자의 말을 버리고 율법 위에다 자기 생각, 자기 사상을 올려놓고 자기에게 맞는 것으로 열심히 장사했다는 말입니다.

하나님의 말씀을 자기 머리들로 연구하여 보겠다고 서로 자기 생각을 주고받으며 머리들을 맞대고 연구하여 얻어진 것을 자기 것으로 삼고, 유대 백성들에게도 그것을 가르쳤다고 하는 말입니다. 그것을 상업차로 갔다고, 장사하러 갔다고 하신 것입니다. 제가 여러분에게 사마리아인과 강도 만난 자의 비유에서 유대인들이 예수님을 만나지 못한 이유에 대해서 충분히 말씀 전해드렸으니 이제는 척척 알아들을 수 있어야 할 것입니다. 그리고 누가복음에서는 나는 소 다섯 겨리를 샀기 때문에 갈 수 없다고 했습니다. 물질욕에 빠져서 하나님의 일을 땅의 일로 바꾸었다는 것을 말합니다. 그리고 나는 장가들었기 때문에 못 간다고 했습니다. 바로 세상 정욕에 빠져 세상을 사랑하는 자가 되었다, 세상과 혼인했다는 말입니다. 다시 말하면 사단과 한몸을 이루었으므로 하나님의 잔치에는 갈 수 없다 그 말입니다. 그러니까 하나님 중심이었던 유대인들이 팔아 버렸던 자기중심을 다시 사서 자기중심적으로 돌아가 자기들의 좋은 대로 자기들의 비위에 맞는 것으로 밭을 만들고, 그것을 또 백성들에게 열심히 심어주는 밭농사 했다는 말입니다. 장사치처럼 열심히 사도록 했다, 그래서 유대인들이 하나님의 나라 밖으로 나가 사단의 나라의 자식들이 돼버렸음으로써, 그같이 하나님의 종을 살인한 자는 진멸하고 그 동네는 불사른다는 결론을 본문 7에서 말씀하신 것입니다.

그런데 오늘날의 안타까움이 뭐냐! 사람들이 말씀을 말하고 해석하여 전해주는 것이, 사단의 자식들이 돼버린 이 유대인들과 똑같다는 것입니다. 오늘 비유에서 하나는 소를 샀기 때문에, 하나는 장가들었기 때문에, 하나는 자기 밭을 샀기 때문에 천국 잔치에 올 수 없다고 한 것도 자기들 방식대로, 자기 머리가 아는 것들로 해석하여 말하고 있으니 도무지 사람들 속에서 귀신이 쫓겨나지 않고 있습니다. 이것을 어떻게 말하고 있습니까? 교회 예배나 행사나 기도회에 빠지지 않고 열심히 출석해서 은혜받고 복을 받아야 하는데, 목사님이 '무엇을 해야 한다' 하면 안 나오고 '예배 나와라' 하면 바쁘다고 안 나오고, '기도회 나와라' 하면 무슨 일이 있어서 못 나온다고 하고, 하나님이 복 주시려고 부르시는데 다 자기 볼일이 더 우선이 되어서 순종들 안 한다고, 그러니 무슨 은혜를 받겠느냐고 무슨 복들을 받겠느냐고, 이런 식의 귀신 씻나락 까먹는 개소리들로 비유 풀이해주는 것입니다. 바리새인 서기관과 같은 개소리들의 가르침들로 쭉정이 만들고 거짓 믿음 만들고, 가라지를 만들고 있습니다.

오늘 예수님의 이 비유의 말씀은 예배나 기도나 열심히 안 한다고 무슨 은혜를 받고 복을 받겠느냐 하는 것을 말하는 것이 아니라 잔치에 오라 하였더니 오기를 싫어했다, 즉 사단의 자식들로 나가버렸으므로 멸망에 들어가게 되었음을 말씀한 뜻이라는 것을 알아야 합니다. 7에서 동네를 불사른다는 것을 말씀하심으로써 하나님의 심판이 있음을 말하고 있습니다. 그래서 예수님의 심판 예고가 일차적으로 AD 70년경에 이루어졌습니다. 하나님께서 로마 군대를 들어서, 예루살렘 성을 욱여싸고 포위하여 모든 동네를 점령하고 유대인의 남녀노소 누구든지를 막론하고, 무자비한 살육전을 하게 두셨던 것입니다. 동네를 불사르고 예루살렘 성전과 건축물들을 무너뜨려, 조각조각으로 초토화가 돼버렸습니다. 그곳에서 도망한 사람들은 사방으로 흩어져 떠돌이처럼 살게 되었고, 이천여 년 동안을 나라 없이 살게 되었습니다. 그래서 이 같은 하나님 백성의 역사를 통해 하나님께서 자기 백성이라도 아끼지 않고 심판하신 것에 대하여, 우리가 하나님의 뜻대로 믿음이 돼야 한다는 것을 깨달아야 합니다. 오늘날 이방인들이 하나님의 기준에 맞는 신앙과 생활이 되지 않으면, 자기 백성이라도 아끼지 않고 심판해 버리신 하나님께서 하물며 이방인들은 얼마나 더하시겠느냐는 말입니다. 눈 하나 깜짝하지 않으신다는 것, 이것을 알라는 말입니다. 다시 말해, 오늘날 예수님을 믿는다는 이방인인 우리가 소를 사고 장가들고 자기 밭을 두고 자기 상업을 하는 것은, 멸망의 자리에 있다는 것을 알라는 말입니다. 예수님을 믿는다면서 여전히 물질욕에 있고, 여전히 하나님과 원수 맺은 자기 중심으로 살고, 세상 것을 취하고 세상을 따르는 것이면, 구원이 아니라 그것은 멸망의 자리입니다. 만날 뭐 사랑의 하나님, 사랑의 하나님, 좋으신 하나님이라 하니까, 듣기 좋은 말만 듣는 것에 길들어서, 하나님을 그렇게밖에 알지 아니하면서, 아무리 그래도 그렇지 하나님이 설마 하고 자기 마음을 믿고 있지만, 그러나 자기 백성이라도 아끼지 않으신 하나님은 말씀대로 하십니다. 말씀대로! 아셨습니까?

그다음 혼인 잔치에 먼저 청한 유대인들이 하나님의 청을 거절하고 다른 곳으로 가버렸으니, 즉 사단에게로 가버렸으니 하나님께는 합당치 않습니다. 하여 사거리 길에 가서…… 사거리는 사방 각지의 사람들이 오가는 교차로를 말하는데, 그곳에 가서 만나는 대로 혼인 잔치에 청하여 오라 하셨습니다. 하나님께서 아브라함을 믿음의 조상으로 택하여 언약하실 때, 창22:18에 네 씨로 말미암아 즉, 네 후손에서 나실 구주로 말미암아 **천하 만민이 복을 얻으리니**라고 언약하신 대로 이제 온 천하 만민에게 복음이 전파되기 위하여 사거리로 나가서 만나는 대로 잔치에 오라고 청하라 하신 겁니다. 자기 길로 나가 자기주장대로 살면서 죄를 밥 먹듯 짓고 사는 자들, 가인의 길로 나가 죄인인 줄도 모르고 심판 아래 있는 줄도 모르는 그 이방인들에게로 가서 청하라 말입니다. 살기를 원하는 자, 구원 얻기를 원하는 자는 살려 주겠다고, 그동안 온갖 죄를 짓고 살았을지라도, 그 죄를 용서받고 살기를 원하는 자는, 죄에서 건져 천국 잔치에 함께 앉게 하시겠다고, 그것을 전하고 청하여 오라고 하신 것입니다. 유대인에게 있어서는 예수님이 오신 때가 천국 잔치 때입니다. 비로소 메시아 언약이 성취되었기 때문에 메시아를 기다린 그들로서는 천국 잔치가 돼야 합니다.

'사거리 길에 가서 만나는 대로 모두 데려오니' 하는 것은 신약 시대를 말합니다. **종들이 길에 나가 악한 자나 선한 자나 만나는 대로 모두 데려오니** 하는 '악한 자, 선한 자'는 마음이 나쁘고 못된 사람, 마음이 좋고 착한 사람 그런 뜻이 아닙니다. 성경이 말씀하는 악이 무엇인지 선이 무엇인지 이미 다 들으셨잖아요? 악은 복음 듣고 들어와서, 즉 천국 잔치에 들어와서 하나님의 일, 예수님과의 관계에 대한 영적인 일보다는, 세상 것 때문에 예수님을 믿는다고 하는 사람들, 인본으로 믿는다고 하는 것을 바로 악한 자라고 하고, 선은 하나님의 하시는 일을 깨달아서 그 뜻으로 오신 예수님을 온전히 믿고 오직 예수님으로 사는 영적인 사람을 선한 자라고 한다고 말씀드렸었지요? 하나님이 차려놓은 잔칫상과 같은 말씀을 육신의 것으로 연결하는 인본과 자기중심이 악입니다. 말씀에서 하나님의 뜻과 마음을 알고, 죄에 속한, 하나님과 원수 맺은, 자기중심인 인본을 팔아 버리고 예수님으로 사는 자, 그것이 선한 자입니다. 그래서 이 천국 잔치를 배설한 이때는 선한 자나 악한 자나 그 잔치 가운데 있다는 것을 말씀하는 것입니다.

그러니까 하나님 앞에 그 악한 자의 드러난 모습이 뭡니까? 11, 12에 하나님의 눈에 예복을 입지 않은 것으로 드러났습니다. 이같이 하나님의 잔치에 예복을 입지 않은 자는 13에서 '손발을 묶어 바깥 어두운 데에 내던져져 거기서 슬피 울며 이를 갊이 있다'고 말씀하는 것 아닙니까? 그냥 내던져도 될 텐데, 이미 거기는 영원히 나올 수 없는 고통받을 지옥인데, 왜 수족을 결박한다고 하는 것입니까? 육체로 있는 세상에서는 누구든지 선택의 자유가 있지만, 지옥에 한번 던져지면 선택할 수 없는 영원한 곳이라는 것을 강조하신 표현입니다. 육체로 있을 때만 기회다. 그곳은 자유가 없다 그 말입니다. 슬피 울 수밖에 없고 분노밖에 남는 것이 없는 곳, 얼마나 고통스러운지 이를 갈 수밖에 없는 곳임을 말합니다.

여러분 성경은 소설책이 아니에요. 천지와 만물을 지으시고 사람을 지으신 하나님께서 인간은 누구인가, 인간은 어떻게 살아야 하는가, 그것을 너무나 자세히 알려주신 것이요, 또한 인간이 지음을 받은 목적이 있는 존재임을 가르쳐주는 하나님의 말씀이기 때문에, 그러므로 믿는다는 것을 어영부영할 수 없습니다. 정말 어영부영하면 안 됩니다. 여러분이 차라리 세상 학문 쌓는데, 머리 개발하는 데 온 에너지 다 쏟지 말기 바랍니다. 인간의 높아진 세상 지식은 하나님 말씀의 본질, 영적인 뜻과 의도를 왜곡시키는 큰 도구가 됩니다. 그래서 높아진 자기 지식으로 하나님의 말씀을 가리는 악한 자 되지 말고, 차라리 지식의 길로 가는 것에서 돌이켜 성경을 아는 것에 온 마음을 쓰는 것이 합당할 것입니다. 인생 길게 살아보려고 하도 노력들을 하니까, 그 노력에 의해 땅에서 한 백 년은 살 수 있는지는 모르겠으나! 그러나 그 이후 영원한 고통의 장소로 들어간다면 그 쌓은 지식이 많은들 무엇하겠으며, 세상의 명예 지위가 크고 높은들 무엇하겠습니까? 그러므로 육체로 있을 때만 기회라는 것을 분명히 알기 바랍니다.

천국 잔치에 들어오는 자는 하나님이 주시는 잔치 예복을 반드시 입어야 합니다. 사랑하는 아들, 독생자의 혼인을 위하여 베푼 잔치이므로 그 잔치에 맞는 예복을 입어야만, 함께 아주 큰 기쁨의 잔치 자리가 되는 것입니다. 아들을 사랑하는 아버지가 아들을 영화롭게 하려고 베푼 잔치이니, 임금의 그 의도와 마음을 헤아려 영광된 초대에 보내주신 예복을 입고 들어와야 합니다. 바깥 신분으로는 임금 앞에 올 수도 설 수도 없습니다. 별별 사람, 별별 직업, 별별 신분이 다 있을 것이니, 그 바깥 신분으로는 임금을 만나볼 수 없는 겁니다. 그러니까 임금이 주는 예복을 입으면 그 사람 신분이 무엇이 되었든지 묻지 않고, 임금이 친구로 맞아들여 함께 잔치에 기쁨을 나누겠다고 하는 것이 임금의 의도요 뜻입니다. 그래서 잔치에 들어가는 자격은 반드시 임금과 마주할 수 있는 임금의 신분에 맞는 예복, 세상 신분, 자기 신분을 가려줄 임금이 주는 예복입니다. 오로지 아들을 영화롭게 하기 위해서, 아버지가 아들을 사랑하는 그 지극한 마음 때문에 베푼 혼인 잔치이니, 가려져야 할 세상의 천한 신분, 더럽고 악한 죄인의 신분을 임금이 보낸 예복으로 가리고, 임금과 함께 앉는 그 영광된 자리, 친구처럼 맞아서 차려놓은 온갖 산해진미의 진귀한 것을 가져다 먹으라고 권하며 기쁨을 감추지 못하는 임금을 자기의 경험으로 가질 수 있는, 그 자리에 함께 할 수 있는 조건은 곧 임금이 주는 예복이었습니다.

그런데 임금이 청한 사람들을 보려고 들어오니 예복을 입지 않은 한 사람이 있어 어째서 예복을 입지 않고 여기 들어왔느냐 하니, 그가 유구무언이었다고 했습니다. 여기서 '한 사람' 한 것은 예복을 입지 않은 사람이 한 사람만 있었다는 것을 말하고자 함이 아니라, 구원은 각각으로 누구든지 예복을 입지 않으면 천국에 들어갈 수 없다는 뜻입니다. 한 사람이 가려야 할 자기 신분의 옷을 입고 들어왔습니다. 임금이 예복을 보내어 청한 뜻을 무시했습니다. 임금의 말을 경홀히 여겼고 관심 두지 않았다는 것이 여실히 보였습니다. 아들을 영화롭게 하는 데 모든 초점을 둔 아버지의 관대한 사랑을 무시하듯이 하였습니다. 임금이 모욕을 당했습니다. 예복을 입지 않고 잔치 자리에 온 것은 예복을 입어야 할 의도는 알지 아니하고, 자기의 좋은 대로 생각하고 왔다는 것을 의미합니다. 그의 관심은 임금이 차려 놓은 산해진미의 음식, 자기 배를 불릴 수 있는 그것에만 마음이 있었습니다. 다시 말해 자기 정욕의 배를 불릴 수 있다는 것에만 마음이 있었다는 말입니다. 그러니 잔치를 배설한 임금의 질문에 유구무언 할 것밖에는 없습니다.

오늘날도 사람들이 예수님을 믿으러 나와서 뭐합니까? 아들 예수님을 영화롭게 하시려는 아버지의 뜻, 모든 초점이 아들이신 예수님께 두었다는 그 아버지의 영적인 뜻에는 관심 없고, 예복을 입게 하려고 보내신 말씀 속에서 뭐만 보냐? 자기의 바라고 원하는 것, 세상 것으로 복을 받아 잘살게 되는 것에만, 관심 두고 보는 것입니다. 성경 말씀을 보는 눈이 그런 곳으로만 따라가는 것입니다. 성경의 인물들이 복 받은 이유가 어디 있나? 그것 연구하느라 예수님은 놓쳐버립니다. 믿는 이유가 정신 개발과 지식 쌓으므로 만족하고 세상 것으로 잘 돼보고 싶은 것에 있는 겁니다. 그러니까 이삭의 사건에서도 예수님은 놓치고, 이삭이 농사하여 그해에 백배나 받았다, 그러니 여러분도 이 이삭의 복을 받으라고, 그리고 별미 가져오라고 하는 것 아닙니까? 하나님의 구속의 뜻을 이런 인간의 더러운 죄의 욕망을 채워주는 데 있는 것처럼 말씀을 요리하는 악한 짓을 한다는 말입니다. 이 인간의 오만한 머리들이 말입니다.

별미는 예수님을 상징합니다. 예수님이 하나님의 별미입니다. 사람은 하나님의 별미이신 예수님으로 나가지 않으면, 하나님의 입맛에 맞지 않으므로 하나님께 나갈 수 없음을 깨닫도록 하신 상징적 사건입니다. 아셨습니까? 이것은 여러분이 혹 속지 말라고 말씀드린 것이니 참고하기 바랍니다. 이 비유에서 말씀하는 예복은 바로 예수 그리스도로 옷 입어야 하는 것을 말한다는 것은, 교회 나온 지 오래지 않은 사람도 들어서 다 알고는 있습니다. 그런데 자신이 참으로 예복을 입었나! 어떻게 해야 예복을 입는 것인가 하는 것에 대해서는 그다지 심각하게 생각하지 않습니다. 예수님으로 옷 입는 것을 말한다는 것, 그냥 들은 것으로도 된 줄로 생각합니다. 예수님을 믿으니 그것으로 옷 입었다고 생각해버립니다. 믿는다는 이름은 가졌지만, 벌거벗은 채로 있는 자신의 영에 대해서는 감각이 없습니다.

그런데 예수님으로 옷 입는 것과 오늘 비유에서 예복을 입는 것은 차이가 있습니다. 누구라도 먼저 예복을 입지 않으면 예수님으로 옷 입지 못합니다. 혼인 잔치 배설한 그곳에 악한 자로 있을 수는 있으나 예수님으로 옷 입은 신부가 될 수 없기에 쫓겨나는 것입니다. 예복은 구약의 여호와 하나님의 말씀으로 자신을 철저히 알고, 즉 죄지은 영혼으로 영원히 사망에 처하게 된 자신을 알고, 또한 하나님이시며 구주이신 예수님을 성전 제사를 통해 아는 것입니다. 예수님이 오시지 않으면 안 되는 아버지의 사정과 뜻을 바로 알아야 합니다. 죄에 빠져 영원한 사망에 처하여진 자신을 알고 인정하여 통감

해야 합니다. 오직 하나님이 보내신 예수님으로 말미암아 죄에서 용서받고 영생을 얻게 된다는, 그래서 예수님께서 죄를 대속하시려고 채찍에 맞으시고 몸 찢기고 십자가에 달려 피 흘려 생명을 내놓으셨다는 것을 알고 믿는 것으로 회개가 일어나야 합니다. 어영부영 믿는다는 말로 옷 입을 수 있지 않습니다. 세상에서도 죄에서도 하나님과 관계의 영적인 십계명의 죄에서도 온전히 돌이키고 버리고 깨끗이 하는 회개가 일어나야 합니다. 이것이 바로 성전 안의 번제단과 물두멍을 통과하는 것으로서, 하나님 앞에서 예수님으로 옷 입기 위한 예복의 일입니다. 하나님 나라가 되는 예복을 입어야만 예수님으로 옷 입게 되는 것입니다. 알아듣기를 바라고 여러분의 믿음이 진정이기를 바랍니다.

하나님께서 아들의 혼인 잔치를 베푼 것은 세상 것으로 만족시켜 주려는 것이 아닙니다. 아들의 피로 죄를 씻고 의로 옷 입게 하려는 것입니다. 그러므로 하나님이 차리신 잔칫상은 아들 예수님으로 주시려는 천국입니다. 천국의 것으로 배부르게 하신다는 의미입니다. 우리 영의 사람이 받아먹어야 하는, 예수님으로 주시는 천국의 것, 예수님의 말씀을 먹고 새김질하여 이루어지는 그 능력, 자유케 된 능력으로 살게 되니 영혼의 기쁨이 넘치고, 그 영적 능력의 연속인 것입니다. 그렇기에 롬13:14에 오직 주 예수 **그리스도로 옷 입고 정욕(情慾)을 위하여 육신의 일을 도모하지 말라**고 했습니다. 예수님으로 옷 입어야 하는 것이지, 육신의 일을 도모하지 말라는 것입니다. 갈3:27에 **누구든지 그리스도와 합하여 침례를 받은 자는 그리스도로 옷 입었느니라**고 했습니다. 예수님과 함께 죽고 함께 산 것이면 그것이 예수님으로 옷 입었다는 것입니다. 마13장에 보화 비유나 진주 비유에서도 분명히 가르쳐 말씀하셨습니다. 예수님, 즉 보화(예수님=천국)를 사기 위해서는 자기 소유를 팔아야 한다. 세상 것을 다 잃는다 해도 가져야 하는 것, 구해야 하는 것이 천국이요, 세상의 모든 것을 포기하고 얻기를 원해야 하는 것이 예수 그리스도요, 천국이라는 것을 말씀하는 것입니다. 또한 살려면 자기중심인 자기 밭에서 나는 것으로 성경 말씀을 장사하는 자들이 되지 않아야 하는 것을 오늘 유대인들로 보이셨습니다. 이 유대인들이 자기중심을 다시 사는 바람에 예수님에게서 떨어져 나간 가지가 돼서 영원한 심판의 자리로 던져지게 됐는데, 오늘날도 어쩌면 그리도 이 비유를 들어 깨닫게 하시는 예수님의 음성을 들을 줄 모르고, 자기 밭의 말씀들을 전하고 있는지 말로 다할 수 없습니다. 오늘 이 비유 말씀만 듣는다 해도 여러분이 생각해볼 수 있잖습니까? 얼마나 자기 밭 말들이 나오고 있는지 말입니다.

이 같은 가르침으로 하나님의 뜻을 따른 지식에 의한 믿음이 되지 못하니, 왜 예복을 입지 않았느냐 하실 때 유구무언일 수밖엔 없고, 자기 속에 자기 대답이 있을 것밖에는 없습니다. 그러지 않겠습니까? "하나님께서 세상의 모든 것을 다 지으시고 우리에게 잘 먹고 잘살라고 주신 것 아니냐? 그래서 복을 주시고 잘되게 하시는 하나님이 내게 계신다는 것, 너무 기쁘고 감사해서 하나님이 나에게 화려하고 멋진 세상의 옷을 입혀주시면, 내 평생 하나님만 자랑하고 찬양하고 살 것이라고 약속드렸는데, 하나님께서 그런 내 맘을 너무나 잘 아시면서 그걸 왜 물으시냐? 나 잘되게 해주면 내가 그것을 나 혼자 잘 먹겠다는 것 아니지 않으냐? 가난한 사람 도와주고 하나님의 일 열심히 하겠다고, 열심히 복음 전하겠다고 하지 않았느냐?"

하지 않겠습니까? 그러나 예복 입지 않았으면 그가 자기 목숨을 내놓고 하나님을 위해 일한다고 했어도 하나님은 그것을 보신 적 없으십니다. 예복 입지 않고, 예수님으로 옷 입지 않고 하는 일 하나님과는 관계없습니다. 하나님은 변명을 필요로 하시지도 듣지도 않으십니다. 하나님의 요구는 보내신 예복이 없으면, 그대로 수족이 결박당하여 저 어두운 지옥에 던져지는 것임을 우리가 오늘 말씀을 통해서 분명히 보고 있는 것입니다. 오늘 14에 뭐라고 했습니까? **청함을 받은 자는 많되 택함을 입은 자는 적으니라** 하셨으니 정말 이런 말씀 앞에 자신을 어떻게 말할 수가 있는가 말입니다. 누가 뭐라 해도 자신이 하나님의 택함을 받은 자라는, 성영님으로 가진 확신 있는 신앙인가 말입니다.

오늘 12에 임금이 예복을 입지 않은 자에게 '친구여'라고 했습니다. 요15:13-15에 **예수님께서 사람이 친구를 위하여 자기 목숨을 버리면 이에서 더 큰 사랑이 없나니 너희가 나의 명하는 대로 행하면 곧 나의 친구라 이제부터는 너희를 종이라 하지 아니하리니 종은 주인의 하는 것을 알지 못함이라 너희를 친구라 하였노니 내가 내 아버지께 들은 것을 다 너희에게 알게 하였음이니라**고 하셨습니다. 친구는 허물이 없는 사이로 모든 것을 말할 수 있는 관계입니다. 누구에게도 말할 수 없는 비밀이나 고민 따위를 다 털어놓을 수 있는 사이입니다. 친구가 어려움을 당하면 그 어려움을 함께 나눕니다. 그렇듯 예수님께서 모든 사람에게 친구에게 말하듯이 하나님 아버지께 들은 것을 전부 다 알게 하셨습니다. 아버지 안에 있는 것을 아들에게 주시고 아들은 또 우리에게 그것을 다 말씀하여 알게 하셨습니다. 진정 친구이면 친구가 목숨을 잃을 위기에 놓였을 때, 자기의 목숨을 걸고 친구를 구하려 하듯이, 그보다 더 큰 사랑은 없듯이, 예수님께서도 자기 친구를 위해서 목숨을 버린다는 것입니다. 죽음 위기에 있는 자기 친구를 위해 예수님의 목숨을 담보로 하여 대신 죽으신다는 것입니다. 이같이 친구를 위해서 목숨을 버리실 것인데, 그 친구가 누구냐? 자기의 모든 것을 버리고 필요하다면 목숨도 내놓을 것으로 예수님을 사랑하여 따르는 자입니다. 자기를 위해 살 것으로 아니하고, 예수님께 자신을 드려 무슨 말씀을 하시든지 그대로 따르는 자, 예수님을 위해 기꺼이 자기 목숨을 아끼지 않는 자입니다. 그를 위해서 예수님 자신의 목숨을 버릴 것이요, 그를 친구라고 한다고 하셨습니다. 그래서 여기 예복 입지 않은 자에게도 하나님께서 친구처럼 모든 것을 다 말씀하셨습니다. 옆에 있는 친구에게 하듯이 비밀이 없이 하나님의 일을 알도록 그 예복을 입을 말씀을 다 보내 주셨다는 말입니다.

그러면 여러분은 예수님이 자기의 목숨을 버리신 이유가 예수님을 사랑하는 그 친구 때문이라고 말씀하셨으니, 그러면 예수님이 여러분의 사랑하시는 친구가 되어 있습니까? 자기 목숨을 버린 이유! 사랑하는 친구를 위해서라는 예수님의 말씀입니다. 예수님의 이 같으신 사랑을, 대속의 은혜와 함께, 말씀으로 우리 영·혼·육이 살게 하신 예수님에 대하여 이 믿음과 사랑을 외면한 것이면, 그것은 하나님의 뜻을 무시한 것이요, 자기로 옷 입은 것이 되어 하나님을 모욕한 것이요, 하나님의 사랑을 거절하는 것이므로 바깥 어두움에 내던져진다는 것입니다. "예수님! 제가 그때는 정말 몰라서 그랬으니, 제가 너무 미련했으니 한 번만 봐 주세요.", "나 너 기억에 없다.", "예수님 저 모르세요? 제가 얼마나 열심히 철야 기도, 새벽 기도 다녔고 예배 때마다 빠짐없이 잘 다녔는데 예수님이 저를 모르시다니요! 우리 교회에서도 나 없으면 교회가 제대로 굴러가지 못할 정도의 위치에 제가 있었는데 저를 모르신다는 것이 말이 됩니까? 저 누구누구예요!", "그럼 그 교회 가서나 물어봐라 난 너 모른다.", "예수님! 나도 예수님은 믿는데 뭔 말이 뭔 말인지도 모르겠고 해서 말씀에는 제가 관심 두지 못했어요. 아시다시피 먹고사는 것이 너무 바빠서 중요하게 여기지 못했어요. 그것은 좀 봐 주셔야 하잖아요.", "그럼 그렇게 바쁘게 살면서 추구하던 세상에 가서 물어봐라. 난 너 모른다. 너희 속에 세상을 세우고자 하는 것이 가득 들어서 세상을 놓지 않으려고 너희 스스로가 하나님의 말씀을 거절하였으니 너희 뜻대로 되었느니라." 심은 대로 거둔 것이 되었다고 하신다는 말입니다. 하나님 앞에 가서는 통하지 않습니다. 세상에 심겨 있으면 세상이 가는 곳으로 갈 것이요, 예수님께 심겨졌으면 예수님이 계신 곳으로 가는 것이지 다른 길은 없습니다.

성경은 예수님의 제자로 삼 년 반 동안을 함께 동고동락하던 가룟 유다를 통해 이 실제를 분명히 보이셨습니다. 성경에 그 모델, 그 실례가 다 있다는 말입니다. 가룟 유다는 돈에 관심을 두었고 세상 명예에 관심을 두었습니다. 예수님을 따라다닌 이유가 오늘날 세상 것으로 잘 되고자 하는데 마음을 두고 믿는다는 사람들과 똑같았다는 말입니다. 그러므로 결과는 스스로 망할 길로 들어간 것입니다. 돈과 명예에 눈이 어두워 예수님을 보지 못하고, 결국 대제사장에게 예수님을 돈 받고 넘겨주려고 군병들과 함께 예수님 앞에 왔을 때, 예수님께서 유다에게 말씀하시기를, 마26:50에 **친구여 네가 무엇을 하려고 왔는지 행하라** 하셨습니다. 3년여 동안 동고동락하며 예수님이 누구인지 유다 앞에서 다 보이셨고 숨긴 것이 없었다는 말입니다. 하나님이신 표적도 죄를 사하시는 권세도 예수님 자신이 누구이신지 다 보여 알게 하셨고 말씀하셨다는 것입니다. 그런데도 네가 욕심으로 눈이 어두워 예수님을 보지 못해 생명의 구원을 버리겠다면 너 하고자 하는 일을 속히 하라고 말씀을 하신 것입니다.

우리는 이 가룟 유다를 두고 어떻게 그렇게 삼 년 반 동안 예수님을 따라다니면서 듣고 보았음에도 믿지 못하고 저주로 떨어질 수가 있느냐 하고 의아해하지만, 이것은 지금 우리에게 무엇을 가르쳐주는 것입니까? 세상 물욕에 잡혀 있으면, 세상 명예욕에 잡혀 있으면, 세상 것들에 마음이 붙들려 있으면, 세상 것으로 목적이 되어 있으면, 자기중심이면, 나 예수님을 믿는다고, 나 구원받았다고 해도 그 구원은 막혀 있다는 것이요, 오늘 말씀을 통해서 분명히 보이신 것입니다. 예수님을 따라갈 수가 없습니다. 마13:49, 50에 천국으로 초청하는 잔치 자리에 와서 있는 자 중에서 천사들이 악인을, 즉 예복을 입지 않은 자를 갈라내어 풀무 불에 던져 넣는다고 했습니다. 마25장의 열 처녀 비유에서도 신랑을 기다리던 처녀 중에 다섯은 여분의 기름을 준비하지 않은 연고로 신랑을 맞지 못한 상태에서 문이 닫혀버렸고, 여분의 기름을 준비한 슬기 있는 다섯 처녀는 신랑이 오니 신랑과 함께 혼인 잔치로 들어가고 문이 닫혀버렸지 않습니까. 미련한 다섯 처녀가 기름을 사러 간 사이에 문이 닫히니 문을 열어달라고 아무리 소리쳐도 이제 끝났다고 하지 않았습니까? 내 믿음을 다른 사람에게 나눠줄 수도 없고 내 믿음으로 다른 사람이 구원받을 수도 없는 것을 보인 것입니다. 성영님께서 마지막 때에 이 말씀을 보내셨다고 하는, 이 말씀 앞에서도 머뭇거려서는 안 된다는 것을 여러분이 생각해봐야 할 것입니다.

하나님의 말씀 앞에서 자기중심으로 행하는 것, 세상 것에 마음이 붙들려 있는 것, 육신의 일로 싸우고 다투는 것, 다 내어던짐을 받는다는 것을 진정으로 깨닫는 지혜와 능력이 있기를 바라면서 말씀을 맺습니다. 오늘 혼인 잔치의 비유의 말씀으로 우리 믿음을 도우신 삼위의 하나님께 모든 영광을 돌립니다. 아멘

제 13 장
열 처녀 비유 (슬기 있는 자, 미련한 자)

[1]그 때에 천국은 마치 등을 들고 신랑을 맞으러 나간 열 처녀와 같다 하리니 [2]그 중에 다섯은 미련하고 다섯은 슬기 있는지라 [3]미련한 자들은 등을 가지되 기름을 가지지 아니하고 [4]슬기 있는 자들은 그릇에 기름을 담아 등과 함께 가져갔더니 [5]신랑이 더디 오므로 다 졸며 잘새 [6]밤중에 소리가 나되 보라 신랑이로다 맞으러 나오라 하매 [7]이에 그 처녀들이 다 일어나 등을 준비할새 [8]미련한 자들이 슬기 있는 자들에게 이르되 우리 등불이 꺼져 가니 너희 기름을 좀 나눠 달라 하거늘 [9]슬기 있는 자들이 대답하여 가로되 우리와 너희의 쓰기에 다 부족할까 하노니 차라리 파는 자들에게 가서 너희 쓸 것을 사라 하니 [10]저희가 사러 간 동안에 신랑이 오므로 예비하였던 자들은 함께 혼인 잔치에 들어가고 문은 닫힌지라 [11]그 후에 남은 처녀들이 와서 가로되 주여 주여 우리에게 열어 주소서 [12]대답하여 가로되 진실로 너희에게 이르노니 내가 너희를 알지 못하노라 하였느니라 [13]그런즉 깨어 있으라 너희는 그 날과 그 시를 알지 못하느니라

(마25:1-13)

오늘은 예수님께서 신랑을 맞으러 나간 열 처녀를 비유로 말씀하

신 것, 즉 신랑을 맞은 슬기 있는 것과 맞지 못한 미련 한 것의 의미를 말씀드리려고 합니다. 여러분은 진정 슬기 있어서 예수님을 맞으신 믿음이 되었기를 참으로 바라고, 다만 이 말씀을 전하면서 여러분 자신의 믿음을 더욱 견고히 하시는 기회가 되기 바라는 마음입니다. 본론으로 들어가기 전에 먼저 열 처녀 비유에 대해 보는 눈을 좀 열어드리고자, 비유의 배경을 좀 설명하겠습니다. 비유를 말씀하신 예수님의 생각과 맞지 않는 비유 풀이들은 전부 다 바리새인 누룩이요, 서기관의 누룩으로 인간의 교훈들에 불과합니다. 만일 성영님이 오셔서 계신 영의 사람, 즉 성경이 열린 사람이면, 그 같은 예수님의 생각에 맞지 않는 인간의 교훈들은 듣기가 매우 거북하게 되어 있습니다. 진리를 가졌다면 비진리가 좋게 들려질 수 없다는 것, 당연한 상식이지 않습니까?

오늘날 성경을 머리로 알고 믿는 사람들이 성경 박사, 성경학자가 되어 있고 목사가 되어 있다는 것, 머리로 끊임없이 연구하고 비교하여 성경을 말한다는 것을 여러분에게 충분히 밝혀드렸습니다. 예수님이 말씀하신 비유는 그 초점(focus)이 누구라고 했습니까? 비유에서 집중해야 할 핵심은 바로 예수님이므로, 비유를 말할 때 예수님이 중심이 돼 있지 않으면 다 거짓이라는 것을 여러분에게 누누이 말해왔습니다. 예수님은 대부분 유대인을 대상으로 비유 말씀을 하셨고, 그다음 이스라엘 속에 넣으신 하나님 언약의 뜻을 비유로 말씀하셨고, 그다음 비유가 구약성경 말라기와 신약성서가 기록되기까지 약 4백여 년간의 공백기를 다룬 성경과 같은 역할이라는 것, 그래서 이 몇 가지의 사항을 알지 못하면 사실은 비유의 바른 해석을 말할 수가 없는 것입니다. 그런데 비유의 속사정을 알지도 못한 영적 소경들이, 비유를 말하고 있으니 거기서 무슨 정답들이 나오겠습니까?

신약 사복음서에 보면 바리새인 서기관 사두개인 이들이 항상 등장하지 않습니까? 비유가 대부분 이들을 대상으로 하여 말씀한 것입니다. 도대체 이들의 정체가 무엇이길래 이들을 대상으로 말씀하셨는가, 알아야 또 복음서를 이해할 수가 있습니다. 그래서 이것을 알려면 구약과 신약 사이, 성경이 기록되지 않은 약 400여 년의 시대로 가봐야 합니다. 이스라엘이 솔로몬 왕의 아들 르호보암 때 나라가 둘로 나뉘었습니다. 르호보암 왕에게는 유다 지파와 베냐민 지파만 남게 되었는데, 그나마 베냐민 지파는 이미 멸종되다시피 되었고, 대부분 유다 지파 사람들로 이루어져서 남왕국 또는 남유다라고 불렀습니다. 르호보암에게서 열 지파가 나갔는데 그들은 북왕국 또는 북이스라엘이라고 불렀습니다. 이 북이스라엘이 약 210년 후 앗수르 제국에 의해 멸망을 하였고, 이방 혼으로 혼혈을 이루고, 하나님 백성의 신앙 성결을 잃어버리게 됐습니다. 북왕국의 수도는 사마리아로 신약에서 보면 유대인들이 사마리아인들을 상종치 않는 모습을 볼 수가 있습니다. 이들이 신앙을 버렸다 해서 개로 취급했습니다.

그리고 북왕국보다 150여 년 정도 더 존속하던 남왕국 유다가 바벨론의 침공을 받아 포로로 잡혀갔는데, 이 유다 지파는 절대로 핏줄의 성결, 신앙의 성결을 유지하고 하나님의 신앙을 굳게 지켰습니다. 이후 70년 포로 생활에서 귀환하여 예루살렘 성전을 재건하면서 이들에게 고민이 생겼습니다. 왜 우리가 이렇게 다른 나라의 침략을 받고 이같이 고통과 곤욕을 겪느냐, 이것은 우리 조상들 때부터 죄의 문제가 있었던 것이 아니겠냐? 그러면 우리가 조상들이 지은 죄가 무엇인가 찾아내서 다시는 그 같은 죄를 짓지 않아야 하겠지 않느냐 해서, 조상들이 어떤 죄를 지었는지 깊이 연구한 결과 안식일 범한 죄가 클 것으로 생각한 겁니다. 그때 그 유다 지파가 자신들은 그 어떤 환란과 핍박이 있어도 혈통이든 신앙이든 성결을 지키고, 율법을 지키며 싱전 중심의 신앙을 한다고 해서 여호와 하나님 섬기는 일을 유다 지파와 관련지어 유대교로 불리게 되었습니다.

그래서 이들이 먼저 사마리아를 배척할 수밖에는 없었습니다. 사마리아인들이 성전 재건에 비용을 대고 우리도 예배드리러 오겠다고 하자 유대인들이 "아주 너희들은 개다. 감히 그 더러운 돈을 하나님의 성전에 쓸 수 없다. 성전 근처에도 오지 말라."고 철저히 거부하고 막았습니다. 그런데 유대인들이 신앙의 우월감이 지나치다 보니 신앙적 교만이 들어오게 되었습니다. 말라기 선지자가 구약의 말라기서를 기록한 마지막 선지자로 그 이후 선지자가 없는 시대를 맞이했는데 BC 331년, 예수님 태어나시기 전, 331년경에 헬라의 알렉산더 대왕이 그 아버지의 야망을 계승하여 세계 정복을 위해 주변 국가를 하나하나 정복해나갔습니다. 이때 유대민족도 알렉산더에게 정복을 당했지만, 알렉산더 대왕이 몇 해 못 가서 33살 젊은 나이에 말라리아로 죽고 말았습니다. 알렉산더가 통치하던 제국은 네 개의 왕조로 나누어져서 유대나라는 그중에 톨레미라는 왕조의 통치를 받게 되었습니다. 톨레미 왕조는 자기가 통치하던 민족들의 내정과 종교는 간섭하지 않고, 단지 조공만 조금 받는 것으로 하고 자유를 주었습니다. 그래서 유대민족도 여호와를 섬기는 것과 전통이나 문화를 지키고 나갈 수가 있었습니다.

이때가 헬라 시대입니다. 그래서 헬라 문화와 헬라 언어를 접하게 됐고, 헬레니즘(Hellenism) 문화와 언어가 세계로 퍼지게 되었습니다. 그런데 유대인들의 자유도 BC 200년경에 끝나고 말았습니다. 시리아라는 나라가 힘을 길러 톨레미 왕조에게서 유대나라를 빼앗았습니다. 시리아의 안티오쿠스 4세에 의해서 이때부터 유대민족의 엄청난 수난이 시작되었습니다. 안티오쿠스 4세가 유대민족의 언어인 히브리어나 아람어를 쓰지 못하게 통제시키고 그리스어를 쓰고 그리스 문물을 받아들이도록 강압했습니다. 시리아가 재정난으로 인해 예루살렘 성전에 있는 중요한 보물들을 다 약탈해 갔고, 유대교의 중요한 문화들을 파괴했습니다. 할례 의식이나 안식일을 지키는 것, 성전에서의 제사 등등을 다 폐지하고 복사된 구약성경을 가지고 있는 사람은 사형에 처한다고 했습니다. 그리고 성전 제단들을 다 헐고 그곳에다가 우상의 제단을 만들어서 돼지를 제물로 바치게 했습니다.

이렇게 되니 유대민족에게는 엄청난 고민이었고 이때부터 지도자들 간에 의견이 갈라지면서 내분이 일어났습니다. 신약에 예수님에 대해 별로 관심 두지 않고 부활에 대해 논쟁을 벌이던 그 사두개인들은, 다윗 왕 때 사독이라는 제사장이 있었는데, 다윗 왕을 계속 보호하고 도왔던 유명한 사람으로 그 사독의 후예들로서 이때 사두개라는 사두개파가 생겨났습니다. 사두개파의 주장은 "우리 유대 국가가 유지되려면 그 부유한 그리스 문물을 받아들이는 것이 좋겠다." 라고 나왔고 그에 맞서서 반대하는 계층이 있었는데 "절대로 안 된다. 율법을 범하는 것은 하나님께 범죄하는 것이니 우리는 죽음을 불사하고라도 여호와 하나님만 섬겨야 한다." 하는 바리새파가 생겨났습니다. '바리새' 또는 '바리슘'이라고 하는 이것은 '율법을 지키며 오직 여호와 하나님만 섬길 것으로 구별되었다'는 뜻입니다. 그래서 성전은 **빼앗기고**, 제사를 지내려고 성전에 들어가면 시리아 군인들이 잡아다가 처형을 했으니 결국 유대인들이 신앙을 지키기 위해서는 도망할 도리밖에는 없었습니다. 그런데 또 도망자는 시리아의 저항 세력으로 여겨 기어코 찾아내 처형을 했습니다.

이 유대인들이 힘 다해 뛰어 도망하다가 안식일을 만나면 뛰지를 못하는 겁니다. 뛰다가 땀나면 일한 것이 되니 그것은 율법을 범한 것이 된다 하여, 뛰지도 못하고 걷다가 죽임을 당했습니다. 안식일을 범하지 말라, 안식일을 거룩히 지키라, 일하지 말라 하신 안식일 준수에 대한 하나님의 의도를 오해하여 무저항으로 걸어가다 활에 맞아 죽고 칼에 맞아 죽었습니다. 조상들처럼 또다시 안식일 범하여 하나님의 진노를 사느니 차라리 죽는 것을 택하겠다고 해서 유대인들의 순교가 그때 가장 많았다고 합니다. 그런데 이미 산속으로 도망가 있던 맛디아라는 제사장이 다섯 아들과 함께 "안 되겠다. 이러다가는 유대인들이 씨도 안 남겠다." 생각하고 맛디아를 찾아서 몰려든 유대인들과 함께 전략을 짜서 밤에 모두 무기를 들고 계속 게릴라전을 했습니다. 그래서 맛디아의 셋째 아들 마카베오가 큰 승리를 거두어서 시리아로부터 독립하고 약 130여 년간 정치를 했습니다.

그런데 사두개파와 바리새파 간의 서로 주장이 다르니 사이가 악화되어 원수지간이 돼버렸어요. 그렇게 내분이 끊이지 않는 가운데 또다시 예수님 태어나시기 63년 전에, 즉 BC 63년에 로마의 폼페이우스에 의해 함락되어 다시 또 로마의 속국이 되었습니다. 예수님이 나실 때도 유대민족은 로마의 지배를 받고 있었지 않습니까? 이제 여러분이 바리새인이 어디서 생겨났고 사두개인이 어디서 생겨났는지 아셨지요? 그리고 서기관은 율법을 해석해 주기 위해서(에스라서) 생겨난 사람들입니다. 그들을 랍비, 또는 선생, 율법사라고 불렀는데 유대 백성에게 큰 존경을 받는 위치였습니다. 율법의 이해가 없던 백성에게 서기관이 그 해석을 내려주었다는 말입니다. 이 서기관들이 율법을 철저히 분석하고 연구해서 백성에게 '이것은 해도 된다. 저것은 안 된다.' 하는 말이 떨어지면 그것이 유대 백성에게 법이 되었습니다. 그런데 율법을 너무 세분화하여 가르치니 백성이 이 계율에 얽매여 수고의 무거운 짐이 되어 있었던 겁니다. 그러니 오늘날도 교회라고 다르지 않습니다. 교인들에게 무거운 짐을 지워주고는 있어도 예수 그리스도 안에서 얻는 참자유의 법을 가르쳐주지 못하는 예는 얼마든지 많습니다.

예수님 당시에 바리새인이 한 육천 명이 있었다고 합니다. 그런데 이들이 율법 속에 두신 본뜻을 살피기보다는 율법을 지켜 그 의로 영생에 들어가는 줄로 알아 율법을 지키는 것에만 목적을 둬버렸습니다. 사람 중에는 율법을 지켜낼 자는 없음에도 이들이 다 지키고 사는 것처럼 행세하니 다 외식에 걸렸습니다. 그러니 율법 속에 본뜻을 깨닫지 못한 영적 소경이 되어, 메시아로 오신 예수 그리스도를 알아보지 못하고 배척했습니다. 사두개인은 제사장의 후손으로 성전 관리를 맡은 자들에 속합니다. 그래서 비교적 부자로 살았어요. 그들은 내세관도 없고 부활도 천사도 믿지 않았어요. 구약성경에 보면 복에 대한 말씀을 많이 하셨지 않습니까? 하나님의 말씀을 삼가 듣고 순종하면 땅에서 잘되고 장수한다고 하시니, 땅에서 사는 동안 부귀영화와 명예를 가지고 존경받고 인기 얻고 사는 것이 하나님이 주시는 최고의 복이라고 생각한 현세주의자들이었습니다. 이 사두개파가 역사 속에서도 우리가 잘살 수만 있다면 이방인들의 문물들을 받아들이자고 했던 사람들이라고 하지 않았습니까? 그러므로 오늘날 교회가 예수님을 믿으니 구원은 당연히 받는 것이고, 또 하나님이 복 주셔서 잘살게 되니 그것을 구하라고, 땅에서 성공해야 한다는 것으로 맞추어주는 곳이면, 그것은 죽이는 독을 주는 곳이요 사두개파의 누룩입니다. '시대 따라 교회도 세상 오락 문물을 좀 받아들여야 한다. 시대 따라 교회도 취미 생활하도록 환경을 제공해줘야 한다.' 하는 것, 그것은 본뜻에서 벗어난 성령님이 계시지 않은 마귀의 소리요, 소굴입니다. 이런 사두개의 사상이 교회라는 곳에서 크게 역사하고 있다는 것 다 보는 것이지 않습니까?

그러면 이 신구약 사이에 누가 없었다고 했습니까? 하나님의 말씀을 전해주는 선지자가 없었습니다. 하나님께서 선지자를 보내는 대로 죽였습니다. 마 21:33-46에 예수님께서 이것을 말씀하셨고, 히 11:32-40까지 이것을 증언하였고 특히 36, 37에서 오늘 말씀 중에 나올 선지자들을 증언하고 있습니다. 여러분이 나중에 살펴보기 바랍니다. 하나님의 뜻을 인간 머리로 부지런히 살피고 연구하여 오히려 하나님을 거역하는 것으로 나가 하나님이 보내신 선지자들까지 죽였습니다. 어떤 선지자가 와서 "하나님이 너희에게 이같이 말씀하셨다." 하면 서기관들이 "저것은 하나님의 말이 아니다. 틀렸다." 하면 그냥 처리했습니다. 바리새파는 "다른 것 볼 것 없다. 우리를 봐라. 우리의 말을 듣고 우리의 행하는 바를 보라" 하고 자신들의 말과 행위를 의의 기준으로 삼아 가르쳤고, 그것을 또 해석하여 제공한 것이 서기관이었던 것입니다.

그래서 신구약 사이 400여 년의 기간에 선지자가 없었다고 하는 것은 뭐가 없었다는 것입니까? 하나님의 말씀입니다. 그러면 400여 년의 공백 기간이 끝나갈 무렵 누가 나타났습니까? 제사장이요 선지자인 침례 요한입니다. 침례 요한은 제사장 가문에 대단히 지체 높은 반열에서 태어났습니다. 그래서 유대 백성들은 비로소 우리 민족에게 등불이 될 선지자가 왔다고 하여 침례 요한이 움직이는 대로 따랐는데, 유대교 지도자들은 쫓아다니면서 고개를 갸우뚱거리며 저게 진짜냐 가짜냐 하면서, 그러면 네가 하나님이 보내신다고 한 엘리야냐 묻기나 하고, 차마 죽일 수는 없으니 백성들에게 존경받는 것을 용납하지 않으려고 했습니다. 그러니까 이들이 예수님도 특별한 선지자로 알았던 것입니다. 그래서 죽일 구실을 찾은 겁니다. 이것을 아신 예수님께서 마5:11, 12에 나를 인하여 핍박받으면 너희에게 복이니 **기뻐하고 즐거워하라 하늘에서 너희의 상이 큼이라 너희 전에 있던 선지자들을 이같이 핍박하였느니라**고 말씀하셨습니다.

이스라엘 민족이, 그것도 하나님께 선택받은 하나님의 백성이 왜 고난을 받는 것일까, 조상의 죄 때문이다. 조상이 율법을 어기고 성전을 바로 섬기지 않고 안식일을 범하는 죄를 지었기 때문에, 고난을 겪는 것이니 우리는 이것을 바로 섬기자. 이것을 어기는 자는 죽이더라도 우리 유대민족이 더는 고난받는 일이 없어야 하겠다고 나온 그것이 자기들은 옳은 줄로 알았지만, 하나님의 언약의 본질에서 벗어나 도무지 표적에 맞힐 수가 없는, 하나님과 원수 된, 자기가 주인이 된 자기중심의 것을 백성에게 끼쳐주었으므로 민족이 더한 고난을 겪은 것뿐만 아니라, 오히려 하나님의 선지자를 죽이고 예수님까지 선지자로 알고 죽이는 데까지 나간 것입니다. 그래서 우리가 깨달아야 하는 것은 무엇입니까? 인간 자기 머리에서 나는 것은 아무리 옳은 것이라도, 아무리 좋은 것이라도 절대로 맞는 말인 것 같지만, 그것은 죽은 것이요, 어둠이요, 죄요, 악이요, 불법이요, 그러므로 하나님과 원수로 행하는 것임을 깨달아야 하는 것입니다. 인간 자기가 옳다고 나오면 그것은 백 퍼센트 사단의 자식입니다.

그래서 바리새인 서기관 사두개인 이들이 어디서 어떻게 생겨났고 무엇을 주장한 자들인지 그 정체를 확실히 알았습니까? 우리가 비유 말씀을 어떻게 봐야 하는지 참고가 되도록 신구약 중간사의 이야기를 대충 말씀드렸는데, 이제 여러분이 비유 말씀 한두 편 정도만 들어도 앞으로 비유 말씀이 어렵지 않게 다 풀리게 되어 있습니다. 본문으로 들어갑니다.

신구약 중간사, 말라기부터 침례 요한이 오기까지를 말씀이 없는 무슨 시대라고요? 밤중 시대라고 합니다. 또 암흑시대라고도 말합니다. 하나님의 말씀의 빛이 없고 캄캄한 밤중 시대라고 한다는 말입니다. 오늘 본문에 '밤중에' 하신 말씀 있습니까, 없습니까? 6에서 **밤중에 소리가 나되 보라 신랑이로다 맞으러 나오라** 했다는 거지요. 하나님의 말씀의 빛이 없는 깜깜한 밤중에, 즉 신구약 중간사, 선지자들의 말씀이 없는 영적 어둠의 때에 '소리가 나되 보라 신랑이로다 맞으러 나오라' 했다는 겁니다. 그러면 신랑 맞으러 나오라고 말한 이는 누구일까요? 침례 요한입니다. 1에서 '그때에' 하셨습니다. '그때에' 한 것은 마24:45-51의 '충성된 종과 악한 종'에 대한 비유와 같은 내용으로 연결되는 것을 의미합니다. 그러니까 구약 이스라엘의 신앙 역사라 말이지요. '그때에 천국은……' 하셨는데 예수님은 항상 천국을 비유로 말씀하셨다는 것, 여러분 다 알지요? 그러면 천국은 누구를 말한다고 했습니까? 예수님을 말한다는 것, 예수님을 천국이라고 하고 또는 하나님 나라라고도 합니다. 하나님 나라의 왕이 바로 예수님이세요. 그래서 천국이나 하나님의 나라나 같은 것인데 '천국' 했을 때는 예수님이 오셨을 때를 말하고, '하나님 나라' 했을 때는 예수님의 것을 가지고 성령님이 오신 것을 말합니다.

그러면 천국의 씨를 어디에다 넣으셨습니까? 아브라함 가정입니다. 창 22장에 **네 씨가 그 대적의 문을 얻으리라 네 씨로 말미암아 천하만민이 복을 얻으리니……** 해서 바로 그 씨가 아브라함이 낳은 이삭이 아니라 갈3:16에 누구라고 했습니까? 그리스도 예수님이라고 했습니다. 그래서 아브라함에게 독자를 주시겠다는 언약을 하시고 이삭이 태어난 것은, 하나님의 독생자 씨를 아브라함 가정에다 심으셨다는 것을 의미합니다. 하나님이 씨를 주시겠다고 하신 것, 독생자를 주시겠다고 하신 것, 이삭이 태어난 것으로 씨의 싹이 난 것입니다. 그래서 기독교의 시작은 아브라함에게 언약하신 것부터입니다. 갈3장에 모든 이방 민족들을 믿음으로 말미암아 의로 정하시려고 먼저 아브라함에게 무엇을 전했다고 했습니까? 복음을 전했다고 했습니다. 그러면 복음을 가장 시초로 받은 사람이 누구라는 것입니까? 아브라함이라는 말입니다. 이것을 알아야 예수님의 비유 말씀이 또 열리는 것입니다. 풀리는 거예요.

막4:28에 **땅이 스스로 열매를 맺되 처음에는 싹이요** 했습니다. 그러면 어디를 말한 것일까요? 아브라함의 가정입니다. **다음에는 이삭이요** 한 것은 또 어디일까요? 아브라함의 후손들 이스라엘입니다. 아브라함에게 뿌린 씨가 싹터 자라서 이삭을 피우고 **그다음에는 이삭에 충실한 곡식이라** 했습니다. 이삭에 충실한 곡식은 누구를 말할까요? 예수 그리스도입니다. 아브라함 가정에 심으신 씨, 독생자 언약이 자라 이삭으로 충실한 데서 예수님이 나오셨어요. 그다음 29에 **열매가 익으면 곧 낫을 대나니 이는 추수 때가 이르렀음이니라** 했습니다. 이제 이삭에 충실한 곡식이 예수 그리스도를 만나 잘 익은 열매이니, 하나님의 나라 천국은 그 목적이 열매를 거두는 것이니, 그러므로 유대인 중에 예수님을 구세주 메시아로 영접해 맞아들인 자는 바로 아브라함 때에 뿌린 생명의 씨를 받아서 그 씨로 싹터 이삭을 피우고 예수 그리스도를 만나는 열매로 거두어진다는 것을 오늘 본문 10에서 예비되었던 자들, 즉 슬기로운 자들은 혼인 잔치에 들어가고 문은 닫힌지라가 되는 것입니다.

오늘 1에서 **신랑을 맞으러 나간 열 처녀와 같다**고 한 '열 처녀'는, 숫자 열이나 열 사람이라는 말이 아니고, 완전히 채운 유대인 전체를 의미합니다. '열'은 유대인 전체를 총칭하는 비유 수라는 말입니다. '열'은 땅에서의 수예요. 그리고 **그 중에 다섯은 미련하고 다섯은 슬기 있는 지라** 한 것은 열 명 중에 반은 혼인 잔치에 들어가고 반은 못 들어갔다는 말이 아니라 "야! 그래도 비율로 보면 양호한 숫자다. 5대 5니 그래도 대단히 양호하구나." 이런 계산이 아니라, 유대인 중에서도 들어가는 자가 있고, 들어가지 못하는 자가 있다는 두 종류임을 말합니다. 미련한 자는 들어가지 못하고 슬기 있는 자는 들어간다는 의미에요. 이해됐습니까? 오늘 예수님은 **천국은 마치 등을 들고 신랑을 맞으러 나간 열 처녀와 같다 하리니**라고 유대인의 혼인 풍습을 들어 말씀하셨습니다. 창2:24에 **남자가 부모를 떠나 그 아내와 연합하여 둘이 한몸을 이룰지로다** 하신 것은 인간 남녀가 만나 결혼하는 것을 말씀한 것이 아니라, 예수님께서 아버지를 떠나 이 땅에 신부를 맞으러 오신다는 계시의 말씀이라고 이미 말씀드렸습니다. 예수님과 온전한 연합을 이루어야 함을 말씀하신 뜻이라는 것, 그 계시의 말씀을 그대로 이스라엘 생활 속에 넣으시고, 말씀의 의도를 깨닫는 한 방편이 되게 하셨다는 것, 또한 누누이 말씀드렸습니다. 그래서 예수님이 이스라엘의 혼례 풍습을 들어서 천국을 비유로 말씀하신 것입니다.

여러분이 이스라엘의 혼인 풍습을 알지요? 신랑이 신붓집으로 오는데 저녁에 옵니다. 그래서 신랑이 언제 올지 모르니 등과 기름을 준비하고 초저녁부터 저 동구 밖에 나가서 기다립니다. 초저녁에 올지 밤중에 올지 한밤중일지 모르니 등에 불을 밝히고 기다리는 겁니다. 그러니까 예수님이 언제 오신다는 것입니까? 밤중에 오신다는 말입니다. 밤중은 영적 밤중, 말씀이 없는 캄캄할 때를 말합니다. 처음 예수님이 이 땅에 오실 때는 초림이라고 말하지 않습니까? 아주 캄캄함이 극에 달한 흑암에 앉은 백성에게 오셨다는 것을 여러분이 반드시 기억해야 합니다. 두 번째 오실 때도 그와 같은 상황 중에 오실 것이니 그것을 기억해야 한다는 말입니다. 천국은 뭐냐? 그같이 천국이신 신랑을 기다리고 그 신랑을 맞아 영접하여 신랑과 함께 혼인 자리로 들어가는 것이라는 것입니다.

그러면 '천국은 마치 등을 들고' 하신 그 등은 무엇의 비유인가? 이스라엘 조상 아브라함에게 독자를 주신다는 생명의 언약이 등입니다. 그리고 모세에게 주신 그 생명 얻을 길로 안내해주는 율법이 등입니다. 이스라엘의 조상 아브라함에게 독생자를 주시겠다는 언약을 하셨고, 그 독생자의 언약, 메시아 그리스도를 만나러 갈 수 있는 등불과 같은 역할을 하는 율법을 주셔서 이스라엘이 그 율법을 가졌습니다. 예수님이 오실 길에 대하여 안내해주는 등을 가졌다는 말입니다. 자기에게 주신 율법으로써 다 자기 앞에 있는 등이었습니다. 율법은 메시아의 언약이요 만날 수 있게 하는 등불입니다. 그러니까 미련한 자의 특징이 무엇입니까? 그리고 슬기 있는 자의 특징은 무엇입니까? 미련한 자는 등만 가졌다고 했고, 슬기 있는 자는 등과 함께 여분의 기름을 준비했다는 겁니다. 여러분! 여러분이 지금 이 말씀을 이스라엘의 이야기로만 듣는 것이면, 제가 말씀드릴 이유가 하나 없는데 어떠십니까? 여러분의 이야기로 연결하여 듣습니까? 자기 믿음이 되기 위해 듣는 것이냐는 말입니다.

예수님께서 이 열 처녀의 비유 말씀에 이어서 그 뒤에 달란트 비유를 말씀하셨습니다. 달란트의 비유를 남의 이야기, 이스라엘의 이야기로만 듣고 마는 것이면, 그것은 한 달란트 받아서 땅에 묻어둔 미련한 자요, 악한 자입니다. 그러잖아요들? 제가 일부 사람들이 하는 말로 그대로 표현합니다. 저는 '주님'이라고 하고 싶지 않습니다. 주 예수님, 주 예수 그리스도이지 주님이라고만 해서 듣는 사람들이 그렇게만 인식하게 하고 싶지 않다는 말입니다. "아! 뭐 주님이 우리 구원을 다 이루어놓으셨는데 우리가 그것을 믿으면 구원을 받는 것이지, 마음으로 믿어 의에 이르고 입으로 시인하여 구원에 이른다고 했는데, 우리가 이것을 확실히 믿으면 되지 성경 모른다고 구원 못 받냐?"고들 하잖아요?

성경 다 모른다고 구원을 못 받는 것 아닙니다. 그런데 예수님의 구원을 믿는 사람으로 그 예수님과 하나님과 하나님의 일에 대하여 바르게 알고 믿는 인격적인 관계가 되어 사랑하여 섬기는 믿음이 돼야 하는 것이니, 그래서 온 마음과 뜻과 목숨을 다해 성경을 알려고 하느냐, 그럼에도 모르는 것이 많기 때문에 그래서 성경 몰라도 구원 받는다고 말하는 것이냐, 아니면 '주님 믿으면 구원받는다고 했으니까' 하는 자신의 입맛에 맞는 것만 가지고 믿는다 하면서 성경을 땅에 묻어둔 것같이 하는 태도로 구원받는다고 말한 것이냐, 만일에 후자라면 가서 장사하여 한 달란트를 남기라고, 한 달란트를 주셨는데 한 달란트를 남기는 일은 전혀 하지 않는 악한 자에 속한 것일 뿐입니다. '단지 주님이 십자가에서 우리 구원을 이루어 주셨으니 그것을 믿으면 구원받는 것이지 우리가 뭘 더 해야 하는 것이냐, 하나님이 나를 주님의 십자가 공로로 구원을 주시는 것이니 그것을 믿으면 된다.' 한다면 달란트를 땅에 묻어 놓는 악한 자와 같은 것이라는 말입니다. "인간의 힘으로는 구원받을 수 없는 것 잘 알기 때문에, 주님의 십자가 공로로 구원받는 것 잘 가지고 있다가 여기 가지고 왔습니다." 하는 것과 같다는 말입니다. 그런데 보니 한 달란트의 값은 남기지 않았으니 한 달란트 받아 땅에 묻어둔 미련한 자요, 악한 자요, 그 악한 자는 달란트 비유 마지막에 어떻게 된다고 말씀했습니까?

그러니까 한 달란트 받아 땅에 묻어둔 자와 같은 믿음은 꼭 자기 입맛에 맞는, 자기 수준에 맞는 말씀이나 이야기만 눈에 들어오는 것이라서 예수님께서 십자가에 달릴 때 우편 강도가 "예수여! 당신의 나라에 임하실 때 나를 생각하소서." 하니 예수님께서 "내가 진실로 네게 이르노니 오늘 네가 나와 함께 낙원에 있으리라" 하셨다고, 그러면 그 강도가 성경 알기나 하냐? 단지 그 고백 하나로 구원받았다고 하지 않았느냐, 그러니까 죽는 그 순간에도 예수님이 구주인 것을 믿고 시인하면 구원받는다고 하는 자기 논리를 폅니다. 우리가 우편 강도가 성경을 알았는지 알지 못했는지는 모르지만, 그 강도는 예수님이 누구인지, 즉 예수님이 무죄한 분이라는 것, 예수님이 행하신 일과 예수님의 나라, 즉 하나님 나라의 왕이요 하나님이신 것을 정확히 알고 있었던 사람입니다. 또한 자신은 마땅히 죽을 죄인임을 알고 있었습니다. 그것을 알았기 때문에 자기 영혼이 구원 얻기를 원했던 것입니다. 하나님의 뜻대로 자신을 알고 예수님을 알았다 그 말입니다.

그러나 좌편 강도는 예수님을 비웃고 가로되 "네가 그리스도가 아니냐? 너와 우리를 구원하라" 하고 예수님이 그리스도인 것을 알면서, 자기를 죽지 않게 하라고, 즉 우리를 구원하여 십자가에서 너와 내가 내려가자, 육체가 살게 하라는 것, 세상에서 살 수 있도록 하라는 육의 구원을 원한 것입니다. 자신이 지은 죄로 십자가에 달려서도 자기가 죄인인 줄도 모르는 교만으로 땅에서 살 것을 위한 그리스도를 찾았고, 우편 강도는 자신이 죄인으로 당연히 죽어야 마땅할 죄인인 것을 알고 영혼이 구원 얻기를 원했던 것이라는 말입니다. 그래서 예수님 오신 이후에 온 인류는 예수님이 십자가에 달릴 때 함께 달렸던 좌편 강도냐 우편 강도냐 하는 두 종류라는 것을, 그래서 우편 강도처럼 예수님을 믿고 아는 일에 영혼에다가 초점을 두는 것이면 그는 낙원, 즉 천국으로 들어갈 것이요, 예수님을 믿는다고 하나 육의 것에다 두는 것이면, 구원함이 없다는 것을 분명히 갈라 보이신 것입니다. 예수님을 믿는다 해도 거기에는 혼인 잔치에 들어가는 자가 있고 들어가지 못하는 자가 있다는 두 종류에 대해서 보여주신 것이라는 말입니다. 그러니까 아무 데나 갖다 붙이고 헛소리들 하지 말라는 말입니다.

그리고 이같이 다섯 달란트 받아 남긴 자의 가르치는 말씀을 잘 받아서 하나님의 뜻대로 믿음을 가진 자는 슬기 있는 자요, 다른 사람을 말씀에 들도록 이끌어주는 자가 두 달란트 받은 것입니다. 또한, 성경 말씀을 하나님의 뜻대로 하나님의 의도대로 하나님의 생각에 맞게 잘 깨달아서 자기에게 남기는 말씀으로 믿음이 되고, 다른 사람에게 가르쳐 일러 남기도록 하는 그것은 다섯 달란트 받은 것입니다. 그러니까 저 같은 사람이 다섯 달란트 받은 자다. 그리고 여러분이 두 달란트 받은 것이라고 하면 기분 되게 나쁘려나요? 그냥 농담해보았습니다. 그러므로 여러분에게 믿음의 슬기가 있다면 말씀을 깨닫게 하시는 성영님에 의해서 잘 새겨듣고 믿음의 능력, 속사람의 능력을 갖춰나갈 것입니다. 하나님의 전 뜻을 담은 창조와 아브라함과 이스라엘을 통해서 믿음의 길을 잘 안내받으며 이끌림을 받아 예수님을 자기 안에 모신 슬기 있는 믿음이 될 것이라는 말입니다.

그러니까 신랑을 맞으려면 등과 함께 여분의 기름을 준비하는 슬기가 있어야 하는데, 그 슬기가 있어 말씀하신 분의 의도를 마음에서 새김질되고 깨달아, 길을 잘 인도받아 예수님을 만나 영접해 모셔 들인 믿음이 됐을 것이라는 말입니다. 그러면 혼인 잔치에 들어갔을까요, 들어가지 못했을까요? 들어간 것입니다. 목숨이 죽은 뒤에 혼인 잔치에 들어갔다는 것입니까? 아니라는 것 알지요? 초림의 예수님을 만난 것, 즉 죽음에서 부활하신 예수님이 성영님으로 자기 안에 오셨으므로 만나게 된 것을 혼인 잔치에 들어간 것으로 말씀합니다. 현재 혼인 잔치는 아니지만 이미 들어간 것입니다. 그것이 천국입니다.

본문에서 등을 들고 신랑을 맞으러 나간 열 처녀는 이때 초점이 누구입니까? 신랑이지요? 그럼 신랑이 누구예요? 그리스도지요. 등을 들고 신랑으로 비유된 오실 메시아 그리스도를 맞으러 나갔는데, 다시 말해 이스라엘이 율법을 통해서 자신이 죄인 됨을 알고, 그러므로 자기가 죄를 지을 때마다, 또는 일 년에 한 번 대속죄일에 백성의 죄를 속하려고 준비한 제물에 안수하고 피 흘려 하나님께 보이시는 것으로, 그리스도 구주가 오시면 이처럼 피 흘려 모든 죄를 깨끗이 씻어주실 것이라는 믿음으로, 그 피 흘리실 그리스도를 대망하며 기다렸다는 말입니다. 대망하며 기다린 민족입니다. 그런데 세대가 지나면서 어느새 율법을 주신 의미는 변질되어 자기가 율법을 행함으로 구원 얻는다는 것으로 돌아가 버렸습니다. 율법이 가르치는 바 죽으러 오실 어린 양이신 그리스도에게 초점을 둔 것이 아니고, 자기에게 두었다는 말입니다. 이것이 바로 기름을 가지지 않아 등불이 꺼져간 것을 말합니다. 처음은 메시아에 대한 등은 가졌었지만 말라기 그 이전부터 잊은 바 되었고, 등불의 역할을 한, 율법 속에 든 오실 그리스도에 대해서는 사람들 속에서 꺼져버리고, 예수님이 오시자 그렇게 고대하던 신랑과 같은 하나님의 어린 양이 왔다고 맞으라고 외쳐도 신랑을 맞을 수 있는, 신랑을 알아볼 수 있는, 신랑의 말을 알아들을 수 있는, 마음도 귀도 눈도 다 어두워져서 맞아들일 수가 없었다는 말입니다.

그러나 슬기 있는 처녀는 신랑에 대한 언약을 영혼에 새기고 오직 신랑에 대한 이야기와 소식에 마음과 귀를 다 두고, 신랑만을 생각하며 기다리는 것입니다. 선지자가 전해주는 하나님의 메시지가 없어도, 신랑이 언제 올지, 올 때를 알 수 없어 졸며 자기는 했어도 자기 속에 하나님의 율법의 뜻, 신랑이신 그리스도를 기다려야 하는 그 언약을 굳게 잡고 있었으므로 '보라 신랑이로다'라고 신랑 앞에서 신랑이 오는 것을 알리는 음성에 일어나 곧 신랑을 알아보고 맞아 영접할 수가 있었습니다. 여러분! 예수님이 자기 앞에 있어도 맞아들일 수 있는 것 절대 아닙니다. 등을 가졌으면 그것은 신랑을 맞으려는 것이니, 거기에는 오직 신랑에 관하여만 마음과 귀를 집중하고 선지자들의 말에 귀 기울여 오실 때가 가까웠는지, 아직 더 기다려야 하는지 분별하는 슬기로 기다릴 때, 신랑을 맞으라는 음성을 들을 수 있고 신랑을 알아볼 수 있게 되어 맞아 영접하여 함께 혼인 자리로 들어가게 되는 것입니다. 자기가 등불을 들고 있는 것은, 하나님께서 자기에게 율법을 주신 것, 오직 신랑을 맞아야 하는 것임을 아는 그 목적을 가지고 기다려야 했다는 말입니다.

그런데 이 미련한 자들은 신랑이 더디 오니까 신랑에 대해서 차츰 희미해지고 해이해져, 슬그머니 세상 정욕의 것들을 받아들이고 마음이 세상으로 나가버렸습니다. 육신을 위해 사는 데에 온 마음을 쓰고, 더 쌓으려고 장사하러 다니니 다른 신랑을 따라가는 것이 돼버렸으므로 진짜 신랑에 대해서는 둔해져서 결국 신랑을 신랑으로 알아볼 능력이 없어져버렸습니다. 예수님이 오셨을 때 예수님을 영접하여 맞아들인 사람은, 아주 극소수에 불과했다는 것을 여러분 기억하기 바랍니다. "나다나엘! 저 목수의 아들 예수가 우리가 기다리던 메시아라고? 저 사람 요셉의 아들 예수인데, 어떻게 저가 메시아냐?" 지금 나다나엘은 예수님을 그리스도로 만났거든요. "네가 밤낮으로 그리스도를 기다리더니 정신이 잘못된 것 같다.", "빌립! 어떻게 저 예수가 하나님의 아들이냐? 나사렛 목수의 아들이지", "나다나엘 저 예수가 그리스도라고? 그리스도는 베들레헴에서 난다고 했는데 저는 나사렛에서 나지 않았느냐? 네가 머리가 어떻게 된 것 아니야? 어떻게 저 예수가 이스라엘의 임금이냐? 누가 그런 헛말을 믿겠느냐? 공회에 잡혀가서 곤욕 치르기 전에 그런 말 함부로 하지 않는 것이 좋을 것이다." 이것이 슬기 있는 자와 미련한 자의 차이입니다.

침례 요한이 "보라 세상 죄를 지고 가는 하나님의 어린 양이로다 내 뒤에 오시는 이는 성영과 불로 너희에게 침례를 주실 것이다. 그러므로 회개에 합당한 열매를 맺으라"라고 외치고 다니며, 또한 요 3:29에 **신부를 취하는 자는 신랑이나 서서 신랑의 음성을 듣는 친구가 크게 기뻐하나니 나는 이러한 기쁨이 충만하였노라**고 예수님을 신랑으로, 자신을 신랑의 친구로 소개하기도 하였습니다. 또한 예수님은 오셔서 자신을 신랑으로 비유하신 말씀을 자주 하셨습니다. 그러나 그들은 신랑을 기다린 것이 아니었기 때문에 침례 요한 뒤에 오시는 예수님은 관심이 없었습니다. 단지 일부는 침례 요한의, 내 뒤에 오시는 이에 대한 말을 듣고 따라다니면서 그에 대한 기름을 사보려고 한 겁니다. 하나님의 어린 양이 내 뒤에 오신다 하니, 하나님의 어린 양을 맞을 기름을 찾는데, 그들에게 나누어줄 기름이 있지가 않습니다. 자기 속에 가지고 있어야 할 기름이 없으니 이미 때가 늦었습니다. 요6:41-45에 **자기가 하늘로서 내려온 떡이라 하심으로 유대인들이 예수께 대하여 수군거려 가로되 이는 요셉의 아들 예수가 아니냐 그 부모를 우리가 아는데 제가 지금 어찌하여 하늘로서 내려왔다 하느냐 예수께서 대답하여 가라사대 너희는 서로 수군거리지 말라 나를 보내신 아버지께서 이끌지 아니하면 아무라도 내게 올 수 없으니 오는 그를 내가 마지막 날에 다시 살리리라 선지자의 글에 저희가 다 하나님의 가르치심을 받으리라 기록되었은즉 아버지께 듣고 배운 사람마다 내게로 오느니라**고 말씀하신 대로 이같이 구약의 말씀과 선지자들의 말에 가르침을 받아야 하는데(오늘날도 마찬가지 임) 가르침을 받지 않았습니다. 다 육의 삶에 빠져있고 하나님의 의도를 버리고 엉뚱한 방향으로 나갔으므로 다시는 돌이킬 수 없는, 신랑을 맞지 못할 길이 돼버렸습니다.

오늘날 우리 이방인들이라고 다르지 않습니다. 예수님이 구원을 이루셨으니 믿기만 하면 구원 얻는다고 하는 것은 인본의 속이는 말입니다. '지금은 자다가 깰 때라고 때를 알고 준비하는 자가 지혜로운 자'라고 하는 이 말은 제가 목사들에게서 자주 들은 말입니다. 그런데 여러분! 우리가 언제 잠을 잤습니까? 이방인이 언제 잠잤습니까? 우리 이방인은 잠자는 때라는 것은 없습니다. 그것은 유대인입니다. 영적 암흑시대, 선지자가 없었던 400여 년간의 시대를 말합니다. 신랑이신 예수님이 이미 우리의 죄를 다 사하시고 우리의 구원과 생명 얻는 것과 영생으로 들어가는 일을 다 이루어놓으셨습니다. 그렇기에 우리 이방인도 구약의 가르침을 반드시 거쳐 와야 합니다. 피할 수가 없습니다. 구약에서 사람을 창조하신 목적과 구주 예수님과 나와의 관계에 대해서 가르침을 잘 받으며 영의 믿음으로 세워져야 하고. 신랑이신 예수님을 영혼으로 만나 한몸을 이뤄야 합니다. 율법 속에 넣으신 근본 뜻을 배우고 나와 예수님과의 관계를 이루는 자격을 갖춰야 합니다. 그리고 메시아의 언약을 가지고 대망했던 유대교의 지도자들은, 바리새인은, 사두개인은, 서기관은, 백성은 왜 그 기다리던 예수님을 맞지 못하고 멸망으로 들어간 것인가 하는 그 이유를 들여다봐야 합니다. "아! 이들이 이래서 예수님을 영접하지 못했구나! 이것으로 가려져 버렸구나!"를 확실히 볼 수 있어서 자기 속에 그 같은 바리새인 서기관 사두개인을 깨끗이 팔아 버려야 합니다. 깨끗이 팔아야만 예수님을 사게 되는 것으로서, 너무나 중요한

한 달란트를 남기는 일이 되기 때문입니다.

참으로 자신이 바른 믿음으로 예수님과 함께 되기 원하면 성경 박사인 서기관은 왜, 하나님의 율법을 잘 지키려고 목숨까지 건 바리새인은 왜, 사두개인은 왜 그렇게 성경의 중심, 성경의 주인공이신 예수님을 배척한 것인가를 알아서 자기 속에 그 같은 서기관적인 것, 바리새적인 것, 사두개적인 그런 요소들을 깨끗이 팔아야 한다는 말입니다. 유대교의 지도자 제사장들이 하나님을 섬기고 메시아가 오시도록 하는 성전 제사를 매일 드려왔음에도 왜 정작 예수님을 배척했느냐? 하나님께 그 많은 제물의 피를 흘려 제사하는 그 제사의 본뜻은 잃어버리고, 오로지 그 의식을 중시하여 의식에만 치우쳤기 때문이었다는 것을 볼 수 있어야 합니다. 그러므로 우리 믿음도 그같이 하나님의 본뜻에서 벗어나 행하는 것만 중시하고 치우쳤던 의식들을 다 팔아 버려야 합니다. 그렇지 아니하면 예수님을 볼 수도 맞이할 수도 없습니다. 그런데 오늘날 믿음의 자격을 갖추어 예수님을 만나 혼인 잔치로 들어가게 하는 이 같은 질서적인 가르침, 생명의 말씀이 지금 귀에 들려지고 있지 않습니다. 바리새 서기관 사두개의 가르침들로 다 장악되다시피 했습니다.

오늘 본문이 보라 신랑이로다 맞으러 나오라 하매, 신랑을 맞을 수 있도록 예비된 자들은 함께 혼인 잔치에 들어갔다고 하지 않았습니까? 혼인 잔치는 시제상 미래의 일이지만, 예수님은 미래로 말씀하지 않으셨습니다. 그렇기에 오늘날 우리 믿음은 이미 신랑이신 예수님을 맞을 수 있도록 예비되었으므로 예수님을 만난 영적인 신부가 되어 있어야 합니다. 그것이 혼인 잔치에 들어간 것입니다. 요즘 '때를 알고 준비하는 자가 지혜로운 자'라고 하는 것이 얼마나 우매한 말인지 여러분은 알고 있습니까? 이것을 제가 이해하기는 종말의 때가 되었으니, 예수님 오실 때가 가까웠으니 예수님 맞을 준비 하라는 말이지 않겠어요? 그러니까 종말의 때를 아는 것이 예수님 맞을 준비인 줄 알고 자기 속은 예수님과 관계도 맺지 못했고, 예수님을 자기 안에서 아는 바 없는데, 성영님이 오신 영이 되지도 않았는데, 종말의 때를 알기 위해서 열심히 예언들에 귀 기울이고 현상들에 마음이 쫓아다니지 않습니까? 알맹이 없는 겉의 것들 쫓아다니는 것입니다. 바로 이것이 미련한 자입니다. 그런 것들을 쫓으며 성경이 말씀하는 종말 때에 일어날 일들을 다 알아도 그것으로 혼인 잔치 들어갈 수 있는 것이 아닙니다. 이미 때가 늦었습니다. 사단이 쳐놓은 덫에 다 잡혀버렸습니다. 그래서 우매한 소리 듣고 따라다니는 것입니다.

또한 예수님을 믿는다고 하는 여러분도 왜 예수님과 신랑으로 하나 되는 믿음이 되지 못하느냐? 신랑의 것을 왜 받아먹지 못하느냐? 성영님의 말씀을 들으면서도 왜 속 능력이 되지 못하느냐? 말씀을 듣고도 돌아서면 곧 잊어버리고 왜 말씀의 능력을 갖추지 못하느냐? 신랑의 것이 아닌 다른 것들을 취하고 그 속에 있었기 때문입니다. 신랑을 아는 일에 초점을 두지 않고 다 겉껍데기, 인본이 뿌린 누룩을 먹고 자라왔으므로 그것이 방해되어 성영님의 말씀이 받아들여지지 않기 때문입니다. 예수님을 믿는다고 하면서 세상에서 잘되는 것에 마음을 두고 쫓아다녔기 때문에 성영님의 말씀이 영으로 받아지지 않는 것입니다. 자기 육의 자아로 행한 그것이 대단한 방해꾼이 되어 있기 때문이라는 말입니다. 한편 자기 생활 속에서도 도무지 하나님께서 함께하실 수가 없는 생활의 거룩함이 없기 때문입니다. 부정하고 가증한 것들을 품고 살고 있으니, 도무지 말씀이 역사할 수가 없고 영적 능력을 갖출 수가 없습니다. 자기 생활공간이 어둠의 처소가 돼 있는 것은 아주 예사가 돼 있습니다. 귀신이 거하도록 하는 것들이 있는지 없는지도 구분하지 못하는 그런 상태라면 거룩한 말씀이 영으로 받아질 수 없다는 것은 너무나 자명하여, 나는 왜 말씀을 듣는데도 능력이 안 될까요? 물을 필요가 없습니다. 늦지 않았다면 먼저 자기 주변을 깨끗이 정리하고, 자기 속에 심어진 누룩들 다 몰아내고 새로워질 수 있는 영의 믿음의 전투를 해야 할 것입니다.

저에게 성영님께서 느닷없이 보이신 것이 있습니다. 여기 말씀을 생명이라 여기면서 말씀을 높이고 듣는다는 사람들이, 그동안 말씀이라고 들어온 것들, 자신 안에, 인본의 양심 사상에서 나온 말씀들로 쌓여 있는데, 또 여기 말씀을 듣자니 그 심영이 얼마나 혼란합니까? 여기 말씀이 하나님의 생명의 말씀인 것은 알기는 하겠는데, 그러나 영으로는 받아지지 않고 능력이 되지 않는 겁니다. 자기 영혼으로 경험하는 말씀으로 받아지지가 않는 겁니다. 참진리의 말씀이라는 것은 머리의 지각으로는 알지만, 영적 능력으로 경험되지 않는 겁니다. 그래서 여기 말씀이 생명인 줄 알고 듣기는 하는데, 육으로 믿는 것에서 깨어나지 못하고, 영혼의 능력이 되지 못하니 여전히 마음이 뭔지 허전하고 공허한 겁니다. 그러니까 마음이 다른 것을 또 찾아다닌다는 것입니다. 성영님께서 이것을 제게 영으로 보여주셨습니다. 뭔가 자기 속이 허전하고 공허한 것 같으니까, 마음이 초조하여 또 말씀을 찾는다고 돌아다닙니다. 어디서 찾겠습니까? 인터넷에서 이것저것을 듣고 다니다 보니 걸려드는 거지요. 그러면서 또 여기 말씀을 듣는다고 듣고 있으니, 여러분! 성영님께서 그것이든지 이것이든지 하라고 하셨습니다. 그것을 원하면 그것을 듣든지, 여기 말씀을 듣든지 하라는 말입니다. 세상 모든 것 다 문 닫아버리고 다른 것 깨끗이 끊고 이 말씀에 전념하여 말씀으로 들어올 수 있도록 자신을 쳐 복종시키는 훈련을 하던지 둘 중 하나를 하라셨다는 말입니다.

여기 말씀을 듣고 생명이 조금 열리려고 하는데, 마음이 뭔가 빈 것 같으니 불안하고 초조감이 몰려오니 자연스럽게 인터넷 들어가서 이것저것 듣는다고 다닙니다. 그러니 그 속에서 역사하는 귀신들이 달라붙는 겁니다. 그 입에서 나오는 바리새인의 말, 서기관의 말, 사두개인의 말들로 사단이 뿌리는 거짓된 예언들을 들으면서 그 영혼이 또 거짓에 잡혀버리는 겁니다. 여러분! 분명히 말씀을 드립니다. 다른 것 다 닫고 이 말씀을 정말로 듣고, 성영님 의지하고 자신을 쳐 복종하는 훈련으로 영혼의 능력을 갖추는 말씀이 되든지, 그렇지 않으면 듣지 말라는 것입니다. 말씀 안으로 들어오지 않으면서 말씀 듣는다고 하면, 오히려 말씀에 부딪힐 것밖에 없고 자신에게 크게 해를 불러들이게 되니, 가벼이 행하지 말라고 당부하는 것입니다.

자기가 허전하고…… 왜 허전해? 믿는다는 사람이 도대체 허전하다는 것이 있을 수가 있는 것입니까? 오랜 세월 잘못된 말씀들로 들은 것들에 의해 영의 말씀이 거절당하고, 받아들이지 못하게 하는 진이 돼 있으니, 생명의 말씀이 채워지지 않으니, 생명이 그 속에 없으니 당연히 허전할밖에 없는 것 드러나는 것입니다. 그 속에 잘못 쌓인 인본의 진, 어둠의 진을 무너뜨려야 하는데, 무너뜨리는 훈련을 계속해 나가야 하는데 하지 않으면서 어디 딴 말씀 들으면 뭐가 해결되려나 하고, 생명을 뒤로하고 말입니다. 거지 동냥질 다니듯이 하고 다니니, 그러니 이것이 구원이 있어요, 없어요? 절대로 없습니다. 지금이 어느 때인데, 이같이 수많은 경고를 보내시면서까지 이것이 생명이라고, 이것이 진리라고 애통하며 전하는데, 그리고 자신도 레마의 말씀이요 생명이라고 고백하면서도, 고백했으면 그 고백에 책임을 져야지, 그런 줏대가 있어야지, 인터넷 돌아다니면서 이것저것 듣다가 또 귀신 붙어서 방해받고, 말씀에 혼란을 겪으며 영적인 혼란을 겪으면서 말입니다. 무슨 말인지 알아듣습니까?

여러분! 오늘날 말씀이라고 전해지는 것들로 홍수를 이루고 있습니다. 그러나 사실 영적인 말씀이 빈약하고 진리의 능력을 갖추는 것이 없는 때입니다. 수많은 말씀이 쏟아지고 있지만, 영적 생명을 주는 말씀, 진리로 세워질 수 있는 말씀이 없다니까요. 차라리 자기가 성경 보세요. 자기 영혼 잡아먹히는 그런 말 들으면서 예언이나 듣고 지옥 봤네, 환상 봤네, 그런 것 왜 듣습니까? 성경에 지옥 있다면 믿는 것이지, 예수님이 말씀하셨으면 그것을 믿는 것이지, 왜 사람들이 지옥 봤네, 뭐 봤네 하는 것에 심취하여 쫓아다닙니까? 그러니 또 귀신에게 잡혀서, "아이고 마음이 불안하고 허전하고 뭘 어떻게 해야 할지 모르겠어?" 이런 것이 무슨 구원입니까? 그러니까 그런 줏대 없는 영혼들 다 잡아서 끌고 가려고 얼마나 이 방향 저 방향으로 미혹하는지, 악의 영들이 밤낮으로 수고를 아끼지 않습니다. 이 방향으로 속여 보니 잘 속아 넘어갑니다. 그것으로 무리를 잡아끌어서 잡아먹었어, 또 보니까 사람들이 그것을 좋아하는 것 같으니 또 그 방향으로 미혹하여 잡아먹습니다. 여러분이 그것을 알라는 말입니다. 그래서 예수님의 재림이 가까워져 오는 이때가 바로 영적인 깜깜한 밤중과 같을 때입니다. 성서가 없어서 어둠의 때라고 말하는 것이 아닙니다. 성서가 있는 이때, 창세기부터 요한계시록까지 기록된 말씀이 온 땅에 보급된 이때에, 또한 말씀을 전한다고 하는 설교가 바다의 모래와 같이 많은 이때 말입니다. 진리가 온전히 가려져 진리에 서지 못한, 말씀이 없는 어둠의 때라는 말입니다.

사단이 그렇게 어마어마한 거짓 선지자, 거짓 목사들을 뿌려놔서 지금 영적인 밤중의 때를 만났습니다. 말씀이 없어서 영적인 밤중이라고 말하는 것이 아님을 이해부터 하기 바랍니다. 초림의 예수님이 밤중에 오셨다는 것 기억하라고 말씀드렸지 않습니까? 그때도 말씀이 없었다고 하니까, 선지자가 없었다고 하니까 백성이 말씀을 전혀 듣지 못하고 받지 못했다는 것 아니에요. 구약의 말씀을 백성들에게 열심히 가르치는 바리새인 서기관 율법사들, 지도자들이 바글바글했었습니다. 그러나 그 가르침이 하나님의 뜻에서 벗어난 말들, 하나님의 과녁에 맞히지 못한 말들이었기 때문에 함께 다 멸망으로 들어갔습니다. 예수님의 재림이 가까운 이때도 마찬가지라는 말입니다. 그러니 정신들 차려야 합니다. 사단이 인본의 마음과 귀와 머리를 이용하여 거짓으로 포장된 말씀을 어마어마하게 뿌리고 있는 때라는 것을 알라는 말입니다.

지금 이때에 여러분이 정신을 차려 성영님의 인도를 받지 않으면, 다 한 소경으로 끌려가는 것입니다. 그런데 사실 기회가 지나가 버렸는지는 모르겠습니다만. 미련한 자들이 '저분이 예수님'이라고 '너희 신랑'이라고 해도 맞아지던가요? 눈앞에 있어도 맞아들이지 못했습니다. 예수님은 영(성영)으로 알고 영으로 맺는 관계이기 때문에, 슬기 있는(자기 속에서 뜻을 알고 예수님을 아는) 자, 준비된 자가 아니면 예수님 맞지 못합니다. 저분이 예수님이라고 아무리 가르쳐주어도 자기 마음이 자격을 갖추지 못했기 때문입니다. 오늘날 수십 년 믿는다고 했어도 예수님 다 만나지 못했습니다. 자기 기분, 자기 열심 내고 다니면서, 본질은 없고 종교적인 것에만 취해서 말이죠. 진짜 예수님께 맞히었으므로, 그 신랑의 말을 듣고 선 자가 없다는 말입니다. 지금이라도 기회가 있는 이때, 생명 없는 말 듣는 것으로 자기 영혼을 귀신에게 내주고 혼미함으로 훼방하도록 하지 말고, 다 귀 닫고 성영님이 보내신 말씀에 집중하여 말씀 위에 서는 훈련을 기꺼이 하시라는 말입니다.

저의 신앙 간증에 말했잖아요. 말씀을 바로 알고 싶어서 수많은 설교를 들었는데, 들을 때는 기분이 좋고 소망이 넘치고 힘이 솟아나 살 것 같았지만, 얼마 지나지 않아 또 본래 자리로 돌아가 여전히 어둡고 캄캄하고 곤고했다고요. 이 괴로운 데서 벗어나고 싶어서, 예수님의 평안에 들고 싶어서, 말씀을 바로 알아서 바로 믿고 싶은 소망에 기도하고 기도했더니, 성영님께서 "너의 듣는 모든 것을 차단하라. 내가 너의 교사가 되어 너를 가르치겠다. 지금 듣는 말들은 빠진 것이 많다. 네가 구하고 찾는 것이 없다."라고 하셨다고요. 그래서 지금까지 성영님으로 인도를 받아 여기까지 왔고 여러분에게 그 말씀을 전해드린 것입니다. 그러니까 정말 마지막 때라는 것을 심각하게 알고, 방황하지 말고 자기 영혼을 살리는 이 말씀에 집중하라는 말입니다. 마음과 생활을 겸손히 하여 계속 말씀을 듣고 읽다 보면, 차츰 듣는 귀로 살아나게 되고, 이해가 되고 정리가 되면서 영의 말씀으로 먹히는 경험을 하게 될 것입니다. 거듭나게 되는 경험을 하게 될 것이라는 말입니다. 영적 능력이 생성하게 될 것이라는 말입니다. 마음이 공허하다 싶으면 또 말씀을 들어요. 또 성경을 읽어요. 또 말씀을 들어요. 그러다 말씀을 통해서 기도가 생각나면 또 기도해요. 그러면 성영님께서 생명의 생수를 끼쳐주실 것이니 영에 생명의 힘을 얻게 될 것입니다.

자기 속에 잘못된 것들로 채워진 것이 하나하나 힘을 잃고 떠나갈 수 있도록 그 훈련을 끊임없이 해야 합니다. 여러분이 해야 할 일이 그것인데 어디 가서 뭘 찾겠다고……, 그런 생명 없는 누룩의 말들을 찾느냐는 말입니다. 생명의 말씀을 듣고 자기 영이 기뻐하는 것을 경험하면서도, 생명의 빛이 비쳐 생명이 조금 열리려고 하는데 또 자기가 막으러 다니는 겁니다. 그것을 나에게 보여주셨기에 여러분에게 이것을 말해야 할 것으로 알아 말씀을 드리는 것을 끝으로 이 말씀을 맺으려 합니다. 이제 열 처녀의 비유를 어떻게 봐야 하는지 아셨지요? 비유에 대해서 궁금해 하는 외부인들이 많아 이 비유를 말씀드리긴 했는데, 이젠 이 비유를 어떻게 보고 어떤 믿음을 가져야 하는지 아셨으리라 생각합니다. 사실 이런 비유가 지금 들을 말씀으로는 너무 늦을 때입니다. 이미 슬기 있는 자로 예수님이 자기 안에 오셔 계셔야 합니다. 예수님과 함께 연합된 믿음이면 그 심영이 천국 잔치입니다. 자기 안에서 천국 잔치가 있고, 잔치하러 가는 것입니다. 근데 이제 무슨 이 비유 말씀을 전하겠습니까? 이제서! 그러나 혹 들어야 할 이들에게 기회를 주시려고 주신 말씀이지 않나 싶으니, 기회를 버리지 않기를 바라면서 이 말씀을 맺습니다.

나의 신랑이신, 우리의 신랑이 되시는 예수님을 성영님으로 깊이 사랑하고, 이 말씀을 전하게 하신 아버지 하나님께 감사로 영광 돌립니다. 아멘

제 14 장
강도 만난 자의 이웃은 예수님이심

²⁵어떤 율법사가 일어나 예수를 시험하여 가로되 선생님 내가 무엇을 하여야 영생을 얻으리이까 ²⁶예수께서 이르시되 율법에 무엇이라 기록되었으며 네가 어떻게 읽느냐 ²⁷대답하여 가로되 네 마음을 다하며 목숨을 다하며 힘을 다하며 뜻을 다하여 주 너의 하나님을 사랑하고 또한 네 이웃을 네 몸과 같이 사랑하라 하였나이다 ²⁸예수께서 이르시되 네 대답이 옳도다 이를 행하라 그러면 살리라 하시니 ²⁹이 사람이 자기를 옳게 보이려고 예수께 여짜오되 그러면 내 이웃이 누구오니이까 ³⁰예수께서 대답하여 가라사대 어떤 사람이 예루살렘에서 여리고로 내려가다가 강도를 만나매 강도들이 그 옷을 벗기고 때려 거반 죽은 것을 버리고 갔더라 ³¹마침 한 제사장이 그 길로 내려가다가 그를 보고 피하여 지나가고 ³²또 이와 같이 한 레위인도 그곳에 이르러 그를 보고 피하여 지나가되 ³³어떤 사마리아인은 여행하는 중 거기 이르러 그를 보고 불쌍히 여겨 ³⁴가까이 가서 기름과 포도주를 그 상처에 붓고 싸매고 자기 짐승에 태워 주막으로 데리고 가서 돌보아 주고 ³⁵이튿날에 데나리온 둘을 내어 주막 주인에게 주며 가로되 이 사람을 돌보아 주라 부비가 더 들면 내가 돌아 올 때에 갚으리라 하였으니 ³⁶네 의견에는 이 세 사람 중에 누가 강도 만난 자의 이웃이 되겠느냐 ³⁷가로되 자비를 베푼 자니이다 예수께서 이르시되 가서 너도 이와 같이 하라 하시니라

(눅10:25-37)

본문 25에 **어떤 율법사가 일어나 예수를 시험하여 가로되** 했습니다. 여러분, 이 율법사(율법을 해석하여 가르치는 자, 구약성경을 연구한 성경학자)가 지금 예수님 앞에 일어나 묻는 것이 예수님을 알고자 하여 묻는 것이 아니라, 예수님을 시험하는 자로 예수님 앞에 나타난 것을 우리가 보고 있는 것입니다. 시험하여 가로되 **선생님 내가 무엇을 하여야 영생을 얻으리이까** 했습니다. 성경을 연구하여 가르치는 사람이 지금 영생이신 예수님을 눈앞에 두고 하는 말이, 영생 얻기 위해서 무엇을 하여야 하느냐고 묻고 있습니다. 그러자 **예수님께서 대답하여 가라사대 율법에 무엇이라 기록되었으며 네가 어떻게 읽느냐** 물었습니다. 그러면 여러분은 율법에 무엇이라 기록되었으며 어떻게 읽습니까? 여러분도 예수님의 질문 요지를 정확히 알아들을 수 있고 답할 수 있어야 합니다. 그렇지 않으면 이 율법사와 똑같은 것입니다.

요1:45에 보면 빌립은 이것을 정확하게 대답하고 있습니다. **모세가 율법에 기록하였고 여러 선지자가 기록한 그이를 우리가 만났으니 요셉의 아들 나사렛 예수니라** 모세가 율법에 기록하였고 여러 선지자가 기록한 그이가 누구라는 것입니까? 예수님입니다. 롬3:21에 **이제는 율법 외에 하나님의 한 의가 나타났으니 율법과 선지자들에게 증거를 받은 것이라** 해서 여기 한 의로 나타난 이, 율법과 선지자들에게 증거를 받은 이가 누구입니까? 예수님입니다. 눅24:27에 **모세와 및 모든 선지자의 글로 시작하여 모든 성경에 쓴바 자기에 관한 것을 자세히 설명하시니라** 했습니다. 성경은 이같이 율법이 무엇이냐? 무엇을 기록했느냐를 정확히 가르쳐주고 있습니다.

그러니까 여러분이 '율법은 예수님에 대하여, 예수님을 알게 하려고 기록하였고 사람도 정죄 받은 죄인임을 알도록 기록하였다. 나에 대해서는 죄를 보게 하고 형벌로 들어가게 된 그 죄에서 구원하실 예수님을 만나야 산다는 것을 알게 하신 것이다' 하는, 이 율법에 대해서 정확히 알라는 말입니다. 또한 예수님을 '기록했다' '말했다' 하는 것은 죄인이 함께 따라 붙어있는 것을 말한다는 것, 바늘과 실과 같은 관계라는 것을 반드시 기억하여 자기 지식의 말씀이 돼야 합니다. 만일 여러분이 율법에 대해서 계속 말했음에도 듣지 않은 것처럼 한다면, 성경을 전혀 모르는 것뿐만 아니라 구원받는 것도 모르는 것입니다. 구약의 율법과 신약의 복음이 잘 연결되어서 뜻을 확실히 알고, 그것이 자기 지식이 되었음으로써 적용한 믿음이 될 때, 예수님을 구주와 죄인으로 만나 구원에 드는 것이지, 십자가에서 구원을 이루셨다 하는 복음만 알고 구원받았다 하는 것도 잘못된 것이요, 율법만 알아도 잘못된 것입니다. 율법과 복음의 관계를 뜻대로 연결하여 자기 것으로 받아 그 지식을 가진 믿음이 돼야 구원에 이르는 것이지, 무조건 믿는다고 하는 것이 아니란 말입니다. 그것은 인격적인 것도 질서도 아니기 때문에, 오늘 율법사처럼 예수님은 죽었다 깨어난다 해도 보지 못하는 것입니다.

그래서 율법은 예수님을 기록하였고 예수님은 영생이시니, 지금 율법을 연구하고 가르치는 이 율법사가 그 영생이신 예수님을 눈앞에 두고 "무엇을 하여야 영생을 얻겠습니까?" 하고 질문을 했습니다. 그러자 예수님께서 "율법에 무엇이라 기록되었으며 네가 어떻게 읽느냐"라고 되물었습니다. 그러면 이 물음에 딱 맞는 대답이 무엇이어야 합니까? 율법을 주신 하나님의 의도를 깨달은 자면, 질문의 요지를 곧 알아듣지 않겠습니까? 여러분! 어떤 대답이 나와야 예수님의 질문에 맞는 것이겠습니까? 여기서 율법사가 '율법은 우리 죄를 대신하여 피 흘리러 오실 메시아를 기록하였으니, 우리가 오실 그리스도를 기다리고 있다'고 하여야 그것이 율법을 주신 하나님의 의도를 깨달은 것이요, 예수님의 질문에 맞는 것이어서 예수님과 관계가 열릴 수 있는 것이지요. 그런데 27에 **대답하여 가로되 네 마음을 다하며 목숨을 다하며 힘을 다하며 뜻을 다하여 주 너의 하나님을 사랑하고 또한 네 이웃을 네 몸과 같이 사랑하라 하였나이다**고 십계명의 대강령을 대답했습니다. 예수님의 질문과는 빗나갔습니다.

이 율법사가 이미 자기는 영생 얻었다는 것을, 우리말로는 구원받았다는 것을 스스로 확신하고 있는 자이기 때문에, 그래서 감히 예수님을 시험하려고 나온 것입니다. 그러나 영생 얻지 못했다는 것은 말할 필요도 없습니다. 사실 오늘날 이 율법사와 같이 성경을 자기가 다 안다 하여 구원받았다는 자기 확신에 빠져있는 경우는 허다합니다. 그래서 이 레마의 말씀을 듣기를 권하면, 집중하여 듣고 이해해 보려는 진정의 마음을 갖기보다는, 삐딱한 마음으로 책잡을 구실을 찾으려고, 말씀을 시험하려고 들어보는 것입니다. 그런 마음과 계산으로 말씀을 듣게 되면 영적 방해가 크게 따르기 때문에 다 부딪히는 것이지, 절대로 바르게 들을 수가 없는 것입니다. 오늘 이 율법사에게 '율법에 무엇이라 기록되었으며 네가 어떻게 읽느냐?' 하신 물음은 오늘날 말씀을 전하고 가르친다고 하는 사람들에게도, 예수님의 모든 말씀을, 아니, 오늘 율법사에게 질문하신 것, '네가 어떻게 듣느냐?', '네가 어떻게 알고 있느냐?', '어떻게 말하고 있느냐?' 똑같이 물으십니다. 이 물음에 예수님과 맞는 대답이 되지 못하면, 그것은 이 율법사와 같이 예수님을 시험하는 자들이요, 또한 사람들을 시험에 빠지게 하는 자들임이 드러나는 것입니다.

오늘 일어나 예수님께 묻는 이 율법사는 율법에 대해서는 누구보다도 잘 알고 있다는 자만심을 가졌습니다. 그러니까 자기가 자신에게 속는 줄도, 또 속이는 줄도 모르고 예수님을 시험하려고 했습니다. 자신도 시험에 빠진 자요, 유대 백성들도 시험에 들게 함으로써 예수님께 돌아올 수 없도록 길을 막은 역할이 되었습니다. 그렇기에 예수님께서 눅11:52에 **화 있을진저 너희 율법사여 너희가 지식의 열쇠를 가져가고 너희도 들어가지 않고 또 들어가고자 하는 자도 막았느니라**고 하셨지 않습니까? 오늘날도 매한가지라는 말입니다. 자신이 율법에 정통하다 하여 예수님을 시험하고자 일어난 이 율법사가 예수님의 질문의 요지와는 다른 대답을 한 것처럼, 오늘날도 말씀 안다고 나와 말씀을 전하는 사람들이 예수님의 모든 말씀의 질문에, 바른 대답을 하지 못해, 예수님과 상관없는 자들이 되어 있다는 말입니다. 오늘 이 비유에서도 다 예수님 만나지 못했습니다. 예수님의 모든 비유 말씀에서도 예수님의 표적에 맞히지 못했으므로 예수님을 만나지 못했습니다. 율법사처럼 의도적으로 예수님을 시험하려고 한 것은 아닐지라도, 예수님의 모든 말씀을 예수님의 생각과 맞는 말씀으로 말하고 가르치는 것이 아니면, 다 예수님을 시험하는 자로 나온 것입니다.

예수님의 모든 말씀이 예수님의 생각과 맞는 것이 되어 나와야 예수님을 만났다는 증거입니다. 말씀을 말하는 자들은 먼저 자신이 반드시 예수님의 모든 말씀에서 예수님을 만난 것이 돼야 합니다. 말씀 안에서 성영님으로 예수님과 대화가 돼야 합니다. 그래서 사람들에게 예수님을 영혼으로 만날 수 있게 해야 합니다. 예수님의 생각을 그대로 전해주고, 율법으로는 예수님께로 안내해줄 수 있어야 합니다. 그렇지 않으면 다 예수님을 시험하는 율법사입니다. 자신도 속으면서 사람들을 속임으로써 시험 들려 있게 하는, 영혼을 실족케 하는 자라는 것을 알아야 합니다. 시험에 들게 하는 자들이 '나는 사람의 영혼을 시험에 들게 하는 자다. 실족케 하는 자다.'라고 나오는 자는 아무도 없는 것이니, 자기가 성영님을 의지하여 분별하는 것입니다. 성영님이 계신 사람은 알게 되어 있습니다. 반드시 분별케 하십니다. 다 하나님의 말씀, 성경 말씀을 가지고 전해주는 거잖아요. 그렇게 성경 말씀을 전해주는 것이지만, 오늘 율법사처럼 예수님의 의도에 맞는, 예수님의 생각에 맞는 대답이 아니면, 그것을 받아들인 자들도 예수님을 만나지 못한 시험 들린 자들일 뿐이라는 말입니다. 오늘 예수님을 만나지 못한 이 율법사 같은 자들이 바로 시험에 들려있는 자입니다. 그래서 이런 영적인 것의 말귀를 알아듣는 지혜가 있고 새겨들어야 합니다.

그런데 오늘날 예수님께 맞는 말씀을 말하는 자가 과연 몇이나 있겠는가 하는 것입니다. 정말 예수님을 시험하기 위해 일어난 것처럼, 말씀을 자신의 수준에 맞는 것을 정답처럼 말하는 자가 다라고 해도 과언 아닙니다. 오늘 이 말씀도 사람들에게 '강도 만난 자를 도와주는 선한 사마리아인이 되어야 한다.'고 가르치고 있습니다. 믿는다고 해도 예수님을 만나지 못한 사람들에게 강도 만난 자를 도와주는 선한 사마리아인이 되라고 하니, 이것이 얼마나 왜곡된 가르침인지 도무지 아는 지각이 없습니다. 오늘 본문의 비유가, 믿는 사람들이 선한 사마리아인이 되어서 강도 만난 자를 도와줘야 한다는 것을 말씀하신 것처럼 열심히 말하고 있다는 말입니다. 그래서 오늘 율법사와 같이 예수님을 시험하는 자들입니다. 사람들을 시험에 빠지게 하는 자들입니다. 아니, 지금 자기 자신이 강도 만난 자인지, 자기를 알지도 못한 사람들에게 선한 사마리아인이 되어서 강도 만난 이웃을 도우라고, 강도 만난 이웃이 되어서 그들을 정성으로 보살피고 돌봐야 한다고 선동하고 있으니 그것이 강도이지 뭐겠습니까?

그러니까 그들이 누구를 강도 만난 자라고 하는가 하면, 병들어 고통당하면서도 돈이 없어 치료를 받지 못해 죽어가는 사람들, 생활이 빈궁하여 희망을 잃어버리고 낙심 가운데 사는 사람들, 사업이 망하고 인생에 실패 당하여 오갈 데 없는 신세가 되어 길거리로 내몰려 헤매는 노숙자들, 이런 가난하고 병들고 소외되고 고통받는 등등의 사람들이 강도 만난 이웃이라고 그러므로 우리가, 교회가 선한 사마리아인이 되어 그들을 다 싸안고 도와야 한다고 하는 것으로, 그것을 강도 만난 자라고 강조하여 말해주고 있습니다. 예수님의 말씀을 자세히 들여다보면 그것이 아닌 것을 분명히 알 수 있음에도 사람들의 시선을 다른 곳으로 돌리게 하여, 예수님께 나온 자가 되지 못하게 하고 있는 것입니다. 예수님이 아닌 엉뚱한 곳으로 돌려 시험에 빠져있게 한다는 말입니다. 무엇을 하여야 영생을 얻느냐고 했던 율법사처럼 똑같이 예수님 잘 믿는 것이 뭐냐? 그것은 무엇을 열심히 해야 하는 것으로 연결해 주고 있다는 말입니다.

여러분! 시험에 빠지거나 시험에 든 것이 교회 열심히 다니다가 무엇인가에 마음이 다쳐 교회 안 나온다는 것을 말하는 것인 줄로 착각하지 마십시오. 예수님 알지 못하는 것이 시험에 들어있는 것입니다. 예수님과 함께 있지 않은 것이 시험에 걸린 것입니다. 말씀을 바로 주어 예수님을 만나 예수님의 사람이 되게 하지 않으면, 그것이 시험에 들게 한 일입니다. 또한, 사람들이 자기가 강도 만난 자로 거반 죽은 자라는 것, 그래서 누군가의 도움을 받지 않으면, 그대로 죽게 된다는 것을 알지 아니하고, 자신이 선한 사마리아인이 되어야 하는 줄로 오해하고 있는 이것이 시험에 걸려 있는 일입니다. 그래서 무엇을 행하는 것만이 하나님의 일인 줄 알고, 자기가 그것을 선호하여 고집하므로 예수님과 함께할 수 없는 바리새인 서기관이 나오는 것입니다.

자 그래서 본문 26에 예수님께서 "율법에 무엇이라 기록되었으며 네가 어떻게 읽느냐"라고 묻자 율법사가 "대답하여 가로되 네 마음을 다하며 목숨을 다하며 힘을 다하며 뜻을 다하여 주 너희 하나님을 사랑하고 또한 네 이웃을 네 몸과 같이 사랑하라 하였나이다." 대답하니, 예수님께서 28에 "네 대답이 옳도다 이를 행하라 그러면 살리라" 하셨습니다. 네 대답이 옳다고 하신 것은 예수님의 물음에 맞는 대답을 했다는 뜻에서 옳다고 하신 것 아닙니다. '살리라'는 것 또한 구원받아 영생한다는 뜻인데, 십계명을 잘 지켜 행하면 영생 얻는다는 것을 말씀한 것 아닙니다. 그러면 여러분! 하나님 사랑과 이웃을 사랑하라는 십계명을 지켜 행하면 구원 얻습니까? 구원은 무엇으로 얻는 것입니까? 예수님을 구주요, 하나님으로 믿는 것으로입니다.

그런데 예수님께서는 하나님을 사랑하고 이웃을 내 몸과 같이 사랑하면 영생할 수 있다는 것처럼 말씀하신 것이지 않습니까? 그래서 이런 경우를 보고 예수님께서 '귀 있는 자는 들을지어다, 귀 있는 자는 들어라.'라는 말씀을 하셨다는 것을 아십시오. 예수님께서 '네 대답이 옳도다 이를 행하라 그러면 살리라' 하신 것은, 하나님의 계명대로 하나님을 사랑하고 이웃을 사랑하면 구원을 얻는다는 뜻이 아니고, 제가 다시 풀어 말합니다. '그래 너 대답 잘했다. 네가 아주 옳은 대답을 하는구나. 네가 옳은 대답을 했으니 그러면 지금 그것을 행하라. 그러면 너 영생한다.' 하는 말씀입니다. 그러면 행하는 것이 무엇인가? 여러분이 여기서 눈치를 채야 하지요. 우리가 말씀하신 뜻대로 이해해보겠습니다. 마22:37-40까지 읽습니다. **네 마음을 다하고 목숨을 다하고 뜻을 다하여 주 너의 하나님을 사랑하라 하셨으니 이것이 크고 첫째 되는 계명이요 둘째는 그와 같으니 네 이웃을 네 몸과 같이 사랑하라 하셨으니 이 두 계명이 온 율법과 선지자의 강령이니라** 하셨습니다. 그러면 이 두 계명이 온 율법과 선지자의 강령이라고 했는데, 모든 율법의 핵심, 선지자가 말한 핵심이 바로 첫째는 하나님 사랑이고 둘째는 이웃사랑이라는 말입니다.

그러면 하나님을 사랑하고 이웃을 사랑하는 일은 누가 해야 합니까? 인간인 우리입니다. 그다음 율법과 선지자가 무엇을 기록하고 무엇을 말했어요? 구약의 맥락에서 볼 때, 율법에 기록하고 선지자가 말한 것, 바로 피 흘리실 메시아에 대하여, 인간의 죄를 대신하여 피 흘리실 그리스도를 기록하였고, 하나님의 언약으로 오실 구주에 대한 말씀이라고 말했지요. 이것을 여러분이 동의합니까? 그러면 선지자들에게 이것을 알려주는 것은 누가 해야 합니까? 하나님입니다. 하나님께서 선지자들에게 알려주시면 선지자들은 그것을 백성에게 알려주는 것입니다. 율법과 선지자들을 통해서 이것을 계속 알려주셨으니, 그다음 우리 사람이 해야 할 일은 무엇이냐? 그것은 첫째, 사람이 하나님을 사랑하는 일입니다. 그러면 사람이 하나님을 어떻게 사랑합니까? 묻는 우리에게 '마음을 다하고 목숨을 다하고 뜻을 다하여'라고 하셨잖아요. 자기 전 존재가 하나님을 사랑하는 것입니다.

마음, 목숨, 뜻을 다해 사랑하라 하니까 자기가 생각하는 착한 일, 좋은 일, 불사르게 자기 몸 내놓아 열심히 하라는 말이 아니라, 마음을 다하고 뜻을 다하고 목숨을 다하는 것은 바로 하나님은 어떤 분인가? 하나님이 우리에게 무엇을 말씀하셨는가? 하나님이 하시고자 하시는 일이 무엇인가? 하는 그것을 힘써 알라는 말입니다. 하나님을 아는데 마음을 다하고 힘써야 한다는 말이에요. 우리가 하나님을 알고 하나님의 뜻을 알아야 그 뜻대로 움직여 나갈 수 있지 않겠습니까? 그러니 먼저 무엇을 하려는 것보다는 하나님을 아는 일에 힘쓰는 것입니다. 마음을 다하라는 것입니다. 그러면 자연스럽게 물 흐르듯이 예수님을 위해 할 일에 대해서는 성령님께서 이끌어 주시는 것이니, 벌써 그것으로 하나님의 뜻대로 행하고 있는 일이 되는 것입니다. 그러니까 마음을 다해 뜻을 다해 목숨을 다해 지금 뭐 하라고요? 하나님에 대해서 아는 것, 알려고 힘쓰라 말입니다. 하나님께서 우리에게 무엇을 말씀하셨는가? 하나님은 어떤 분이신가? 힘써 알라는 얘기예요. 알지 못하면서 어떻게 믿음을 바로 가질 수 있습니까? 알지 못하면 망하는 것입니다. 망해! 자기만 망합니까? 다른 사람까지 망하게 하는 것입니다. 하나님을 힘써 알려는 그것이 바로 하나님을 사랑하는 일입니다. 하나님을 알기 위해서 마음을 다해 힘쓰는 것입니다. 간절함으로 마음을 다하여 뜻을 다하여 목숨을 다하여 삼위 하나님을 아는 데 힘써야 합니다.

호세아 6:6에 **나는 인애를 원하고 제사를 원치 아니하며 번제보다 하나님을 아는 것을 원하노라** 했습니다. 6:3에 **우리가 여호와를 알자 힘써 여호와를 알자**고 했습니다. 여기서 '힘써'는 하나님을 아는 일에 마음과 뜻과 목숨을 다한다는 말입니다. 이같이 선지자들이 분명히 말해주고 있잖아요. 우리도 선지자들의 가르침을 피할 수 없습니다. 하나님을 아는 일에 마음을 다하고 뜻을 다하고 목숨을 다하는 것이, 바로 사람이 하나님을 사랑하는 일이기 때문에 그렇습니다. 하나님의 뜻대로 하려면 하나님을 아는 일에 마음을 다하는 것이요, 그것은 곧 하나님을 사랑하기 때문입니다. 그래서 하나님을 아는 것에 마음과 힘을 다하다 보니 '아! 사람을 지으신 하나님의 프로젝트가 바로 그 사람을 사랑해서 예수님을 보내시는 일이구나' 하는, 하나님이 사람으로 오셔서 일곱 번 풀무 불에 단련하여 나온 은같이 그 큰 고난을 겪으시면서까지 사람을 사랑하신 그 사랑을 알게 되지 않습니까? 사람은 그 사랑을 받아들여 죄에서, 세상에서 돌이켜 그 예수님을 영접하고 예수님과 함께하게 하시는 것이 하나님께서 세우신 프로젝트구나 하는 것을 알게 되는 것입니다.

율법이 무엇을 기록했으며 어떻게 그것을 읽어야 하는지, 예수님께서 '어떻게 읽느냐' 하시니 문자로 읽었느냐 묻는 말이 아니라, 율법이 말하고자 하는 본질을 보는 것, 율법 속에 들어있는 진짜 뜻을 깨닫는 것, 보이지 않는 그것을 헤아려 아는 그것, 저 사람이 말하지 않아도 그 마음을 읽는 것과 같은 말입니다. 율법 학자 정도면 율법의 뜻을 읽어야 하는 것이지요. 바로 율법은 예수님을 말하는 것이니 예수님을 시험하는 자로 나올 수는 없는 것입니다. 그래서 유대인들이 망한 이유가 뭐냐? 호세아 선지자가 하나님을 아는 지식이 없어서

망한다고 했습니다. 아니, 성경을 연구하여 통달한 박사들인데 무엇 때문에 지식이 없다고 하고, 망한다고 하는 것입니까? 율법의 본뜻을 읽어내지 못했다는 말입니다. 그러면 유대인들만 망합니까? 누구든지 삼위 하나님과 예수님 아는 지식이 없으면 망합니다. 그래서 여러분이 망하지 않아야 하겠기에, 여러분 속에 예수님 아는 지식을 끊임없이 넣어주므로 여러분에게 지식이 되고 예수님을 바로 믿는 믿음이 되게 하려고, 저 자신 이같이 말씀을 바로 전해드리는데 온 수고를 다하는 것입니다.

그러면 첫째 계명에 하나님을 사랑하는 것이 누구와 연결됩니까? 바로 하나님이신 예수님으로 연결됩니다. 또 둘째 계명 이웃을 사랑하는 것이 누구와 연결이 됩니까? 바로 사람으로 오신 예수 그리스도와 연결되는 것입니다. 그러니까 예수님이 하나님이요 예수님이 이웃으로 오셨으니, 하나님 사랑 이웃사랑이 예수님입니다. 그래서 내가 나 자신과 가까운 것보다도 더 가까워야 하는 것이 예수님입니다. 예수님이 가장 가까운 이웃이어야 합니다. 이웃사랑의 근본이 되는 것이 첫째 예수님입니다. 예수님을 하나님으로 믿고 받아들여 사랑하고 예수님을 구주로 믿고 받아들여 사랑하는 것이 바로 하나님 사랑이요 이웃사랑입니다. 죄인으로 예수님을 구주로 맞아 영접하는 것이 바로 하나님을 사랑하는 일입니다. 또한 이웃사랑이 되는 것입니다. 이 같은 관계로 예수님을 사랑하는 것이 하나님 사랑이고 진짜 예수님 외에 이웃을 어떻게 사랑하는 것인지를 아는 것입니다.

자기 안에 예수님 안 계시면 사랑한다는 그것은 인간 사랑, 인간의 정, 사랑일 뿐이에요. 그래서 내가 나 자신과 가까운 것보다도 더 가까운 분이 예수님이어야 합니다. 그러니까 네 이웃을 네 몸과 같이 사랑하라 한 것 아닙니까? 내 몸은 내가 죽을 때까지 나와 함께 있습니다. 그같이 우리 믿음은 예수님과 한몸되어 예수님과 영원히 함께 있어야 하는 것이기에, 그러므로 예수님을 내 몸같이 사랑하는 것입니다. 예수님 외에 이웃을 사랑할 능력이 거기서 나오는 거예요. 그래서 예수님과 한몸되어 함께 있어 예수님의 말씀으로 사는 것이니, 이 관계가 바로 내가 나 자신보다 예수님을 더 사랑하는 것입니다. 사마리아인과 강도 만난 자와의 관계가 이것을 말합니다. 예수님을 영접할 때 그것은 곧 하나님을 영접한 것이요, 예수님을 아는 것이 곧 율법을 알고 하나님을 아는 것이요, 예수님을 보는 것은 곧 하나님을 본 것이요, 예수님을 사랑하는 것이 곧 하나님을 사랑하는 것입니다.

그러니까 율법사가 '주 너의 하나님을 사랑하고 또한 네 이웃을 네 몸과 같이 사랑하라 하였나이다.' 하는 말에 이어 예수님께서 '그래 네 대답이 옳으니 이를 행하라 그러면 산다.' 하신 말씀이 바로 이것을 말씀한 것이었다는 말입니다. 그러면 네 앞에 있는 내가 바로 하나님의 사랑과 이웃사랑의 실체다. 너와 말하는 내가 바로 그 하나님이다. 그 하나님이 사람이 되어 오신 구주로서 너에게 가장 필요한 네 이웃이다. 네가 영접하여 사랑해야 할 그 하나님, 네게 가장 가까운 이웃이 돼야 할 그 이웃이 네 앞에 있으니, 지금 네가 하나님 사랑, 이웃사랑을 나를 영접해 들임으로써 행하라는 말입니다. 말씀 이해됐습니까? 그러면 살리라 하셨으니 예수님을 그렇게 맞아들였으면 살아요, 못 살아요? 살았지 않습니까? 그것을 말씀하신 거예요. 네 앞에 있는, 율법이 말한 나를 사랑할 분으로 맞아들이면, 계명이 말한 하나님 사랑, 이웃사랑인 예수님을 맞아들이면, 네가 살리라는 것을 그같이 '이를 행하라 그러면 살리라'라고 말씀하신 것입니다.

그다음 예수님의 말씀에 대해 도무지 귀가 없는 이 사람이 뭐라고 말합니까? 29에 **자기를 옳게 보이려고 예수께 여짜오되 그러면 내 이웃이 누구오니이까** 했습니다. 지금 이 물음은 자기가 모르기 때문에 진정 알기 위한 겸손으로 하는 질문이 아닙니다. 자기가 그렇게 구제하는 일로 이웃 도와주는 일로 이웃사랑하고 자기 나름으로는 열심히 지켜 행하고 살았다 말이지요. 지금 '자기를 옳게 보이려고' 했다고 한 것이잖아요. 지금 율법사가 자기의 행한 그것을 좀 드러내서 자랑하고 싶은 마음이 가득한 겁니다. 그리고 '잘했다. 네가 옳게 살았으니 너는 영생 얻었다.' 하는 말로 칭찬을 듣고자 한 것입니다. 이 율법사들은 가난한 자들을 도와 구제하는 일을 열심히 자랑처럼 함으로써 사람들에게 칭찬 듣는 것에 익숙해 있었습니다. 마 6장에서 이들의 구제에 대해 예수님께서 말씀하시었지 않습니까?

그러니까 이들이 하나님의 계명인 하나님 사랑, 이웃사랑을 행하였음으로써 하나님께 의롭다 인정을 받아 영생 얻은 줄로 알고 있는 자들입니다. 지금 영생은 당연히 얻었다고 자부하고 있었던 자들이기에, 그래서 예수님을 시험해 보려고 무엇을 해야 영생을 얻는 것입니까라고 묻고 나온 것입니다. 예수님의 답변이 자기들과 맞지 않으면 그것은 하나님을 모독하는 자로 몰아갈 수가 있으니, 그것을 시험해 보고자 한 것입니다. 그런데 율법사가 하나님 사랑, 이웃사랑이라고 하자 예수님께서 "네 대답이 옳다 이를 행하라 그러면 살리라" 하시니 이 율법사 생각에 예수님이 맞는 말씀을 하신 것 같은 거지요. 자기는 이미 지키고 행하여 영생 얻었으니, 지금 예수님이 맞는 말씀을 하고 있다 말이지요. 그래서 지금 모인 군중들 앞에 자기를 나타내고 싶은 겁니다. 자기의 행한 일들이 얼마나 하나님께 옳은 일을 하고 있는 것인지, 지금 자기와 대화하는 선생 같은 이가 자기 평가를 아주 높게 해줄 것으로 계산이 딱 선 것입니다. 그러면 내 이웃이 누굽니까 하면 그 선생도 자기가 그동안 지키고 행하여 오던 것, 가난한 사람이 네 이웃이다, 고아와 과부가 네 이웃이다, 나그네가 네 이웃이다, 그들을 도와주고 구제하는 것이 이웃사랑이다 하고 나오실 줄로 생각한 것입니다. 그때 자기가 그것을 다 행하고 살았다고 하면, 예수님께서 '그래, 그러면 네가 최고의 율법사다' 하는 칭찬을 아끼지 않으리라고, 그렇게 칭찬하면 자기가 사람들에게 더 존귀한 자가 된다는 그 속셈을 가지고, 그러면 내 이웃이 누굽니까 하고 묻는 것처럼 한 것입니다.

그러나 예수님은 그 이웃은 바로 예수님 자신이라는 것과 사마리아인으로 비유한 그가 바로 예수님 자신이라는 것을 알게 하고자, 30절에서부터 선한 사마리아인과 강도 만난 자의 비유를 들어 율법사의 잘못된 영생에 관한 생각을 완전히 깨는 말씀을 하신 것입니다. 그러니까 지금 이 율법사의 생각과 예수님의 생각이 같습니까, 틀립니까? 이 율법사가 하나님 말씀의 의도와 맞았습니까? 아니지요? 그러니까 오늘날도 가르치는 선생들이 다 이 율법사와 같습니다. 자기 생각들을 높이고 예수님하고 관계없는 자기 머리에서 나는 것들을 열심히 전해주고 있는 이 율법사와 같다는 말입니다. 그런데 어쩌면 좋습니까? 하나님이 그래도, 그들도 하나님을 믿는다고 하니까 예수님 믿는다고 하니까 저 인간들 그냥 받아 주자가 아니에요. 율법사나 유대인들은 자기들의 여호와 하나님을 안 믿었나요? 그들도 하나님을 잘 믿는다고 믿었습니다. 백성에게 최고의 신앙인으로 존경을 하나님처럼 받은 사람들입니다. 그렇기에 여러분이 참으로 구원받으려면 이 말씀 앞에서 깨어나야 한다는 것, 분명히 말하는 것이니 그리 아십시오.

주 너희 하나님을 사랑하되 마음을 다하고 뜻을 다하고 목숨을 다하라, 즉 하나님을 바로 아는 일에 마음을 다하고 뜻을 다하고 목숨을 다하여 알고 그 하나님의 뜻에 하나가 되라 하신 것이 하나님의 뜻입니다. 그렇지 않고 율법사와 같은 가르침을 받아들이고, 그 교훈을 따르는 것이면 율법사에게 임하는 화가 그들에게도 똑같이 임하는 것입니다. 마18:7에 "실족케 하는 일들이 있음을 인하여 세상에 화가 있도다 실족케 하는 일이 없을 수는 없으나 실족케 하는 그 사람에게는 화가 있도다." 하신 말씀이 그것을 말한다는 것 여러분 다 듣지 않았습니까?

〈위의 말씀에 이은 2부 말씀〉

여러분이 앞으로 성경, 즉 하나님이 주신 구약의 율법을 어떻게 듣고 어떻게 보아야 하는가 하는 것을 오늘 말씀과 연결해서 이해할 수 있도록 일부분을 좀 말씀드리겠습니다. 성경 말씀을 흘러가는 말처럼 듣는 것은 절대로 믿음의 능력이 되지 못합니다. 본문에 등장하는 율법사들이 이웃을 내 몸같이 사랑하라는 것을 잘못 오해하고 받아들였음으로써 예수님을 만나지 못했음을 우리가 분명히 보는 것이잖아요? 그래서 예수님을 믿는 여러분은 이웃을 내 몸같이 사랑하라는 율법의 뜻을 바르게 아는 지식을 가지고 적용해야 할 부분들은 적용해야 할 것이기에 이에 대해 말씀드리려는 것입니다.

하나님의 율법은 고아와 과부를 긍휼히 여기고 해롭게 하지 말고 억울하게 하지 말고 압제하지 말고 힘 다해 도우라고 하셨습니다. 농사하여 곡식과 열매를 거둘 때도, 거둘 수 있는 것을 거두었으면 그 뒤는 객과 고아나 과부나 나그네를 위하여 버려두라고 했습니다. 그러면 여호와 하나님께서 손으로 하는 범사에 복을 내리시겠다고 하셨습니다(신24:19-21, 신14:28-29, 사10:2, 슥7:10, 말3:5). 그런데 만일에 고아와 과부가 하나님께 억울함을 호소하고 굶주림을 호소하면, 하나님은 그들을 신원하시는 분으로 나오셔서(신10:18), 즉 재판관이 되셔서 해롭게 하고 억울하게 한 그들에게 맹렬한 노를 발하여 칼로 죽이겠다고 하셨습니다. 출22:22-24에 하나님이 직접 나서서 죽이신다고 말씀하셨어요. 시68:5에 다윗이 하나님의 신에 감동하여 노래하기를 **그 거룩한 처소에 계신 하나님은 고아의 아버지시며 과부의 재판장이시라**고 했습니다. 이같이 하나님께서 고아와 과부에게 마음을 많이 쓰고 계시는 것을, 직접 보수해 주신다는 것으로 보이셨고, 그렇듯 구약의 율법 전체가 고아와 과부를 다루고 있습니다.

그다음에 가난한 자에 대한 율법입니다. 신15:7-11에서 "땅에는 가난한 자가 그치지 않을 것이니 너는 반드시 네 경내 네 형제의 곤란한 자와 궁핍한 자에게 네 손을 펼 것이며 구제하되 아끼는 마음을 품지 말고 꾸고자 하면 그 요구대로 쓸 것을 넉넉히 꾸어줄 것이요 또한 억울하게 하지 말고 압제하지 말라 그러면 하나님께서 네 범사와 네 손이 하는 바에 복을 주시리라 만일 궁핍한 형제에게 악한 눈을 들고 아무것도 주지 아니하면 그가 너를 여호와께 호소하리니 네가 죄를 얻을 것이라."라고 하셨습니다. 그러니까 이스라엘 공동체 안에 있는 자기 동족, 그 형제 중에서 고아와 과부와 가난한 자를 학대하거나 억울하게 하거나 압제하거나 하지 않고 긍휼히 여겨 도와주고 구제에 힘쓰면 손으로 하는 일 등, 범사에 복을 주시겠다고 하셨다는 말입니다.

그다음에 율법은 "이방인 나그네를 압제하지 말고 그들을 학대하지 말라"고 하셨습니다(출22:21). 신10:18, 19에 하나님께서 이방인 **나그네를 사랑하사 그에게 식물과 의복을 주시나니 그를 먹이고 입히시나니 너희는 나그네를 사랑하라 전에 너희도 애굽 땅에서 나그네 되었었음이니라**고 하셨습니다. 그래서 이같이 사랑하라, 도우라, 구제하라, 베풀라 하신 가난한 자, 고아와 과부, 이방 나그네에 대한 율법을 하나님의 명하신 바대로 행하면 반드시 범사가 잘되고 복을 받으리라고 하셨습니다. 그런데 고아와 과부와 가난한 자, 이방 나그네에 대한 이 같은 율법을 주신 것은 하나님께서 그들을 도우라는 데만, 구제하라는 데만 목적을 두신 것이 절대로 아닙니다. 여러분에게 누누이 말씀드렸듯이 율법을 주신 하나님의 근본 뜻, 그 속에 들어있는 하나님의 영적인 뜻을 깨달아야 하는 것이라고 하지 않았습니까?

이방인 나그네에 대한 율법은 그들을 압제하지 않고 학대하지 않고 쓸 것을 나누어 주라는 것에만 있는 것이 아니라, 곧 이방인도 구원 안으로 들어오게 하신다는 것, 이방인이 하나님께로 돌아오면 하나님은 그를 사랑하셔서 맞아주신다는 것을 의미한 것입니다. 이방인이, 세상은 잠시 왔다 가는 곳일 뿐, 떠도는 나그네와 같은 삶으로 쉴 곳 없는 곳임을 체험으로 알아, 쉼을 얻고자 돌아가야 할 곳은, 머물러야 할 곳은 곧 하나님이 계신 그곳 이스라엘이라는 것에 마음이 이끌려, 그 하나님의 백성과 함께 거하려고 돌아오면, 하나님께서 그를 사랑하셔서 그를 영원히 책임지고 돌보신다는 것을 알게 하려고 주신 법이었다는 말입니다. 하나님께서 이방 나그네를 사랑하셔서 그를 먹이시고 입히신다는 것입니다. 그러니까 이스라엘 밖에 있던 우리 이방인들이 복음을 듣고 예수님께로 들어오면 우리 삶도 책임지시고, 내 생명을 너희에게 주겠다, 구원의 옷을 입혀주겠다는 것을 말씀한 것이라는 말입니다.

그래서 이 유대인들이 이방 나그네에 대한 율법에서 하나님의 그 뜻을 보아야 했습니다. 돌아오는 이방인들을 사랑하시고 그들도 먹이고 입히신다는 것, 이스라엘의 복 안에 함께 들이신다는 것을 깨달아야 했습니다. 그런데 구제하고 도와주는 것이 이웃을 내 몸같이 사랑하는 일이라는 것만 보았지, 율법 속에 들어있는 하나님의 그 의도는 보지 않았습니다. 왜입니까? 구제에는 반드시 복을 주신다. 손으로 하는 모든 범사에 복을 내리신다고 하신 그 문자적인 것에만 관심을 두었기 때문입니다. 그래서 이들이 물질적으로는 복을 받은 자들이 되었지만, 하나님의 뜻은 놓쳐버리고 예수님과 어긋나버림으로써 영적인 복(예수님으로 말미암은 영생)은 전혀 상관없는 자들이 되었고, 오히려 이방인보다 더 큰 심판을 받을 자리로 들어가 버렸습니다.

그렇기에 성경을 보는 이 같은 관점은 오늘날이라고 절대로 다르지 않습니다. 오늘날 가르치는 자들도 이 율법사의 가르침입니다. 믿는 방향이 세상 복이나 육체와 정신의 것이면, 그것은 시험에 들려 있는 것으로 똑같이 망하는 것입니다. 사두개인 바리새인 율법사(서기관)가 이것을 증명하는 존재입니다. 하나님께서 율법으로 가르치시고자 하는 것이 무엇입니까? 하나님과 상관있는 자, 하나님은 누구의 하나님인가 하는 것입니다. 바로 고아라는 것입니다. 과부라는 것입니다. 가난한 자입니다. 하나님께 돌아온 이방 나그네입니다. 그래서 하나님의 명을 따라 관심을 가지고 그들을 돕고 구제하면서 아, 하나님은 자기 백성이라 할지라도 그 백성 중에서 고아와 과부를 사랑하시는구나, 인제 보니 하나님의 관심은 고아와 과부에게 있구나, 가난한 자에게 있구나, 이방 나그네가 하나님께로 돌아오는 데 있구나, 그들만이 하나님과 상관있는 자들이구나 하는 율법의 근본 뜻을 읽을 수 있어야 합니다.

그러면 이 율법이 오늘날 우리에게는 상관없습니까? 상관없는 것이 아니라, 하나님의 백성보다 더 확실해야 합니다. 성경을 다루는 사람들이 율법의 의도 본뜻을 읽고, 가르치고 안내하여 사람들이 자신을 알고 예수님을 바로 만날 수 있게 해야 합니다. 물론 가르치는 자만 책임이 아니라 믿는 자 누구든지 책임이 있습니다. 구약의 율법을 알아야 예수님을 알고 영으로 만나는 것이지, 율법 모르면 자기도 모를 뿐만 아니라 예수님도 모르는 것입니다. 율법이 말하는 하나님은 누구의 하나님이냐? 율법사의 하나님도 아니요. 목사의 하나님도 아니요. 여러분의 하나님도 아니에요. 열심히 구제하러 쫓아다니는 사람들의 하나님도 아니에요. 또한 도움을 받고 구제를 받는 사람들의 하나님도 아니에요. 하나님의 관심은 율법사에게 있지 않아요. 목사에게 있지 않아요. 열심히 착한 일 좋은 일 한다고 하는 사람들에게 있지 않습니다. 바로 고아와 과부입니다. 가난한 자입니다. 이방 나그네입니다.

여러분이 고아와 과부와 가난한 자와 나그네가 아니면 하나님과 관계없습니다. 율법이 이것을 계속 다루어 가르쳐주고 있습니다. 그러면 세상에 널려있는 고아나 과부, 가난한 자를 말씀하는 것일까요? 그것이 아닙니다. 하나님께서 이스라엘에 세상 이방 나라에 다니면서 구제하고 도우라 하신 것 아닙니다. 저 인간들 불쌍하니까 가서 도우라 한 것 아니에요. 이스라엘 공동체, 즉 동족 형제요, 고아, 과부, 가난한 자, 이방 나그네가 돌아오면 도우라는 것을 동족 속에다 두시고 그 근본 뜻을 아는 데 목적을 두셨습니다. 죄 용서받는 것과 구원 얻는 생명에 온 관심을 두어야지, 불쌍하다고 도와주러 쫓아다니는 것에 있지 않습니다. 그것은 오히려 세상이 교회를 그런 자들 돕는 단체로밖에 보지 않는 것이고, 그들에게 교회가 도와주기를 바라게 하는 타락밖에 되지 않습니다. 그래서 피차간에 버려지는 것입니다.

그래서 네가 나를 대하여 고아냐? 과부냐? 가난한 자냐? 나그네냐? 그러면 내 관심은 너에게 있고 너는 너를 아는 자니 너에게 먹을 것, 입을 것, 즉 생명을 주겠다, 구원의 옷을 입혀 주겠다 하시는 것을 알려주신 겁니다. 그래서 남을 도와주는 위치에 있든지 없든지 상관없이 율법사뿐만 아니라, 누구나 다 하나님께 대하여 자기는 고아요, 과부요, 가난한 자요, 나그네여야 하는 것입니다. 그런 자만이 하나님과 상관되어 영적으로 예수님을 만날 수 있는 것입니다. 물론 우리는 지금 예수님을 만났어요. 그러나 참으로 영적 관계로 만난 것인가? 자신이 고아와 과부, 가난한 자, 이방 나그네인 것에 대한 진실한 동의가 있나? 그것을 마음으로 확실히 알게 됐으므로, 진정 거부할 수 없는 아멘의 고백이 있어야 만남이 되었다고 할 수 있는 것입니다.

그러면 고아가 뭡니까? 부모 없는 아이를 말하잖아요. 아이는 부모의 돌봄이 없으면 죽음밖에 없습니다. 만일 아이가 길에서 부모를 잃었다면, 아이는 방향 감각도 없습니다. 위험 요소가 사방에 도사리고 있는 길거리를 울부짖으며 찾아 돌아다닙니다. 바로 우리 인간이 이처럼 돌보아 주시고 양육하여 주시는 생명의 아버지를 떠나 나가 아예 그 아버지를 잃어버리고 떠도는 영혼이 되어 악한 마귀에게 잡아먹힐 위기에 있는 영적 고아가 되어 있다는 것을 고아를 통해 보이신 것입니다. 그것이 깨닫게 하시는 하나님의 방법입니다. 인간이 어떤 처지에 놓였는가를 보고 알라는 것입니다. 죄로 천애의 고아가 된, 누군가 도와주지 않으면, 도움을 받지 않으면 악한 마귀에게 끌려가 사망으로 떨어질 위기에 놓였다는 것입니다. 그렇기에 하나님이 하늘로부터 사람 가운데 오셔서, 사망의 길에서 헤매고 있는 천애의 고아 같은 인간을 구원하여 삶을 주시려고 오셨으니, 그 같은 자기 처지를 알고 하나님께 나오면 그를 영접하여 맞아들이고 돌보아 양육하시며 영원까지 책임져 주신다고 하시는 것입니다.

그러니까 네가 누구인가를 보라는 말입니다. 네가 고아이면 너를 돌보시고 양육하실 하늘의 아버지가 있으니, 그 아버지께로 오라는 것입니다. 그래서 고아를 돌보고 해 끼치지 말라, 만일에 돌보지 않고 해를 끼치면 나는 고아의 아버지가 되어서 내가 직접 칼로 죽이겠다고 하심으로써, 곧 하나님이 고아의 아버지가 되시고 원수 갚아주신다는 것을 알도록 하신 것입니다. 그러므로 하나님께서 이같이 고아의 율법으로 자기가 누구인가를 보게 하셨으니, 진심으로 자신이 고아라는 것을 절감하여 인정하고 예수님을 주셨음에 감사하는 것입니다. 율법은 하나님 아버지께서 예수님께로 이끌어 주시는 길입니다. 그렇다면 여러분은 지금 고아입니까? 만일 지금 고아이면 큰 문제입니다. 이제는 고아가 아니어야지요. 예수님께서 요14:18에 **내가**

너희를 고아와 같이 버려두지 아니하고 너희에게로 오리라 하신 대로 성령님으로 우리 각자 안에 오셨으니, 예수님께서 피 흘리는 그 해산의 고통을 통해서 우리를 낳으셨으니, 이제 아버지의 돌봄을 받는 자녀가 되었습니다. 아, 이런 은혜를 깨닫고 좀 깊이 감사하면서 아무리 생각해 봐도 이 놀라운 이적이 내게 이뤄졌으니 얼마나 감사한 일인가, 이 놀라운 감격을 고백하지 않을 수 없는 여러분이어야 하지 않습니까?

그리고 과부가 뭡니까? 하나님이 왜 과부의 재판관이 되신다는 겁니까? 과부는 남편이 죽고 없는 홀로된 여자를 말합니다. 그러니까 이스라엘을 과부로 묘사하였습니다. 젊은 과부는 보호해줄 남편이 없으면 굴욕을 당할 일도 많고 삶이 피곤합니다. 또한, 음흉한 자들이 자기와 정을 통하자고 끊임없이 집적거리고 희롱하고 넘보고 유혹합니다. 사람들 눈을 피해 수단과 방법을 써서 과부를 자기 손에 넣으려고 하는 것입니다. 어떤 경우는 그 과부의 가산까지도 삼키려 듭니다(눅20:47, 막12:40). 그렇기에 하나님께서 과부의 재판장이 되어 주신다고 하셨어요. 과부가 이런 상황들 앞에서 자신은 오직 한 남편만 있을 뿐, 다른 남편은 있을 수 없다는 그 의지로 자신을 지키고, 차라리 자기 목숨을 버릴지언정 한 남편의 아내로서 끝까지 정절을 지키는 그 과부의 재판장이 되어주신다고 하는 것입니다. 그것이 참 과부입니다.

남편이 없어 많은 어려움이 있지만, 다른 남편을 두면 과부의 고통은 해결될 수도 있겠지만, 남편과의 혼인 서약은 자기의 전 존재를 걸고 자신에게 한 서약이고, 또 그 서약은 하나님과 사람 앞에 한 것이니 깰 수가 없는 거잖습니까? 그래서 남편은 하나요, 차라리 죽음을 택할지언정 다른 남편을 두는 것으로, 혼인 서약을 스스로 더럽히지 않는 것을 중히 여겨 자기의 정절을 지키는 자를 말씀합니다. 그래서 이 과부를 참 과부라고 하는 겁니다. 지금까지의 이 과부의 이야기는 그와 같이 하나님에 대한 참신앙이 있는 사람, 하나님에 대한 신앙의 정절이 있는 자에 대한 비유예요. 참 과부로 비유하신 거예요. 그래서 이제 오늘날 하나님께 나와 하나님 앞에 사는 우리가 이 참 과부처럼 오직 하나님 한 분만을 섬기는 신앙의 정절이 있어야 함을 의미합니다. 그렇지 않으면 하나님이 그의 재판장이 되시지 않습니다.

예수님께서 눅4:25-26에 말씀하시길 **내가 참으로 너희에게 이르노니 엘리야 시대에 하늘이 세 해 여섯 달을 닫히어 온 땅에 큰 흉년이 들었을 때에 이스라엘의 많은 과부가 있었으되 엘리야가 그중 한 사람에게도 보내심을 받지 않고 오직 시돈 땅에 있는 사렙다의 한 과부에게 뿐이었으며**라고 하셨습니다. 열왕기상 17장에 이 사르밧 과부에 대한 이야기를 여러분이 잘 알지 않습니까? 시간상 자세한 설명은 다하진 못하지만, 이스라엘 나라 밖에 사는 사르밧 과부가 바로 하나님이 찾으시는 참 과부였습니다. 세상에! 그때 엘리야가 이스라엘의 많은 과부가 있었지만, 그중에 보내심 받은 것이 아니라, 사렙다의 한 과부뿐이었다는 겁니다. 그때 당시에 많은 과부가 있었지만, 하나님께서 재판장이 되어주실 과부는 이스라엘 밖에 딱 한 사람이었다고 하는 것, 여러분이 들을 귀가 좀 있어 말뜻을 알아듣고 영적 이해가 되었으면 좋겠습니다. 사렙다의 한 과부뿐이었다는 것을 말입니다.

그 과부가 기근을 만나 먹을 것이 떨어져 삶이 곤고하여졌습니다. 그러나 목숨 연명하려고 다른 맘을 품지 않고 죽음을 택했습니다. 엘리야가 그 과부에게 갔을 때 그가 한 줌 남은 밀가루와 병의 기름 조금 있는 것을 마지막 먹고 아들과 함께 죽으려고 했다고 하자, 엘리야가 비가 내리는 날까지 통의 밀가루와 병의 기름이 떨어지지 아니하리라 하고, 자기를 위하여 그것으로 작은 떡을 만들어 가져오라 하니, 이 과부가 그대로 순종했습니다. 엘리야 말대로 가뭄이 다하는 날까지 통의 가루도 병의 기름도 다하지 않고 없어지지 않았다고 했습니다. 엘리야는 예수님을 예표하고, 그 과부가 마지막 남은 목숨의 것으로 선지자를 선대하여 공궤하였으므로 곧 그것은 예수님을 공궤한 것이요, 그러므로 예수님을 만나 영원한 생명에 들게 되었다는 것을 보인 일이었습니다.

하나님께서 그의 남편처럼 돌보고 먹이고 입히신다는 것을 엘리야 선지자를 보내 이적을 나타내시는 것으로 알게 하셨고, 하나님 나라에 들이신 것이 되었어요. 사르밧 과부는 더는 이방 여자가 아니라 하나님의 관심을 받는 참 과부였습니다. 참 과부는 오직 한 분 하나님을 섬기는 이스라엘의 참신앙의 비유입니다. 그리고 그 과부를 자기의 것으로 삼키려고 음흉한 간계를 쓰고 모함하여 억울케 하는 자는 바로 악한 영 마귀를 의미합니다. 그래서 참 과부는 참 신앙을 말하는 것이요, 그 참 신앙은 목숨을 버릴망정 남편은 하나뿐이라는 거예요. 둘이 될 수가 없는 거예요. 다시 말하면 하나님을 섬긴다고 할 때 그 섬김은 오직 하나님 한 분뿐이지, 세상도 좋다고 세상을 섬길 수 없다는 것입니다. 참 과부는 세상으로부터 목숨의 위협을 받아도 차라리 목숨을 내놓는 것이지, 또 다른 남편을 두지 않는다는 말입니다. 그래서 참 과부만이 신앙의 절개를 지키는 참 신앙의 사람임을 의미해주는 것입니다.

악한 마귀가 어때요? 세상의 부귀, 명예, 물질 등을 가지고 들어와 자기의 요구를 한 번만 들어주면 이 모든 영화를 주겠다, 육신의 것으로 자기와 정을 통하자, 자기와 간음하자 하는데 이 참 과부가 절대로 응하지 않으니, 자기 힘으로 압제하고 억울하게 누명을 씌우는 것입니다. 그러니까 하나님께서는 원한을 갚아 달라고 하나님께 억울함을 호소하는 참 과부의 그 호소를 들으시고, 과부의 재판장으로 나오시겠다고 하신 겁니다. 하나님께 온 마음을 두고 하나님을 바라는 하나님의 사람을 억울하게 하는 악한 자들을 심판하시기 위해 반드시 그 참 과부의 재판장으로 오시겠다고 하셨다는 말입니다.(시68:5-6)

눅18장에 예수님께서 과부의 원한을 풀어준 불의한 재판관의 이야기를 비유로 들어, 제자들에게 원수에 대한 우리 원한을 풀어 달라고 하나님께 낙망치 말고 계속 기도하라, 하나님께서 속히 그 원한을 풀어주시리라는 것을 말씀하지 않았습니까? 여러분이 구약성경 시편의 내용을 아시지 않습니까? 시편의 내용이 바로 원수에게 계속 쫓기면서 그 원수를 갚아 달라고 하는 이 참 과부의 호소로 가득 차 있는 거예요, 그리고 하나님은 직접 원수 갚아 주시겠다고 보수의 하나님으로 계속 등장하고 계시고 또 그 하나님을 찬양하라는 내용으로 전개되어 있습니다. 또한, 구약성경 전체가 말씀하고 있는 것이 하나님은 참 과부의 재판관이 되어 주겠다, 아주 남편처럼, 남편이 되어서 돌보아 주겠다, 방패가 되어 주신다는 것을 계속 말씀해주고 있습니다.

바로 예수님의 십자가 사건이 이 참 과부의 억울함을 풀어주신 일입니다. 그래서 이제 예수님을 믿는 자는 참 과부냐, 아니냐 하는 것에 있는 것이 아니라 이 과부의 신앙 정절은 같아야 하는데, 그러면 예수님을 믿는 여러분은 이 신앙의 정절 가운데 있느냐 하는 거예요. 예수님은 신랑이 되시고 자기는 신부가 된다는 이 엄청난 관계로서의 신분이 되었습니다. 신랑과 신부와 같은 관계가 돼야 한다는 것입니다. 그러므로 예수님의 신부이면 이제 예수님만 사랑하고, 예수님만 바라고 예수님만 따르고 예수님의 말씀만 듣고, 오직 예수님만 기쁘게 하는 순결한 신부의 단장이 되어야 하는데, 이처럼 예수님께서 신부들을 데리러 다시 오실 때 예수님을 만날 수 있는 그 준비가 되었느냐는 것입니다. 그러니까 처음 영접은 우리 안에 성영님을 모신 것이지만, 그다음은 예수님을 만나서 예수님과 혼인 잔치로 들어간다는 것을 여러분이 기억해야 할 것입니다. 세마포 옳은 행실로 순결한 신부 단장이 되어야 신랑이신 예수님과 혼인 잔치로 들어간다는 말입니다.

그다음 오늘날은 형제 중에 가난한 자를 도우라 하신 가난한 자의 의미가 뭡니까? 가난한 자는 이제 예수님께서 **심영이 가난한 자는 복이 있나니 천국이 저희 것임이요** 하신 말씀으로 연결됩니다. 성경 전체가 이 가난한 자의 이야기로 가득 찼습니다. 그래서 참으로 여러분이 가난하지 않으면 가난한 자가 아니면 예수님 만날 수는 없습니다. 그러면 자기가 참으로 가난한 자라는 것을 알아서 그 가난을 벗어나고자 가난한 자를 부유케 하시는 예수님을 진정으로 목말라하셨습니까? 성경은 목마른 자만이 예수님을 만난다고 말하고 있으니, 그러면 그 목마름으로 고통받는 자가 여러분이었습니까? 그래서 예수님으로 말미암아 그 가난함에서 부유한 자가 되었습니까? 갈증만 더 해주는 세상 것에 목말라서 마음이 그것을 찾기 위해 헤매고 있으면 망합니다. 마음이 가난한 자기를 깨닫고 오직 부유이신 예수님을 사모하고 목말라하는 자에게, 찾는 자에게 하늘(예수님)의 평안과 행복과 기쁨 그 천국을 소유하게 하시는 것입니다.

그래서 하나님께서 율법을 통해 가난한 자에 대한 율례를 주실 때에, 땅에 가난한 자가 끊이지 않을 것이니, 반드시 손을 펴서 구제하되 아까운 마음으로 하지 말고 꾸고자 하면 그 요구대로 쓸 것을 넉넉히 꾸어주라고, 억울하게 하지 말고 압제하지 말라고 명을 내리셨던 것은 바로 하나님 자신이 그같이 심영이 가난한 자가 구하는 것을 아낌없이 주시는 하나님, 절대로 억울하게 하지 않으시고, 압제하지 않으시고, 아주 주되 넘치게 주시는 하나님이시라는 것을 좀 깨달으라고, 그것을 가르쳐주시고자 함이었던 것입니다. 그래서 하나님께서 선지자들을 세워서 이것을 계속 외치게 하셨고, 아사야 선지자를 통해서 마음이 가난한 자, 심영에 통회하며 하나님의 말씀을 듣고 떠는 자는 하나님이 돌보실 것이며, 기름 부음 받은 메시아가 오시면 이 모든 복이 가난한 자들에게 이루어진다고 계속 예언했던 것입니다. 그래서 율법은 예수님으로 완성되어서 더 완전한 데로 나아가는 것이지, 절대로 폐하여진 것이 아닙니다. 우리와 상관없는 것이 아니라는 말입니다. 그러면 여기 말씀까지는 이해되었습니까?

그러면 여러분! 이 예수님 앞에 나온 율법사가 자기가 고아요, 참과부요, 가난한 자요, 나그네로 예수님 앞에 나왔습니까? 아닙니다. 이 율법사가 세상의 명예와 물질에 유혹당했습니까, 안 당했습니까?

당했습니다. 그러니까 말씀을 들어도 어떻게 들은 것입니까? '아! 하나님이 구제하면 복 주신다고 했구나, 남을 도우면 되돌려 갚아주신다고 했구나, 라고 듣고 받아 지나가다가 너 고아냐 묻고 도와준다고 돈 몇 푼 주곤 했던 것입니다. 그렇게 육의 복을 받기 위한 것이었기 때문에 물질의 유혹을 당했고 명예에 유혹을 당했습니다. 그래서 예수님을 보고도 보지 못하는 소경이 되었습니다. 예수님이 필요치가 않았다는 말입니다. 다시 말해 과부가 아주 다른 남편하고 눈 맞아서 얼씨구나 하고 정을 통하고, 한통속으로 음란한 자가 된 것입니다. 그러면 여러분은 어떻습니까? 여러분은 하나님이 말씀하시는 고아로 예수님께 나왔습니까? 그래서 **내가 너희를 고아와 같이 버려두지 아니하고 너희에게로 오리라** 하신 예수님을 만나 구원받아 아버지를 만나셨습니까? 하나님이 말씀하시는 참 과부의 정절로 예수님만 사랑하십니까? 다른 남편 넘보지 않습니까? 하나님이 말씀하시는 심영이 가난한 자인 것을 알고, 세상은 나그네로 잠시 왔다 가는 곳이요, 아버지 하나님 나라가 본향이라는 것을 알고 예수님께 나온 자가 되었습니까? 이제 여러분이 구약의 율법을 어떻게 보아야 하는지 아시겠어요?

오늘 율법사가 이웃을 내 몸같이 사랑하라 하신 최고한 율법의 본뜻을 보지 못하고, 그저 가난한 자, 고아 과부에게 구제나 하고 도와주는 것으로만 알고 복 받기 위한 수단으로 행하는 것으로 자기가 열심히 이웃을 내 몸같이 사랑하고 살았다고, 그래서 영생 얻었다고 그거 자랑하기 위해서 예수님 앞에 나왔습니다. 그래서 예수님께서 그 율법사가 오해하고 있는, 또 모든 사람이 잘못된 이해로 오해하고 있을 인간의 오만함을 깨뜨리고자 30절부터 비유로 말씀하신 것입니다. **어떤 사람이 예루살렘에서 여리고로 내려가다가 강도를 만나매 강도들이 그 옷을 벗기고 때려 거반 죽은 것을 버리고 갔더라** 하셨습니다. 예루살렘은 하나님의 성전이 있는 곳으로 하나님의 집이라고도 합니다. 하나님의 말씀이 있는 곳, 예배가 있는 곳이라는 뜻이고, 여리고는 세상을 의미합니다. 그러니까 어떤 사람이 하나님의 말씀과 예배가 있는 하나님의 집에서 떠나 세상으로 나갔다는 말입니다. 지금 이것은 누구의 비유인가 하면 바로 하나님의 집에 열두 형제가 살았는데, 그 형제들 간에 서로 뜻이 맞지 않아 분쟁이 일어나 그중 열 명의 형제들이 힘을 모아 나가 살겠다고 집을 나갔다 그 말이에요.

하나님 아버지 집에서 마음 맞는 자기들끼리 살아보자고 다른 세상으로 나갔는데 나가서 뭐 했느냐? 자기들 마음먹은 것처럼 잘살아진 것이 아니라, 나가보니 강도의 소굴로 들어간 것이 되어 그 강도에게 죽을 만큼 두들겨 맞고 옷도 도적질 당하고 거반 죽게 되었다는 말입니다. 그러면 이 비유가 누구의 이야기인지 여러분이 짐작되겠지요? 야곱의 아들들로 이루어진 열두지파 중에 열 지파가 그렇게 예배를 버리고 예루살렘을 떠나서 자기들끼리 하나님께 예배한다고 나갔다는 말입니다. 그런데 그것은 하나님의 말씀을 벗어난 잘못된 예배, 하나님의 법대로 드리는 것이 아니기에 하나님과 관계가 없는 것입니다. 예배가 잘못되자 곧 음란한 생활과 우상을 섬기게 되고, 이 나라 저 나라에 침략당하고 이주 정책으로 끌려다니면서 순수한 혈통도 신앙도 다 도적질 당하고, 아주 목숨만 간신히 붙어있는 처참한 신세가 되었다고 하는 이 북 왕국 사람들을 비유한 것입니다. 그래서 이들의 총칭이 '사마리아'인들이라고 불리는 것입니다. 유대인들이 사마리아 사람들을 어떻게 불렀다고 했습니까? 하나님을 버리고 율법을 버리고 세상으로 나간 자들, 부정한 자들 이방인에게 빌붙은 개와 같은 자들, 이런 좋지 않은 부정적인 단어들로 비난하고 정죄할 수 있는 것은 다 붙여 부른 것이 사마리아인들의 별명이 되었습니다.

그러니까 사마리아인들도 자신들이 하나님께 죄를 지어 버림받아 마땅한 자라는 것으로 여겼습니다. 그래서 하나님께 돌아오려야 돌아올 수 없는 줄로 알고, 자신들이 버림받은 죄인이라는 생각으로 살고 있었던 것입니다. 그러나 그들은 하나님께 대한 예배를 갈망하는 영혼들이었기에 돌아온 탕자로 비유되고 있는 것입니다. 탕자 비유 가지고 별말들을 다 하지만, 그것은 아버지 집을 나간 그 사마리아인들을 비유한 것입니다. 그래서 거반 죽은 자라고 한 것은 하나님의 거룩한 백성으로 율법을 받고 하나님을 섬기는 예법을 행하고 살던 언약 백성이, 이것이 하나님께서 입혀주신 그들의 입은 옷입니다. 그렇게 강도(사단)를 만나서 하나님이 입혀주신 그 옷을 벗김을 당하고 목숨만 있게 되었는데, 그래도 그들 마음속에는 아버지 집을 그리워하고 영혼 속에 한 가닥 희망, 하나님께 대한 예배를 갈망하는 것이 있었다는 것을 표현한 것입니다. 그러니까 수가라 하는 동네에 물 길으러 나온 사마리아 여자가 그것을 드러내 주었잖아요? 그리고 사마리아 사람들이 예배를 사모하고 메시아 곧 그리스도를 기다린 영혼들이었다는 것을 다 보여준 것이지 않습니까? 이해됐습니까?

그래서 부정케 된 그들을 31, 32에서 마침 한 제사장이 그를 보고 피하여 지나갔다고 했고, 레위인도 똑같이 그를 보고 피하여 지나갔다고 했어요. 여러분이 제사장이 누구며 레위인이 누구인지 다 아시는 거잖아요? 제사장은 성전에서 제사를 지내는 사람이고, 레위인은 그 성전에서 필요한 업무나 관계되는 모든 잡일을 하는 사람입니다. 하나님의 율법은 이 성전의 일을 맡은 거룩한 일을 하는 자들은, 불결하고 부정하고 더러운 것을 만지거나 보거나 하지 말라고 했습니다. 그렇기에 사마리아 사람들을 부정하고 더러운 자들로 여겼으므로 그것을 보고 그냥 피하여 지나가 버렸습니다. 유대인들이 사마리아인을 상종하지 않는다고 했잖아요. 똥보다 더 더럽다 해서 피해 지나다닌다고 하지 않았습니까? 그러니까 이 제사장이나 레위인이 강도 만난 사마리아 사람을 피해서 지나간 이유를 알겠지요? 그리고 사람이 거반 죽은 사람을, 제사장일지라도 레위인이라도 어느 누구도 구원할 수 없다는 것을 보인 것입니다. 거반 죽은 사람을 구원하시는 이는 오직 예수님이라는 것을 보인 것이라는 말입니다.

그런데 유대인들이 즉 율법사 바리새인 대제사장 이들이 예수님을 똑같이 사마리아인으로 취급했습니다(요8:48). 율법을 어기는 죄인이요 하나님을 자기와 동등하다고 하여 하나님을 모독하는 이단의 괴수로 보고 똑같이 사마리아인으로 취급했던 것입니다. 그래서 33에 **어떤 사마리아인은 여행하는 중**이라고 곧 자신을 사마리아 사람으로 비유하여 말씀을 하셨습니다. 예수님 자신이 이 땅에 오신 목적이 죄인을 위해서요, 그래서 하나님께 죄를 범하였다는 것을 스스로 알고 있는, 부정한 자로 비난받고 정죄 받은 그 사마리아인과 같은 자들을 위해서 오셨기 때문에, 다시 말해 예수님은 죄를 아는 죄인과 구주로 오신 자신을 하나로 보시기 때문에, 그래서 유대인들이 가장 혐오하는 사마리아인으로 자기를 비유하신 것입니다. 영적인 이야기라 여러분이 성령님의 지혜를 구하여 잘 이해하며 들어야 합니다.

그다음 내 이웃이 누구입니까? 했던 율법사의 질문에 예수님께서 이웃이 누구인지에 대해 이같이 비유를 말씀하시고 다시 율법사에게 물었습니다. 36에 **네 의견에는 이 세 사람 중에 누가 강도 만난 자의 이웃이 되겠느냐**고 묻자 37에 **가로되 자비를 베푼 자니이다**라고 대답했습니다. 율법사가 차마 사마리아인이라고 입에 올리지 못하고 자비를 베푼 자라고 어쩔 수 없이 답변하는 모습을 봅니다. 네 이웃은 가난한 자가 아니냐, 고아와 과부가 아니냐라고 말할 줄로 알았던 율법사의 생각이 무안을 겪는 순간입니다. 바로 너희가 참소하고 정죄하는 그 사마리아인이 네 이웃이고, 그 사마리아인으로 취급하는 그가 바로 네 이웃이라는 말이지요. 그러면 지금 사마리아인으로 취급받는 그가 누구예요? 예수님이지요. 그러니 **예수께서 이르시되 가서 너도 이와 같이 하라** 하신 것입니다. '네 이웃을 네 몸과 같이 사랑하라 하셨다'고 네가 옳은 대답을 했으니, 그러면 네가 말한 그대로 가서 행하라는 말씀입니다. 다시 말해 '네가 네 몸같이 사랑해야 하는 이웃은 바로 네가 혐오하는 그 사마리아 사람이니 네 말대로 가서 그대로 하라' 말입니다.

강도 만난 자에게 새 삶을 얻도록 도와준 가장 필요했던 이웃, 가장 가까운 이웃이 바로 사마리아인이었던 것처럼 너에게도 가장 필요한 이웃, 가장 가까이해야 할 이웃이 바로 사마리아 사람이니, 너도 가서 이처럼 하라고 하신 겁니다. 그러면 이웃을 어떻게 하는 것이 내 몸같이 사랑하는 것일까요? 내 몸같이 사랑하는 것이 뭘까요? 예를 들어, 내 손이 슬그머니 남의 물건을 훔쳤어요. 물론 그 사람 마음이 그것을 탐한 것이지만, 그것을 실제로 집어 든 것은 손이잖아요. 그러니까 '아이고 이놈의 손아! 왜 남의 물건을 훔쳐, 손이 죄지었으니 손은 잘라버리겠다.' 하고 손 잘라내는 사람 있습니까? 잘라내지 않습니다. 누구에게 심하게 욕설을 했는데 나중에 시시비비 가려보니 욕설한 자기가 잘못한 것으로 드러났다고 할 때, '이놈의 입, 너 왜 죄지었냐? 죄지었으니 입을 잘라버리겠다'고 입 잘라버리는 사람 있습니까? 입 도려내는 사람 있어요? 자기 몸에 붙은 지체가 잘못했다고 그 지체들을 하나하나 잘라 내버린 사람은 아무도 없는 거잖아요?

그러니까 자기 몸에 붙은 지체의 것은 죄로 여기지 않고, 뻔뻔하게 묵인하면서, 자기 지체와 같은 형제의 죄는 눈 까뒤집고 정죄하며 내 치느냐는 거지요. 그 죄는 하나님이 판단하실 일이지, 네가 판단할 일이 아니라는 말입니다. 네 손 네 발이 죄를 지었어도 잘라 내버리지 않듯, 네 형제의 죄를 보지 말고 네 몸과 같이 사랑하라는 것입니다. 만일 네 형제가 죄를 지었다고 그렇게 정죄하고 내치려면 너의 팔도 잘라라, 네 눈도 빼내 버리라고 말씀하셨던 것이지 않습니까? 그러니까 이들이 이웃사랑을 정말 하나님의 말씀대로 하지 않았다는 말입니다. 이웃사랑에 대한 하나님의 뜻은 보지 못하고, 하나님의 상이 있다고 하니 그 복(상) 받으려고 고아를 보면 돈 좀 쥐여 주고, 가난한 사람 찾아가 사람들 보이려고 구제하는 그것이 사랑인 줄로 알던 자기 방식의 사랑 베푼다고 했던 것이지 않습니까? 하나님께서 가인이 자기 형제를 돌로 쳐 죽임으로써 네 이웃을 네 몸같이 사랑하라는 율법을 주셨던 것입니다. 그래서 미움, 살인, 정죄 이것은 다 똑같은 죄로 가인의 죄요, 사단의 종노릇하는 것입니다.

그런데 우리 이방인들은 예루살렘 하나님의 집을 나간 자들이 아닙니다. 가인의 길로 나가 사단의 종노릇하며 산 존재들입니다. 그리고 아버지의 재산 중 자기 분깃을 가지고 나간 탕자도 아닙니다. 그 비유는 다 유대인과 사마리아인들의 비유입니다. 그러나 강도 만나 거반 죽은 것은, 곧 이방인인 우리의 영적 형편임을 보인 것이기도 합니다. 그래서 우리가 예수님을 만나지 않았다면, 그대로 사망의 지옥으로 들어갈 것밖에 없는 존재인 것에 대한 자기를 볼 수 있어야 하는 것, 모두 동의가 되어야 할 것입니다. 이제 이 사마리아인의 비유에 대해서, 또 율법을 어떻게 듣고 보아야 하는지, 여러분 이제 다 아셨습니다. 그러니까 본질에서 벗어난 헛소리들을 듣고 쫓아다녀보았자 결국 자기를 망할 길로 끌어들이는 것이라는 것을 다 아셨을 것으로 생각합니다.

오늘도 비유로 말씀하신 예수님의 의도를 바르게 깨닫게 하시고, 예수님을 더욱 밝히 알아 관계를 이룰 수 있도록 도와주신 성령님과 삼위 하나님께 모든 영광을 돌립니다. 아멘

제 15 장
불의의 재물로 친구를 사귀라

¹또한 제자들에게 이르시되 어떤 부자에게 청지기가 있는데 그가 주인의 소유를 허비한다는 말이 그 주인에게 들린지라 ²주인이 저를 불러 가로되 내가 네게 대하여 들은 이 말이 어찜이뇨 네 보던 일을 셈하라 청지기 사무를 계속하지 못하리라 하니 ³청지기가 속으로 이르되 주인이 내 직분을 빼앗으니 내가 무엇을 할꼬 땅을 파자니 힘이 없고 빌어먹자니 부끄럽구나 ⁴내가 할 일을 알았도다 이렇게 하면 직분을 빼앗긴 후에 저희가 나를 자기 집으로 영접하리라 하고 ⁵주인에게 빚진 자를 낱낱이 불러다가 먼저 온 자에게 이르되 네가 내 주인에게 얼마나 졌느뇨 ⁶말하되 기름 백 말이니이다 가로되 여기 네 증서를 가지고 빨리 앉아 오십이라 쓰라 하고 ⁷또 다른 이에게 이르되 너는 얼마나 졌느뇨 가로되 밀 백 석이니이다 이르되 여기 네 증서를 가지고 팔십이라 쓰라 하였는지라 ⁸주인이 이 옳지 않은 청지기가 일을 지혜 있게 하였으므로 칭찬하였으니 이 세대의 아들들이 자기 시대에 있어서는 빛의 아들들보다 더 지혜로움이니라 ⁹내가 너희에게 말하노니 불의의 재물로 친구를 사귀라 그리하면 없어질 때에 저희가 영원한 처소로 너희를 영접하리라 ¹⁰지극히 작은 것에 충성된 자는 큰 것에도 충성되고 지극히 작은 것에 불의한 자는 큰 것에도 불의하니라 ¹¹너희가 만일 불의한 재물에 충성치 아니하면 누가 참된 것으로 너희에게 맡기겠느냐 ¹²너희가 만일 남의 것에 충성치 아니하면 누가 너희의 것을 너희에게 주겠느냐 ¹³집 하인이 두 주인을 섬길 수 없나니 혹 이를 미워하고 저를 사랑하거나 혹 이를 중히 여기고 저를 경히 여길 것임이니라 너희가 하나님과 재물을 겸하여 섬길 수 없느니라 ¹⁴바리새인들은 돈을 좋아하는 자라 이 모든 것을 듣고 비웃거늘 ¹⁵예수께서 이르시되 너희는 사람 앞에서 스스로 옳다 하는 자이나 너희 마음을 하나님께서 아시나니 사람 중에 높임을 받는 그것은 하나님 앞에 미움을 받는 것이니라 ¹⁶율법과 선지자는 요한의 때까지요 그 후부터는 하나님 나라의 복음이 전파되어 사람마다 그리로 침입하느니라 ¹⁷그러나 율법의 한 획이 떨어짐보다 천지의 없어짐이 쉬우리라 ¹⁸무릇 그 아내를 버리고 다른 데 장가드는 자도 간음함이요 무릇 버리운 이에게 장가드는 자도 간음함이니라 (눅16:1-18)

오늘 비유는 예수님이 말씀하신 비유 중에서 이해하기가 제일 어렵다고들 하는데, 그래서 그런지 이 비유를 왜 말씀해 주지 않느냐 하는 이들이 있습니다. 9에서 "불의의 재물로 친구를 사귀라"라는 것과 11에서 "불의한 재물에 충성치 아니하면 누가 참된 것으로 너희에게 맡기겠느냐"가 매우 난해한 부분이라고들 말합니다. 그러니까 말씀을 전하는 사람들의 이 비유 풀이를 들어보면 참 가관입니다. 자기 머리가 알고 있는 그 수준의 것으로 꿰맞추기 하는데 아주 유치하기 짝이 없습니다. 사실 모든 비유 풀이들도 그렇습니다. 또한, 그 수준과 같은 사람들은 그 말이 옳은 것으로 들릴 것이고, 그러나 성영님으로 귀가 열린 사람이면, 왠지 그런 말이 불편함으로 느껴져 마음에 딱 받아들여지지 않을 것입니다. 그래서 들을 귀를 가진 사람이면, 오늘 이 말씀을 들을 때에 마음에서 합당한 것으로 여겨지고, 의문이 풀려 자기 믿음을 점검하는 기회로 삼게 되고, 마음이 시원하고 유쾌하게 될 것입니다.

한마디 덧붙이면 몇 년 전에 제가 인터넷에서 사람들이 전한 오늘 이 비유 내용을 일부러 시간 내어 다 들어보았습니다. 그런데 한 사람도 말씀하신 분과 같은 생각으로 풀어주는 자가 없었습니다. 제가 이 말씀을 전한 영상을 2014년 7월에 인터넷에 올렸습니다. 그런데 그때는 말씀 준비 없이 전한 것이라, 부족한 부분이 좀 있어서 그것을 보완하여 오늘 다시 말씀드리게 된 것입니다만, 만일 사람들이 저의 전한 내용에 동의가 되었다고 해서, 그것을 자기가 깨달은 것처럼 하여, (다른 말씀도 다 그렇습니다) 전해서는 안 됩니다. 그것은 자기가 깨달은 것처럼 하여 전하라고 한 것 아니기 때문입니다. 만일 전하려거든 반드시 출처를 밝히고 사람들로 여기 말씀을 듣도록 하고,

그 점을 밝히고 전해야 합니다. 이미 그 자신의 영이 말씀에 판단이 되었는데, 그것을 감추는 것은 사람에게는 할 수 있지만, 하나님께는 절대로 아닙니다. 성영님께서 가르쳐 전하게 하신 이 말씀을 들은 사람들이, 자신을 숨기고 다른 사람을 속이면 이 말씀을 듣지 않은 자보다는, 들은 그 자신에게 더 심판이 크다는 것을 기억해야 할 것입니다.

오늘 '불의의 재물로 친구를 사귀라'는 제목으로 말씀드리면서 예수님의 말뜻을 열어드리려고 합니다. 여러분이 진정 영혼의 깨닫는 말씀으로 받기를 바랍니다. 지금 예수님께서 무엇을 말씀합니까? 부자, 즉 주인이 들으니 청지기가 주인의 소유를 자기 소유나 되는 것처럼 허비한다는 거죠? 그러니까 주인이 내 소유를 어떻게 허비하였는지 셈을 하여 허비하였으면, 청지기 일을 계속하지 못할 테니 빨리 문서를 가져오라고 청지기에게 통보했다는 것이지요. 그러니 통보를 받은 이 청지기는 이제 큰일 난 것이지요. 주인의 소유를 허비한다는 것을 주인이 알았으니 큰일입니다. 자기는 주인의 소유를 관리하는 일에 충실만 하다면 일생, 또 영원히 사는 것은 넉넉히 보장되는 것인데, 주인에게 청지기 일을 박탈당하면 자기에게는 가진 것이 없으니 난감한 겁니다. 이것은 우리 사람에게는 가진 것이 아무것도 없다는 것, 자기 목숨도 붙잡을 능력도 없고, 세상 어떤 것도 내 것이라는 것은 없다는 것, 하나님께서 맡기신 청지기 사명을 하나님의 뜻대로 행했을 때만이 내 것이 있다는 것을 의미합니다.

그러니 이 청지기가 살길이 끊어지게 생겼습니다. 나가서 빌어먹자니 부자의 청지기가 주인의 것을 허비하다가 쫓겨나서 거지가 되었다는 수치감도 있고, 또 비난을 듣게 될 테니 부끄럽고, 땅을 파자니 힘도 없고……. 이 청지기가 힘도 없다고 하는 것은 힘이 떨어진 나이가 되었다는 말이기도 하지만, 한편 하나님께서 공급하시는 하나님의 것으로만 살았기 때문에 이제 쫓겨나면 자기 힘으로 살아야 할 것이니 어디 가서 살 그 힘이 없더라는 말입니다. 그러나 여러분 힘이 있다 해도 땅 판다고 살길 나겠습니까? 하나님의 청지기의 일을 하도록 세움을 받은 그 일 외에는 할 수 있는 것이 청지기에게는 아무것도 없는 거예요. 이 청지기가 고민하면서 대책을 곰곰이 생각했습니다. 곰곰이 생각하다 딱 떠오른 것이 있었습니다. 청지기 일을 박탈당해도 자기가 살아남을 길이 한 가지가 딱 보인 겁니다. 자기가 살기 위해서 어떻게 해야 하는지를 알게 되었다는 말입니다. 그렇게 하면 그들이 자기를 그들 집으로 영접할 것이라 계산하고, 4에서 **내가 할 일을 알았도다 이렇게 하면 직분을 빼앗긴 후에 저희가 나를 자기 집으로 영접하리라 하고** 주인의 채권 장부가 지금 자기 수중에 있으니, 주인이 빌려준 돈과 모든 물품과 채무자들의 그 이름이 적힌 장부가 자기 수중에 있으니, 그 채무자들을 급히 불러서(이해를 위해 채권, 채무라고 표현합니다) 5, 6, 7에 말하고 있지요? "너 우리 주인에게 얼마 빌렸냐?", "기름 백 말이요.", "그래? 그럼 오십 말이라고 빨리 쓰라." 이 청지기가 자기 목숨의 살길을 찾기에는 두려움도 없고 통도 큽니다. 그다음 "얼마 빌렸냐?", "밀 백 석이요.", "그래? 그러면 여기 증서에다가 팔십이라고 빨리 쓰라." 했다는 거지요. 그런데 이것을 주인이 알고는 자기가 살아남으려고 한 행위는 옳지 않음에도 살기 위해서 그 일을 신속하게 처리한 지혜에 있어서는 칭찬하였다고 했습니다. 자기 살길을 찾아 행한 이 청지기의 지혜가 바로 예수님께서 말씀하시고자 하신 비유의 핵심입니다.

그러니까 8에 뭐라 했습니까? **주인이 이 옳지 않은 청지기가 일을 지혜 있게 하였으므로 칭찬하였으니 이 세대의 아들들이 자기 시대에 있어서는 빛의 아들들보다 더 지혜로움이니라** 했습니다. 이 청지기가 하는 일은 백 퍼센트 옳지 않습니다. 그런데 자기가 주인에게 쫓겨날 때를 대비하여 자기의 처한 상황에서 살길을 찾았다는 그 지혜에 있어서는 주인이 칭찬하였다는 것입니다. 그런데 **이 세대의 아들들이 자기 시대에 있어서는 빛의 아들들보다 더 지혜로움이니라**고 했습니다. 이 세대의 아들들이 뭡니까? 또 자기 시대가 뭐예요? 이 세대는 세상 임금이 지배하는 세상, 즉 세상은 사단의 세대라는 말뜻이고, 세대의 아들들은 불의한 청지기 같은 자들로서, 곧 불의한 사단의 아들들임을 말합니다. 그러므로 세상이 바로 자기 시대입니다. 그래서 자기 시대에 있어서는 살길을 찾는 것에 빛의 아들들보다, 즉 하나님의 빛에 거하는 자들은 하나님의 아들들임을 말하는 것으로서 곧 그 아들들보다 더 지혜로움이 있더라는 것입니다.

빛의 아들들은 세상의 아들들보다 그 지혜로움이 없다는 거예요. 빛의 아들들이 지혜로움이 없다니까 세상 살 일 찾는 것에 지혜가 없다는 말인 줄로 착각하지 마십시오. 빛의 아들들이면, 빛의 아들들이라면 삶을 주는 빛으로 나오는 지혜가 이 세대의 아들들이 자기 삶의 길을 찾는 지혜보다 더 있어야 함에도 그 지혜로움이 없다고 하시는 말씀입니다. 이 세대의 아들들이 자기 살길을 찾는 데 지혜로움을 가진 것처럼 하나님의 아들들이 살길을 찾고 생명을 찾는 것에 지혜로움이 있어야 함에도 그 지혜가 없다, 오히려 이 세대의 아들들이 찾는 그것을 찾는다고 하시는 말씀입니다. 그렇기에 너희가 빛의 아들들이면, 9에 말씀하시길 **내가 너희에게 말하노니 불의의 재물로 친**

구를 사귀라는 것입니다. **그리하면 없어질 때에 저희가 영원한 처소로 너희를 영접하리라**는 것입니다. 지금 예수님께서 왜 이 비유를 말씀하신 겁니까? 빛의 아들들이라고 하는 유대교의 지도자들, 바리새인 사두개인 서기관 이들이 곧 주인의 소유를 허비한 청지기이기 때문입니다. 이들이 빛이신 하나님 독생자의 언약을 받은 빛의 아들들입니다. 빛의 아들들로서 하나님 아버지의 일을 좀 도우라고 청지기 사명을 주셨는데, 이들이 어느 때부터 자기 육의 욕심을 따라 정욕대로 행하여 재물을 탐하고, 불의의 재물을 쌓느라 하나님의 뜻은 다 허비해버렸더라는 것입니다.

하나님의 집에 두신 하나님의 소유, 즉 죄인을 구원하시기 위하여 피 흘리러 오실 메시아 언약의 그 모든 뜻을 성전과 율법과 절기들과 선지자들을 통해 주신 하나님의 언약의 뜻을 잘 받아 관리하고, 백성들을 가르쳐 인도하고, 이방인들이 하나님의 뜻 안에 들어올 수 있도록 해야 할 하나님이 주신 그 청지기의 사명을, 이들이 어느 때부터 자기 정욕을 위하여 세상에 눈을 돌리고 마음을 두었으므로 하나님의 소유를 허비해 버렸다는 것입니다. 마침내 하나님의 소유의 뜻이 되시는 예수님이 그들 앞에 오셨는데, 이 유대교의 지도자들과 바리새, 서기관, 사두개 이들이 예수님을 영접하지 않았으므로, 이들이 하나님의 뜻을 다 허비한 불의한 자들이 되었으므로, 하나님의 집의 청지기의 직을 박탈당하고 쫓겨나게 되었다고 하는 그것을 지금 비유로 말씀해주고 있는 것입니다. 하나님의 심판에 들어가게 되었다는 말입니다.

하여 너희가 다 하나님의 심판을 면할 길이 없게 되었으니, **불의의 재물로 친구를 사귀라** 하신 것입니다. 여기 친구는 누구를 말한다고 했습니까? 예수님입니다. 예수님 자신을 말씀하는 것입니다. 지금 하나님의 청지기 사명을 하나님의 뜻대로 행한 것이 아니라, 자기의 정욕을 위해 하나님의 소유를 허비하였으므로, 예수님을 영접하지 못할 엉뚱한 방향으로 나갔으므로, 하나님의 심판을 피할 길이 없게 되었다는 말씀을 하시기 위해 불의한 청지기의 비유를 드신 것입니다. 그러면 이 비유 말씀을 들은 이들이, "그렇다면 내가 살길을 찾아야 하지 않겠느냐? 내가 청지기 일을 잘못했으면, 하나님의 소유를 허비했으면, 내가 심판받게 되었으면, 그러면 내가 살길이 있느냐? 살길이 무엇이냐?" 하고 진정으로 살길을 찾기 위해 이 말씀을 하신 예수님께 나와 간구해야 하지 않겠습니까? 그런데 그러지 않았습니다. 왜 그러지 못했습니까? 이미 눈멀어 버렸고 사단의 아들들이 돼버렸기 때문입니다.

오늘날도 다르지 않습니다. 말씀을 전한다는 사람들이 지식은 가졌으나 진정한 자유의 능력은 갖추지 못했습니다. 속이 거짓되다는 말입니다. 그렇기에 저의 모든 말씀을 듣는 사람이면, 지식은 다 있게 되었으니 속의 능력, 자유의 능력도 돼야 하는 겁니다. 자유의 능력, 자기 부인의 능력, 염려하지 않는 믿음의 능력 등이 되지 않으면, 가진 모든 지식은 아무 쓸데없는 것입니다. 아무리 성경의 비밀을 다 아는 지식을 가졌어도 그것은 그대로 지식에 불과한 것뿐이니 쓸데없는 거예요. 그래서 이 청지기가 재물욕이 들어와 주인의 소유를 허비했는데, 재물욕은 육의 정욕에서 나온 불의입니다. 재물에 마음이 있으면 하나님에 대한 영감이 어두워져서 결국 눈멀어 버립니다. 하나님의 뜻, 영적인 것, 예수님을 볼 수도 없는, 만날 수 없는 소경이 된다는 것을 예수님께서 누누이 말씀하신 것을 우리가 너무나 잘 알지 않습니까?

13에서도 **집 하인이 두 주인을 섬길 수 없나니 혹 이를 미워하고 저를 사랑하거나 혹 이를 중히 여기고 저를 경히 여길 것임이니라 너희가 하나님과 재물을 겸하여 섬길 수 없느니라**고 그것을 분명히 갈라 말씀하셨잖습니까? 지금 예수님께서 **불의의 재물로 친구를 사귀라** 하신 것은 "너, 재물 많으냐? 나를 위해서 그 재물 좀 써라. 나를 위해서 그 재물 좀 사용해라. 저 가난한 사람들을 위해서 구제하는 데 좀 써라." 이런 말씀이 아닌 것입니다. "네가 살길을 찾으려면, 네가 생명 얻기를 원하면, 네가 정말 살기를 원하느냐? 하나님의 심판에서 구원받아 살기를 원하느냐? 네가 진정 영생에 들기를 원하면, 하나님의 심판에서 건짐을 받으려면, 살길이 되시는 생명이신 하나님의 아들 예수님이 지금 너희 앞에 와 있으니 불의한 청지기가 불의한 재물로 친구를 사귀어 살길을 찾은 그 지혜로움처럼 너희가 지금 빨리 예수님을 친구로 사귀라. 그것이 너희가 가져야할 지혜라"는 말씀입니다. 예수님을 사귀어라! 너희가 하나님의 심판을 면하려면, 돌이켜 예수님을 영접하여 사귐의 관계가 돼야 한다는 말씀입니다.

그러면 예수님을 친구로 사귀려면, 여러분이 예수님을 친구로 사귀기 원한다면 말이에요, 그 지혜가 뭡니까? 그 지혜가! 바로 사람에게 구원을 줄 수 없는, 생명을 줄 수도 없는, 사단의 그 세상과 재물욕에서 깨끗이 나오는 것을 말합니다. 율법을 지켜서 자기 행위로 구원을 얻겠다고 하는 자기 '의'에서 나오는 것입니다. 자기 사상, 자기 생각의 집합체인 인본에서 나오는 것입니다. 행위로 하나님을 만나려 하는 것들에서 나오는 것입니다. 옛사람으로 행하는 모든 것은 백 프로 하나님과 원수이니, 그것을 알고 옛사람에서 나오는 그것이 지혜 있는 일입니다. '아, 예수님과 사귐이 되려면 그런 것들에서 나와야 하는구나. 그렇지 않으면 예수님과 도무지 사귐이 되지 않는 악이구나.' 하고 나오는 그것이 바로 지혜라는 말입니다. 하나님께로부터 오는 지혜입니다. 그 행함은 곧 예수님과 사귐을 가질 수 있는 조건입니다. 예수님과 친구로 사귀라는 것은, 곧 예수님과 생각이 같아지게 하라. 예수님과 뜻을 같이하라는 말입니다. 예수님과 죽고 예수님과 살 것으로 하고 예수님을 따르라는 말입니다. 예수님이 너를 위해 생명을 내주셨으니 너도 예수님께 목숨을 내줄 수 있는 관계가 돼야 한다는 말입니다. 그것이 친구요, 관계입니다. 아셨습니까?

그다음 9에 뭐라 하셨습니까? **불의의 재물로 친구를 사귀라 그리하면 없어질 때에** 하셨는데, 없어질 때는 세상이 끝날 때, 심판이 이르렀을 때입니다. 그리고 **저희가 영원한 처소로 너희를 영접하리라** 했습니다. '저희'는 예수님께 수종드는, 예수님이 부리는 하늘의 천군 천사들을 말합니다. '영원한 처소'는 예수님과 친구로 사귄 관계면, 그것은 하나님의 심판에서 건짐을 받은 것이니, 너희 천군 천사들이 세상이 끝날 때에, 영원한 하늘 처소로 들일 것이라는 말씀입니다. 그렇기에 10에서 **지극히 작은 것에 충성된 자는 큰 것에도 충성되고 지극히 작은 것에 불의한 자는 큰 것에도 불의하니라** 여기 지극히 작은 것은 무엇을 말합니까? 이것도 인간 자기 생각의 것을 말하면, 인간 생각은 뭐예요? 예를 들어, 작은 것에 충성되려고 교회 나와서 떨어진 휴지도 줍고, 남이 하지 않는 더러운 화장실 청소도 하는 이런 하잘것없는 일, 하찮은 것들을 충성되게 하는 것을 말하는 줄로 착각하고 있지 않습니까? 그것은 절대로 예수님 말씀의 의도와는 반대로 나가는 것입니다. 성경이 그런 것을 가르치는 것 아닙니다. 그런 것은 당연히 해야 할 인간 양심의 기본 도리입니다. 예수님이 말씀하는 지극히 작은 것은, 앞에서 예수님을 사귀려면 나와야 하는 것들에 대해서 말씀드렸지요? 그 같은 것들이 지극히 작은 것입니다. 또한, 예수님을 만나기 위해 지키는 율법의 일이 지극히 작은 것입니다. 그리고 재물을 주인으로 하지 않는 것, 재물을 탐하는 것에서 깨끗이 나오는 것. 재물 탐하는 것은 재물을 주인 되게 한 것이니, 그렇잖아요? 세상 것과 재물을 탐하는 것은 그것으로 주인 되게 하는 거잖아요? 세상이 주인이 되어 있잖아요. 그것의 주인은 사단이잖습니까? 우리에게 세상 것, 부귀, 명예, 탐욕, 욕심, 모두 다 사단에게 내주라고, 분명히 마 5장의 말씀에서 우리가 듣고 배웠습니다. 우리 안에 있는 사단의 것, 욕심, 탐욕 다 벗어줘 버리라고 하지 않았습니까. 재물을 주인으로 하지 않는 것, 불의한 재물에서 깨끗이 나오는 것, 재물을 탐하는 것은 재물을 주인 되게 한 것으로, 이것은 천국에 들어갈 수 없는 것이요, 하나님을 섬길 수 없게 하는 것들입니다. 그러므로 이 같은 것에서 깨끗이 나오는 것이 지혜의 일이요, 이것이 지극히 작은 것에 충성하는 일입니다. 이해되세요?

예수님과 사귐을 갖게 되는 그 원리가 바로 작은 것에 충성되어야 하는 것으로서, 작은 것에 충성된 자는, 예수님과 사귐을 갖게 되고 예수님이 그의 소유가 되어 주시는 큰 것입니다. 예수님이 그의 소유가 되는 그것이 큰 것이요, 큰 것에 충성된 자가 되는 것입니다. 예수님께 충성된 자가 된다는 말입니다. 그래서 천국에서 큰 자라고 하는 것입니다. 마5:19에 **누구든지 이 계명 중에 지극히 작은 것 하나라도 버리고 또 그같이 사람을 가르치는 자는 천국에서 지극히 작다 일컬음을 받을 것이요 누구든지 이를 행하며 가르치는 자는 천국에**

서 크다 일컬음을 받으리라고 말씀하지 않았습니까, 그러니까 육의 욕심에서, 재물욕에서, 육의 모든 것이 다 불의입니다. 육으로 행하는, 우리 안에 가진 재물욕, 이 모든 것들이 다 불의예요. 그래서 **지극히 작은 것에 불의한 자는**이라고 말씀을 들은 것에서, 이런 불의에서 깨끗이 하지 못한 자는, 예수님과 사귐이 된다는 거예요, 안 된다는 거예요? 절대로 안 된다는 말입니다. 이것이 원리요 진리이기 때문에 절대 안 되는 것입니다. 그래서 지극히 작은 것은, 육은 무익하다 하신 육의 것들을 말한다는 것, 육의 것들에서 나오지 않으면 그것이 불의요, 그러므로 큰 것, 예수님께도 불의한 자라는 것을 말씀하는 것입니다.

그래서 11에 또다시 강조하신 것은, **너희가 만일 불의한 재물에 충성치 아니하면 누가 참된 것으로 너희에게 맡기겠느냐** 맡길 수 없다는 말입니다. 불의한 재물에, 바로 마음에 가진 물질욕, 이런 것들이 전부 불의인데 이런 것들에서 나오지 아니하면, 깨끗이 하는 충성이 없으면, 참된 것이 뭐예요? 예수님이란 말이에요. 예수님으로 말미암은 천국이란 말입니다. 예수님으로 주신 생명이에요. 바로 그것만이 참입니다. 그러니 이 참된 것을 어떻게 그 불의한 것에다 주고 맡기겠습니까. 12에 그러셨지요? **너희가 만일 남의 것에 충성치 아니하면 누가 너희의 것을 너희에게 주겠느냐** 구원을 줄 수도 없는 것, 생명을 줄 수도 없는 것, 그런 육의 것들, 사단이 주인 되어 있는 그런 것들을 깨끗게 하지 않는다면, 하나님과 원수 관계가 되는 모든 것들에서 너희가 깨끗이 나오는 충성이 없다면, 남의 것에 충성하지 아니하면, 누가 너희의 것을 너희에게 주겠느냐고 하지 않았습니까?

여기 '남의 것'은 누구 것입니까? 그것은 사단의 것이라는 말입니다. 망할 육, 사단의 것이다. 사단의 것으로 된 것에서 깨끗이 하지 않고 나오지 않는 모든 육은 불의한 것이요, 불의한 것에서 깨끗이 하는 충성이 없으면, 하나님께서 너희의 것으로 주시겠다고 하신 것, 수천 년 역사를 통해서 내가 너희를 구원할 그리스도 메시아를 보내겠다고 언약하시고, 메시아가 오시면 피 흘려 너희를 죄 사해 주실 것이라고 성전 제사를 날마다 행하게 하지 않으셨습니까? 선지자들을 통해서 외치게 하셨고, 모든 사건, 모든 예표, 상징 속에다 오실 예수님에 대해 넣으셨던, 그 예수님, 바로 그분을 하나님께서 주시겠다고 하신 것인데, 불의한 것에서 깨끗이 하는 그런 충성이 없으면, 너희의 하나님은 주실 수가 없는데 그러면 누가 너희에게 주겠느냐 하신 말씀입니다. 바로 수천 년 동안 언약하신 그리스도 메시아가 하나님께서 주시겠다고 하신 너희의 것입니다. 그 안에는 하늘과 땅의 복이 다 있습니다. 영과 혼과 육체와 삶의 복이 다 있습니다.

13에서 다시 반복하지만, **절대로 집 하인이 두 주인을 섬길 수 없나니** 너희가 육을 섬길 것이냐, 하나님을 섬길 것이냐, 둘 중의 하나이지 절대로 두 주인 섬길 수 없다는 것을 분명히 하셨습니다. 지금 유대인들이 예수님의 이 말씀을 듣고 있는 겁니다. 바리새인 서기관 사두개인 지도자들도 다 듣고 있는 거예요. 14에 **바리새인들은 돈을 좋아하는 자라 이 모든 것을 듣고 비웃거늘** 바리새인만 돈 좋아합니까? 사두개인도 '현세에 잘되는 것이 하나님이 우리에게 복 주신 것이 아니냐?' 하는 자들입니다. 잘 먹고 잘 입고 잘살게 하고, 명예 주고 이름나게 하는 것이 하나님이 우리에게 주신 복이라고 말하는 사람들이 바로 사두개인들입니다. 돈 좋아하는 것은 다 같습니다. 그러니까 이들이 말씀을 듣고 비웃고 있는 것입니다. 실지로 나의 전하는 말씀을 정말 비웃는 사람들 많습니다. 예수님의 말씀을 비웃었다, 바로 비웃은 귀신이 오늘날도 많은 사람 속에서 역사함으로 참진리의 말씀을 비웃는다는 말입니다. 비웃고 나옵니다. 그러나 나에게 계신 성영님이 여러분에게 계신다면 말씀을 들을 때에, 그 말씀이 자기 영혼 속에서 아멘으로 동의가 되고 성영님과 함께, 뭐 한다고요? 복창한다고 했잖습니까! 성영님과 함께 복창한다고 말씀드렸잖아요? 그 영혼에 성영님이 계시면 같이 복창하게 되어 있는 것입니다.

15에 뭐라 하셨습니까? **너희는 사람 앞에서 스스로 옳다 하는 자이나 너희 마음을 하나님께서 아시나니 사람 중에 높임을 받는 그것은 하나님 앞에 미움을 받는 것이니라** 무슨 말씀입니까? 세상에서 돈 많은 것이 잘사는 것, 잘되는 것, 육의 모든 것들로 잘되는 것이 바로 하나님께 복을 받은 증거이지 무엇이겠냐 하고, 자기가 하나님께 복을 받았다는 것을 보이기 위해 구제하고, 착한 일 하러 다닌다는 겁니다. 구제금 기부하면서 ……. 육의 것들을 앞세워 자랑삼고, 사람의 눈에 띄는 일을 하고 다니면서 내가 하나님께 복을 받아 이렇게 좋은 일 하고 다닌다고, 하나님이 기뻐하시는 옳은 일을 한다고 사람 앞에서 스스로 나발 분다는 것입니다. 사람들 또한 그들에게 옳은 일, 좋은 일 한다고 칭찬하고 존경하고, 칭송하므로 사람들에게 높임을 받는다는 것입니다. 그러나 하나님은 너희 마음을 다 아신다. 불의한 재물에 소망을 두고 자기가 높임을 받는 것인지, 그 속마음을 다 아시고 그것을 미워하신다고 하셨습니다. 사람을 돕지 말라는 말 아니니 새겨들으십시오. 자기를 나타내는 것이면, 그것은 사람들에게 높임을 받고자 하는 것이기 때문입니다. 너희의 행위로 영생에 들어간다고 생각하지만, 그것이 율법을 지킨 것이라 생각하지만, 16에 율법은 요한의 때까지로 그 후부터는 하나님 나라의 복음이 전파되어 사람마다 거기로 침입한다고 하셨습니다. 율법의 마침인, 율법이 말씀하신 예수님이 오셨으니 예수님을 믿음으로 말미암아 영생에 들어간다는 말씀입니다.

17에 **그러나 율법의 한 획이 떨어짐보다 천지의 없어짐이 쉬우리라** 하셨습니다. 율법의 한 획이라도 그것이 예수님의 예언이라면, 반드시 그 일을 이루신다, 하나님이 한 번 입으로 내신 것은 반드시 거두시는 법 없이, 떨어짐 없이 다 이루신다는 말입니다. 그렇기에 작은 것이라 하여 불의하면 큰 것에도 불의한 것이니 하나님의 참된 것을 맡기지도 않을 것이며, 누구도 구원함을 줄 자가 없다고 하는 것입니다. 그러면 목회자란 자들이 여기에 걸리지 않을 자 몇이나 있겠습니까? 지금 제 앞에 있는 여러분 중에도 걸린 이들이 있다는 것을 아십시오. '아니, 인간인데 육의 것 욕심 좀 가지면 어때? 탐욕 좀 가졌다고 꼭 그렇게 하셔야 하는가?' 그렇습니다. 그렇게 하셔야 합니다. 우리는 하나님의 형상과 모양으로 지음을 받았으니, 말씀으로 사는 것이 우리 사람의 본분이니, 사단이 아니요, 짐승이 아니니 그렇게 하셔야 합니다. 만일 그렇지 않으면 하나님을 하나님으로 인정하지 않은 것이요, 하나님을 믿지 않은 것이요, 하나님의 말씀을 거부하는 것이요, 하나님에게서 온 자가 아니기 때문이요, 그것은 사단으로부터 받은 교만이요, 악이기 때문입니다. 그러므로 마음에 욕심을 두고 있는 것은 불의한 재물에 충성하여 섬기는 것이니 하나님과 관계없다, 율법으로 구원 얻는 것도, 행위로 구원 얻는 것도, 불의한 재물로 구원 얻는 것도 아니요, 예수님으로 말미암아 너희 영혼을 구원하여 영원한 생명을 주시는 이것이 큰 것이라. 그러니 이 큰 것을 받을 자가 얼마나 있겠습니까. 그러니까 천지 없어짐이 쉽지, 하나님이 한 번 입으로 내신 그 모든 말씀은 없어지지 아니하고 반드시 이루신다, 말씀대로 하신다는 것입니다. 이 말씀을 저는 참으로 아멘 아멘으로 받습니다. 그러나 아버지께서 합당하시면 이들 모두에게 한량없는 긍휼을 베풀어주시기를 원합니다.

그다음 18에 **무릇 그 아내를 버리고 다른 데 장가드는 자도 간음함이요 무릇 버리운 이에게 장가드는 자도 간음함이니라** 하셨습니다. 이 18의 말씀은 지금 앞에서 내내 말씀하신 것과는 다른 뜬금없는 말씀인 것 같습니다. 그러나 이 말씀의 의도는 불의한 재물에 충성치 아니한 자들의 불의를 말씀하신 것입니다. 아내를 버리고 다른 데 장가드는 자도 간음이고, 버리운 이에게 장가드는 자도 간음이라 하는 것은, 유대인들이 이 같은 행동을 했습니다. 그렇기에 이런 행위는 "그 아내와 연합하여 한몸을 이루라"고 하신 하나님의 말씀을 버린 것으로서 불의입니다. 아내와 하나님의 뜻으로 하나 되어 한몸을 이루고, 그 뜻이 되시는 예수님이 오셨을 때는 예수님을 영접하여서 한몸을 이루라는 하나님의 말씀을 버렸으니 하나님을 버린 것이요, 왜 하나님을 버렸습니까? 다른 신을 따르기 위해서입니다. 그래서 그 아내가 불편하니 버린 것이요, 그래서 불의한 자들이요, 간음한 자들입니다. 그렇기에 앞에 불의한 재물에 충성치 아니한 것이나, 아내를 버린 것이나 같은 불의임을 말씀해주는 것입니다.

그래서 불의한 재물에 충성해야 할 것에 관하여 오늘 불의한 청지기의 비유 말씀 그 뒤에 연결하여서 19부터 계속 부자와 거지 나사로를 말씀하여 사후에 있는 일, 재물에 불의한 자가 받을 그 고통과 재물에 충성된 나사로의 받은 행복을 보여주셨습니다. 나사로의 형편이 사람의 보기에는 너무나 비참하지만, 그러나 나사로가 불의한 재물에 깨끗한, 불의한 재물에 충성되었으므로, 오직 하늘에 소망을 두고, 하나님 나라 그 본향을 사모하여 지극히 작은 것에 충성되고 또한 큰 것에도 충성된, 큰 것을 소유하였으므로 낙원으로 들어갔다고 하는 것을 보인 것입니다.

그래서 오늘 우리는 '불의한 재물로 친구를 사귀라' 하신 불의한 재물은 무엇이며, 또 친구는 누구이며, 어떻게 친구를 사귀는 것인지, 우리 귀로는 도무지 알아들을 수가 없는 예수님의 말씀의 의도를, 성령님께서 귀가 되어 주셔서 잘 깨닫게 되었습니다. 그러나 우리에게 깨달아 알고만 있으면 된다고 하신 것이 아니라, 우리가 불의한 것에 충성되지 아니하면, 불의한 것들에서 깨끗하지 않으면, 육에서, 육의 모든 것들에서 깨끗하게 하지 않는다면, 예수님을 입으로는 만났는지는 모르지만, 영혼으로는 만날 수 없다는 것을 분명히 해주신 것이라는 것, 각자가 받는 말씀이기를 바랍니다. 그것은 작은 것이라고 했습니다. 왜 작습니까? 그것은 천국에 들어가는 것도 들어갈 수도 없는 것이기 때문에, 천국에 들어가지 못하게 하는 것이기 때문에 작은 것입니다. 그래서 작다는 것, 미달되는 것이라고, 미달되는 것을 말씀한다고 제가 마5장의 산상 말씀에서 말씀드렸잖습니까?

오늘 이 말씀을 어떻게 들어야 하는지 여러분이 각자 깨달은 말씀이 되었으리라 믿습니다. 예수님께서 의도하신 말씀의 뜻, 우리를 망케 하려고 하시는 것이 아니라, 우리를 살리기 위해서, 우리에게 작은 것에도 불의하여 큰 것에도 불의한 자가 되지 않게 하여 즉, 사단의 것은 사단에게 내줘버리게 하여, 우리에게 주시고자 하신 천국을 주시려고 하신 것이라는 것을, 이 같은 예수님의 마음을 알고 받는 말씀이 되었으리라 믿습니다. 여러분 작은 것에 충성돼야 한다는 것, 그래야 큰 것에도 충성되는 것임을, 진정으로, 너무나 귀하고 사랑스러운 아버지의 뜻임을 알고 받는 여러분이기를 진심으로 바라고 또 바라면서 오늘 말씀을 여기서 맺습니다.

이 깊으신 은혜와 이 사랑을 베푸신 삼위 하나님, 아버지와 아들 예수님과 성영님께 감사드리며 모든 영광을 올려드립니다. 아멘